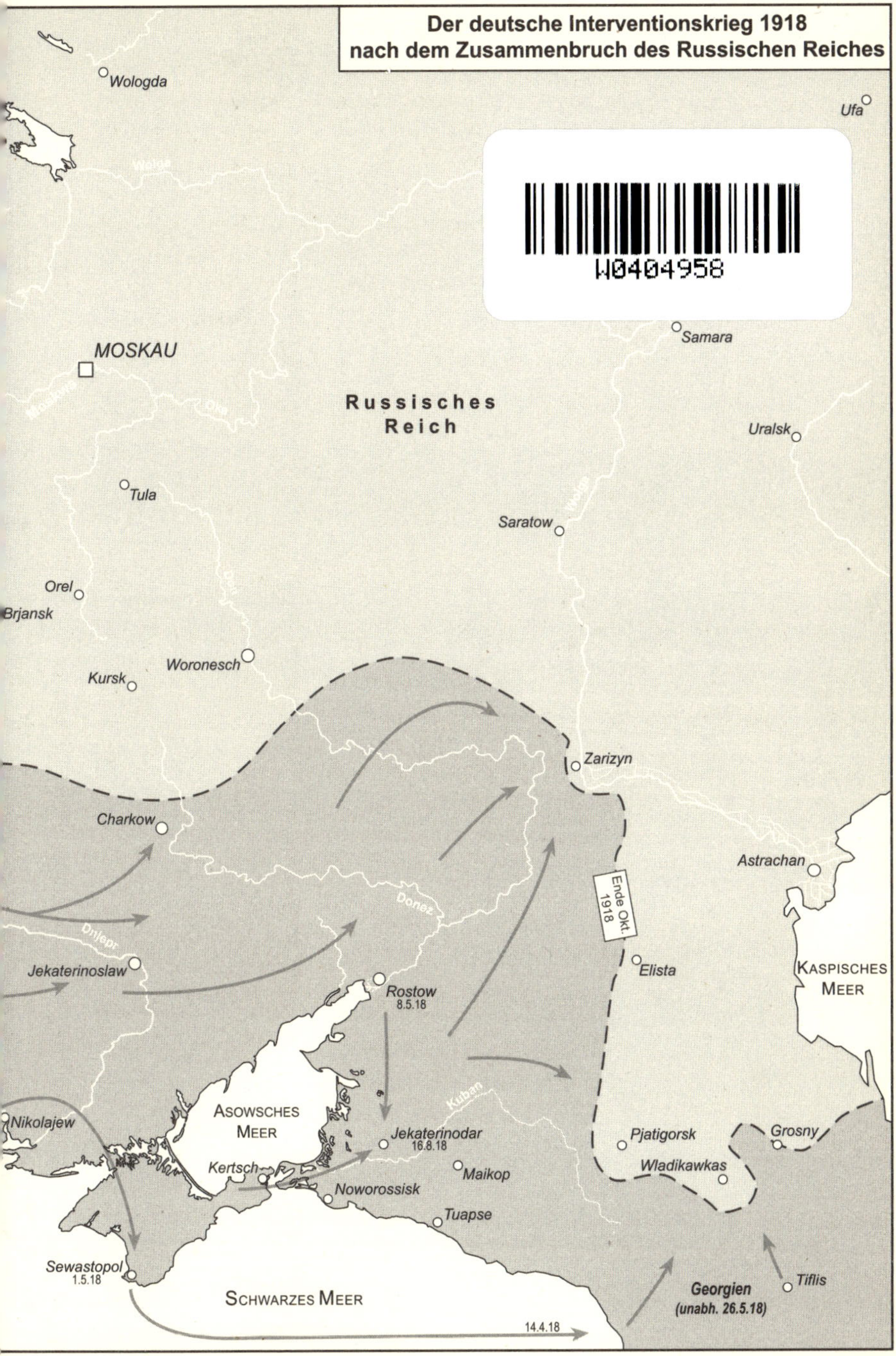
Der deutsche Interventionskrieg 1918
nach dem Zusammenbruch des Russischen Reiches
Wologda
Ufa
Samara
MOSKAU
Russisches
Reich
Uralsk
Tula
Saratow
Wolga
Orel
Brjansk
Woronesch
Kursk
Zarizyn
Charkow
Astrachan
Donez
Ende Okt.
1918
Dnjepr
Jekaterinoslaw
Elista
Rostow
8.5.18
KASPISCHES
MEER
Kuban
ASOWSCHES
MEER
Nikolajew
Jekaterinodar
16.8.18
Pjatigorsk
Grosny
Kertsch
Maikop
Wladikawkas
Noworossisk
Tuapse
Sewastopol
1.5.18
Tiflis
SCHWARZES MEER
Georgien
(unabh. 26.5.18)
14.4.18

Der Feind steht im Osten

ROLF-DIETER MÜLLER

Der Feind steht im Osten

Hitlers geheime Pläne für einen Krieg gegen die Sowjetunion im Jahr 1939

Weltbild

Zum Autor

Rolf-Dieter Müller Jahrgang 1948; Studium der Geschichte, Politikwissenschaft und Pädagogik in Braunschweig und Mainz; 1981 Promotion; 1999 Habilitation; seit 1979 wissenschaftlicher Mitarbeiter und seit 2010 Leitender Wissenschaftlicher Direktor im Militärgeschichtlichen Forschungsamt, Potsdam (MGFA); Leiter des Großprojekts »Das Deutsche Reich und der Zweite Weltkrieg« (13 Bände, abgeschlossen 2008). Zahlreiche Publikationen zur Geschichte des Zweiten Weltkrieges und wissenschaftliche Beratung von Fernsehfilmen und -dokumentationen.

Genehmigte Lizenzausgabe für Verlagsgruppe Weltbild GmbH,
Steinerne Furt, 86167 Augsburg

Umschlaggestaltung: atelier seidel, teising
Umschlagmotiv: © ullstein bild – Walter Frentz
Gesamtherstellung: CPI – Clausen & Bosse, Leck
Printed in the EU
978-3-8289-4698-9

2014 2013
Die letzte Jahreszahl gibt die
aktuelle Lizenzausgabe an.

Einkaufen im Internet:
www.weltbild.de

Inhalt

Einleitung

■ Vor 70 Jahren, am 22. Juni 1941, begann der Überfall der deutschen Wehrmacht und ihrer Verbündeten auf die UdSSR. Der Deckname des Unternehmens lautete »Barbarossa«. Es war der Auftakt zum größten und blutigsten Krieg der Weltgeschichte. Siegesgewiss marschierten Hitlers Armeen in den ersten Wochen nach Osten, trotz hoher Verluste und bei einem nachlassenden Marschtempo. Doch Stalins Imperium brach nicht wie erwartet beim ersten Ansturm zusammen. Unter ungeheuren Opfern verstärkte sich der Widerstand der Roten Armee. Zwar gelang es den Deutschen, innerhalb von fünf Monaten bis an den Stadtrand von Moskau vorzudringen, doch dann schlug Stalin zurück und brachte die deutsche Ostfront ins Wanken. Die sowjetischen Streitkräfte brauchten aber weitere 40 Monate, um sich den langen Weg nach Westen zu erkämpfen, bis sich Hitler in seinem Berliner Bunker vergiftete und damit den Weg zur Kapitulation freimachte.

Der deutsch-sowjetische Krieg steht im Zentrum der Geschichte des Zweiten Weltkrieges. Er war mehr als ein Duell der Diktatoren. Hitler verstand seinen Krieg als rassenideologischen Vernichtungskrieg. Er sorgte von deutscher Seite dafür, dass diese militärische Auseinandersetzung mit größter Härte und Entschlossenheit geführt und durch eine verbrecherische Besatzungspolitik begleitet wurde. Es war hinsichtlich seiner Zielsetzung zweifellos der größte Raub- und Vernichtungskrieg, der in seinen destruktiven Elementen den Schrecken eines Dschingis-Khan verblassen ließ. Im Ergebnis der deutschen Niederlage wurde nicht nur das Deutsche Reich zerstört, sondern auch die Staatenwelt Ostmitteleuropas, die für mehr als 40 Jahre vom sowjetischen Imperium beherrscht wurde. Die Teilung Europas und der Kalte Krieg zwischen Ost und West prägten in dieser Zeit das Weltgeschehen.

Der Ausgangspunkt für diese Entwicklung ist der deutsche Überfall am 22. Juni 1941 gewesen. Deshalb ist es nicht verwunderlich, dass dieser Krieg noch immer einen herausragenden Platz in der kollektiven Erinnerung einnimmt und die Historiker zu Fragen an die Geschichte veranlasst.[1] Manche Zeitgenossen betrachteten schon während des Zweiten Weltkriegs den Entschluss zum Überfall auf die UdSSR als den größten Fehler Hitlers. Die Siegermächte sahen in der Vorbereitung des Angriffskrieges eines der größten Verbrechen des NS-Regimes, zumal das Deutsche Reich erst im August 1939 einen Nichtangriffspakt mit der Sowjetunion abgeschlossen hatte. Der Überfall knapp zwei Jahre später erfolgte ohne zwingenden Anlass, wortbrüchig, hinterhältig und heimtückisch.

In seiner Erklärung gegenüber den Soldaten der Wehrmacht und der deutschen Bevölkerung hatte Hitler dagegen behauptet, der sowjetischen Expansionspolitik durch einen Präventivkrieg entgegentreten zu müssen.[2] Verfechter dieser unsinnigen Begründung findet man noch heute, vereinzelt sogar unter Historikern und pensionierten Generalen.[3] Für die Richter des Nürnberger Kriegsverbrecher-Tribunals stand dagegen außer Frage, dass »Barbarossa« ein räuberischer Überfall gewesen ist. Sie folgten allerdings weitgehend der Interpretation der Angeklagten und ihrer Verteidiger, wonach Hitler den Entschluss allein gefällt und am 31. Juli 1940 der militärischen Spitze als Auftrag übergeben habe. Ob er dabei stärker unter strategischen oder ideologischen Gesichtspunkten handelte, blieb offen. Während Wilhelm Keitel als Chef des Oberkommandos der Wehrmacht (OKW) und Alfred Jodl als Chef des Wehrmachtführungsstabes, die engsten militärischen Berater Hitlers, zum Tode verurteilt wurden, blieben die Verantwortlichen im Oberkommando des Heeres (OKH) unbehelligt. Hitlers Generale konnten nach 1945 unwidersprochen den Eindruck vermitteln, dass sie im Anschluss an die Entscheidung des Diktators einen genialen Feldzugsplan entworfen und umgesetzt hätten, der nur wegen der ständigen Eingriffe Hitlers gescheitert sei. Ihr größter Feind sei nicht die Rote Armee gewesen, sondern der eigene »Führer«. Zu der Legende von der »sauberen Wehrmacht« kam die Legende von der überlegenen Professionalität ihrer militärischen Führungsspitze.

Die These, dass Hitler allein für den Angriff gegen die UdSSR verantwortlich war und sich dabei von seinen ideologischen Obsessionen leiten ließ, deren Ursprung in seiner frühen politischen Programmschrift *Mein Kampf* zu finden ist, ist zu einem festen Pfeiler des Geschichtsbildes geworden. Darauf stützt sich seit Jahrzehnten eine weiträumige Interpretation von Hitlers Außenpolitik. Sie nimmt an, dass sich der Diktator zielstrebig und konsequent nach der Machtübernahme, der inneren Festigung seines Regimes und einer gigantischen Aufrüstung schrittweise seinem eigentlichen Ziel, dem Lebensraumkrieg im Osten, genähert hat. Nach Österreich und der Tschechoslowakei folgte Polen als Opfer deutscher Expansionspolitik. Das waren die notwendigen Voraussetzungen, um Frankreich niederzuwerfen und so für Hitler den Rücken freizumachen, sich seinem eigentlichen Ziel zuwenden zu können. Die Eroberung der UdSSR sollte dann die Basis schaffen, um den »Kampf gegen Kontinente«, das heißt den Kampf um die Weltvorherrschaft, zu führen.

Verfügte Hitler tatsächlich über einen solchen Stufenplan und die Fähigkeit, ihn konsequent und taktisch klug umzusetzen? Stand für ihn die UdSSR erst an vorletzter Stelle dieses Plans? Ist Hitler also in den ersten Kriegsjahren ein erfolgreicher Stratege gewesen, dem fast alles gelang und der über eine Wehrmacht verfügte, die mit der Taktik des »Blitzkrieges« nahezu unbesiegbar war? Die ältere Geschichtsschreibung war davon überzeugt. Sie stützte sich auf eine Reihe bahnbrechender Studien von Historikern der Leutnants-Generation, die in den sechziger und siebziger Jahren höchstes Ansehen erlangten und bis heute das Verständnis der Vorgeschichte und Ursachen von »Barbarossa« prägen. Andreas Hillgruber und Hans-Adolf Jacobsen sind ihre prominentesten Vertreter. Bedeutsam für die Interpretation von Hitlers »Stufenplan« ist insbesondere Klaus Hildebrands systematische Darstellung der Außenpolitik des »Dritten Reiches« gewesen. Viele andere Historiker des In- und Auslands bewegten sich auf diesen Bahnen. Auch das Serienwerk des Militärgeschichtlichen Forschungsamtes der Bundeswehr, *Das Deutsche Reich und der Zweite Weltkrieg*, hat sich mit der ausführlichen Darstellung des »Unternehmens Barbarossa« in seinem vierten Band (1983) auf diese Linie festgelegt. Kaum beachtet blieb dort eine wichtige Entdeckung von Ernst Klink, der festgestellt hatte, dass die ersten militärischen Überlegungen und Vorbereitungen zu einem Krieg gegen die UdSSR im Juni 1940 vom Oberkommando des Heeres angestellt worden sind, ohne jegliche Vorgaben von Hitler. Vereinzelt wurde diese Feststellung mit der Erklärung heruntergespielt, dass im OKH Hitlers Ostprogramm natürlich bekannt gewesen sei und man sich gleichsam in vorauseilendem Gehorsam auf die Wünsche des Diktators eingestellt habe.[4]

In den letzten drei Jahrzehnten haben sich Geschichtsforschung, Öffentlichkeit und Medien in Deutschland fast ausschließlich mit den verbrecherischen Aspekten des »Unternehmens Barbarossa« beschäftigt. Die umstrittene Hamburger Wehrmachtausstellung hat dazu 1995 wichtige Anstöße gegeben. Heute besteht kaum noch Zweifel daran, dass die Wehrmachtführung ein hohes Maß an Mitverantwortung für die Enthemmung des Ostkrieges trägt. Unbestritten ist auch, dass der »Weltanschauungskrieg« bereits bei der Planung und Vorbereitung des Feldzugs angelegt gewesen ist und seinen Ausdruck in den berüchtigten verbrecherischen Befehlen gefunden hat.

Aber gab es hierbei einen Zusammenhang mit der Kühnheit der operativen Planungen des OKH, und ließen sich die Militärs womöglich selbst von antibolschewistischen, antislawischen Vorurteilen leiten? War der Plan »Barbarossa« ein Meisterstück des deutschen Generalstabs, und sind nur einige der Grundannahmen falsch gewesen, verursacht etwa durch das Bild von der UdSSR als einem »tönernen Koloss«? Ist die im Sommer 1940 beginnende militärische Planung tatsächlich originell, geprägt von einem Übermut, der dem Rausch des unerwarteten Sieges gegen Frankreich entsprang – eine »gleichsam aus dem Stegreif« entworfene Skizze, wie Andreas Hillgruber meinte,[5] oder griff man womöglich auf frühere Entwürfe zurück? War ein Krieg gegen die Sowjetunion zwischen 1933 und 1940 allenfalls eine Zukunftsvision fanatischer Nazis, außerhalb eines nüchternen militärischen Kalküls? Hatte Hitler in seinem Selbstverständnis als »größter Feldherr aller Zeiten« eigene Vorstellungen, wie ein Ostkrieg militärisch zu führen sei?

Dies sind Fragen, die auf das Feld der klassischen Militärgeschichte führen, in die Welt militärischer Führungsstäbe und Entscheidungsträger. Das ist gegenüber einer weithin vorherrschenden kulturgeschichtlichen Betrachtungsweise in der Geschichtswissenschaft ein scheinbar »altmodischer« Zugang zum Thema, zumal einzuräumen ist, dass die Frage militärischer Operationsplanung und Kriegsvorstellung im Zusammenhang mit »Barbarossa« seit drei Jahrzehnten als beantwortet gilt. Natürlich wird man es bei dem in diesem Buch vorgenommenen neuen Gang durch eine alte Geschichte auch immer wieder im notwendigen Maße mit politischen, ideologischen, sozialen und vor allem wirtschaftlichen Aspekten zu tun haben. Aber der Fokus zielt auf die militärische Planungsebene.

Deshalb beginnt die Untersuchung nicht mit einer Analyse von *Mein Kampf*, sondern mit der Frage, wann in Deutschland zum ersten Male ein Krieg gegen Russland, genauer ein Kampf zur Eroberung russischen Territoriums, für Politik und Militär denkbar gewesen ist, welche Vorstellungen entwickelt und welche Bedenken vorgetragen worden sind. Der mühsam errungene, letztlich allerdings vergebliche militärische Sieg über die russische Armee 1917/18 prägte eine Generation von Offizieren, die später als Hitlers Generale den zweiten Ostkrieg planten und führten. Dass dieser Erfahrungshorizont, in dem Hitler seine Lebensraum-Ideologie entwickelte, die deutsche Armee nicht auf eine Einbahnstraße in Richtung Stalingrad brachte, wird ein kurzer Überblick über die Zeit der Weimarer Republik erweisen. Militärische Führungseliten verfügten in der ersten Hälfte des 20. Jahrhunderts über beträchtlichen politischen Einfluss, speziell in Deutschland, aber sie waren zugleich auch dem politischen Primat unterworfen.

Wie stellte sich die militärische Führungsspitze nach 1933 darauf ein, dass nun nicht mehr ein möglicher Krieg mit Hilfe der UdSSR gegen Polen zu planen war, sondern durch Hitlers Pakt mit Polen ab 1934 ein Krieg gegen die Rote Armee denkbar wurde, womöglich im Bündnis mit Japan und Polen? Mit der Einbeziehung dieser Mächte, denen es selbst schon einmal (1905 bzw. 1920) gelungen war, die russische Armee zu schlagen, wählt die vorliegende Untersuchung eine ganz neue Perspektive. Damit wendet sie sich vor allem gegen jeglichen Versuch, die Vorgeschichte von »Barbarossa« als deutsche Nabelschau betreiben zu wollen. Denn bei einer solchen Nabelschau werden wichtige Aspekte der deutschen Außenpolitik und Kriegsplanung marginalisiert, die – wie zu zeigen sein wird – die Vorstellungen von einem Krieg gegen Russland bis 1939 nicht nur führender Militärs, sondern auch Hitlers beeinflusst haben.

Die Übersicht über das operative Denken im deutschen Heer rückt dann jenen Raum zwischen Riga, Minsk und Kiew ins Blickfeld, in dem sich das Schicksal der russischen Armee entscheiden sollte, so wie im Ersten Weltkrieg, im sowjetisch-polnischen Krieg, dann auch in dem künftigen. Die Vorgeschichte von »Barbarossa« wird deshalb als Dreiecksgeschichte erzählt, stets mit einem Blick auch auf Japan als dem möglichen Partner einer strategischen Zangenbewegung, mit der das russische Reich zerbrochen werden sollte. Dabei wird auch diskutiert, wie ernst die Gespräche über eine antirussische Militärallianz im Zeichen des Hitler-Piłsudski-Paktes von 1934 gewesen sind und wie sich 1939 die Wendung Hitlers gegen Polen zum Hitler-Stalin-Pakt entwickelt hat. Die deutsch-polnischen Militärbeziehungen der dreißiger Jahre sind noch immer ein weitgehend unbekanntes Feld der Historiographie. Hier gilt es Schneisen zu schlagen.

Zu fragen ist also, wann im »Dritten Reich« Pläne zu einem Krieg gegen die UdSSR entstanden und Gegenstand militärischer Überlegungen geworden sind? Welche Rolle spielte das Verhältnis zu Polen als einem »antirussischen Schützengraben«? Folgte Hitlers Wendung gegen Polen im Frühjahr 1939 in der Absicht, die Voraussetzungen für einen nachfolgenden Angriff im Westen oder im Osten zu schaffen? Diese Fragen führen zum Kernbereich der Untersuchung. Die folgenden Betrachtungen basieren auf der These, dass für den deutschen Weg in den Zweiten Weltkrieg bis Oktober 1939 mehrere Optionen offenstanden, zu denen auch ein militärischer Zusammenprall mit der Roten Armee gehörte. Entgegen einer weitverbreiteten Anschauung in der Geschichtsschreibung ist ein deutscher Krieg gegen die UdSSR schon 1939 denkbar und möglich gewesen.

Um dies zu verdeutlichen, werden neue und wenig bekannte oder vergessene Quellen aufgegriffen, wird an historische Episoden und Zusammenhänge erinnert, die unter Nutzung kontrafaktischer Betrachtungen die festgefügte Interpretation der deutschen Expansionspolitik in Frage stellen. Grundsätzlich bleibt zu beachten, dass bei den deutschen militärischen Planungen 1939 einiges im Dunkeln liegt, weil Akten aus dem Vorfeld des Zweiten Weltkriegs verlorengegangen sind und zentrale Quellen wie das Kriegstagebuch des Oberkommandos der Wehrmacht (ab August 1940) und das des Generalstabschefs des Heeres, Franz Halder (ab 14. August 1939), erst spät einsetzen.[6] Hinzu kommen fragwürdige Überlieferungen von Schlüsselquellen und dreiste Fälschungen.

Unbestritten ist, dass Hitler 1939 fest entschlossen war, so schnell wie möglich einen Krieg in Europa zu entfesseln. Er wollte endlich Feldzüge organisieren und »freie Hand im Osten« haben. Er war es leid, Verhandlungen zu führen und Kompromisse zu akzeptieren. »Schläge« wollte er austeilen. Die Reihenfolge solcher militärischen Schläge war ihm letztlich gleich. Nur für die Abschätzung von Risiken und Chancen hatte er noch einen gewissen Sinn. Aber er scheute sich nicht, notfalls auch den gefürchteten totalen Krieg an mehreren Fronten zu führen. Die Generalrichtung stand für ihn seit zwei Jahrzehnten fest: Russland!

Ein Überfall auf die UdSSR, davon war Hitler auch 1939 fest überzeugt, sei ein leichtes Spiel und würde sein »Drittes Reich« für alle Zeiten unangreifbar machen. Ein »Barbarossa 1939« hätte wahrscheinlich zum Zusammenbruch der Sowjetunion und zur Vernichtung Russlands geführt. Stalins Entgegenkommen war nützlich als Bluff gegenüber den Westmächten. Als diese sich einem Einvernehmen mit Hitler verweigerten, kostete es ihn große Mühe, seinen Generalstab auf einen Feldzug nach Westen festzulegen.

Im letzten Abschnitt des Buches wird Hitlers neuerliche Wendung nach Osten im Sommer 1940 zu analysieren sein. Gab tatsächlich der Diktator den Anstoß, welche Rolle spielten ideologische Motive, und welche Kriegsvorstellungen entwickelte er? Oder legte ihm sein Generalstabschef ältere Pläne für einen begrenzten Krieg gegen die UdSSR vor? Dabei wird man in Rechnung stellen müssen, dass die später vor dem alliierten Kriegsverbrecher-Tribunal in Nürnberg angeklagten

Generale Hitlers guten Grund hatten, ihre frühen Planungen gegen die UdSSR zu vertuschen. Wie aus dem Modell eines Interventionskrieges von 1939 das Unternehmen »Barbarossa« als Eroberungs- und Vernichtungskrieg entstand, der 1941 militärisch-operativ bereits nach wenigen Wochen scheiterte – das enthüllt eine größere Mitverantwortung der Heeresführung, als bislang diskutiert worden ist.

Deutschland und die Nachbarn im Osten

Deutsche Außen- und Bündnispolitik im 19. Jahrhundert

■ Eine »Heilige Allianz« sorgte in der ersten Hälfte des 19. Jahrhunderts für die längste Periode friedlicher und konstruktiver deutsch-russischer Zusammenarbeit. Sie stützte sich im Wesentlichen auf ein Bündnis der drei Großmächte Mittel- und Osteuropas – Österreich, Preußen, Russland –, das als Ergebnis der Napoleonischen Kriege entstanden war. Das gemeinsame Interesse richtete sich gleichermaßen auf die Niederhaltung Frankreichs wie jener revolutionären und nationalistischen Strömungen, die scheinbar von dort aus die konservativen, multinationalen Imperien bedrohten. Im Mittelpunkt dieses europäischen Dreiecks Berlin – Wien – Moskau lag das Königreich Polen, das nach drei Teilungen Ende des 18. Jahrhunderts von der Landkarte verschwunden war. Napoleons Rekonstruktion eines »Großherzogtums Warschau« war nur von kurzer Dauer gewesen und hatte rund 100 000 polnischen Soldaten das Leben gekostet, als der Korse sie mit seiner Grande Armée in die Weiten Russlands geführt hatte. Von den drei Mächten hatte Russland den größeren Teil Polens annektiert.

Mit der 1815 vom Wiener Kongress geregelten Nachkriegsordnung bestand für Preußen und das spätere Deutsche Kaiserreich für ziemlich genau 100 Jahre eine lange gemeinsame Grenze mit Russland. Für die polnischen Untertanen beiderseits dieser Grenze verblasste der Traum von einer Wiedergeburt der eigenen Nation jedoch nicht. »Noch ist Polen nicht verloren« – diese Parole wurde von den Intellektuellen in die Herzen der Menschen getragen. Und für dieses Ziel waren Polen bereit, zu kämpfen und zu sterben. So wurde das Land im 19. Jahrhundert zum größten Unruheherd des Kontinents, in dem es immer wieder zu Aufständen kam. Meist richteten sie sich gegen die harte Herrschaft des Zaren und konzentrierten sich auf die Hauptstadt Warschau. Aber auch Krakau (Österreich) und Posen (Preußen) bildeten Schwerpunkte des Aufruhrs, der militärisch stets erfolglos blieb.

Die preußisch-russische Allianz bewährte sich in diesem stürmischen Jahrhundert des Aufbruchs und der dramatischen Veränderungen. Sie wurde getragen von den monarchischen Kräften und prägte Generationen von Offizieren. Im liberalen

Bürgertum Deutschlands hingegen überwog lange Zeit eine Polenbegeisterung, die sich mit eigenen demokratischen und nationalen Ambitionen verband.

Diese Stabilität in den Beziehungen zum östlichen, russischen Nachbarn veränderte sich nach dem deutschen Sieg über Frankreich 1870/71. Der preußische Ministerpräsident Otto von Bismarck hatte großen Wert auf das Einvernehmen mit Russland gelegt, was nicht zuletzt eine Voraussetzung für die Einigung des Reiches gewesen war. Als Reichskanzler versuchte er einen Balanceakt zwischen Selbstbehauptung und Selbstbescheidung durchzuhalten. Die anderen Großmächte mussten davon überzeugt werden, dass Deutschland »saturiert« war und keine weiteren territorialen Ansprüche in Europa erheben würde. Mit Österreich und Russland gelang Bismarck 1873 der Abschluss eines Dreikaiserbündnisses, das die außenpolitischen Interessen in Mitteleuropa ausglich und noch einmal die Gemeinsamkeit der konservativen Großmächte gegen revolutionäre Gefahren betonte.[1]

Dieser sicherheitspolitische Konsens erwies sich freilich als fragil und erforderte ein ständiges deutsches Bemühen um seine Kräftigung. Österreich-Ungarn und das Zarenreich verfolgten konkurrierende Ambitionen auf dem Balkan, wo sich durch die Schwäche des Osmanischen Reiches ein machtpolitisches Vakuum bildete. Bereits 1878 musste Bismarck auf dem Berliner Kongress als »ehrlicher Makler« den Konflikt entschärfen, was ihm allerdings nur teilweise gelang, weil sich Russland benachteiligt fühlte. Deutsch-russische Spannungen entstanden und verschärften sich, als Berlin zum Schutz seiner heimischen Landwirtschaft hohe Schutzzölle gegen russische Importe verhängte und 1887 sogar den deutschen Kapitalmarkt für die Russen sperrte. Das Zarenreich war aber dringend auf ausländisches Kapital angewiesen, um seine Wirtschaft zu modernisieren. Der Ausbau des Eisenbahnnetzes spielte dabei eine entscheidende Rolle, doch die Schienenwege im Westen Russlands verstand man in Berlin auch als strategische Bedrohung, würden sie doch im Kriegsfall einen russischen Aufmarsch erleichtern.[2]

Frankreich konnte sein Streben nach Revanche nur auf ein Zerbrechen der deutsch-russischen Allianz gründen. Daran arbeitete man in Paris mit einigem Erfolg. In Berlin stemmte man sich dieser unheilvollen Entwicklung nicht ausreichend entgegen. Man war vor allem nicht bereit, Österreich-Ungarn in seinem wachsenden Gegensatz zu Russland im Stich zu lassen.

So musste der preußisch-deutsche Generalstab mit der Möglichkeit rechnen, dass Deutschland durch eine in der Zukunft denkbare französisch-russische Allianz der Gefahr eines Zweifrontenkrieges ausgesetzt sein könnte. Diese Aussicht löste einige Planspiele und Überlegungen aus. Erfahrungen im Kampf gegen die russische Armee hatte Preußen im Siebenjährigen Krieg (1756–1763) gesammelt, jedoch auf eigenem Territorium und mit wechselndem Erfolg. Der Tod der Zarin Elisabeth 1762 und der Regierungsantritt ihres preußenbegeisterten Sohnes hatten dazu geführt, dass Russland aus der Einkreisungsfront ausgeschieden war – das später viel beschworene Mirakel des Hauses Brandenburg, auf dessen Wiederholung Hitler noch im April 1945 vergeblich hoffte.

Die Erinnerung an die deutsch-russische Waffenbrüderschaft, die 1813/14 den Sieg über Napoleon gesichert hatte, war zwei Generationen später verblasst. Im deutschen Russlandbild gewannen nun antislawische Ressentiments an Einfluss. Für die Sozialdemokraten beherrschte der Zar ein Reich des Bösen, die Inkarnation von Despotismus und Reaktion.[3] Bereits 1849 hatte Friedrich Engels gefordert: »Kampf, unerbittlicher Kampf auf Leben und Tod mit dem revolutionsverräterischen Slawentum; Vernichtungskampf und rücksichtslosen Terrorismus«.[4]

Die Kehrseite der bürgerlich-liberalen Polenbegeisterung bildete eine ausgeprägte Russophobie. Die preußischen Konservativen, bisher die »russische Partei«, beklagten nach der Reichsgründung die zunehmende Konkurrenz von Billiggetreide aus dem Osten, was die wirtschaftliche Basis des ostelbischen Junkertums bedrohte. Die noch unbedeutende, aber wachsende Zahl von ultranationalistischen Kräften sah darin sogar einen Nachteil im vermeintlichen Rassenkampf zwischen Germanen und Slawen, weil der deutsche Siedlungswall im Osten geschwächt werde.[5]

Die polnische Bevölkerung geriet jedenfalls unter den Druck beider Seiten. Der von Russland betriebene Panslawismus schützte die polnischen Untertanen des Zaren nicht vor einem starken Russifizierungsdruck, während auf preußischer Seite im ausgehenden 19. Jahrhundert mit Kulturkampf und Siedlungspolitik das deutsche Element in den östlichen Provinzen gestärkt und eine stärkere Integration der polnischen Bevölkerung erzwungen werden sollte.

Als Reichskanzler beförderte Bismarck diesen Druck, sorgte sich aber zugleich um seinen Rückversicherungsvertrag mit Russland. Militärischen Eroberungsgelüsten begegnete er mit größter Skepsis. Als Bernhard von Bülow, deutscher Geschäftsträger in Petersburg, 1887 gar einen Präventivkrieg gegen Russland forderte, lehnte das Bismarck scharf ab. Bülow, der später als Reichskanzler allerdings wieder auf ein deutsch-russisches Bündnis setzte, entwickelte damals als einer der ersten Politiker in der deutschen Geschichte weiterreichende Kriegsideen gegen Russland.

Bülow in einem Schreiben 1887:

»Wir müssen eventuell dem Russen so viel Blut abzapfen, dass derselbe [...] 25 Jahre außerstande ist, auf den Beinen zu stehen. (Randnotiz von Bismarck: Das ist so leicht nicht.) Wir müssten die wirtschaftlichen Hilfsquellen Russlands für lange hinaus durch Verwüstung seiner Schwarzerde-Gouvernements, Bombardierung seiner Küstenstädte, möglichste Zerstörung seiner Industrie und seines Handels zuschütten. Wir müssten endlich Russland von jenen beiden Meeren, der Ostsee und dem Pontus Euxinus [dem Schwarzen Meer], abdrängen, auf denen seine Weltstellung beruht. Ich kann mir Russland wirklich und dauernd geschwächt doch nur vorstellen nach Abtrennung derjenigen Gebietsteile, welche westlich der Linie Onega-Bai – Waldaihöhe – Dnjepr liegen. Ein solcher Friede möchte [...] nur zu erzwingen sein, wenn wir an der Wolga stünden ...«[6]

Es handelte sich um radikale Phantasien, gespeist aus der Sorge um einen möglichen Zweifrontenkrieg. Bülows Strategie mag zwar an Hitler erinnern, aber ihm ging es um die Schwächung, nicht um die Vernichtung Russlands! Freilich war Bülow bewusst, dass sich das Riesenreich im Osten mit aller Kraft wehren würde. Im Reichstag erteilte Bismarck solchen Gedanken eine deutliche Abfuhr: »Russland wünscht kein deutsches Land zu erobern und wir wünschen kein russisches. Es könnten nur polnische Provinzen sein; von denen haben wir schon mehr, als uns bequem ist.«[7]

Im Zusammenhang mit dem Thema dieses Buches ist die Beobachtung wichtig, dass offensichtlich eingedenk der napoleonischen Erfahrungen schon die ersten Überlegungen in deutschen Führungskreisen zu einem möglichen Krieg gegen Russland nicht davon ausgingen, das riesige Imperium im Osten vollständig besetzen und besiegen zu können. Was man sich dagegen offenbar vorstellen konnte, waren militärische Siege gegen die russische Armee auf dem polnischen Schlachtfeld. Österreichische Generalstabsoffiziere, die zeitweilig auch das Ohr von Kronprinz Wilhelm fanden, dem späteren Kaiser, plädierten in diesem Zusammenhang für einen Präventivkrieg, um der vermeintlich wachsenden russischen Gefahr zu begegnen. Mit einem Blick auf die Karte lag es nahe, den polnischen »Balkon« des Zarenreiches durch einen Vorstoß deutscher Truppen von Ostpreußen aus und österreichischer Armeen von Galizien aus abzuschneiden, damit die russischen Westarmeen einzukesseln und zu vernichten. Würde das aber im fernen Moskau die Bereitschaft zu einem Unterwerfungsfrieden auslösen? Und was wäre gewonnen, wenn der Zar – wie Bismarck wohl annehmen konnte – seine polnische Provinz abtreten würde?

Wenn der Zar stattdessen die unerschöpflichen Kräfte seines Reiches mobilisieren würde, wären mögliche Offensiven gegen das Baltikum und Richtung Ukraine mit dem Ziel, Russlands wichtigste Überschussgebiete zu zerstören, eine Fortsetzung eines solchen Krieges. Aber würden solche Operationen Russland endgültig in die Knie zwingen? Bismarck und die Generalstabschefs des Kaiserreichs zweifelten daran. Generalfeldmarschall Helmuth Moltke (der Ältere) hielt es allenfalls für möglich, das Baltikum – einmal als preußische Provinzen annektiert – gegen Russland zu verteidigen, gestützt auf den Peipussee und die Sümpfe der Dwina.[8] Es blieb dabei: Aus der Sicht der verantwortlichen Reichsleitung Ende des 19. Jahrhunderts war ein Krieg mit Russland ein »Unglück«, bei dem Deutschlands nichts gewinnen würde, noch nicht einmal die Kosten.[9]

Die vermeintlichen »Lebensquellen« Russlands nicht zu zerstören, sondern zu erobern und mit ihrer Hilfe Deutschland zur Weltmacht zu erheben, diese Weiterentwicklung des Gedankens sollte erst eine Generation später die deutsche Kriegszielplanung im Ersten Weltkrieg beeinflussen. Hier sind zweifellos gedankliche Wurzeln von Hitlers Ostkrieg 1941 zu finden, doch wäre es überzogen, von Kontinuitäten zu sprechen. Dafür sind die Alternativen und Widersprüche in der Russlandpolitik im Kaiserreich – und auch danach – allzu deutlich.[10]

Während Bismarck wohl im Notfalle sogar bereit gewesen wäre, das Habsburger Reich im Stich zu lassen, wenn sich damit ein Zweifrontenkrieg vermeiden ließ, pochten seine Gegenspieler im Auswärtigen Amt und im Generalstab ab 1890 auf das unbedingte Festhalten am Bündnis mit Wien. Der ehemalige General Leo von Caprivi, der in diesem Jahr Bismarck als Reichskanzler ablöste, setzte mit seinem »neuen Kurs« auf diesen mitteleuropäischen Block, möglichst angelehnt an die Seemacht England. Damit glaubte er, eine drohende französisch-russische Allianz in Schach halten zu können.

Als Kaiser forcierte Wilhelm II. aber den Flottenbau gegen Großbritannien, während Bülow, 1900 zum Reichskanzler ernannt, zwar große »Weltpolitik« zu betreiben versuchte, dafür aber auf das traditionelle Bündnis mit Russland zurückkommen wollte. Bülow scheiterte, als sich Großbritannien und Russland 1907 auf einen Interessenausgleich in Asien verständigten. Damit erweiterte sich die »Entente Cordiale« zwischen Paris und London zur Einkreisung des Reiches. Festzuhalten gilt: Die wachsende ideologische Russlandfeindschaft in Deutschland zu Beginn des 20. Jahrhunderts überlagerte noch nicht die machtpolitischen und strategischen Kombinationen der Reichsführung. Mit der Erkenntnis einer möglichen Überforderung der eigenen Kräfte wuchs freilich das Bedürfnis von Politik und Militär, in der Ideologie Rechtfertigung und Zuversicht zu suchen.

Das Russlandbild wurde doppelgesichtig: einerseits die Beschwörung der Gefahren russischer Expansionspolitik, andererseits die Einschätzung Russlands als »tönerner Koloss«. In der wilhelminischen Epoche wendete sich dieses Bild durch die militante Propaganda deutschbaltischer Publizisten zum deutschen »Drang nach Osten« und erlangte nach 1905 eine dominierende Position in der öffentlichen Meinung. Wenn es womöglich nur eines Anstoßes bedurfte, um das russische Reich zum Einsturz zu bringen, dann konnte der strategische und ökonomische Gewinn verlockend genug sein, um an eine Expansion nach Osten zu denken, für die sich ideologische Rechtfertigungen leicht finden ließen.

Auf dem Höhepunkt der Balkankrise im Jahre 1912 plädierte Moltke (der Jüngere) als Generalstabschef für einen Präventivkrieg gegen beide Kontinentalmächte, das heißt gegen Frankreich und Russland. 1913 erklärte er in Wien, »dass ein europäischer Krieg über kurz oder lang kommen muss, in dem es sich in letzter Linie handeln wird um einen Kampf zwischen Germanentum und Slawentum. Sich hierauf vorzubereiten, ist Pflicht aller Staaten, die Bannerträger germanischer Geisteskultur sind. Der Angriff muss aber von den Slawen ausgehen.« Zwar lässt sich hier eine Übernahme rassenideologischer Parolen feststellen, die man jedoch politisch instrumentalisierte. Auch wird aus dem Blickwinkel einer vermeintlichen Bedrohung argumentiert, die nicht allein vom östlichen Nachbarn ausging, sondern erst in der Zweifrontensituation ihre militärische Bedeutung erhielt.

Ein möglicher Krieg an der Ostgrenze war offensichtlich unpopulär, weshalb Wilhelm II. anregte, durch eine Pressekampagne »die Volkstümlichkeit eines Krieges gegen Russland besser vorzubereiten« – mit Erfolg, so dass im Frühjahr 1914 eine regelrechte antirussische Hasswelle zu verzeichnen war. Ungeachtet der nicht selten ausschweifenden Phantasien in der Publizistik und mancher Zielsetzungen im radikalen politischen Lager, die auf Unterwerfung und Kolonisierung Russlands hinausliefen, handelte es sich jedoch um nicht mehr als einen Teil einer »nervösen Wahrnehmung der Wirklichkeit« (Joachim Radkau) am Ende des »langen 19. Jahrhunderts«. Das Bild vom »Osten« unterlag heftigen Stimmungsschwankungen.[11]

Die Militärs jedenfalls blieben bei ihrer Planung einer Schlacht im polnischen Raum, die in Ostpreußen und Galizien zunächst defensiv zu führen war, um mit der Masse der eigenen Kräfte den Hauptgegner Frankreich im Westen schlagen zu können. Dort würde, davon war man im Generalstab überzeugt, die Kriegsentscheidung fallen. Eine anschließende Wendung nach Osten könnte dann zur Schlacht um den polnischen Balkon werden, was nach Verlust der russischen Westarmeen Moskau voraussichtlich zum Einlenken veranlassen würde. Mit der Abtretung polnischer Provinzen würde man sich aber nicht zufriedengeben.

Der Erste Weltkrieg und die Wiedergeburt Polens

Der Erste Weltkrieg begann anders als von deutscher Seite geplant. Unerwartet schnelle und massive russische Vorstöße brachten die Ostfront der Mittelmächte in Schwierigkeiten. Österreich-Ungarn musste in Galizien sogar einen fluchtartigen Rückzug antreten. In Ostpreußen aber gelang es den Deutschen in der improvisierten Kesselschlacht von Tannenberg, die angreifende russische 8. Armee zu vernichten. Für diesen propagandistisch aufgebauschten Sieg zahlten sie einen hohen Preis: Im Westen wurde die Marne-Schlacht abgebrochen und damit die Hoffnung auf eine schnelle Kriegsentscheidung aufgegeben. Der befürchtete Abnutzungskrieg begann. Die Masse der deutschen Streitkräfte kämpfte in den nächsten vier Jahren in den Schützengräben der Westfront.

Mit ihren Kräften an der Ostfront konnten die Deutschen trotz des Sieges von Tannenberg die Zarenarmee militärisch in den folgenden Jahren nicht besiegen. Die Vorstellung einer Entscheidungsschlacht im grenznahen polnischen Raum ließ sich angesichts des hartnäckigen Widerstands der Russen und ihrer massiven Offensiven 1915/16 sowie nicht zuletzt wegen der Schwäche des österreichisch-ungarischen »Flügels« im Südosten nicht umsetzen. In einem dreijährigen mühsamen Ringen gelang es den Mittelmächten lediglich, den russischen Gegner auf die Linie Riga – Donaumündung zurückzudrängen.

Nur der innere Zusammenbruch des Zarenreiches beflügelte Ende 1917 noch einmal die Hoffnungen auf einen deutschen Sieg im Osten. Dafür hatte die Oberste Heeresleitung mit einem gewissen Lenin eine besondere Trumpfkarte gezogen.

Mit einem plombierten Waggon der Reichsbahn von seinem Zürcher Exil durch Deutschland nach Osten gefahren, brachte es der Führer der Bolschewiki, ausgestattet mit mehreren Millionen Goldmark, fertig, durch revolutionäre Umtriebe die russische Front zum Einsturz zu bringen und Friedensverhandlungen mit der deutschen Seite zu führen. In dem ausbrechenden Chaos und Bürgerkrieg konnten Truppen der Mittelmächte Anfang 1918 einen weiten Vorstoß nach Osten unternehmen, obwohl sie zur gleichen Zeit an der Westfront noch einmal alle Kräfte anspannten, um vor einem massiven Auftreten der US-Armee die Kriegsentscheidung im Westen zu erzwingen.

Im Rückblick auf den Ersten Weltkrieg verblasste in der Erinnerung der meisten Deutschen der harte dreijährige Kampf um den polnischen Raum. Vor allem die Militärs erinnerten sich lieber an die siegreiche zweite Phase 1917/18 an der Ostfront. Für den damaligen Gefreiten Adolf Hitler, der als Meldegänger im Stellungssystem der Westfront vom feindlichen Trommelfeuer in den Graben gezwungen wurde, vermochte der weite Vorstoß ins russische Land von 1918 zum Ausgangspunkt seiner persönlichen Weltmachtvisionen zu werden. Dabei verdrängten alle, dass dieser »Eisenbahnvormarsch« nicht das Ergebnis deutscher militärischer Tüchtigkeit und Generalstabsarbeit gewesen ist. Die Deutschen erzielten durch ihre *politische* Kriegführung den größten Erfolg ihrer Militärgeschichte, den Sieg über Russland. Er machte den im März 1918 unterzeichneten Diktatfrieden von Brest-Litowsk möglich, bei dem Lenin einwilligte, dass die baltischen Provinzen deutsche Herzogtümer und die Ukraine Protektorat der Mittelmächte wurden.

Es war bekanntlich ein äußerst fragiler Erfolg, der den Zusammenbruch des Kaiserreichs nicht verhindern konnte. Die militärische Entscheidung des Ersten Weltkriegs fiel im Kampf gegen die Westmächte. Der Sieg im Osten fiel dagegen nicht ins Gewicht. Diese Erfahrung verdrängte man in Deutschland ebenfalls sehr schnell. Dagegen blieb die Erinnerung an die Unterstützung, die man in den Randgebieten des russischen Reiches bei den verschiedenen, nach Unabhängigkeit strebenden Nationalitäten gefunden hatte, durchaus wach, aber zwiespältig.

Ein großer Erfolg und das Fundament für eine »treue« Freundschaft in beiden Weltkriegen war die Aufstellung eines Jägerbataillons aus russischen Kriegsgefangenen finnischer Nationalität gewesen. 1916/17 hatte die Einheit bei Riga an der deutschen Front gegen die Russen gekämpft. 1918 bildete sie den Grundstock der finnischen Armee unter dem ehemals zaristischen General Carl Gustav Freiherr von Mannerheim. In den baltischen Provinzen und der Ukraine drängten nationalistische Kräfte ebenfalls auf Unabhängigkeit, was die Deutschen nur teilweise für sich nutzen konnten. Bei ihren Rückzügen im Herbst 1918 etablierten sich einheimische Regime, die nun militärische Unterstützung bei den westlichen Siegermächten suchen mussten. Das gelang den baltischen Staaten, nicht aber der Ukraine. Sie musste sich nicht nur der Angriffe sowjetischer Partisanen aus dem Osten erwehren sowie der Roten Armee Lenins, die den abrückenden Deutschen, Österreichern und Ungarn folgte. Die untereinander zerstrittenen ukrainischen

Gruppen sahen sich westlich des Dnjepr auch den Angriffen polnischer Verbände ausgesetzt.

In die polnischen Untertanen hatte das Deutsche Kaiserreich während des Ersten Weltkriegs besonders große Erwartungen gesetzt.[12] Allerdings hatten auch der Zar und der Kaiser in Wien angenommen, sie könnten mit einigen vagen Versprechungen ihre jeweiligen polnischen Rekruten zum Kampf gegen den Feind motivieren und die polnischen Landsleute auf der anderen Seite der Front zum Überlaufen bewegen. Immerhin dienten in den Armeen der drei Teilungsmächte insgesamt 1,5 Millionen Soldaten polnischer Abstammung, und die polnischen Provinzen bildeten das Schlachtfeld.

Die Österreicher hatten sich in der Vorkriegszeit am besten auf diesen Fall vorbereitet. Unter Józef Piłsudski spielte die polnisch-sozialistische Partei, die auch im Wiener Staatsrat vertreten war, eine herausgehobene Rolle. Der ehemalige Revolutionär, Terrorist und russische Sträfling hoffte darauf, im Kriegsfalle einen Aufstand in dem von Russland annektierten Teil Polens, dem ehemaligen Kongress-Polen, auslösen zu können, um den großen Krieg für die Wiedergewinnung eines polnischen Staates zu nutzen. So würde vielleicht aus der Doppelmonarchie (Österreich-Ungarn) eine Dreiermonarchie. Wien duldete bereits 1908 die Aufstellung des »Verbands des aktiven Kampfes«, in dem Piłsudski Anhänger versammelte und militärisch schulte. Aus dieser paramilitärischen Formation freiwilliger Schützen (= Strzelec) konnte er nach Kriegsbeginn drei Bataillone formieren. Obwohl der Vormarsch dieser schlecht bewaffneten Legionäre nach Kielce im August 1914 ein Fehlschlag wurde, weil die militärische Großlage einen fluchtartigen Rückzug verlangte, hielt der Zulauf zu seiner Legion an. Piłsudski hatte ein Zeichen setzen können, dass es wieder polnische Soldaten in polnischen Uniformen gab. 1915 standen bereits drei Brigaden mit 20 000 Mann zur Verfügung, als die Mittelmächte in ihrer Sommeroffensive die russische Armee aus dem polnischen »Balkon« zurückdrängten.

Piłsudski wollte seine Freiwilligen aber nicht als »Kanonenfutter« für andere Nationen einsetzen und beharrte auf eindeutige politische Zusagen. Mit der Besetzung Warschaus kamen nun die Deutschen stärker ins Spiel. Die waren sich über die Zukunft Polens aber nicht einig. In den Augen des Generalgouverneurs Hans von Beseler konnte ein autonomes Königreich Polen künftiger Bundesgenosse im Kampf gegen Russland sein. Immerhin waren allein im ehemaligen Kongress-Polen mehr als 800 000 wehrfähige Polen nicht von der Zarenarmee eingezogen worden und hätten unter die polnische Fahne gerufen werden können. Ein Thronprätendent winkte freilich schnell ab: Der König von Sachsen wollte nach den kostspieligen Erfahrungen seines Vorfahrens August des Starken im 18. Jahrhundert nicht wieder nach der polnischen Krone greifen.

Für die politische Gegenrichtung stand auch die Oberste Heeresleitung, die zu diesem Zeitpunkt für einen Verständigungsfrieden mit Russland mit Wiederherstellung der Vorkriegsgrenzen plädierte. Das Interesse an einer auch nur Teilauto-

Józef Piłsudski als Kommandeur der Polnischen Legion im Ersten Weltkrieg.

nomie Polens war bei den preußischen Konservativen gering. Die ostelbischen Großagrarier waren auf die billigen polnischen Arbeitskräfte angewiesen. Deren nationales Selbstbewusstsein zu stärken, würde nur die Integrationsprobleme erhöhen. Dafür entdeckten die Konservativen ihr Interesse an einer Herauslösung der Ukraine aus dem russischen Reich.

Kaum war die russische Sommeroffensive 1916 unter blutigen Kämpfen abgewiesen, drängten die Militärs auf den Ersatz der Verluste auch durch Freiwillige aus der polnischen Bevölkerung. Am 5. November 1916 proklamierten daher der deutsche Kaiser Wilhelm II. und der österreichische Kaiser Franz Joseph die Errichtung eines Königsreichs Polen, das allerdings nur die bisher zu Russland gehörende Gebiete umfassen und sich eng an die Mittelmächte anlehnen sollte. Dass Zar Nikolaus sechs Wochen später ebenfalls eine Autonomie Polens versprach, mit Gebietserweiterungen zu Lasten der Mittelmächte, war aus polnischer Sicht genauso wenig attraktiv.

Noch herrschten Deutsche und Österreicher über das polnische Territorium. Mit dem Staatsakt vom 5. November war auch die Aufstellung einer Polnischen Wehrmacht angekündigt worden. Den Grundstock sollten die bereits unter K.u.k.-Oberbefehl an der Ostfront kämpfenden Legionen bilden. Sie wurden nun deutschem Oberbefehl unterstellt. Ein Teil der Truppen weigerte sich jedoch, den Treueeid auf einen imaginären polnischen König sowie gegenüber dem deutschen und dem österreichischen Kaiser zu leisten. Man entwaffnete die Soldaten, einige bezog man direkt in deutsche Truppenteile ein, »Anführer« wurden verhaftet, Piłsudski auf die Festung Magdeburg gebracht. Zur gleichen Zeit befand sich auf der Festung Ingolstadt ein zaristischer Gardeoffizier namens Michail Tuchatschewski. Nach mehreren vergeblichen Fluchten erreichte er 1917 den bolschewistischen Aufstand in Russland. Drei Jahre später stand er Piłsudski auf dem Schlachtfeld bei Warschau gegenüber.

Mit dem Zusammenbruch der russischen Front 1917 schien ein möglicher polnischer Beitrag nicht mehr von dringendem Interesse. So ignorierte man 1918 auch das polnische Unverständnis darüber, dass die Deutschen eine Selbständigkeit Litauens und der Ukraine förderten, was historische Ambitionen der Polen tangierte. Alle politischen Lager Polens atmeten daher auf, als im Herbst die deutsche Westfront ins Wanken geriet. Nun konnte die Nation mit westlicher Hilfe rechnen, um die Unabhängigkeit in größeren Grenzen zu verwirklichen. In Frankreich stand die »Blaue Armee« von General Józef Haller mit 70 000 Mann bereit, polnische Freiwillige und ehemalige kriegsgefangene Preußen polnischer Nationalität.

Der Regentschaftsrat in Warschau, den die Mittelmächte für das von ihnen geplante Königreich eingesetzt hatten, proklamierte am 7. Oktober 1918 die Unabhängigkeit Polens und übernahm die Befehlsgewalt über die Armee. »Vorläufiges Staatsoberhaupt« wurde Józef Piłsudski. Die Offiziere seiner ehemaligen K.u.k.-Legion übernahmen die wichtigsten militärischen Posten. Ihre vorrangige Aufgabe war es, mit den improvisierten Kräften, die von der neuen Hegemonialmacht Frankreich erst allmählich aufgerüstet werden konnten, Polen als militärische Großmacht in dem brodelnden Hexenkessel Ostmitteleuropa zu etablieren und die Grenzen so weit wie möglich abzustecken. Alles war in Bewegung, voller Aufruhr und Leidenschaft. Bürgerkriegsparteien, Partisanen und reguläre Kräfte organisierten und bekämpften sich in unübersichtlichen, teils wechselnden Kombinationen. Polen führte (mit Ausnahme Rumäniens) nach allen Seiten »Selbstfindungskriege« (Imanuel Geiss): Im Norden rangen sie mit der litauischen Nationalbewegung um die Region Wilna, im Süden mit den Tschechen um kleinere polnisch besiedelte Enklaven am Rand der Karpaten. Piłsudskis Vorschlag zu einer Konföderation vorwiegend slawischer Staaten Ostmitteleuropas (Międzymorze = Zwischenmeerland) fand bei weißrussischen, ukrainischen und litauischen Politikern keine Zustimmung, da sie befürchteten, sich als Nicht-Katholiken und Nicht-Polen als Bürger zweiter Klasse wiederzufinden.

Größere militärische Kräfte konnten zur Erweiterung der Westgrenze nicht eingesetzt werden, weil hier die Westmächte darauf achteten, dass die deutsch-polnischen Grenzkonflikte nicht eskalierten. Mit Abstimmungen in den umstrittenen Gebieten klärte man die nationalen Mehrheiten und berücksichtigte so die Prinzipien Wilsons zum Selbstbestimmungsrecht der Völker. Nicht in allen preußischen Provinzen, die noch im 18. Jahrhundert zum Königreich Polen gehört hatten, herrschten eindeutige Verhältnisse. So waren schließlich beide Seiten mit dem

Jurek Bitschan,
Mitglied der »Lemberger jungen Adler«,
der im November 1918 getötet wurde.

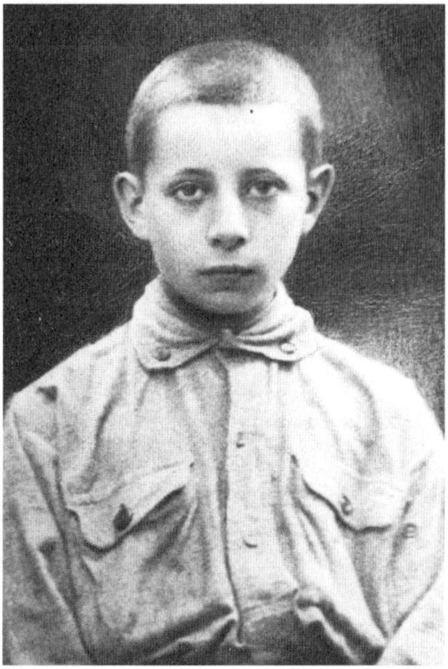

Ergebnis unzufrieden, was zu teils heftigen Gefechten polnischer Freischärler mit deutschen Freikorps führte.

Die deutsche Armee konzentrierte sich indes auf den »Grenzschutz Ost« und musste alle Außenposten, die man insbesondere im Baltikum zu halten versuchte, räumen. Polnische Verbände, in Teilen bisher auf deutscher Seite an der Front gegen die Russen, übernahmen die Ostprovinzen der zusammengebrochenen K.u.k.-Monarchie, das ehemals habsburgische Königreich Galizien und Lodomerien. Allerdings hatte in der Hauptstadt Lemberg die ukrainische Nationalbewegung inzwischen die eigene Unabhängigkeit ausgerufen. Deren militärische Kräfte erwiesen sich aber als zu schwach und zerstritten, um das Vordringen der Polen zu verhindern. Es handelte sich um Gebiete mit einer polnischen Minderheit, die sich am Kampf beteiligte. Im Polnisch-Ukrainischen Krieg wurden um Lemberg Ende 1918 heftige Kämpfe geführt, bis polnische Freiwilligen-Einheiten und reguläre Truppen die Stadt einnehmen konnten.

Seit diesen Tagen gibt es dort einen polnischen Soldatenfriedhof, auf dem sich auch die Gräber zahlreicher Kindersoldaten befinden. Zu den »Orleta Lwowskie«, den »Lemberger jungen Adlern«, gehörte der 14-jährige Jurek Bitschan. Seit 1919 erzählt eine schwermütige Ballade von seinem Tod. Zwei ukrainische Granaten zerrissen ihn am 21. November 1918, während seine Mutter an einem anderen Frontabschnitt ein Frauenbataillon befehligte.

Jurek Bitschan – obrońca Lwowa

Mamo najdroższa! Bądź zdrowa!
Do braci idę w bój.
Twoje uczyły mnie słowa,
Nauczył przykład Twój.
Pisząc to Jurek drżał cały,
Już w mieście walczy wróg.
Huczą armaty, grzmią strzały,
Lecz Jurek nie znał trwóg …

Wymknął się z domu, biegł śmiało,
Gdzie bratni szereg stał,
Chwycił karabin w dłoń małą,
Wymierzył celny strzał!
Toczy się walka zacięta,
Obfity śmierci plon.
Biją się polskie »Orlęta«
Ze wszystkich Lwowa stron.

Bije się Jurek w szeregu,
Cmentarnych broni wzgórz.
Krew się czerwieni na śniegu,
Lecz cóż tam krew – ach, cóż?
Jurek na chwilę upada,
Lecz wnet podnosi się,
Pędzi, gdzie wrogów gromada,
Do swoich znów rwie się.

Rwie się, lecz pada na nowo …
– Ach, mamo, nie płacz, nie! …
Niebios przeczysta Królowo!
Ty dalej prowadź mnie …
Żywi walczyli do rana,
Do złotych słońca zórz –
Ale bez Jurka Bitschana,
Bo Jurek spoczął już …

(Anna Fischer)

Jurek Bitschan – Verteidiger von Lemberg

Mutter, teuerste! Bleib gesund!
Zu den Kameraden geh ich, in den Kampf.
Deine Worte haben mich gelehrt,
Dein Vorbild hat mich geprägt.
Als er das schrieb, zitterte Jurek am ganzen Leib,
Der Feind kämpft schon in der Stadt.
Es dröhnen die Kanonen, es donnern die Schüsse,
Jurek aber kannte keine Angst …

Er schlich sich aus dem Haus und lief kühn,
zu den Kameraden ins Glied,
Er nahm ein Gewehr in seine kleine Hand,
Er legte an zum Treffer!
Es tobt ein erbitterter Kampf,
Die Ernte des Todes ist hoch.
Es kämpfen die polnischen »jungen Adler«
aus allen Teilen Lembergs.

Es kämpft Jurek vorne im Glied,
Verteidigt die Friedhofshügel.
Das Blut färbt den Schnee rot,
Ach ja, dort ist Blut, ach, was soll's?
Jurek sinkt nur kurz nieder,
Steht aber bald wieder auf,
Jagt dorthin, wo des Feindes Schar,
Schlägt sich zu den Seinen zurück.

Er rennt, doch stürzt er jetzt wieder …
– Ach, Mutter, nein, weine nicht! …
Reine Königin des Himmels!
Jetzt führe Du lieber mich …
Die Lebenden kämpften bis in den Morgen,
Bis zur goldenen Morgenröte –
Aber ohne Jurek Bitschan,
denn Jurek, der ruhte schon …

(Übersetzung Dagmar Zeh)

Die Kämpfe endeten im April 1919 nur vorübergehend durch ein Abkommen mit der nationalistischen »Volksrepublik Ukraine« unter Symon Petljura, denn nun rückten die sowjetrussischen Truppen vor. Polnische Truppen sicherten am Dnjepr alte historische Ansprüche ab. Zeitweilig hatten sie wie im 17. Jahrhundert sogar Kiew unter ihrer Kontrolle, bis der Durchbruch der legendären Reiterarmee des bolschewistischen Generals Budjonny sie zum Rückzug zwang. Lemberg konnten die Polen halten. Galizien gehörte ab 1920 zu »Ostpolen«, was von den Westukrainern aber niemals anerkannt wurde.

Hinsichtlich der Grenze zur neuen »Weißrussischen Sowjetrepublik« akzeptierten die Polen nicht die Linie, die der britische Außenminister George Curzon anhand der Sprachengrenze vorgeschlagen hatte. Die polnischen Ansprüche auf die Kresy Wschodnie, das Grenzland Ruthenien, stützten sich auf die Grenzen des 18. Jahrhunderts und auf eine polnische Minderheit in diesem Mischgebiet unterschiedlicher Nationalitäten, Religionen und Kulturen. Das frühere westliche Armenhaus des Zarenreiches wurde schließlich zum östlichen Armenhaus der Zweiten Polnischen Republik. Das polnische Vordringen auf Wilna sowie in Richtung Minsk und Kiew machte die Rote Armee schließlich zum Hauptgegner. Leo Trotzki formierte aus Resten der russischen Armee und Anhängern der Bolschewiki größere Truppenverbände, die sich nach allen Seiten gegen »weißgardistische« Bürgerkriegsarmeen, alliierte Interventionstruppen und nationalistische Aufstände zu wehren hatten. Die Rote Armee rückte Anfang 1920 auch in Richtung Westen vor, um die alten Grenzen des Zarenreiches wiederherzustellen und – nach Möglichkeit – die »Weltrevolution« nach Westeuropa zu verlagern, wo sie nach marxistischem Dogma eigentlich ihren Ursprung und Schwerpunkt hätte haben sollen.

Es war der Höhepunkt des Polnisch-Sowjetischen Krieges[13], den Piłsudski mit seinen Armeen 1919 bis 1921 zu führen hatte. Dieser Krieg zwischen Weichsel und Dnjepr auf den damals noch frischen deutschen Schlachtfeldern fand in den dreißiger Jahren in deutschen militärischen Kreisen große Beachtung. Eine ausführliche Studie des Oberkommandos des Heeres wurde 1939/40 erstellt, als nun die deutsche Seite daran dachte, eine Entscheidungsschlacht in diesem Raum gegen die sowjetische Armee zu schlagen.[14] Das Lagebild Anfang April 1919, in der Anfangsphase des Krieges, zeigt, wie hinter der natürlichen Barriere der Polesje, den Sumpf- und Waldgebieten des Pripjat (Rokitno-Sümpfe), die polnischen Armeen Aufstellung genommen hatten. Nördlich davon hielten Deutsche und Litauer die Front am Njemen. Im Süden führten die ukrainischen Nationalisten ihren Zweifrontenkrieg gegen Polen und die Rote Armee.

Anfang 1920 wollten die Polen mit einem Präventivschlag der sich abzeichnenden sowjetrussischen Offensive zuvorkommen. Sie eroberten Dünaburg und übergaben die Stadt an Lettland. Ihre Offensive in Weißrussland führte sie über Minsk hinaus. Der Hauptstoß wurde in der Ukraine bis über den Dnjepr bei Kiew geführt. Die Russen waren zumeist ausgewichen und starteten am 15. Mai mit der südwestlichen Armeegruppe Jegorow eine Gegenoffensive, die Polen zum Rückzug aus

Kiew zwang und zur Belagerung von Lemberg führte. Die westliche Armeegruppe durchbrach nördlich der Pripjat-Sümpfe unter General Tuchatschewski die passiv und linear aufgestellte polnische Front, um in einem atemberaubenden Gewaltmarsch bis an die Weichsel nördlich von Warschau vorzustoßen. Sie berührten dabei die Grenze zu Ostpreußen.

Dort schwankten die Deutschen zwischen der Furcht vor den Bolschewisten und der leisen Hoffnung auf einen gemeinsamen Kampf gegen die Entente. Südlich der breiten Sumpfbarriere des Pripjat gelang es den Polen nur mühsam, den Vormarsch der Reiterarmee unter General Budjonny zu verzögern. Eine Vereinigung beider sowjetrussischer Stoßrichtungen konnte immerhin verhindert werden. Als Warschau unmittelbar bedroht und die Moral der polnischen Kräfte zu schwinden schien, zog Piłsudski Kräfte aus dem Süden ab, organisierte den Widerstand und bereitete den Gegenschlag vor.

Tuchatschewskis Angriffsspitzen erreichten das Mündungsgebiet des Narew – eine Situation, die sich Anfang 1944 wiederholen sollte und der Wehrmacht die Gelegenheit verschaffte, in der Panzerschlacht vor Warschau einen letzten operativen Erfolg gegen die Rote Armee zu erzielen.[15] Stalin hatte 1920 als Politkommissar das Desaster erlebt. 24 Jahre später konnte er es wieder nicht verhindern. Die Geographie und eine darauf abgestellte operative Idee retteten Polen 1920 durch das »Wunder an der Weichsel«, 1944 trug der deutsche Abwehrerfolg an selber Stelle dazu bei, dass der nationalpolnische Warschauer Aufstand niedergeschlagen werden konnte. Polen fiel nun als reife Frucht in Stalins Hände – womit das Land für mehr als vier Jahrzehnte seine Unabhängigkeit einbüßte.

Vertieft man sich in die militärischen Einzelheiten des Krieges von 1920, so fallen zwei Eigenheiten auf: einerseits die Bedeutung der militärgeographischen Faktoren des Raumes, die einzelnen Vormarschstraßen, Flüssen und Ortschaften wichtige taktische Bedeutung zuwiesen – deshalb ist es nicht verwunderlich, wenn sich Fluss- und Ortsnamen in beiden Weltkriegen in der Darstellung operativer Abläufe wiederholen –, andererseits jene weiträumigen, schnellen Bewegungen sowie überraschenden Schwerpunktsetzungen, die bei entschlossener, straffer Führung auch kräftemäßig unterlegenen Armeen zum Sieg über den Gegner zu verhelfen mochten. Noch einmal konnte die Kavallerie zumindest in diesem Gelände ihre Bedeutung für schnelle weitreichende Bewegungen größerer Heereskörper unter Beweis stellen.

Im August 1920 jedenfalls gelang es Piłsudski, den bei Warschau abgebremsten russischen Angriff durch einen weiträumig geführten Gegenschlag aus dem Raum Brest Richtung Białystok in einen fluchtartigen Rückzug zu verwandeln, der mit der Vernichtung großer Teile von drei sowjetrussischen Armeen endete. Die Spitze bildeten seine unter deutscher Regie während des Weltkriegs ausgebildeten Legionärsdivisionen. Tuchatschewskis Eliteverband, die 4. Armee, wurde gegen die ostpreußische Grenze gedrückt. Um der Gefangennahme zu entgehen, brauchte man die deutsche Hilfe. So überquerten die Reste der Armee am 25. August die Grenze.

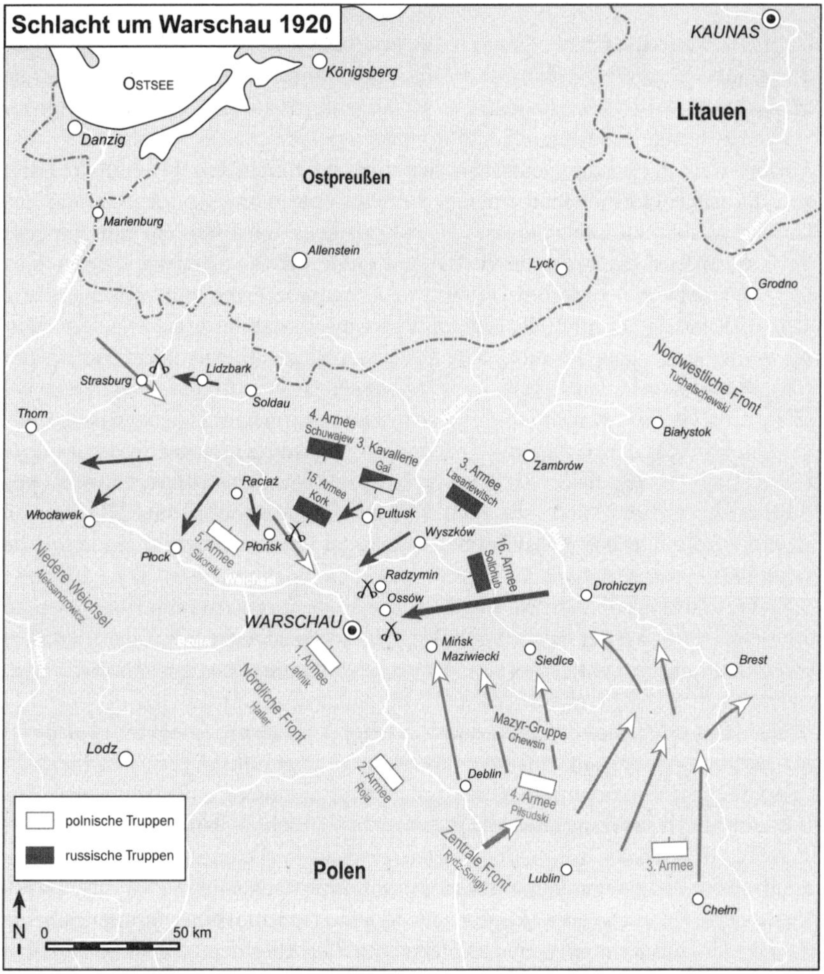
Schlacht um Warschau 1920
OSTSEE
Königsberg
Danzig
KAUNAS
Litauen
Ostpreußen
Marienburg
Allenstein
Lyck
Grodno
Nordwestliche Front
Tuchatschewski
Lidzbark
Strasburg
Soldau
Thorn
4. Armee
Schuwajew
3. Kavallerie
Gai
3. Armee
Lasarewitsch
Białystok
Zambrów
Raciaż
15. Armee
Kork
Pultusk
Włocławek
Wyszków
Płońsk
Płock
5. Armee
Sikorski
16. Armee
Sollohub
Radzymin
Ossów
Drohiczyn
Niedere Weichsel
Aleksandrowicz
WARSCHAU
Mińsk Maziwiecki
Siedlce
Brest
1. Armee
Latinik
Nördliche Front
Haller
Mazyr-Gruppe
Chewsin
Lodz
Deblin
2. Armee
Roja
4. Armee
Piłsudski
polnische Truppen
russische Truppen
Zentrale Front
Rydz-Śmigły
Polen
Lublin
3. Armee
Chełm
N
0
50 km

»Einen Tag später folgte das Kavalleriekorps Gai ihrem Beispiel, das mit flatternden roten Fahnen und unter Absingen der Internationale die deutsche Grenze überschritt, um sich in Deutschland entwaffnen zu lassen.«[16] Die Rotarmisten konnten heimkehren.

Das Auftreten französischer Militärberater in Warschau hatte bei der Reichswehr die Neigung gestärkt – Bolschewismus hin oder her –, auf die russische Karte zu setzen. Den Sieg Piłsudskis spielten die Deutschen damals in seiner Bedeutung sowohl politisch als auch militärfachlich herunter. Das sollte sich erst 1934 ändern, als Hitler seinen Pakt mit dem Marschall von Polen abschloss. Dessen Sieg über die russische Armee von 1920 war dem deutschen von 1914 bei Tannenberg allemal ebenbürtig. Tuchatschewski verglich seine Operation später mit dem deutschen Vormarsch auf Paris 1914. Sein Versuch, nach dem Fehlschlag nördlich von Warschau eine neue Verteidigung an der Memel zu organisieren, zerschlugen die Polen. Es gelang ihnen ebenfalls, Budjonnys Reiterarmee im Süden zurückzuwerfen. Der Krieg endete endgültig im März 1921 mit der Unterzeichnung des Friedensvertrags von Riga. Beide Seiten waren erschöpft, Polen insofern saturiert, weil es Piłsudski gelungen war, wenn auch nicht gänzlich die Grenze von 1772, so doch mehr als 200 Kilometer tiefen Raum ostwärts der Curzon-Linie für die polnische Republik zu sichern.

Wenige Jahre nach dem Krieg kam es zu einem bemerkenswerten literarischen Duell beider Feldherren. Tuchatschewski analysierte in einer kleinen Schrift seinen Vormarsch an die Weichsel – ein Auszug davon lag im August 1940 der ersten Operationsstudie für einen Angriff der Wehrmacht auf die UdSSR bei[17] –, Piłsudski antwortete mit eigenen Erinnerungen, in denen er sich mit seinem Gegenspieler fair, fast könnte man sagen: »kameradschaftlich«, auseinandersetzte. Die deutsche Übersetzung beider Schriften erschien, in einem Band vereint, 1935 mit einem Vorwort von Reichskriegsminister Werner von Blomberg. Es handelte sich offenbar um ein Lehrstück für Hitlers Generalstab. Doch dazu später.

Piłsudski, der ehemalige polnische Revolutionär und militärische Autodidakt, hatte sich 1920 bei der Verteidigung Polens geschickter und erfolgreicher erwiesen als der generalstabsmäßig geschulte deutsche Berufsoffizier Erich Ludendorff 1914/15 auf demselben Terrain. Erst an der Seite der Deutschen gegen die Russen, dann als Retter Europas vor dem Bolschewismus, erwarb er sich einen Ruhm, als ein ehemaliger deutscher Gefreiter in Münchner Bierkellern gerade seine Karriere als Politiker und selbsternannter »Größter Feldherr aller Zeiten« begann.

Die deutsch-polnische Waffenbrüderschaft hätte eigentlich das Jahr 1918 überdauern können. Dass die Geschichte eine andere Richtung nahm, lag nicht nur an den polnischen Gebietsansprüchen gegenüber dem Reich und an der Rolle, die Warschau in den zwanziger Jahren als Bollwerk französischer »Einkreisungspolitik« gegenüber Deutschland übernahm. Die Weichen in Berlin waren schon längst in eine andere Richtung gestellt. Am Anfang stand das Bündnis zwischen der deutschen Heeresleitung und den russischen Revolutionären, mit dem 1917 das Zaren-

Der spätere Generalstabschef der Sowjetunion Michail Tuchatschewski als Offizier der Roten Armee, um 1918.

reich zum Einsturz gebracht worden war, sowie das Zusammenwirken mit der Roten Armee Lenins und Trotzkis. Es ermöglichte trotz der katastrophalen Niederlage Deutschlands eine über zwei Jahrzehnte betriebene geheime Revisions- und Aufrüstungspolitik, die beide Armeen 1939 wieder zusammenbrachte und zur Entfesselung des Zweiten Weltkriegs führte.

Eine Schlüsselfigur in diesem Spiel ist General Hans von Seeckt gewesen.[18] Er wurde 1920 Chef der Heeresleitung in Berlin und gehörte zu jenen Männern, die noch 1918 von den vermeintlichen Aussichten einer deutschen Weltpolitik fasziniert waren, die sich auf einen deutsch-russischen Block stützen würde. Zusammen mit seinem damaligen Oberbefehlshaber August von Mackensen galt er als Architekt des strategisch wichtigen deutschen Sieges von Tarnow-Gorlice, mit dem es 1915 gelungen war, die russische Armee im polnischen Raum zurückzudrängen. Seeckt kannte also das Terrain, auf dem Piłsudski 1920 seinen Ruhm erwarb. Aber als deutscher Heereschef hielt er in der Weimarer Republik aus strategischen Gründen an der Kooperation mit Trotzkis Roter Armee fest. Dass es sich dabei nicht nur um Erwägungen der Landesverteidigung handelte, sondern er auch globalen machtpolitischen Vorstellungen folgte, zeigt der Einsatz von Hauptmann Oskar Ritter von Niedermayer im Moskauer Reichswehr-Büro. Niedermayer hatte im Ersten Weltkrieg eine Expedition nach Kabul geführt und hatte dort einen Einmarsch deutsch-afghanischer Kräfte ins Herz des britischen Empire vorbereitet. Als Vertreter Seeckts in Moskau in den zwanziger Jahren setzte er auf ein deutsch-sowjetisches Bündnis mit gleicher geopolitischer Stoßrichtung, wofür er 1939/40 in Zeiten des Hitler-Stalin-Pakts – nun als einflussreicher Professor für Geopolitik an der Berliner Universität – in Kreisen der Wehrmacht und des Auswärtigen Amtes viel Zuspruch fand. 1942 sorgte Stauffenberg, der spätere Hitler-Attentäter, dafür, dass Niedermayer – als Generalmajor reaktiviert – in der besetzten Ukraine eine aus Turkvölkern bestehende Infanteriedivision aufstellen konnte, die nach einem Erfolg der deutschen Sommeroffensive als Speerspitze über den Kaukasus nach Indien marschieren sollte.[19]

Doch zurück zur Anfangszeit der Weimarer Republik, in der es die Militärs vorzogen, als »Staat im Staate« von besseren Zeiten zu träumen und mit allen legalen und auch illegalen Mitteln am »Wiederaufstieg« zu arbeiten. In der Außen- und Militärpolitik gab es den größten Konsens. Die Führung der neuen Reichswehr lehnte ebenso wie die maßgeblichen politischen Kräfte der Republik die Friedensbedingungen des »Versailler Diktats« ab und strebte nach Wiederherstellung der Grenzen von 1914 sowie einer deutschen Großmachtposition.[20] Auf der ideologischen Ebene dagegen gab es eine große Bandbreite der Auffassungen, ebenso hinsichtlich der einzelnen Schritte und Ziele der angestrebten Revision der Ergebnisse des Ersten Weltkriegs.

Rapallo und das deutsch-sowjetische Zweckbündnis

In den frühen zwanziger Jahren zeigte sich auch die militärische Führungsspitze trotz ihres betont »realpolitischen« Denkens nicht frei von Illusionen. Weil sie das Zusammengehen von Paris und Warschau als gleichsam eiserne Umklammerung interpretierte, ließ sich noch nicht einmal an eine erfolgversprechende Landesverteidigung denken. Mit dem kleinen 100 000-Mann-Heer, ohne schwere und moderne Waffen, und bei einer instabilen Innenpolitik wäre jeder Widerstand gegen eine mögliche Intervention von außen letztlich zum Scheitern verurteilt gewesen.

Vor diesem Hintergrund ist das Zustandekommen des Rapallo-Vertrags zu beurteilen, der zwischen dem Deutschen Reich und Sowjetrussland im April 1922 geschlossen wurde. Unter dem diplomatischen Deckmäntelchen der Normalisierung der Beziehungen zwischen den beiden Staaten verbarg sich eine Reihe von weitgehenden militärischen und rüstungspolitischen Abmachungen, mit denen Seeckt und Trotzki die geheime Zusammenarbeit von Reichswehr und Roter Armee auf eine neue Basis stellten.[21] Politisch-ideologisch betrachtete man sich wechselseitig eigentlich als Inkarnation des Bösen, aber solche Emotionen ließ man tunlichst beiseite, denn der abgrundtiefe Hass gegenüber Polen überwog alles. Reichswehr und Rote Armee sahen sich beide von der vermeintlich polnischen Arroganz gedemütigt und trachteten nach Revanche. Erich von Manstein, im Zweiten Weltkrieg das größte operative Talent der Wehrmacht, erinnerte sich später: »Polen musste für uns eine Quelle bitterer Gefühle sein.«[22] Die Polen galten als Verräter, die unverdient den Status einer Großmacht beanspruchten.

Seeckt, im September 1922:
»Polens Existenz ist unerträglich, unvereinbar mit den Lebensbedingungen Deutschlands. Es muss verschwinden und wird verschwinden durch eigene, innere Schwäche und durch Russland – mit unserer Hülfe. [...] Polen kann niemals Deutschland irgendwelchen Vorteil bieten, nicht wirtschaftlich, denn es ist entwicklungsunfähig, nicht politisch, denn es ist Vasall Frankreichs.«[23]

Reichswehr und Rote Armee brauchten sich auf kurze Sicht. Sowjetrussland bot das Terrain, auf dem die Deutschen verbotene Waffen testen und produzieren konnten. Im Kriegsfalle hoffte man, über die Ostsee große Mengen an Waffen und Munition aus den gemeinsamen Fabriken in Russland heranschaffen zu können. Zugleich könnte man dann Polen in die Zange nehmen, wobei die Rote Armee die Offensive übernehmen müsste, weil die Hauptkräfte der Reichswehr in ihrer Zweifrontensituation im Westen gegen Frankreich gebunden sein würden. Ungeachtet der damals noch völlig ungenügenden militärischen Kräfte beider Partner schwärmten manche wie 1813/14 von einem gemeinsamen Kampf am Rhein zusammen mit den russischen Kosaken.

Die Führung der Roten Armee wiederum erhoffte sich im Rahmen ihrer durchgreifenden Reorganisation und Professionalisierung vom Transfer deutscher militärischer Kunst und Rüstung einen bedeutenden Entwicklungsschub. Nach wie vor war die UdSSR international weitgehend isoliert. Aus allen Himmelsrichtungen drohten mögliche Interventionen und Aufstände. Die Kooperation mit der Reichswehr verschaffte ihr Entlastung gegenüber Polen, das als militärischer Hauptgegner des bolschewistischen Russland anzusehen war.

In Berlin und Moskau betrachtete man die geheime Zusammenarbeit keineswegs als »Liebesheirat«, sondern als Zweckbündnis. Die deutsche Heeresleitung bestand aus glühenden Antikommunisten, und ihre Bereitschaft, sich auf derart riskante Bindungen einzulassen, war an die Erwartung einer evolutionären Entwicklung in Sowjetrussland gebunden. So wie man in Moskau noch lange Zeit annahm, dass Deutschland über kurz oder lang der Revolution anheimfallen würde, glaubten in Berlin nicht wenige Politiker, Wirtschaftler und Militärs, dass der Kommunismus in Russland zum Scheitern verurteilt war. Umso mehr kam es darauf an, zu verhindern, dass ein nachrevolutionäres Russland wieder Anschluss an Frankreich finden könnte. Deshalb verband sich mit dem starken wirtschaftlichen und militärischen Engagement im Osten die Hoffnung, »Stützpunkte« deutschen Einflusses schaffen zu können, die bei einem Zusammenbruch des Sowjetkommunismus die enge Verbindung zwischen Berlin und Moskau gewährleisten würden. In dieser Hinsicht richteten sich die Erwartungen insbesondere auf das höhere Offizierkorps der Roten Armee, das vielfach wie Tuchatschewski aus der früheren militärischen Elite der Zarenarmee bestand.

Diese Erwartung sollte sich bekanntlich als Illusion erweisen, steckte aber noch in den dreißiger Jahren in den Köpfen. In der täglichen Realität deutscher Militär- und Sicherheitspolitik musste man viel nüchterner kalkulieren. Die deutsch-polnischen Beziehungen entwickelten sich in den zwanziger Jahren zu einem »Kalten Krieg«.[24] Der »Volkstumskampf« in den umstrittenen Grenzgebieten wurde von beiden Seiten gefördert. Alle demokratischen Regierungen der deutschen Republik sahen sich verpflichtet, das »Deutschtum« in Polen finanziell zu unterstützen. Gustav Stresemann, als Reichsaußenminister mit dem Friedensnobelpreis geehrt, der Deutschland 1926 in den Völkerbund führte und den Ausgleich mit Frankreich suchte, erkannte wie die meisten deutschen Politiker die Grenze zu Polen nicht an. Handelskrieg und Förderung der deutschen Minderheit verbanden sich mit der Erwartung eines wirtschaftlichen und inneren Zusammenbruchs des polnischen Staates, der dann den Weg zu Grenzkorrekturen öffnen würde. Auf Danzig, den Korridor und Ostoberschlesien zielte die deutsche Revisionspolitik gegenüber Polen.[25]

Dabei konnte Warschau für sich in Anspruch nehmen, unverändert das stärkste Bollwerk Europas gegen den Sowjetkommunismus zu bilden, obwohl es von so unterschiedlichen feindlichen Nachbarn eingekreist war. In Berlin gab es hinsichtlich der Beziehungen zu Russland keineswegs einheitliche Auffassungen. Bei rechtsextremen Randgruppen bis hinein ins konservative Lager gab es – teilweise auch rassenideologisch begründete und aggressive – antirussische Einstellungen, die unter antikommunistischen und teils auch antisemitischen Vorzeichen Gedanken fortführten, die bereits im 19. Jahrhundert formuliert und in extremster Form von den »alldeutschen« Propagandisten bis in den Ersten Weltkrieg hinein verbreitet worden waren. Daneben existierten freilich auch sich realpolitisch verstehende bis russophile Vorstellungen, die man als Rapallo-Fraktion zusammenfassen könnte. Ihnen allen gemeinsam war – bis auf Ausnahmen – eine stark ausgeprägte Polenfeindschaft, die hauptsächlich aus der damaligen außenpolitischen Konfrontation resultierte.

Bei Kriegsspielen und verteidigungspolitischen Überlegungen der Reichswehr in den zwanziger Jahren wurde ein Krieg gegen Polen deshalb jederzeit für möglich, ja letztlich auch für unausweichlich gehalten. Allerdings rückten mit der Entlassung Seeckts 1926 und mit der langfristig angelegten, systematischen Aufrüstung der Reichswehr defensive Strategien in den Mittelpunkt. Man unternahm erste Anstrengungen, um mit verdeckten Maßnahmen die Grenzsicherung im Osten zu modernisieren und auszubauen. Ein »Ostwall« erhielt – noch nicht als Linie von Festungsanlagen, die der Versailler Vertrag verboten hatte – Gestalt. Er sollte im Verteidigungsfall der Reichswehr Zeit verschaffen, um mit geringen Kräften an der Oder einen polnischen Überraschungsangriff gegen Berlin aufzuhalten, bis stärkere Kräfte durch die Mobilmachung zur Verfügung stehen würden. Die Sicherung des wegen des polnischen Korridors und des neutralisierten Status von Danzig isolierten Ostpreußens stellte ein strategisch besonders wichtiges Problem dar.

Der potentiell gefährlichste Gegner war nach wie vor Frankreich, das sich aber seit Mitte der zwanziger Jahre stärker auf eine defensive Landesverteidigung konzentrierte und sich mit dem Bau der gigantischen Maginot-Linie gegenüber der deutschen Grenze einbunkerte. Stresemanns Appeasement-Politik gegenüber Paris trug Früchte. Es gab dem Auswärtigen Amt die Möglichkeit, das Problem der Ostgrenzen offenzuhalten. Rasche Lösungen waren freilich nicht zu erwarten. Als Ziele einer längerfristigen Vorbereitung einer dann auch mit militärischen Mitteln zu unterstützenden Revisionspolitik formulierte das Truppenamt Anfang 1926 in einer Denkschrift: Wiederherstellung der deutschen Souveränität, Befreiung des Rheinlands sowie des Saarlands, Anschluss Deutsch-Österreichs, Beseitigung des Korridors und Wiedergewinnung Polnisch-Oberschlesiens. Bei den beginnenden Abrüstungsverhandlungen im Rahmen des Völkerbunds komme es deshalb darauf an, von deutscher Seite dafür zu sorgen, dass vor allem Frankreich und Polen ihrer dominierenden militärischen Macht verlustig gehen würden.[26] Das war nun kaum zu erhoffen, konnte aber bei einem Scheitern der Verhandlungen dem deutschen »Gleichberechtigungsanspruch« und damit der angestrebten eigenen Aufrüstung Vorschub leisten.

Innenpolitisch und militärisch hatte sich Polen noch keineswegs so gefestigt, wie es sich Marschall Piłsudski erhoffte. 1923 hatte sich dieser grollend aus der Politik zurückgezogen. Wie viele seiner Zeitgenossen war er von der parlamentarischen Demokratie tief enttäuscht. Seine sozialistische und soldatische Einstellung suchte nach anderen Formen von Staat und Gesellschaft. In Italien hatte gerade erst ein gewisser Benito Mussolini von sich reden gemacht, an dessen Vorbild sich sogleich auch ein politischer Abenteurer wie Adolf Hitler orientierte. Doch wäre jegliche Gleichsetzung falsch, denn Piłsudski träumte anders als seine Gegenspieler, die nationalistische Rechte Polens, nicht von einem ethnisch homogenen Staat, sondern von einem Polen als »Heimat vieler Nationen, als Gemeinschaft vieler Kulturen«, darunter auch der jüdischen.[27]

Im Mai 1926 führte er mit der Unterstützung seiner zahlreichen Anhänger in der Armee und der Linksparteien einen Staatsstreich durch und riss die Macht an sich, die er bis zu seinem Tod 1935 behielt. Allerdings bekleidete Piłsudski hierbei nur selten und nur für kurze Zeit offiziell bedeutende Ämter. Er war nie Staatspräsident, sondern überließ dieses Amt seinem loyalen Gefolgsmann Ignacy Mościcki. Piłsudski fungierte meist nur als Verteidigungsminister. Allerdings war er die allgemein anerkannte oberste Autorität im Staat. Auch gab es zumindest bis zum Ende der zwanziger Jahre eine mehr oder weniger funktionierende, sogar im Parlament vertretene Opposition, die allerdings konsequent an der Übernahme der Macht gehindert wurde. Das Regime wird in der Historiographie oft als »Vernunftdiktatur« bezeichnet, nannte sein politisches Konzept selbst »Sanacja« (Gesundung). Piłsudskis politische Schriften und Reden fanden immerhin Eingang in die spektakuläre deutsche Ausgabe seiner Werke, die 1935 erschien und von der noch ausführlich die Rede sein wird. Im selben Jahr, kurz nach Piłsudskis Tod, trat auch eine auf ihn zugeschnittene Verfassung in Kraft.

Die polnische Armee, von Piłsudski seit 1926 wieder persönlich geführt, war keineswegs in einer glänzenden Verfassung. Ladislaus Sikorski (1921/22 Chef des Generalstabs, 1922/23 Ministerpräsident, 1924/25 Kriegsminister), ein enger Vertrauter des Marschalls, publizierte 1928 in Paris seine Erinnerung an den Krieg von 1920.[28] Bei der Analyse der Stärken und Schwächen der polnischen Armee stellte er in den Mittelpunkt der Kritik: die unzureichende Planung der Armeeführung, Passivität und Ängstlichkeit der mittleren sowie der unteren Führung, Fehler in der taktischen und operativen Führung, den unzureichenden Ausbau von Verteidigungsanlagen sowie die teilweise geringe Qualität des Offizierkorps. Es habe vielen am Vorwärtsdrang gefehlt und an der Fähigkeit, auch unter Beschuss schnell und energisch zu reagieren.

Im Reichswehrministerium in Berlin studierte man diese Ausführungen mit großem Interesse. Sie bestätigten den Eindruck, den man selbst gewonnen hatte, und man war sich sicher, dass die Entwicklung der polnischen Armee seit 1920 nur geringe Fortschritte machte, eine Auffassung, die sich bis 1939 auch nicht wesentlich ändern sollte. In einer geheimen Ausarbeitung hatte die Reichswehr 1927 eine umfassende Einschätzung der polnischen Armee vorgenommen.[29] Es imponierte vor allem deren starke politische Stellung im Staat – verständlich vor dem Hintergrund des stabilisierten eigenen Regierungssystems, in dem die Reichswehrführung an politischer Bedeutung verloren hatte.

Obwohl Polen der bevorzugte Partner Frankreichs war, verfügte es nur über älteres Rüstungsmaterial und eine schwach entwickelte eigene Rüstungsindustrie. Bei rund 28 Millionen Einwohnern zahlenmäßig zwar sehr viel kleiner als Deutschland, konnte Polen im Kriegsfalle ein weit stärkeres Heer ins Feld führen. Schon die Friedensstärke betrug mit 320000 Mann das Dreifache der Reichswehr. Verteilte man das freilich auf zwei Fronten, konnte das eigentlich aus deutscher Sicht nicht allzu bedrohlich wirken.

In Berlin erkannte man außerdem die qualitative Schwäche des polnischen Offizierkorps und stellte die Nationalitätenfrage in Rechnung. Nur 58 Prozent der Bevölkerung zählte man zu den »reinen Polen«. Die aus den ehemals deutschen Gebieten stammenden Polen stünden kulturell am höchsten und hätten im Weltkrieg sowie im Krieg von 1920 »unter guten Führern im Allgemeinen recht gute Soldaten« abgegeben. Dagegen stünden die aus Kongress-Polen stammenden Polen kulturell am niedrigsten und hätten unter russischem Kommando oft versagt. Im Kriegsfalle könnte, so hieß es in der Einschätzung, die Nationalitätenfrage »einmal entscheidend für die Zuverlässigkeit und den Kampfwert des polnischen Heeres werden« – eine Prognose, die 1938/39 eine wichtige Rolle spielte. Neben anderen Minderheiten seien die Ukrainer mit 17,9 Prozent, die Juden mit 10,7 Prozent und die Deutschen mit 5,7 Prozent anzusetzen. »Der Hass gegen Polen ist unter den ostgalizischen Ukrainern am stärksten ausgeprägt. […] Auch die Juden werden scharf von den Polen unterdrückt.«[30]

Zur Strategie führte die Studie aus, dass die polnischen Truppen nicht ausreichten, um die ausgedehnten Grenzen vollständig zu besetzen. Deshalb setze man in Warschau – im Gegensatz zu französischen Vorstellungen – auf die Schwerpunktbildung mit schnellen und beweglichen Verbänden. Das kam dem deutschen militärischen Denken am nächsten. Die polnische Armee verfügte Ende der zwanziger Jahre zwar nur über ein Sammelsurium meist veralteter Panzer, zumeist leichte Straßenpanzerwagen – die geheimen Versuchsmodelle der Reichswehr sahen allerdings nicht besser aus –, doch konnte sie damit im Kriegsfalle immerhin zwei mechanisierte Divisionen aufstellen. Angesichts ihrer schlechten Straßenverhältnisse setzten die Polen statt mechanisierter Kampfmittel[31] ohnehin stärker auf die Kavallerie – eine Beobachtung, die eigentlich nicht für polnische Pläne sprach, an der Westgrenze zu Deutschland unter Umständen offensiv werden zu wollen.

Und wenn es stimmt, dass die polnische Verteidigungsplanung nicht auf einen Zweifrontenkrieg gegen eine deutsch-russische Allianz eingestellt war, weil man hinsichtlich der eigenen Westgrenze auf das Eingreifen Frankreichs vertraute, dann rechnete man offensichtlich eher mit einer Wiederholung des Krieges mit Sowjetrussland. Doch wie waren Fähigkeiten und Absichten der Roten Armee einzuschätzen?

Hierzu verfasste die deutsche Heeresleitung im Juni 1926 eine grundlegende, geheime Studie, die nüchtern und sachlich gehalten dem möglichen Bundesgenossen zwar einige Schwächen, aber doch erhebliches Entwicklungspotential bescheinigte.[32] Der Feldzug von 1920 habe zwar beachtliche Anfangserfolge gebracht, doch dem »kraftvollen, einheitlich geleiteten Gegenstoß« sei die Rote Armee vollständig erlegen. Das habe nicht an der höheren Führung gelegen – den zum Generalstabschef aufgestiegenen Tuchatschewski galt es zu schonen –, sondern an den Unterführern, die mehr nach politischer Gesinnung ausgewählt worden waren, schließlich auch an der »minderwertigen« Disziplin der einfachen Soldaten, die nur aus Furcht vor Spitzeln und Vorgesetzten gekämpft hätten. Aber selbst überzeugte Kommunisten seien nach ihrem aktiven Dienst und ihrer Rückkehr aufs Land sehr bald wieder zu »antikommunistischen Bauern« geworden. Dennoch werde die Rote Armee »gegen jeden äußeren Feind, zumal es die Sowjetregierung versteht, in solchen Fällen das nationalrussische Gefühl geschickt auszuspielen, zum Schutze ihres Vaterlandes jederzeit willig und opferbereit ins Feld ziehen«.

Mit der inzwischen vorgenommenen Reduzierung und dem Umbau zu einem professionellen stehenden Heer von rund 400 000 Mann waren auf allen Gebieten erhebliche Fortschritte zu verzeichnen. Deshalb hielt es Seeckt für angemessen, im Vorfeld der Unterzeichnung des deutsch-sowjetischen »Berliner Vertrages« den Stellvertretenden Volkskommissar für das Kriegswesen, Josef Unšlicht, und seine Delegation zu empfangen. Mit dem Vertrag sicherte Deutschland 1926 der UdSSR zu, bei einem sowjetischen Verteidigungskrieg neutral zu bleiben. Damit erhielt Moskau bei einem Konflikt mit Polen, und um den ging es letztlich, die Gewähr einer deutschen Rückendeckung. Frankreich würde seinem polnischen Verbündeten in diesem Fall kaum Unterstützung gewähren können. Dass von deutscher Neutralität keine Rede sein konnte, zeigte die Verständigung auf eine Intensivierung der geheimen Militärbeziehungen; unter anderem wurden der Bau einer Panzerschule in Kasan und die Erweiterung der Fliegerschule in Lipezk beschlossen, ebenso die gegenseitige Beteiligung an Manövern, Generalstabsreisen und Kriegsspielen.[33]

In den nächsten Jahren entwickelten sich die Beziehungen trotz einiger Schwierigkeiten zufriedenstellend, auch wenn die sowjetische Seite zunehmend selbstbewusster auftrat und die Deutschen den Eindruck gewinnen mussten, dass ihre Investitionen in der UdSSR höchst unsicher waren. Doch es gab auch immer wieder ermutigende Signale. Der Leiter der Heeres-Organisations-Abteilung (T 3), Oberst Ritter von Mittelberger, berichtete nach einer Inspektionsreise durch die Sowjetunion, dass der – betont hervorgehoben – ehemalige zaristische Gardeleutnant und jetzige Generalstabschef der Roten Armee, Michail Tuchatschewski, außerordentlich klug und ehrgeizig sei. »Allgemein wisse man, dass er nur aus Opportunitätsgründen Kommunist sei. Man traue ihm auch den persönlichen Mut zu, den Absprung vom Kommunismus zu wagen, falls es ihm im Verlauf der weiteren Entwicklung der Dinge angezeigt erscheinen sollte.« Im Falle einer »Umwälzung« würde die Sowjetarmee die ausschlaggebende Rolle spielen. Schon jetzt entferne sie sich immer mehr von der Ideologie der Partei.[34]

Das Truppenamt, also der getarnte deutsche Generalstab, beteiligte seit dem Winter 1927/28 auch das Auswärtige Amt an seinen Übungsreisen. Dabei wurden Planungsgrundlagen und Entscheidungsprozesse in einem Kriegsfalle möglichst realistisch auf der Stabsebene durchgespielt. Hinsichtlich der jeweils angenommenen politischen Konstellationen handelte es sich zwar nur um Fiktionen, doch ist davon auszugehen, dass Diplomaten und Offiziere dabei ihre Annahme über wahrscheinliche, zumindest denkbare Szenarien einbrachten.

Das Kriegsspiel 1927/28 ging von der Annahme aus, dass im Vorfeld eines Konflikts die polnische Absicht erkennbar geworden sei, ohne eigene Mobilmachung überraschend Ostpreußen zu besetzen. Zur Unterstützung würden die Polen einige Angriffe gegen das übrige Reichsgebiet führen und als Vorhut irreguläre Verbände einsetzen. Es liefe auf einen Zweikampf Deutschland–Polen hinaus, weil die deutschen Beziehungen zu Frankreich gefestigt seien und Russland von innenpolitischen Kämpfen so stark in Anspruch genommen werde, dass es keine Bedrohung für Polen darstelle. Als Hintergrund für die letztgenannte Annahme ist der Machtkampf zwischen Stalin und Trotzki zu sehen, der bereits 1925 sein Amt als Kriegskommissar verloren hatte und just zu der Zeit des deutschen Kriegsspiels offiziell verbannt wurde.

Bei diesem Kriegsspiel hatten die Militärs nach eigenem Bekunden die militärische Ausgangslage als »außergewöhnlich günstig« eingeschätzt, was dem Vertreter des Auswärtigen Amts Anlass zu einer boshaften Notiz war: »Ferner wird anscheinend angenommen, dass England das Opfer eines Seebebens wurde und Amerika teils durch Wirbelstürme, teils durch falsche Spekulationen dem Ruin anheimfiel, während die Tschechoslowakei vollständig mit dem Abschluss von Konkordatsverhandlungen beschäftigt war.«[35] Dennoch musste der Chef des Truppenamts, Werner von Blomberg, als Ergebnis des Kriegsspiels einräumen, dass die deutschen Aussichten nach dem gegenwärtigen Rüstungsstand denkbar ungünstig waren. Selbst wenn man Polen allein gegenüberstehen würde und dieses nicht anderweitig gebunden sei, könnte »nur kurze Zeit und unter Verlust weiter deutscher Gebiete einigermaßen aussichtsreichen Widerstand« geleistet werden. Die Verteidigung des isolierten Ostpreußens und die Notwendigkeit der Versorgung über See bereiteten die größten Sorgen.

Umso mehr dürfte es Blomberg befriedigt haben, als er einige Monate später zur Inspektion in die UdSSR reiste und die dortigen gemeinsamen Unternehmungen »in bestem Zustand« fand. Das bestätigte ihn in seinem Urteil: »Ihr großer Wert für unsere Rüstung ist zweifelsfrei. Sie voll auszunutzen ist vom Rüstungsstandpunkt aus von lebenswichtigem Interesse.«[36] Die Reichswehr könne auf vielen Gebieten sogar von der Sowjetarmee lernen. Hinsichtlich der Stabstätigkeit seien Mängel unübersehbar, aber die taktischen und operativen Grundsätze würden dem deutschen Vorbild entsprechen. Und in Verteidigung und Rückzug sei die Rote Armee geschickter als im Angriff. Deren Erstarkung sei in jedem Falle wünschenswert. Schon jetzt müsse mit ihr gerechnet werden. »Sie zum Freunde zu haben kann nur von Vorteil sein.« In Begleitung von Oskar Ritter von Niedermayer, dem Leiter der Zentrale Moskau, traf Blomberg mit der Führungsspitze der Roten Armee zusammen. Kliment Woroschilow, der Nachfolger Trotzkis, versicherte ihm, »dass im Falle eines polnischen Angriffs auf Deutschland Russland zu jeder Hilfe bereit sei«. Auf die Frage, ob die Rote Armee ihrerseits auch auf die Unterstützung Deutschlands zählen könne, hielt sich Blomberg bedeckt und verwies auf die Zuständigkeit der politischen Stellen.[37]

In der Rückschau schrieb er später: »Nach außen hin war damals schon die Rote Armee ein starker Schutz des Landes. Sie vertraute auf die unerschöpfliche Zahl und den riesigen Raum der unaufgeschlossenen Landschaft. Damals schien es, als ob ein eindringender Feind, der seine Kriegskunst auf Technik stellt, steckenbleiben würde. So dass ich damals eine kriegerische Aktion gegen Russland [...] als unwahrscheinlich einschätzte.«[38] Es scheint, dass Blomberg diese realistische Einschätzung auch als Hitlers Kriegsminister bis 1938 beibehielt, wenngleich er dann die früheren Beziehungen zur Roten Armee und ihre Bedeutung für die deutsche Aufrüstung herunterspielte.[39]

Dabei offenbarte das Kriegsspiel von 1928/29 die Schwäche der Reichswehr noch einmal in aller Deutlichkeit. Das Truppenamt stellte dieses Mal einen Erfolg der Geheimrüstung bis 1933 in Rechnung und nahm auf dieser Basis einen Kampf Polens gegen die UdSSR an, bei dem Frankreich seinen Verbündeten unterstützen und einen Durchmarsch durch Deutschland erzwingen will. Das Ergebnis zeigte, dass die Reichswehr keine entscheidungssuchende Schlacht führen und den feindlichen Vormarsch nur verzögern könnte. Auf absehbare Zeit musste also jeder militärische Konflikt in eine Katastrophe führen.[40]

Diese bittere Erkenntnis trug zweifellos dazu bei, dass die Reichswehrführung 1932/33 jene politische Richtung favorisierte, die Parolen wie »Wiederwehrhaftmachung« und »Kampf gegen Versailles« besonders lautstark proklamierte. An dieser Stelle ist aber zunächst festzuhalten, dass nach dem Ende des Ersten Weltkriegs für mehr als ein Jahrzehnt ein möglicher Krieg gegen Russland kein Thema gewesen ist, in maßgeblichen politischen Kreisen ebenso wenig wie im Militär. Stattdessen hielt man den neuen Nachbarn im Osten, die wiedererstandene polnische Republik, für eine potentielle Feindmacht – wenngleich als Hauptgegner natürlich Frankreich angesehen wurde. Unter den Bedingungen des Versailler Vertrags und – wenn auch nicht immer erfolgreich – kontrolliert durch den Reichstag sowie einer demokratischen Öffentlichkeit konnten die Militärs nicht daran denken, das »polnische Problem« unter Umständen »offensiv« zu lösen. Eine Schlacht zwischen Warschau, Minsk und Kiew ist nach der damaligen Lage nur zwischen Russen und Polen denkbar gewesen. Ob aber die Rote Armee fähig sein würde, anders als 1920 die Weichsel siegreich nach Westen zu überschreiten, schien Anfang der dreißiger Jahre mehr als zweifelhaft. Und wer außer den deutschen Kommunisten würde sich noch in Deutschland auf einen gemeinsamen »Befreiungskrieg« freuen wollen?

»Lebensraum im Osten«? Hitler und die Ostpolitik

Ein Krieg gegen die UdSSR gehörte 1933, als mit der Machtübernahme der Nationalsozialisten ein dramatischer Bruch in der deutschen Geschichte vollzogen wurde, nicht zum Erwartungshorizont der neuen Reichsführung und schon gar nicht der Bevölkerung. »Hitler bedeutet Krieg«, diese Einsicht aus der Lektüre der bisherigen Äußerungen und Schriften des neuen Reichskanzlers lag zwar durchaus nahe, aber sie deutete weder auf einen baldigen Waffengang hin noch auf einen konkreten Aggressionskrieg. In dem Kabinett der »Nationalen Revolution« lag die Verantwortung für die Außen- und Militärpolitik in bewährten konservativen Händen. Und noch gab es den greisen Reichspräsidenten Paul von Hindenburg, auf den sich die Militärs verpflichtet sahen. Hitlers Ankündigungen, den Kampf gegen Versailles und die Wiederaufrüstung Deutschlands energisch betreiben zu wollen, bildeten den Konsens. Daraus folgten aber keineswegs ein bestimmter Zeitplan und eine festgelegte Abfolge einzelner Schritte.

Auf Einladung des Reichswehrministers beließ es Hitler in seiner bekannten Ansprache vor der militärischen Führungsspitze am 2. Februar 1933 bei allgemeinen Floskeln und Andeutungen. Er behielt sich verschiedene Optionen für eine künftige Machterweiterung des Reiches vor, wollte die Eroberung von »Lebensraum im Osten« und dessen »rücksichtslose Germanisierung« aber bevorzugen.[41] Auch dieser außenpolitische Teil seiner Rede stieß allgemein auf Zustimmung, wenngleich sich daraus keine Klärung für die nächsten Schritte ergab. Im Vordergrund des Interesses standen jedoch die innenpolitische Stabilisierung des neuen Regimes und die Intensivierung der geheimen Aufrüstung. Die Rückgewinnung der »Wehrhoheit« bildete das zunächst wichtigste Ziel, das von militärischer Seite selbstverständlich rückhaltlos unterstützt wurde. Doch gab es auch ein Bewusstsein dafür, dass für eine vorerst zeitlich nicht absehbare Übergangsphase Interventionen der Siegermächte drohen könnten, in erster Linie durch Frankreich, dann womöglich mit Hilfe seines polnischen Verbündeten.

Das sprach eigentlich dafür, die geheime Verbindung zu Moskau nicht abbrechen zu lassen. Die Bereitschaft dazu bestand auf der anderen Seite unverändert, wenngleich die militärischen Kontakte auch der russischen Seite politisch-ideologische »Bauchschmerzen« bereiten mussten. Zu den Herbstmanövern 1932 in Ostpreußen war Tuchatschewski als damaliger Chef des Waffenamts der Roten Armee auf Einladung der Heeresleitung mit einer Gruppe höherer Kommandeure angereist. Er bestätigte die Bereitschaft Moskaus zur Fortsetzung der beiderseits vorteilhaften Militärbeziehungen. Major Herbert Fischer, langjähriger Verbindungsoffizier zur Roten Armee, notierte in diesem Zusammenhang seine Einschätzung, dass Tuchatschewski vermutlich der Oberbefehlshaber der gegen Polen kämpfenden Front in einem künftigen Krieg sein werde.[42]

Kurz nach Hitlers Machtübernahme legte Seeckt noch einmal in einer Art von

»politischem Testament« die Motive für die von ihm verfolgte Ost-Option dar. Der ehemalige Chef der deutschen Heeresleitung warnte nachdrücklich vor unzeitgemäßen machtpolitischen Expansionsgelüsten, die angesichts des bestehenden europäischen Kräfteverhältnisses zum Scheitern verurteilt seien. Wenn Deutschland Großmachtpolitik betreiben wolle, müsse es Realpolitik betreiben, und diese weise den Weg zur Zusammenarbeit mit Moskau.[43] Nun konnte man davon ausgehen, dass der neue Reichskanzler mit der vehementen antibolschewistischen Propaganda seiner NSDAP in Schwierigkeiten geraten würde, wenn er sich von Moskau in gewisser Weise abhängig machte. Dazu vertrat Kurt Freiherr von Hammerstein-Equord, der amtierende Chef der Heeresleitung, eine klare Position: »Verhältnis zu M[oskau] ist Pakt mit Beelzebub. Aber wir haben keine Wahl. Aus Angst vor innerpol. Rückwirkungen darauf verzichten, wäre falsch. ›Angst ist keine Weltanschauung‹ (Seeckt).«[44]

Hitler traf als frisch ernannter Reichskanzler beim Militär, den Diplomaten und anderen Vertretern der konservativen Führungseliten hinsichtlich der russischen Option auf durchaus geteilte Meinungen. Die Verschärfung des innenpolitischen Kurses in der Sowjetunion hatte dazu geführt, dass zum Beispiel Tausende von Russlanddeutschen ihre Heimat verließen und auswanderten, womit sie als Einflussfaktoren auf die weitere Entwicklung der UdSSR ausfielen. Auch deutsche wirtschaftliche »Stützpunkte« gerieten im Zuge der Stalinisierung immer stärker unter Druck, und schließlich sorgte die brutale Zwangskollektivierung dafür, dass die bäuerliche Bevölkerung, auf die man politisch gesetzt hatte, falls es zu einem Zusammenbruch des Regimes kommen sollte, verelendete und in eine Hungerkatastrophe gestürzt wurde. Die deutsche Großindustrie profitierte zwar erheblich von Moskauer Bestellungen im Rahmen der forcierten Industrialisierung des Landes (Fünfjahresplan), doch die UdSSR lieferte im Gegenzug hauptsächlich landwirtschaftliche Erzeugnisse, was unter den Bedingungen der Weltwirtschaftskrise wieder einmal die deutschen Großagrarier auf den Plan rief.

In militärischen Kreisen gab es zudem eine zunehmende Sympathie für den Nationalsozialismus und sein Bekenntnis zur »Wiederwehrhaftmachung«. Bei allem damit verbundenen außenpolitischen Risiko schien das vielen sinnvoller zu sein, als sich auf Dauer vom Wohlwollen der Sowjetregierung abhängig zu machen.[45] Die für Deutschland gerade auch in einem künftigen Krieg notwendigen Rohstoffe ließen sich unter Umständen durch ein schnelles, bewegliches Stoßheer erobern. Der Krieg sei schließlich nichts anderes als »die Fortsetzung der Wirtschaft mit anderen Mitteln«.[46] Das konnte – wie im Ersten Weltkrieg – auf den Sturz der Regierung und einen Pakt nach dem Modell von Brest-Litowsk und/oder einen Kranz von Satellitenstaaten vom Baltikum über die Ukraine bis zum Kaukasus reichen. Wie solche gleichsam »begrenzten« Expansionsziele mit Hitlers Parolen vom »Lebensraum im Osten« und dessen »rücksichtsloser Germanisierung« korrespondierten, blieb damals undeutlich. Wahrscheinlich hat auch Hitler selbst bis in die dreißiger Jahre hinein keine konkreten Vorstellungen davon gehabt, unter welchen Umständen und wann sich solche Visionen realisieren lassen würden.

In führenden Wirtschaftskreisen hielt man es für möglich, auch mit »friedlichen« Mitteln einen deutschen »Großwirtschaftsraum« durchzusetzen, was dann natürlich die Machtverteilung in der Welt tangiert hätte. Anfang der dreißiger Jahre belebte insbesondere der Blick auf Südosteuropa die Erwartungen, die jedoch nicht darauf beschränkt blieben. Um eine »Autarkie« – das damalige Zauberwort, das scheinbar alle Probleme für die Zukunft zu lösen versprach – zu erreichen, gehörte eine baldige Lösung des »Ostproblems« zu den dringlichen Aufgaben.[47] Man mochte vom Baltikum, der Ukraine und vom Kaukasus schwärmen und sogar annehmen, dass dem Sowjetregime keine Zukunft beschieden sein werde – doch in der polnischen Frage lag nun einmal geographisch und militärisch der Schlüssel für das »Tor zum Osten«.

Welche Rolle spielte also Polen im außenpolitischen Konzept des frischgebackenen Reichskanzlers Hitler, und wie ist sein scheinbar sensationeller Schritt zu einer Verständigung mit dem greisen Marschall Piłsudski Anfang 1934 zu erklären? Hier ist voranzustellen, dass die ominösen Gespräche mit Hermann Rauschning, die nach 1945 als eine Schlüsselquelle für Hitlers Einstellung zu Polen angesehen worden sind, inzwischen als Fälschung aus dem Jahre 1939 eingestuft werden – nicht die einzige, der man im Zusammenhang mit der Entfesselung des Zweiten Weltkriegs begegnet.[48] Rauschning war 1933/34 als Nationalsozialist Senatspräsident in Danzig, überwarf sich dann mit dem Gauleiter Albert Forster, trat aus der Partei aus und floh 1936 ins Ausland. Seine angeblichen »Gespräche mit Hitler« schrieb er im Sommer 1939 gegen hohes Honorar auf. Das Buch erschien Ende des Jahres zunächst auf Französisch und wurde in vielen Sprachen zu einem Bestseller, der für Jahrzehnte von Historikern umfangreich zitiert worden ist.[49]

Tatsächlich lässt sich im politischen Denken Hitlers noch Anfang der zwanziger Jahre kein spezifischer Polenhass feststellen.[50] Sicher gab es eine gewisse Abneigung aus seiner Wiener Zeit gegen den umtriebigen polnischen Nationalismus, doch richtete sich seine Ablehnung in dieser Hinsicht stärker gegen Tschechen und Ungarn. Im Zusammenhang mit seinen Parolen vom »Kampf gegen Versailles« zielten die Revisionsforderungen natürlich auch gegen den neuen polnischen Staat, aber zugleich bewunderte er Piłsudski als Sieger über die Rote Armee sowie dessen soldatischen Nationalismus.[51] Hitler polemisierte rückwirkend gegen die preußischen Konservativen. Es sei falsch gewesen, Teile Polens im 18. Jahrhundert zu annektieren, um aus Polen gute Deutsche bzw. Preußen zu machen. Stattdessen – und hier schlägt sein Rassendenken durch – hätte man das fremde Blut abkapseln oder entfernen müssen, um die gewonnenen Provinzen mit eigenen Volksgenossen zu besiedeln.

Im Mittelpunkt seines politischen Denkens stand schon vor der schriftlichen Niederlegung in seiner Programmschrift *Mein Kampf* das Verhältnis zu Russland. Hier verbanden sich Antisemitismus, Rassenideologie, Antikommunismus und der

Eroberungskrieg zur Gewinnung von »Lebensraum«, Siedlungsgebieten und wirtschaftlicher Autarkie. Hatte Hitler sich zunächst mit dem alldeutschen Kriegszielprogramm identifiziert und danach auf ein Bündnis mit einem bürgerlichen Russland gesetzt, so überwog bald ein extremer Antisemitismus, der mit der Gleichsetzung von Bolschewismus und Judentum jegliche Zusammenarbeit mit dem Sowjetregime ausschloss. Als einziger Parteiführer der Rechtsopposition hielt er den Rapallo-Vertrag von 1922 für völlig verfehlt und sprach sich während der Ruhrkrise 1923 gegen die von verschiedenen Seiten angestellten Überlegungen für ein deutsch-russisches Bündnis aus.[52] Seine zunehmend rassenideologische Fixierung führte schließlich dazu, auch die Möglichkeit eines Bündnisses mit einem nachrevolutionären Russland auszuschließen, auf das führende Männer wie Seeckt und die von Hitler gescholtenen »Erfüllungspolitiker« setzten.

Unter den zahlreichen ideologischen und politischen Adaptionen, aus denen er seine Programmatik zusammenfügte, ragte hinsichtlich Russlands der Einfluss des Baltendeutschen Alfred Rosenberg heraus. Der spätere Parteiideologe und ab 1941 Reichsminister für die besetzten Ostgebiete hatte aber Mitte der zwanziger Jahre noch kein festes Bild von einem künftigen »Lebensraumkrieg«. Wie viele andere in dieser Zeit setzte er darauf, dass der »jüdische Bolschewismus« in Kürze zusammenbrechen werde und dann die nationalistischen Kräfte im Osten, insbesondere im Baltikum und in der Ukraine, die Oberhand gewinnen würden. Die Auflösung des russischen Reiches in »völkisch gereinigte« Nationalstaaten werde Deutschland die Möglichkeit verschaffen, einen dominierenden Einfluss in diesem Raum auszuüben. Allerdings schloss Rosenberg 1926 im Zusammenhang mit dem Berliner Vertrag wiederum ein taktisches Bündnis mit dem Sowjetregime nicht grundsätzlich aus.[53] Doch setzte er nach dem Modell von 1918 vorzugsweise auf eine unabhängige Ukraine, was aber gleichfalls gegen Polen zielte.

Gegen diese Tendenz einer prorussischen Orientierung selbst innerhalb seiner Partei musste Hitler mit aller Vehemenz auftreten. Die parteiinterne Opposition der sogenannten Strasser-Gruppe setzte auf eine Linkswendung hin zum »Nationalbolschewismus«, der in Sowjetrussland einen natürlichen Verbündeten in einem künftigen Befreiungskrieg gegen die Westmächte sehen wollte. Auf dem Bamberger Parteitag der NSDAP 1926 kam es zum Zusammenprall mit der sozialistischen Fronde, zu der auch Joseph Goebbels gehörte.

Notiz im Goebbels-Tagebuch, 15. Februar 1926:
»Ich bin wie geschlagen. Welch ein Hitler? Ein Reaktionär? Fabelhaft ungeschickt und unsicher. Russische Frage: vollkommen daneben, Italien und England naturgegebene Bundesgenossen. Grauenhaft! Unsere Aufgabe ist die Zertrümmerung des Bolschewismus. Bolschewismus ist jüdische Mache! Wir müssen Russland beerben! 180 Millionen!!! [...] Wohl eine der größten Enttäuschungen meines Lebens. Ich glaube nicht mehr restlos an Hitler. Das ist das Furchtbare: Mir ist der innere Halt genommen. Ich bin nur halb.«[54]

Es dauerte nur kurze Zeit, dann lief Goebbels zu Hitler über und ließ sich von dessen Linie überzeugen. Sein geliebter »Führer« machte sich die Mühe, im zweiten Band seiner Schrift *Mein Kampf* 1926/27 die ungewöhnliche Konzeption ausführlich zu erläutern. Die Russlandpolitik sei die »vielleicht entscheidendste Angelegenheit deutscher Außenpolitik überhaupt« und ein »Prüfstein für die politische Fähigkeit der jungen nationalsozialistischen Bewegung, klar zu denken und richtig zu handeln«.[55] Eine politische oder ökonomische Einflussnahme des Reiches im Osten sei nicht ausreichend. Es gelte, die »Bodenpolitik der Zukunft« in Angriff zu nehmen. Allein der »Bodenerwerb« werde Deutschland zur Weltmacht erheben. »Wenn wir aber heute in Europa von neuem Grund und Boden reden, können wir in erster Linie nur an Russland und die ihm untertanen Randstaaten denken.« Die Fähigkeit, klar zu denken? Welche Randstaaten sind gemeint, die angeblich Untertanen Russlands waren? Etwa das antibolschewistische Bollwerk Polen? Kein Wort dazu. Und weiter in seinem »klaren Denken«: Der Weg zum Bodenerwerb führe über ein offensives Spiel mit neuen Bündniskonstellationen. Dafür gebe es »in Europa nur einen einzigen Bundesgenossen: England. Nur mit England allein vermochte man, den Rücken gedeckt, den neuen Germanenzug zu beginnen. [...] Englands Geneigtheit zu gewinnen, durfte dann aber auch kein Opfer zu groß sein.« Deutschland müsse auf Kolonien und Seegeltung verzichten und der britischen Industrie die Konkurrenz ersparen.[56]

Der Vorwurf, der größte Fehler des Kaiserreichs sei es gewesen, sich sowohl gegen Russland wie gegen England zu wenden, man hätte sich für eine Seite entscheiden müssen, enthüllt den machtpolitischen Kern von Hitlers Denken und zugleich das Dilemma, aus dem er sich auch als Führer des »Großdeutschen Reiches« mit Entfesselung des Zweiten Weltkriegs nicht zu lösen vermochte. Nur mit der waghalsigen Spekulation, England werde dem deutschen Drang nach Osten nicht im Wege stehen, konnte Hitler seine außenpolitische Konzeption schlüssig formulieren und in den dreißiger Jahren verfolgen. Damit aber war sein Weg von Anfang an zum Scheitern verurteilt, denn er schätzte nicht nur die britische Politik immer wieder falsch ein, sondern auch die internen deutschen Widersprüche. Unter dem Dach der NSDAP musste er, um an die Macht zu gelangen, ganz unterschiedliche Strömungen zusammenführen, die Kolonialenthusiasten ebenso wie die antibritischen Marinestrategen und die Weltmarktinteressen der Industrie.

Sicher ist, dass Hitler im Januar 1933 noch keine endgültige Vorstellung von der Rolle Polens in seinem außenpolitischen Programm hatte.[57] Dabei brannten viele seiner Anhänger sofort nach der Machtübernahme darauf, den lautstark proklamierten Kampf gegen Versailles gegenüber Polen zu beginnen. Walther Darré, der neue »Reichsbauernführer«, vertrat diesen Revisionismus mit der Vorstellung, dass Polen seine ehemals deutschen Gebiete abtreten und sich auf seinen »Volksboden« zurückziehen sollte, womit es sich in den Kranz von Mittelstaaten im Osten einordnen würde. Diese extremistische Auffassung vertraten auch Goebbels und der Danziger Gauleiter Forster. Ihr Ziel war ein rascher und eventuell auch gewaltsamer Anschluss der ehemaligen Ostgebiete und Memels, ohne Rücksicht auf die prekäre außenpolitische Lage des Reiches. Aber wie sollte das erreicht werden? Militärischer Druck schied angesichts der augenblicklichen Schwäche der Reichswehr aus, zumal wenn ein Bündnis mit Russland nicht in Betracht kam.

Hitler in einem Brief an Oberst Walter von Reichenau, Chef des Stabes des Wehrkreiskommandos I in Ostpreußen, vom 4. Dezember 1932:
»Russland ist kein Staat, sondern eine Weltanschauung, die zurzeit auf dieses Territorium beschränkt ist bzw. es beherrscht, die aber in allen anderen Ländern Sektionen unterhält, die nicht nur dem gleichen revolutionären Ziele zustreben, sondern auch organisatorisch der Moskauer Zentrale unterstellt sind. Ein Sieg dieser Auffassungen in Deutschland muss zu unabsehbaren Folgen führen. Ein Kampf gegen diese vergiftenden Tendenzen aber ist umso schwerer, je mehr aus außenpolitischen Gründen mit der Zentrale dieser Vergiftung politisch und militärisch zusammengearbeitet wird.«[58]

Werner Daitz, nationalsozialistischer Experte für die angestrebte Großraumwirtschaft, setzte auf die »wirtschaftliche Aktivierung des ganzen Staatengürtels von Lettland bis zum Schwarzen Meer«, die auf Dauer nicht auf eigenen Beinen stehen könnten. »Diese Völker, und das darf nie vergessen werden, bilden einen Schutzwall, hinter dem der mitteleuropäische Raum die eines Tages unbedingt eintretende Zersetzung Sowjetrusslands beobachten kann.«[59] Als Anhänger einer längerfristigen »großen Lösung« schätzte man »gemäßigte« Kreise um Hermann Göring, Rudolf Heß und Hermann Rauschning sowie den Gauleiter von Ostpreußen, Erich Koch, ein. Sie sollen für eine Kompensation Polens auf Kosten der Ukraine eingetreten sein.[60] Aber wollten das die Polen und vor allem die Ukrainer, auf die doch der Chefideologe der Partei, Rosenberg, so große Stücke hielt?

Danzig bildete den Brennpunkt, um den es schnell zu Zusammenstößen mit der polnischen Seite kam. Terroristische Aktivitäten flammten an der Grenze auf. Der »Deutsche Ostbund« forderte lautstark Grenzkorrekturen. Polen reagierte mit einer militärischen Demonstration auf der Danzig vorgelagerten Westerplatte. Im Land fanden antideutsche Demonstrationen gegen die NS-Regierungen in Danzig und Berlin sowie als Protest gegen den Boykott jüdischer Geschäfte im Reich statt. Piłsudskis Regierung hatte allen Anlass, bei dem französischen Verbündeten vorzufühlen, ob nicht gegen die scheinbar wildgewordene Hitler-Regierung sogar ein Präventivkrieg notwendig werden könne. Man konnte immerhin versuchen, Faustpfänder, wie etwa Danzig, in die Hand zu bekommen, um mit ihrer Hilfe Hitler zu zwingen, von seinen Aufrüstungsplänen Abstand zu nehmen. Doch in Paris wiegelte man ab und setzte auf diplomatische Mittel, um die deutsche Revisionspolitik in friedlichen Bahnen zu halten.[61]

Nun waren Hitlers Möglichkeiten zu einem Kurswechsel in der Außen- und Militärpolitik eigentlich eng begrenzt, weil in seinem Kabinett die Außen- und die

Militärpolitik scheinbar fest in konservativen Händen lagen. Die Reichswehrführung sowie Reichsaußenminister Constantin Freiherr von Neurath und dessen Staatssekretär Bernhard Wilhelm von Bülow sahen keinen Anlass für einen Kurswechsel. Die wachsende machtpolitische Bedeutung der UdSSR hielten sie für eine Chance, sie unter Fortführung der bisherigen Zusammenarbeit als Gegengewicht zu Frankreich und als Druckmittel gegen Polen nutzen zu können. Sie wollten, bei Vermeidung außenpolitischer Gegensätze – zumindest bis Deutschland militärisch erstarkt sei –, die Revisionspolitik in der ersten Phase gegen Polen richten. Ein gewisses Maß an Spannungen mit Warschau war für sie daher erwünscht, um die »polnische Frage« international im Gespräch zu halten. Eine Verständigung mit Polen sei »weder möglich noch erwünscht«.[62]

Damit distanzierten sie sich von dem kurzzeitigen Versuch des vorletzten Reichskanzlers Franz von Papen, im Sommer 1932 einen deutsch-französisch-polnischen Block mit antisowjetischer Frontstellung zu schmieden, eine Idee, die auf französische Wirtschaftskreise zurückging.[63] Für Neurath kam eine Anerkennung der polnischen Westgrenze ebenso wenig in Betracht wie eine deutsch-französische Garantie für die polnische Ostgrenze. Papen, jetzt als Vizekanzler im Kabinett Hitler, erwies sich als politisches Leichtgewicht, hatte aber immerhin eine Lockerungsübung in der bisher starren deutschen Revisionspolitik unternommen.

So erkannte Hitler hier durchaus Ansätze, um Bewegung in die verhärteten Fronten zu bringen. Es kam aus seiner Sicht darauf an, die französische Einkreisung aufzubrechen und eine Konstellation zu schaffen, die es ihm ermöglichen würde, rasche Fortschritte in der Revisionspolitik zu erreichen, ohne sich selbst allzu sehr zu binden. Vor allem musste ein Spielraum für die Aufrüstung geschaffen werden, ohne Interventionen befürchten zu müssen, um dann so bald wie möglich sein Endziel zu verwirklichen: die Niederwerfung Russlands. So begann er bereits wenige Tage nach der Machtübernahme ein sehr bewegliches, undogmatisches Manövrieren in der Außenpolitik, das binnen Jahresfrist zu einem völligen Kurswechsel in der Ostpolitik führte, zu einer Abkehr von der Sowjetunion und einer Hinwendung zu Polen. Es war ein sensationeller Umschwung, der in seiner Bedeutung oft zu gering eingeschätzt wird. Dabei wurde das »Einmaleins der deutschen Ostpolitik«[64] umgestoßen und Hitler erhielt sechs Jahre Zeit, seinen Krieg vorzubereiten. Im Ergebnis, so lässt sich überspitzt formulieren, ist der Hitler-Piłsudski-Pakt von 1934 in seinen Auswirkungen nicht wesentlich geringer gewesen als der Hitler-Stalin-Pakt von 1939!

Reichswehrführung und Auswärtiges Amt stellten sich 1933 dem Kurswechsel mit hinhaltendem Widerstand entgegen. Zunächst mussten die Militärs zu ihrer Überraschung vom neuen Reichskanzler erfahren, dass dieser die geheime Zusammenarbeit mit der Roten Armee um jeden Preis abbrechen wollte. Dabei zeigten die letzten Besuche von Reichswehroffizieren in der UdSSR, dass dort der Aufbau einer modernen Rüstungsindustrie große Fortschritte machte, von denen Deutschland an sich profitieren könnte.[65] Der Chef des Heereswaffenamts stellte nach Abschluss seiner Reise am 13. Juni 1933 fest: »Eine Zusammenarbeit mit der Roten Armee und der sowjetrussischen Rüstungsindustrie ist bei dem Ausmaß der russischen Pläne und bei der dargelegten Energie ihrer Durchführung nicht nur aus wehrpolitischen, sondern auch aus rüstungstechnischen Gründen dringend erwünscht.«[66] Die sowjetische Militärspionage kam deshalb zu dem Schluss, dass die Reichswehrführung noch im Sommer 1933 von einer Unterstützung Russlands bei einem deutschen Krieg gegen Polen ausging. Aber die »Zentrale Moskau« der Reichswehr wurde endgültig im September 1933 aufgelöst. Vereinzelte Bemühungen um eine Weiterführung der geheimen Kontakte auf militärischer Ebene schlugen fehl. Erst nach dem Hitler-Stalin-Pakt konnte man 1939 hieran wieder anknüpfen.

Der Chef der Heeresleitung, Hammerstein-Equord, lehnte den Kurswechsel eindeutig ab. Bei der Verabschiedung von Offizieren der Roten Armee, die an dem Austauschprogramm teilgenommen hatten, erklärte er am 1. Juli 1933, dass beide »befreundete Armeen« an der »bewährten Linie unserer Zusammenarbeit« festhalten mögen.[67] Er musste selbst am Jahresende gehen. Die Reichswehrführung fügte sich der neuen politischen Orientierung, doch bei einigen Verantwortlichen blieben positive Erinnerungen. Um sich auf die Idee einzustellen, einen Krieg gegen die UdSSR vorzubereiten, brauchte es einige Zeit. Noch im November 1934 soll Reichswehrminister Blomberg bei einem Empfang der sowjetischen Botschaft in Berlin sein Glas mit Krimsekt erhoben und folgenden Toast ausgesprochen haben: Man werde niemals vergessen, was die Sowjetarmee für Deutschland getan habe. Er trinke auf die Zukunft der großen und glorreichen Sowjetarmee, auf eine vertrauensvolle Waffenbrüderschaft, heute und in Zukunft.[68]

Der Widerstand gegen Hitlers Kurswechsel war im Auswärtigen Amt spürbar. Doch der Reichskanzler hielt von seinen Diplomaten ohnehin nicht viel. Bei einer Sitzung des Ministerrats am 28. September 1933 beharrte er darauf, dass zwischen der UdSSR und dem neuen Reich ein »scharfer Antagonismus« bestehe, der über diplomatische Formeln hinaus eine ernstgemeinte Wiederherstellung guter Beziehungen verhindere.[69] Bei seiner Rede zur Eröffnung des Reichstags am 23. März 1933 hatte er noch öffentlich erklärt, dass die Reichsregierung freundschaftliche, für beide Teile nutzbringende Beziehungen zu pflegen wünsche und der Kampf gegen die deutschen Kommunisten eine innere Angelegenheit sei, bei der er keine Einmischung dulden werde. Und am 5. Mai 1933 hatte der Reichstag den Berliner Vertrag von 1926 mit der UdSSR noch einmal verlängert. Tatsächlich aber erreichten die deutsch-sowjetischen Beziehungen bis zum Jahresende einen Tiefstand, den sie erst im Sommer 1939 überwunden haben. Die Bemühungen der Diplomaten, wenigsten die Wirtschaftsbeziehungen aufrechtzuerhalten, ignorierte Hitler.

Stattdessen suchte er immer stärker den Kontakt mit Polen und bemühte sich, die Spannungen um Danzig abzubauen.[70] Im April deutete er gegenüber dem deutschen Botschafter in Moskau, Herbert von Dirksen, an, dass ihm ein Vertrag mit Polen vorschwebe. Den Einwand, dass man dafür mit dem Verzicht auf den Korridor bezahlen müsse, überging der Kanzler.[71] Am 2. Mai 1933 empfing er den polnischen Botschafter Alfred Wysocki und redigierte persönlich den Textentwurf für ein Kommuniqué, in dem beide Seiten sich verpflichteten, ihr Vorgehen streng im Rahmen geltender Verträge zu halten.[72] Auch dem Nachfolger Józef Lipski bot Hitler wiederholt seine Kooperationsbereitschaft an. Die strittigen Grenzfragen sollten friedlich gelöst und auf einen späteren Zeitpunkt vertagt werden. Außerdem deutete er ein Verständnis für Polens territoriale Ambitionen gegenüber Litauen (Wilna-Gebiet), der Tschechoslowakei (Teschen-Gebiet) und der Ukraine an. Schließlich betonte er die gemeinsame Abwehrstellung gegenüber der UdSSR und bot den Abschluss eines Nichtangriffspaktes an. In Warschau erkannte man an, dass Hitler sich wohl ganz persönlich für die deutliche Abkehr von einer borussischen Tradition einsetzte, die in der Vergangenheit die Freundschaft mit Russland auf Kosten Polens gesucht hatte. »Hitler ist eher ein Österreicher, auf jeden Fall kein Preuße.« Mit dieser Einschätzung lag Außenminister Józef Beck nicht völlig falsch.[73]

Um den außenpolitischen Kurswechsel zu verbreitern, wurde endlich ein bilateraler Handelsvertrag zwischen beiden Ländern abgeschlossen. Im September 1933 vereinbarten Beck und Goebbels die Einstellung des beiderseitigen Pressekrieges und den Ausbau der Kulturbeziehungen. Nach einer neueren Untersuchung sollte das nicht nur als Täuschungsmanöver Hitlers gedeutet werden. Beide Seiten haben sich ernsthaft bemüht, die Vereinbarung umzusetzen und die Beziehungen erheblich zu verbessern.[74] Der Abschluss des Nichtangriffspaktes bildete am 26. Januar 1934 die vorläufige Krönung der deutsch-polnischen Annäherung.

Deutsch-polnischer Nichtangriffsvertrag vom 26. Januar 1934:

Erklärung

Die Polnische Regierung und die Deutsche Regierung halten den Zeitpunkt für gekommen, um durch eine unmittelbare Verständigung von Staat zu Staat eine neue Phase in den politischen Beziehungen zwischen Polen und Deutschland einzuleiten. Sie haben sich deshalb entschlossen, durch die gegenwärtige Erklärung die Grundlage für die künftige Gestaltung dieser Beziehungen festzulegen.

Beide Regierungen gehen von der Tatsache aus, dass die Aufrechterhaltung und Sicherung eines dauernden Friedens zwischen ihren Ländern eine wesentliche Voraussetzung für den allgemeinen Frieden in Europa ist. Sie sind deshalb entschlossen, ihre gegenseitigen Beziehungen auf die im Pakt von Paris vom 27. August 1928 enthaltenen Grundsätze zu stützen, und wollen, insoweit das Verhältnis zwischen Polen und Deutschland in Betracht kommt, die Anwendung dieser Grundsätze genauer bestimmen.

Dabei stellt jede der beiden Regierungen fest, dass die von ihr bisher schon nach anderer Seite hin übernommenen internationalen Verpflichtungen die friedliche Entwicklung ihrer gegenseitigen Beziehungen nicht hindern, der jetzigen Erklärung

nicht widersprechen und durch diese Erklärung nicht berührt werden. Sie stellen ferner fest, dass diese Erklärung sich nicht auf solche Fragen erstreckt, die nach internationalem Recht ausschließlich als innere Angelegenheiten eines der beiden Staaten anzusehen sind.
Beide Regierungen erklären ihre Absicht, sich in den ihre gegenseitigen Beziehungen betreffenden Fragen, welcher Art sie auch sein mögen, unmittelbar zu verständigen. Sollten etwa Streitfragen zwischen ihnen entstehen und sollte sich deren Bereinigung durch unmittelbare Verhandlungen nicht erreichen lassen, so werden sie in jedem besonderen Falle auf Grund gegenseitigen Einvernehmens eine Lösung durch andere friedliche Mittel suchen, unbeschadet der Möglichkeit, nötigenfalls diejenigen Verfahrensarten zur Anwendung zu bringen, die in den zwischen ihnen in Kraft befindlichen anderweitigen Abkommen für solchen Fall vorgesehen sind. Unter keinen Umständen werden sie jedoch zum Zweck der Austragung solcher Streitfragen zur Anwendung von Gewalt schreiten.
Die durch diese Grundsätze geschaffene Friedensgarantie wird den beiden Regierungen die große Aufgabe erleichtern, für Probleme politischer, wirtschaftlicher und kultureller Art Lösungen zu finden, die auf einem gerechten und billigen Ausgleich der beiderseitigen Interessen beruhen.
Beide Regierungen sind der Überzeugung, dass sich auf diese Weise die Beziehungen zwischen ihren Ländern fruchtbar entwickeln und zur Begründung eines gutnachbarlichen Verhältnisses führen werden, das nicht nur ihren beiden Ländern, sondern auch den übrigen Völkern Europas zum Segen gereicht.
Die gegenwärtige Erklärung soll ratifiziert und die Ratifikationsurkunden sollen sobald als möglich in Warschau ausgetauscht werden. Die Erklärung gilt für einen Zeitraum von 10 Jahren, gerechnet vom Tage des Austausches der Ratifikationsurkunden an. Falls sie nicht von einer der beiden Regierungen 6 Monate vor Ablauf dieses Zeitraums gekündigt wird, bleibt sie auch weiterhin in Kraft, kann jedoch alsdann von jeder Regierung jederzeit mit einer Frist von 6 Monaten gekündigt werden.
Ausgefertigt in doppelter Urschrift in polnischer und deutscher Sprache.
Berlin, den 26. Januar 1934.
Für die Polnische Regierung: Józef Lipski
Für die Deutsche Regierung: C. Freiherr von Neurath [...] [75]

Das polnische Interesse ist leicht zu bestimmen. Der französische Verbündete war für eine mögliche Intervention gegen Deutschland nicht zu haben, sondern ließ sich auf Verhandlungen um einen Viererpakt ein, den Mussolini vorgeschlagen hatte. Die Vorstellung, dass die Konstruktion Großbritannien – Italien – Frankreich – Deutschland die europäischen Streitfragen lösen könnte, auch zu Lasten Polens – und vor allem ohne die polnischen Großmachtansprüche zu respektieren –, machte Warschau äußerst nervös. Da kamen die Angebote aus Berlin gerade recht, zumal man dort ebenfalls das Interesse an Mussolinis Vorschlag verlor, als sich Gerüchte über einen französisch-sowjetischen Pakt verdichteten.

In dem hektischen diplomatischen Spiel, das dem Abschluss des Hitler-Piłsudski-Pakt voranging, ist deutlich zu erkennen, wie der deutsche Reichskanzler nach dem im Oktober 1933 erfolgten Austritt Deutschlands aus dem Völkerbund seine Außenpolitik auf bilaterale Weise zu organisieren und damit neue Spielräume für Veränderungen zu schaffen versuchte. Natürlich stand bei ihm die Absicherung seiner längerfristig angelegten Aufrüstungspolitik im Vordergrund. Das schloss bei einer Politik der kleinen Schritte und größter taktischer Beweglichkeit die Suche nach ersten Erfolgen der Revisionspolitik nicht aus. Ein rascher Anschluss Österreichs schien etwa durchaus denkbar zu sein. Die dortigen Nationalsozialisten übten bereits im Sommer 1933 einen derartigen Druck aus, dass der österreichische Bundeskanzler Dollfuß ein Betätigungsverbot der NSDAP durchsetzte. Daraufhin entstand in Bayern eine nationalsozialistische »Legion« von rund 6000 Österreichern, die für einen möglichen militärischen Einfall in das Nachbarland ausgebildet wurden.[76]

Nur mit Mühe konnte das Auswärtige Amt Hitler von einem solch waghalsigen Unternehmen abhalten. Bereits ein Jahr später versuchten seine Parteigenossen in Wien nach der Ermordung von Dollfuß einen Staatsstreich, der zwar scheiterte, aber bis zum endgültigen »Anschluss« 1938 immer wieder als Option im Gespräch war. Hitler riskierte 1933/34 für dieses Ziel sogar einen Konflikt mit seinem Wunschpartner Mussolini, obwohl die Hoffnung auf ein Bündnis mit Italien und Großbritannien zum Fundament seiner außenpolitischen Konzeption gehörte. Ein solches Bündnis sollte ihm den Rücken gegen Frankreich freihalten, um im Osten offensiv werden zu können. 1933 fand Hitler in Polen also einen geeignet erscheinenden Partner. Dieser billigte im Stillen nicht nur die deutschen Ambitionen gegenüber Österreich und 1936 die spektakuläre Besetzung und Militarisierung des Rheinlands.[77] Die Verständigung mit Piłsudski sorgte auch nicht nur für eine Entspannung an der deutsch-polnischen Grenze, sondern schuf auch einen möglichen Ansatzpunkt, um »Lebensraum im Osten« nicht erst in ferner Zukunft erkämpfen zu können.

Aber war der Pakt mit Piłsudski nicht doch nur ein taktisches Manöver, auf Zeitgewinn angelegt gegenüber einem »Erzfeind, der diese stigmatisierende Qualität auch in Zukunft nicht verlor« (Klaus Hildebrand)?[78] »Alle Abmachungen mit Polen haben nur vorübergehenden Wert. Ich denke gar nicht daran, mich ernstlich mit Polen zu verständigen« – soll Hitler am 18. Oktober 1934 vor Parteifunktionären gesagt haben. Solche und ähnliche angeblichen Äußerungen stammen freilich aus den äußerst fragwürdigen Erinnerungen von Hermann Rauschning und sind deshalb wertlos.[79]

Rede Hitlers am 30. Januar 1934 im Reichstag über die Beziehungen zu Polen:
»Als ich am 30. Januar die Regierung übernahm, schienen mir die Beziehungen zwischen den beiden Ländern mehr als unbefriedigend zu sein. Es drohte die Gefahr, dass sich aus zweifellos vorhandenen Differenzen, die ihre Ursachen einerseits in den

Territorialbestimmungen des Versailler Vertrages, andererseits in der daraus resultierenden beiderseitigen Gereiztheit hatten, allmählich eine Feindschaft erhärtete, die nur zu leicht bei längerer Fortdauer den Charakter einer beiderseitigen politischen Erbbelastung annehmen konnte.

Eine solche Entwicklung würde, abgesehen von den drohenden Gefahren, die sie latent birgt, für die ganze Zukunft einer segensreichen Zusammenarbeit der beiden Völker hinderlich sein.

Deutsche und Polen werden sich mit der Tatsache ihrer Existenz gegenseitig abfinden müssen. Es ist daher zweckmäßig, einen Zustand, den tausend Jahre vorher nicht zu beseitigen vermochten und nach uns genau so wenig beseitigen werden, so zu gestalten, dass aus ihm für beide Nationen ein möglichst hoher Nutzen gezogen werden kann.«[80]

Nun darf man natürlich Hitlers öffentliche Erklärungen nicht immer für bare Münze nehmen. Aber die Ankündigung einer tausendjährigen Freundschaft war schon ungewöhnlich. Der deutsch-polnische Pakt wurde mit mehr Nüchternheit auf zunächst zehn Jahre abgeschlossen. Das entsprach Hitlers damaligem Erwartungshorizont bis zum Abschluss der planmäßigen Aufrüstung, die ihm endgültig Handlungsfreiheit verschaffen würde. Trachteten beide Seiten also nur nach Zeitgewinn? In diesem Zusammenhang wird in der Geschichtsschreibung häufig eine geheime Ansprache zitiert, die Hitler am 28. Februar 1934, einen Monat nach dem Pakt mit Piłsudski, vor den Spitzen von Reichswehr, SA und SS gehalten haben soll. Dort, so heißt es, erklärte er, die »neue Armee müsse nach fünf Jahren für jede Verteidigung, nach acht Jahren auch für den Angriff geeignet sein«. Deutschland müsse sich den »Lebensraum« nehmen, der ihm von den Westmächten nicht gegönnt werde. »Daher könnten kurze, entscheidende Schläge nach Westen und dann nach Osten notwendig werden.«[81] Wie ist hier der Begriff »Osten« gemeint? Und wäre die Reihenfolge damit bereits festgelegt? Keineswegs, letztlich bediente sich der Diktator lediglich des strategischen Grundmodells, das seit Schlieffen zum deutschen operativen Denken gehörte. Es wird darauf zurückzukommen sein.

Es wäre ebenfalls ein Missverständnis, wenn man Hitlers öffentliche Friedensparolen und seine verständliche Hoffnung auf einige Jahre systematischer Aufrüstung absolut setzen würde. Das Risiko ausländischer Interventionen blieb in der Übergangsphase virulent. Schon deshalb musste sich die Reichswehr darauf einstellen, jederzeit kriegsbereit zu sein – wenn auch auf absehbare Zeit nur im Rahmen der Landesverteidigung. Sie legte deshalb großen Wert darauf, das Potential von zwei Millionen militärisch ausgebildeter Mitglieder der SA in ihre Planungen einbeziehen zu können. Doch es ist auch nicht zu übersehen, dass Hitler bereits mit der Machtübernahme 1933 damit rechnete, unter günstigen Umständen die UdSSR angreifen zu können, nicht erst in den vierziger Jahren, am Ende eines langen Aufstiegs von Deutschland zur kontinentalbeherrschenden Großmacht und nach einer Ausschaltung der Westmächte. Man muss sich immer vor Augen halten, welche Schlüsselstellung in seinem außenpolitischen Programm das erhoffte Bündnis mit Großbritannien für ihn einnahm. Er mochte sich, wie man heute weiß, grundlegend in der britischen Politik täuschen, aber er selbst war offensichtlich bis 1940 fest davon überzeugt, dass es ihm gelingen könnte, sich mit England zu verständigen und gegen einen Verzicht auf die Rückgabe deutscher Kolonien »freie Hand im Osten« eintauschen zu können.

In London zeigte man sich Mitte der dreißiger Jahre gegenüber der deutschen Revisionspolitik durchaus aufgeschlossen und zu Zugeständnissen bereit. Man wusste um die deutschen Absichten gegenüber der UdSSR. Der damalige Nachrichtenchef der Royal Air Force, Fred Winterbotham, berichtet in seinen Erinnerungen davon, dass er bei einem Besuch in Deutschland 1934 mit Hitler, Rosenberg, Heß und Koch zusammengetroffen sei, auch mit führenden Militärs. Hitler habe ihm erklärt, dass er den Kommunismus vernichten werde, und zwar durch die Eroberung Russlands.[82] Zugleich habe der »Führer« darüber geklagt, dass sich seine Generale noch immer in einer allzu starken Position befänden. Am meisten habe Hitler den damaligen Generalmajor Walther von Reichenau geschätzt, der ihm, Winterbotham, Details über die deutschen Pläne gegen Russland und die Strategie des Blitzkriegs erläutert habe. Reichenau war seit 1930 Chef des Stabes im ostpreußischen Wehrkreis I gewesen und mit den dortigen militärischen Planungen natürlich bestens vertraut.

Winterbothams Angaben sind weder sehr präzise noch überprüfbar. Man wüsste auch gern mehr über die Wirkung solcher Berichte innerhalb des britischen Regierungsapparats. Was westliche Historiker über die britische »Appeasement-Politik« schreiben, zielt stets auf die englische Absicht, Hitlers Expansionsdrang generell einzudämmen. Die sowjetische bzw. russische Geschichtsschreibung hingegen unterstellt die britische Intention, diesen Drang zu kanalisieren, und zwar in Richtung Osten.[83]

Im Gegensatz zu den französischen Bemühungen um eine Einbeziehung der UdSSR in das europäische Sicherheitssystem blieb die britische Regierung gegenüber dem Sowjetregime jedenfalls äußerst misstrauisch, nicht zuletzt wegen der traditionellen britisch-russischen Konkurrenz in Asien. Polen hatte sich 1932 – nach französischem Drängen – durch einen Nichtangriffsvertrag mit Moskau Entlastung an seiner Ostgrenze verschafft, damit aber zugleich auch die Sowjetunion im Westen entlastet, was die Spannungen im Fernen Osten anheizte. Joachim von Ribbentrop, den Hitler im Sommer 1933 als persönlichen Emissär nach London entsandt hatte, fand mit seinen Vorschlägen wohlwollende Aufnahme. Hitler bot eine Reihe von Nichtangriffsverträgen und Garantien an, um einen größeren Spielraum für die Aufrüstung zu erhalten, die sich gegen die UdSSR richten würde.[84]

War Hitlers Parole vom »Bollwerk gegen den Kommunismus« nur ein propagandistischer Trick, um die Westmächte zu täuschen und in Wirklichkeit für einen Krieg gegen den Westen zu rüsten? Oder lag dem deutsch-polnischen »Bollwerk« nicht die reale Möglichkeit zugrunde, mit »möglichst hohem Nutzen« zum Ausgangspunkt für aggressive Schritte gegenüber der UdSSR zu werden? Die These, dass »Polen gegen den Gedanken einer Komplizenschaft gegen die Sowjetunion immun« gewesen sei (Gottfried Schramm)[85], erscheint bei näherer Betrachtung keineswegs als zwingend. Doch hier wird die derzeit laufende Aufarbeitung der Geschichte der polnischen Außenpolitik in den dreißiger Jahren vielleicht weitere Aufschlüsse liefern.[86] Doch zurück zur deutschen Perspektive.

Hitlers dramatischer Bruch mit der prosowjetischen Außenpolitik der Weimarer Republik und die nicht weniger dramatische Annäherung an Polen werden vor dem Hintergrund der Entwicklungen im Fernen Osten besser verständlich. Seit der Inszenierung des Mukden-Zwischenfalls 1931 hatte Japan die rohstoffreiche Mandschurei besetzt und 1932 den chinesischen Satellitenstaat »Mandschukuo« ausgerufen. Es war der Beginn japanischer Eroberungspolitik gegen China. Sie forderte nicht zuletzt die Sowjetregierung heraus, die um ihre Interessen im Fernen Osten besorgt sein musste. Die Erinnerungen an die Niederlage gegen Japan 1905 war in Moskau in ebenso frischer Erinnerung wie die sibirische Intervention Japans 1918. Anhaltende Spannungen sorgten weltweit für Spekulationen, dass bei einem möglichen militärischen Schlagabtausch in der Mandschurei die Rote Armee wieder eine Niederlage einstecken würde, was dann zu einem Zerfall der UdSSR und einem erneuten Bürgerkrieg führen könnte.

Nicht nur in Berlin, sondern auch in Warschau musste man sich darüber Gedanken machen, welche Folgen ein möglicher Zusammenbruch der Sowjetunion für die eigene Ostgrenze haben würde. Bei einer Konferenz mit seinen führenden Militärs am 12. April 1934 stellte Piłsudski fest, dass die Gefahr eines Krieges mit der UdSSR größer sei als ein Konflikt mit Deutschland, und der Marschall war nun einmal davon überzeugt, dass Polens Zukunft im Osten liege, in Litauen, Weißrussland und in der Ukraine. Die Mehrzahl seiner Stabsoffiziere betrachtete zwar Deutschland als den potentiell gefährlicheren Gegner, was aber auch ein Argument sein konnte, um einen Ausgleich mit dem Reich zu suchen.[87]

Piłsudski mochte vor militärischen Abenteuern gefeit sein. Sein Land litt ohnehin unter der Weltwirtschaftskrise und hätte sich einen größeren Krieg nicht leisten können. Aber ein deutsch-polnischer Block konnte zum Rückhalt konterrevolutionärer Kräfte werden, die vor allem in der Sowjetukraine für Aufruhr sorgen könnten, wo gerade eine dramatische Hungersnot wütete. Sie war das Ergebnis der von Stalin angeordneten Zwangskollektivierung, die sich vor allem gegen die sogenannten Kulaken richtete, die bäuerliche Mittelschicht. Es sei daran erinnert, dass die Rapallo-Politik der Reichswehr stets davon ausgegangen war, dass die antikommunistisch eingestellte Bauernschaft zum Träger einer möglichst »evolutionären« Entwicklung in der UdSSR werden könnte. Gemeinsam mit dem höheren Offizierkorps der Roten Armee könnte sie dann für eine Überwindung des Bolschewismus sorgen.

Für Hitler kam eine womöglich mit deutscher Unterstützung geförderte Restauration des russischen Reiches überhaupt nicht in Betracht. Sollte der Bolschewismus – wie alle Welt erwartete – kollabieren, dann ließe sich, ähnlich wie 1918, aus der Unterstützung divergierender nationalistischer Kräfte für Deutschland vielleicht Gewinn ziehen, ohne dass es dafür den direkten Einsatz größerer militärischer Mittel bedurfte. Bei einer solchen Strategie indirekter Intervention reichte die polnische Neutralität schon aus. Allerdings brauchte es eine Abstimmung in der komplizierten Frage einer ukrainischen Unabhängigkeit, denn aus polnischer Sicht durfte die Zugehörigkeit Galiziens und Lembergs zu Polen nicht angetastet werden. Aber gerade dieses Gebiet bildete das mögliche Sprungbrett für die Unabhängigkeit einer Großukraine.

Dort agierte freilich die Organisation Ukrainischer Nationalisten (OUN) als separatistische Terroristengruppe, um die große ukrainische Minderheit im polnischen Staat zu mobilisieren.[88] Am 15. Juni 1934 ermordete sie den polnischen Innenminister Bronisław Pieracki auf offener Straße.[89] Pieracki hatte gerade Joseph Goebbels in Warschau verabschiedet, auf den kurz zuvor ein anderer Ukrainer beim Abendempfang in der deutschen Botschaft einen Anschlag versucht hatte.[90] Mit solchen Einzelaktionen, die weltweit Aufsehen erregten, sollte die abnehmende Spendenbereitschaft der amerikanischen Exilukrainer angefacht werden.[91] Die OUN befürchtete wohl zu Recht, dass ein deutsch-polnisches Einvernehmen in der Ukrainefrage zu Lasten des Projekts einer unabhängigen Großukraine gehen könnte.

Die Regierung in Warschau ließ jedenfalls keinen Zweifel daran, dass sie diesen Separatismus wie auch alle anderen ähnlichen Bestrebungen im Lande bekämpfen werde. In dem eiligst errichteten Konzentrationslager von Bereza Kartuska fanden sich ukrainische, weißrussische und volksdeutsche Aktivisten. Deutsch-polnische Regierungskonsultationen dienten der gemeinsamen Bekämpfung des ukrainischen Terrorismus. Berlin lieferte sogar einen führenden OUN-Mann, der zuvor für die deutsche Seite gearbeitet hatte, an Polen aus, wo nach der Verhaftung weiterer Spitzenfunktionäre die Organisation für mehrere Jahre praktisch am Boden lag.

Das Attentat auf Pieracki ging auf die ukrainische Landesführung der OUN zurück, während die in Deutschland um Kontakte bemühten Funktionäre entsetzt waren. Es war ihnen immerhin gelungen, Alfred Rosenberg, den ostpolitischen Berater Hitlers, für ihre Sache zu interessieren.

Wie in Berlin gab es auch in Warschau keine einheitlichen Auffassungen über die strategischen Fragen und die nächsten erfolgversprechenden Schritte in den bilateralen Beziehungen, insbesondere was das Verhältnis beider Partner gegenüber der UdSSR anbelangte. Als erstes Regierungsmitglied traf Goebbels anlässlich eines Vortrages in Warschau Mitte Juni 1934 mit der polnischen Führung zusammen. Er zeigte sich tief beeindruckt, insbesondere von dem Empfang beim Staatschef: »Der Marschall ist unser Freund. Er ist ein sehr imponierender Mann.«[92] Tiefsitzende Vorurteile und antipolnische Klischees blieben natürlich.

Reichspropagandaminister Joseph Goebbels (2. v. r.) zu Besuch beim polnischen Marschall Józef Piłsudski in Warschau am 15. Juni 1934; links der deutsche Gesandte Hans von Moltke, rechts der polnische Außenminister Józef Beck.

Goebbels über seinen Besuch in der polnischen Hauptstadt:
»Fahrt durch Warschau. Judenviertel. Stinkig und voll Dreck. Die Ostjuden. Das sind sie. Unterredung mit Beck. Über kulturellen Austausch. Er ist freundlich und verschlagen. Wie alle Polen. Sagt alles und nichts zu. Auch diese Kunst müssen wir lernen. Die Polen sind uns da voraus. Und keine Illusionen dürfen wir uns machen. [...] Dann zu Piłsudski. Die Franzosen wollen das hintertreiben. Aber nicht gelungen. Der Marschall ist tatsächlich krank. Aber er redet mit mir fast eine Stunde. Ganz jovial und charmant. Ein halber Asiate. Voll von Krankheit. Alter Revolutionär. Noch älter als Hindenburg. Aber Klarheit des Soldaten. Armee ist überhaupt gut. Piłsudski hält Polen zusammen. Ein großer Mann und fanatischer Pole. Hass gegen Menschen und Großstadt. Ein Despot, so glaube ich. Stark anekdotenhaft in der Unterhaltung. Wir werden auf seinen Wunsch zusammen photographiert.«[93]

Der Propagandaminister unterstützte die propolnische Publizistik im Reich. Die akademische Osteuropa-Forschung eröffnete eine neue Reihe unter dem Titel »Ostraum-Berichte«, in der ökonomische, wirtschaftsgeographische und siedlungspolitische Probleme erörtert wurden. Im ersten Heft, das Anfang 1935 erschien, definierte man als »Ostraum« das Gebiet zwischen Rhein und Ural, zwischen Finnland und Persien, bei dessen Gestaltung Deutschland eine entscheidende Rolle übernehmen werde.[94] Hier sollte allemal Platz auch für Polen sein. Man sprach deshalb von einer »deutsch-polnischen Raumgemeinschaft im Gesamt-Ostraum«, unter deren Druck es zu einem Umsturz in Moskau kommen könnte, der zur Loslösung der Ukraine und ihrer Eingliederung in eine deutsche »Großraumwirtschaft« führen werde.[95]

Piłsudski hing trotz aller Rückschläge noch immer an seinem Konzept einer Ostförderation, die sich vom Baltikum über die Ukraine bis in den Kaukasus erstrecken sollte. Sie sollte Russland zurückdrängen und Polen als dem stärksten Element einer solchen Förderation eine unabhängige Großmachtposition sichern. Er begünstigte daher in der ehemals russischen Provinz Wolhynien die Bemühungen des Wojewoden Henryk Józewski zu einer »Ukrainisierung« des Landes. Diese richtete sich anders als in Galizien nicht gegen die polnische Republik, sondern schuf ein Refugium für die Anhänger von Symon Petljura, dem 1926 ermordeten letzten Regierungschef der Ukraine, der 1920 mit Polen zusammengearbeitet hatte. Eine solche polnische Ukrainepolitik zielte also auf Kiew und die Sowjetukraine.[96]

Der mögliche Zerfall der UdSSR bildete nicht nur Gesprächsstoff für die Zirkel ukrainischer und russischer Emigranten in Berlin und vermutlich im Kreis jener georgischen Offiziere, die 1918 auf den Vormarsch deutscher Truppen in den Kaukasus gesetzt hatten und nach dem Bürgerkrieg sowie der Flucht nach Westen von der polnischen Armee übernommen worden waren. Auch die sowjetische Regierung zeigte sich ernsthaft besorgt, wie der deutsche Botschafter in Moskau erfuhr. Rudolf Nadolny hatte Ende 1933 routinemäßig den Posten übernommen und nahm die dramatische Kehrtwendung der deutschen Ostpolitik zum Anlass für einen mahnenden politischen Bericht.[97] Außenkommissar Maxim M. Litwinow habe betont, dass die Sowjetregierung zwar die deutsche Revisionspolitik unterstütze, doch das erkennbare Ziel Hitlers, dafür auch militärische Mittel einzusetzen, ablehne. In dem millionenfach vertriebenen Buch *Mein Kampf* werde sogar die Anschauung vertreten, dass der Wiederaufstieg Deutschlands auf Kosten Russlands gehen werde.

Außenkommissar Maxim Litwinow gegenüber dem deutschen Botschafter in Moskau:

Alfred Rosenberg, der Leiter des Außenpolitischen Amts der NSDAP, habe wiederholt »die Absicht eines deutsch-polnischen Geschäftes auf Erwerb der Ukraine durch Polen gegen Rückgabe des Korridors an Deutschland oder einer sonstigen Abtrennung der Ukraine von Sowjetrussland gesprochen und stehe mit ukrainischen Separatisten im Verkehr. Hitler selbst aber habe das ganze 14. Kapitel seines Buches *Mein Kampf* dem Gedanken des sowjetrussischen Zusammenbruchs und der Benutzung dieses Zusammenbruchs für deutsche koloniale Zwecke gewidmet. Es sei durchaus zu be-

> fürchten, dass Deutschland einen russisch-japanischen Konflikt zur Verwirklichung dieser Pläne benutze, und die in Deutschland neuerdings zum Ausdruck gekommenen Sympathien für Japan sprächen dafür, dass dies auch beabsichtigt werde.«[98]

Nadolny war davon überzeugt, dass ein Krieg im Fernen Osten wohl unvermeidbar sei, zweifelte allerdings an einer starken Erschütterung der UdSSR, die nach seiner Einschätzung auch gar nicht im deutschen Interesse liege, und plädierte für eine Wiederaufnahme der Rapallo-Politik, die er so beschrieb: »Die deutsche Politik ist in ihrer Auswirkung nach Westen und Osten seit jeher auf den Leitsatz eingestellt: im Westen Statik, im Osten Dynamik. Im Westen Beschränkung auf die Erreichung unserer nationalen Einigung und Herbeiführung stabiler Verhältnisse gegenüber den europäischen Altstaaten, nach Osten dagegen Dynamik im Sinne einer Ausdehnung unseres Einflusses in die Weiten des osteuropäischen und asiatischen Territoriums.« Das sei bisher im Einvernehmen mit Russland durchaus gelungen. Hitler und Rosenberg hingegen würden sich auf einen raschen Zusammenbruch des Sowjetregimes einstellen, was gegenwärtig in Deutschland von einer »starken Strömung« übernommen worden sei. Aber die nationalen Ziele seien nicht mit, sondern nur gegen Polen zu erreichen. »Eine Kooperation mit Polen, um unsere nationalen Gebietsansprüche im Osten auf Kosten Russlands zu verwirklichen, ist also eine Schimäre.«

> **Der deutsche Botschafter in Moskau, Rudolf Nadolny, am 9. Januar 1934:**
> Auch die andere Möglichkeit, einen derartigen Anspruch auf Kosten der Sowjetunion zu verwirklichen, nämlich der Gedanke, Polen in einen Krieg mit der Union zu verflechten und bei der Gelegenheit den Korridor gegen den polnischen Willen zurückzunehmen, kann nicht Gegenstand einer mit dieser Zielsetzung betriebenen oder gar öffentlich verkündeten Politik sein. Derartige Möglichkeiten können sich vielleicht einmal aus einer entstehenden Situation ergeben, und wir werden dann den Moment in unserem Interesse auszunutzen haben. Der heutigen Lage nach aber ist wohl Polen ein Gegenstand unserer Ansprüche, Russland dagegen nicht.«[99]

Nadolny konnte sich also durchaus vorstellen, bei der Gelegenheit eines deutsch-polnischen Kriegs gegen die UdSSR den Polen einfach den Korridor wegzunehmen, was man in Warschau wohl ähnlich sah und sich deshalb hinsichtlich einer militärischen Zusammenarbeit bedeckt hielt.

Nadolny teilte die augenblickliche Sympathie für Japan nicht. »Denn was kann uns Japan sein? Nichts anderes als ein sehr unbequemer, uns überall unterbietender Konkurrent auf dem Weltmarkt. Die Segnungen aber, die ihm unsere militärische und kulturelle Erziehung gebracht hat, sind uns von ihm im Weltkrieg schlecht gelohnt worden.« Sollte die Sowjetunion tatsächlich in eine Katastrophe geraten, »so wird es Sache unserer Politik sein, für uns die besten Konsequenzen aus der Lage zu ziehen«. Man sieht, dass die prorussische Argumentation Nadolnys, für die er bei der konservativen Leitung des Auswärtigen Amts Zustimmung erwarten konnte, der Linie des Reichskanzlers und seiner Nationalsozialisten nicht völlig entgegenstand, insofern es darauf ankam, eine starke »Dynamik« nach Osten zu entwickeln und jede sich bietende Gelegenheit zu nutzen, um gegen die UdSSR aktiv vorzugehen.

Nadolny glaubte nicht daran, dass ein japanischer Angriff im Fernen Osten die Sowjetunion grundlegend erschüttern würde. Die deutschen Militärattachés in Tokio und Moskau zeigten sich gleichfalls davon überzeugt, dass die Westgruppe der Roten Armee in diesem Falle unberührt bliebe.[100] Auch im Truppenamt, dem getarnten Heeresgeneralstab, schätzte man die Aussichten ähnlich ein. In einer Studie hieß es im April 1934, dass eine Ausweitung des Konflikts im Fernen Osten nicht zu erwarten sei. Sollte es dennoch zu einem kriegerischen Zusammenstoß zwischen Russen und Japanern kommen, rechnete man der Roten Armee gute Chancen aus.[101]

Hitler schob die Prognosen der Militärs achtlos beiseite, und Nadolny musste seinen Posten in Moskau grollend verlassen. Der Reichskanzler hatte sich nun einmal darauf eingestellt, dass ungeachtet der erst begonnenen Aufrüstung und trotz andauernder militärischer Schwäche des Reiches jederzeit Möglichkeiten entstehen könnten, um bereits in den ersten Jahren seiner Herrschaft die heißersehnte »Dynamik« nach Osten zu entfalten. Eine Beschwichtigungspolitik gegenüber den Westmächten, insbesondere bei englischer Neutralität und im Bündnis mit Polen, schienen erfolgversprechende Aussichten zu eröffnen. Rosenberg, der als außenpolitischer Berater Hitlers in eine Gegenposition zum konservativen Außenminister Neurath gerückt war, legte im Mai 1934 ein Memorandum zu den deutsch-britischen Beziehungen vor. Darin propagierte er eine deutsch-britisch-polnische Intervention gegen Sowjetrussland. Polen sollte die Ukraine erhalten, die Briten hätten Erdölinteressen in Südrussland.[102] Rosenberg hatte entsprechende Kontakte zu britischen Wirtschaftskreisen geknüpft, und der ostpolitische Berater von Mussolini teilte ihm als Eindruck von Gesprächen in Warschau die Information mit, dass in Polen der Wunsch bestehe, »alle Randvölker von Finnland bis zur Türkei« unter der Führung Piłsudskis zu einem Kreuzzug gegen die UdSSR zu sammeln.[103] Er erhielt nun von seinem »Führer« den Auftrag, die »zentrifugalen« Kräfte in Russland zu beobachten, damit man fertig sei, »wenn die Dinge weit genug gediehen sind«.[104]

Ein kriegerischer Konflikt mit der Sowjetunion schien zum ersten Male in den Bereich des Möglichen zu rücken, nach dem Eindruck nicht nur von Nadolny sogar in den Bereich des Wahrscheinlichen. Das wäre natürlich nicht die »große« Lösung des »Unternehmens Barbarossa« von 1941 gewesen, kein Marsch auf Moskau, sondern eine »kleine« und improvisierte deutsch-polnische Intervention zur Loslösung der Sowjetukraine, womöglich also ein Marsch auf Kiew. Voraussetzung wäre ein japanischer Angriff im Fernen Osten gewesen, der das Signal zur Intervention europäischer Mächte an der Westgrenze der UdSSR geboten hätte. Im

Außenpolitischen Amt der NSDAP ging man davon aus, dass bei einer »Befreiung« der mongolischen Völker Sowjetrusslands durch Japan die Dekomposition des sowjetischen Imperiums in der Ukraine und im Kaukasus ihren Anfang nehmen werde und Deutschland diesen Prozess »genau beobachten« müsse.[105]

Die Sowjetführung verstand jedenfalls Hitlers Programm in *Mein Kampf* nicht so, dass der faschistische Diktator erst ganz Europa einschließlich Polen besiegen wollte, um dann mit einer großen deutschen Militärmacht die UdSSR zu unterwerfen. Auch in Moskau sind anscheinend die Erinnerungen an die Jahre 1918 bis 1920 noch sehr präsent gewesen und haben die Bedrohungsvorstellungen geprägt.

1935: Kommt die Gelegenheit für einen Feldzug gegen die UdSSR?

Der sowjetische Militärgeheimdienst verfügte angeblich über ein Dossier, in dem ein Abteilungsleiter im polnischen Generalstab, ein früherer russischer Offizier, von einer Besprechung im Warschauer Kriegsministerium berichtete.[106] Demnach soll es Piłsudski für die Hauptaufgabe der polnischen Politik gehalten haben, deutschen Armeen den Vormarsch nach Osten nicht zu verwehren, aber unter keinen Umständen das Betreten polnischen Territoriums zu gestatten, weil die Deutschen die von ihnen beanspruchten Gebiete nie wieder verlassen würden. Beschränke sich Polen auf die Rolle einer wohlwollenden Neutralität, würden die Deutschen nördlich und südlich vorgehen müssen, und zwar über die baltischen Staaten sowie über die Donauländer. Gedeckt in den Flanken durch die Polen, ziele der nördliche Stoß wahrscheinlich auf die Industriegebiete von Leningrad und Moskau, der südliche auf die Getreidefelder der Ukraine, das untere Wolgagebiet und die Ölfelder des Kaukasus. Diese südliche Offensive könne Hitler aber erst dann beginnen, wenn er Österreich und die Tschechoslowakei in die Hand bekommen habe und Ungarn sowie Rumänien beeinflusse. Weil diese Voraussetzungen noch nicht bestanden, habe Polen Zeit, um die eigenen Kräfte zu stärken. Würden die deutschen Armeen dann die Rote Armee, die starke Verbände im Zentrum gegenüber Polen stehen lassen müsse, in einer Zangenbewegung schlagen, die Wolga erreichen, durch Verluste und überdehnte Versorgungslinien aber geschwächt sein, könne Polen mit seinen unverbrauchten Streitkräften seine Bedingungen diktieren. Ein derartiger deutsch-sowjetischer Krieg könne dann zur Herstellung der angestrebten polnisch-weißruthenisch-ukrainischen Union führen, die Polen dauerhaft gegenüber Russland und Deutschland sichere.

Es ist nicht auszuschließen, dass auf beiden Seiten – wie im Falle Nadolny gesehen – der Hintergedanke eine Rolle gespielt haben könnte, bei einem deutsch-polnischen Krieg gegen die UdSSR den jeweiligen Allianzpartner übervorteilen und die eigenen nationalen Interessen besser durchsetzen zu können. Entscheidend ist, dass – wie eine Fülle von Ereignissen zeigt – über einen solchen Krieg nicht nur gesprochen worden ist, sondern die Entscheidungsträger von seiner Wahrscheinlichkeit überzeugt gewesen sind und entsprechende Vorbereitungen trafen, die weitergeführt wurden, obwohl die Entwicklung der internationalen Lage die Kriegsgefahr an den Grenzen der UdSSR zunächst wieder verringerte.

Dass es Hitler 1934/35 mit der polnischen Variante durchaus Ernst gewesen ist, zeigt ein nahezu vergessenes Ereignis. Von der Geschichtsschreibung unbeachtet geblieben sind die Erinnerungen und Dokumente Piłsudskis, die 1935 in Deutschland erschienen sind. Das vierbändige Werk war vom greisen Marschall noch kurz vor seinem Tode autorisiert und vom Militärhistorischen Büro der Polnischen Armee in Warschau ausgewählt, bearbeitet und übersetzt worden. Das Vorhandensein dieser umfassenden Selbstdarstellung des polnischen Staatsführers war auf dem deutschen Buchmarkt an sich schon äußerst ungewöhnlich. Josef Stalin erhielt zwischen 1939 und 1941 jedenfalls keine vergleichbare Gelegenheit, sich den Deutschen vorzustellen. Die Erinnerungen eines alten Soldaten und Feldherrn, eines Patrioten und Staatsmannes, der sich nicht scheute, seine autoritären Einstellungen und seine scharfe Verurteilung demokratischer und korrupter Politiker Polens im nationalsozialistischen Deutschland zu publizieren, waren geeignet, nicht nur unter nationalkonservativen Lesern große Sympathie zu erwecken. Auch überzeugte Nationalsozialisten konnten zeitweilig zu Verehrern des polnischen Staatslenkers werden.

Kein Zweifel, der alte Marschall in Warschau, der Nationalist und ehemalige Sozialist, dürfte dem »Führer« in Berlin sympathischer gewesen sein als der preußische Generalfeldmarschall, der auf Gut Neudeck in Ostpreußen dahindämmerte und bis zu seinem Tod am 2. August 1934 als Reichspräsident Hitler in seiner Machtausübung zumindest nominell beschränkte. Piłsudski starb wenige Monate nach Hindenburg, am 12. Mai 1935, aber beide Marschälle hätten sich vermutlich auch nach dem Nichtangriffspakt beider Länder nicht viel zu sagen gehabt. Die Memoiren des Polen erschienen kurz nach seinem Tod, und die ersten drei Bände des Werkes erhielten jeweils ein Vorwort von deutscher Seite, die zum Thema passend prominenter nicht hätten sein können. Das Geleitwort zum ersten Band, den Memoiren, unterzeichnete Hermann Göring als General und Ministerpräsident. Und der zweite Mann im »Dritten Reich« fand sehr persönliche Worte.

Hermann Göring am 8. August 1935:

»Der Marschall Piłsudski war ein Mann. Ich habe ihn persönlich kennengelernt und wurde von der Macht seiner Persönlichkeit tief beeindruckt. In selbstloser und äußerster Hingabe hat Marschall Piłsudski für sein Vaterland gearbeitet. In mythischer Größe ist er schon zu Lebzeiten in die Geschichte seines Vaterlandes eingegangen. Das heutige Polen wäre nicht ohne Piłsudski.

Uns Deutschen hat Adolf Hitler den Sinn für den Heroismus und den ehernen Schritt

> der Weltgeschichte zurückgegeben. Deshalb ehren wir die großen Männer der Welt. Darum senkten sich auch in Deutschland die Fahnen, als die polnische Armee inmitten des trauernden Volkes in letzter Parade an dem Sarge des Ersten Marschalls von Polen vorbeidefilierte.«[107]

Hitler und Piłsudski hätten die Voraussetzungen und Grundlagen geschaffen, »auf denen zum Segen unserer Nationen und darüber hinaus zur Erhaltung des Friedens der Welt weitergebaut werden konnte und weitergebaut wird.« Das Erscheinen des Werkes in Deutschland möge die Kenntnis des Nachbarn vertiefen. Es sei »mehr als eine freundschaftliche Geste«!

Man darf diese Worte ruhig auf die Goldwaage legen. Für den 1936 erschienenen dritten Band mit den militärischen Vorlesungen Piłsudskis schrieb Generalmajor Friedrich von Rabenau das Vorwort. Der Chef des neuen Potsdamer Heeresarchivs pries darin den Ehrbegriff und das Führertum des Polen: »Er ist seit langem der Einzige, in dem Feldherr und Staatsmann in einer Person vereint sind. Der letzte uns gewohnte Vertreter ist Friedrich der Große.« Eine größere Ehre konnte man damals aus deutscher Sicht niemanden erweisen.

Der Band vier enthält Reden und Armeebefehle. Zum zweiten Band später mehr. Der Edition kommt vor allem auch deshalb erhebliche Bedeutung zu, weil der Verlag nach dem Erscheinen aus höchsten Kreisen die Anregung erhielt, eine limitierte Prachtausgabe anzufertigen. Die Subskriptionsliste dieser besonders aufwendigen »Marschall-Ausgabe« wurde am 23. November 1936 geschlossen. Anfang 1937 erschienen die vier Bände für die Prominenz beider Staaten. Angeführt wurde die Liste von Reichskanzler Hitler und dem Präsidenten der Polnischen Republik Ignacy Mościcki sowie der Marschallin Piłsudska. Es folgen die Spitzen der deutschen Industrie, des Reichskabinetts, hohe Militärs, allen voran Reichskriegsminister Werner Blomberg und der Oberbefehlshaber des Heeres, Werner Freiherr von Fritsch. Aber auch Heinrich Himmler und Reinhard Heydrich finden sich auf der Liste.[108]

»Mehr als freundschaftlich« – so also Göring in seinem Vorwort, das noch ganz unter dem Eindruck seines Besuches bei Piłsudski im Januar 1935 stand. Der spektakuläre Staatsbesuch zum ersten Jahrestag des deutsch-polnischen Nichtangriffspaktes diente offenbar beiden Seiten dazu, herauszufinden, wie weit man zusammengehen konnte. Hitler betrachtete zu diesem Zeitpunkt Russland als »riesige Militärmacht«, und das Reich würde nur mit polnischer Unterstützung in der Lage sein, dagegen vorzugehen. Gegenüber Rosenberg sprach er davon, die deutsch-polnische Kooperation solle nicht nach zehn Jahren mit dem Ablauf des Nichtangriffsvertrags zu Ende sein, sondern sei auf Dauer angelegt.[109]

So kam es Ende Januar 1935 zu ungewöhnlichen politischen Gesprächen Görings in Polen, über die es in der deutschen und polnischen Erinnerung unterschiedliche Bewertungen gibt. Unbestritten ist, dass die mögliche Umwandlung des bisherigen Defensivbündnisses in einen Offensivpakt mit antisowjetischer

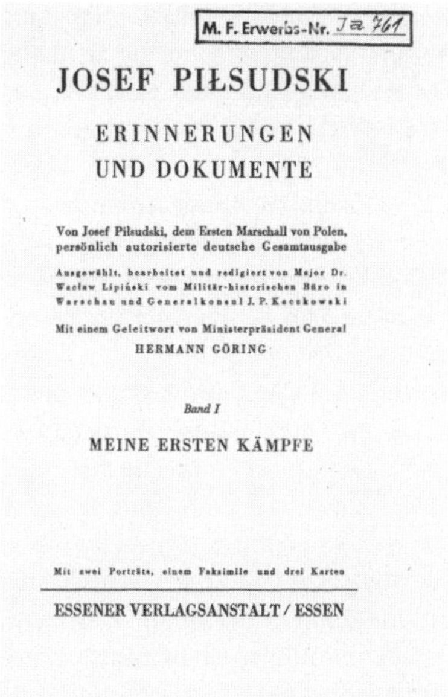

M. F. Erwerbs-Nr. Ja 761

JOSEF PIŁSUDSKI

ERINNERUNGEN
UND DOKUMENTE

Von Josef Pilsudski, dem Ersten Marschall von Polen, persönlich autorisierte deutsche Gesamtausgabe

Ausgewählt, bearbeitet und redigiert von Major Dr. Waclaw Lipiński vom Militär-historischen Büro in Warschau und Generalkonsul J. P. Kaczkowski

Mit einem Geleitwort von Ministerpräsident General
HERMANN GÖRING

Band I

MEINE ERSTEN KÄMPFE

Mit zwei Porträts, einem Faksimile und drei Karten

ESSENER VERLAGSANSTALT / ESSEN

Faksimile des Titelblatts der limitierten Marschall-Ausgabe von 1937.

Der polnische Außenminister Józef Beck (r.) zu Besuch bei Hermann Göring in Carinhall, Juli 1935.

Spitze ein Thema gewesen ist. Am häufigsten heißt es, dass die Initiative im Auftrag Hitlers von Göring ausgegangen sei und er von polnischer Seite eine deutliche Abfuhr erlitten habe.[110] Das Ganze sei ein »großes taktisches Spiel« gewesen, das zur Täuschung des polnischen Partners gedient habe.[111] Die Rekonstruktion der Gespräche ergibt ein anderes Bild.

Es war die polnische Regierung gewesen, die Göring zu einem Aufenthalt in dem ehemaligen königlichen Jagdgebiet von Białowieża eingeladen hatte. Nach dem Bericht des deutschen Botschafters in Warschau war die polnische Seite in ganz ungewöhnlicher Weise um den Gast bemüht und sorgte über die Sicherstellung des Jagderfolgs mit einer Reihe von Empfängen, Begleitung durch den polnischen Außenminister sowie einen Sonderzug nach Warschau dafür, dass Göring den Aufenthalt als einen »starken persönlichen Erfolg« ansehen durfte. Insbesondere die zweistündige Audienz bei Marschall Piłsudski mit dessen engsten militärischen Beratern sei von der polnischen Öffentlichkeit als Sensation bewertet worden.[112]

Was den politischen Inhalt der Gespräch und speziell die militärischen Zusammenhänge anbelangt, unterrichtete der deutsche Militärattaché in Warschau, General Max Joseph Schindler, drei Wochen später den Reichswehrminister und den Chef des Truppenamts. Inzwischen war durchgedrungen, dass über sehr weitreichende Ambitionen gesprochen worden war. Schindler, der an Görings Gesprächen teilgenommen hatte, brachte nachträglich in Erfahrung, dass der Reichskanzler nicht der Meinung sei, dass man zu weit gegangen sei. Hitler hat demnach Göring anscheinend nicht eine Verhandlungsvollmacht erteilt, sondern nach dessen Rückkehr Görings Bericht akzeptiert. Gegenüber seinem ostpolitischen Berater Rosenberg erklärte der »Führer« lediglich: »Was Polen weiter im Osten für Absichten hätte, daran seien wir desinteressiert.«[113]

Nach dem Bericht von Schindler waren es die Polen gewesen – gemeint sind vermutlich die militärischen Gesprächspartner –, die bei der Erörterung »einer etwaigen militärischen Zusammenarbeit zur Abwehr des russischen Vordringens« von sich aus weitergehende Vorschläge gemacht hatten.[114] Wenn Polen »freie Hand in der Ukraine« bekomme, solle Deutschland als Ausgleich »Einfluss im Baltikum erhalten«. Außerdem wurden Vorschläge zur Lösung des Korridor-Problems gemacht. Bei nüchterner Betrachtung musste offenbar auch die polnische Seite erkennen, dass jede militärische Zusammenarbeit gegen Russland nur möglich war, wenn Deutschland über eine sichere Landverbindung zu Ostpreußen und damit in die Nähe der russischen Grenze verfügte. Hitler, der ebenso wie Reichswehrminister Blomberg und Generalstabschef Ludwig Beck von diesem Inhalt unterrichtet wurde, durfte zufrieden sein. Er konnte zu diesem Zeitpunkt nicht ahnen, dass die nach Piłsudski regierende Gruppierung schon bald nach dem Tod des Marschalls in der Frage Danzig und Korridor bei einer unnachgiebigen Haltung bleiben und wieder stärker die Anlehnung an Frankreich suchen würde.

Bei seinem Jagdaufenthalt hatte Göring zunächst mit General Kazimierz Sosnkowski, dem zuständigen Armeeinspekteur im östlichen Grenzbezirk Polesie, gesprochen. Dass Verteidigungsmöglichkeiten gegenüber der Roten Armee bei dieser Gelegenheit angesprochen worden sein dürften, liegt auf der Hand. Sosnkowski, der unmittelbar der Roten Armee gegenüberstand, hatte einige Tage zuvor dem französischen Botschafter und dessen Militärattaché erklärt, dass aus polnischer Sicht jede Kooperation Frankreichs mit der UdSSR unerwünscht sei. Es sei verrückt, sich vorzustellen, dass im Kriegsfalle Tausende sowjetischer Bomber Berlin angreifen könnten, um dem französischen Bürgertum zu helfen. Für den Fall eines polnisch-sowjetischen Krieges, mit dem Sosnkowski in zwei oder drei Jahren rechnete, sei dagegen die deutsche Waffenhilfe durchaus erwünscht – wie hätte auch Frankreich Polen in diesem Falle helfen können? Der polnische General dachte dabei vor allem an eine Abwehrschlacht, denn ein gemeinsamer Angriff barg große Risiken, und selbst im Falle eines Gelingens sei damit zu rechnen, dass die Ukraine »lieber für den König von Preußen« arbeiten würde.[115]

Hier kommt jedenfalls der polnischen Botschafter in Berlin, Józef Lipski, ins Spiel, der ebenfalls Göring begleitete. Lipski gab sofort die Meldung an Vizeaußenminister Jan Szembek in Warschau weiter, Göring habe »fast eine antirussische Allianz und einen gemeinsamen Marsch nach Russland« vorgeschlagen und für Polen »große Möglichkeiten in der Ukraine« in Aussicht gestellt.[116] Bei der bekannten großspurigen Natur des »Reichsjägermeisters« ist gut vorstellbar, dass vielleicht bei einem Umtrunk mit Sosnkowski die politische Phantasie mit ihm durchgegangen sein könnte. Und er wusste natürlich auch um die Absichten und Ideen seines »Führers«, die sich in diese Richtung bewegten. Die vagen Andeutungen reichten offenbar aus, um die polnische Seite zu elektrisieren.[117] Kurzfristig sorgte man für eine Verlängerung des Aufenthalts von Göring und fuhr ihn mit einem Sonderzug nach Warschau.

Der polnische Außenminister Oberst Beck begleitete persönlich den Preußischen Ministerpräsidenten und dürfte verantwortlich dafür gewesen sein, dass Göring nun mit allergrößten Ehren und freundschaftlicher Aufmerksamkeit in der Hauptstadt bedacht wurde, obwohl doch der Besuch nach polnischen Angaben ursprünglich keinen politischen Charakter tragen sollte.[118] Auch hier geben spätere Quellen aus dem Umfeld der polnischen Exilregierung einen anderen Verlauf wieder als der Bericht des damaligen deutschen Militärattachés. Bei einem Empfang in der deutschen Botschaft traf Göring mit Ministerpräsident Leon Kozłowski zusammen. Dann kam die spektakuläre Audienz beim Marschall und seiner militärischen Umgebung. Dabei soll Göring angeboten haben, dass Piłsudski den Oberbefehl über ein deutsch-polnisches Invasionsheer übernehmen könnte. Die polnischen Generale, so hat es den Anschein, waren von Görings Übereifer nicht begeistert und hatten vielleicht befürchtet, der Marschall könnte das Angebot annehmen. Der Mythos des alten Kämpen wollte damals wissen, dass Piłsudski zuweilen mitten in der Nacht den Vormarsch auf Minsk befahl.[119]

Doch der greise Marschall soll zurückhaltend reagiert und betont haben, Polen könne nichts unternehmen, was zu Spannungen mit der Sowjetunion führe.[120] Angesichts widersprüchlicher Quellen ist zumindest sicher, dass während des Göring-Besuches über eine militärische Zusammenarbeit gesprochen und eine Aufteilung der Interessensphären im russischen Raum erwähnt worden ist. Göring hat das Gespräch mit Piłsudski auch keineswegs als eine eindeutige Zurückweisung aufgefasst, im Gegenteil.[121] Sein Vorwort zu den im selben Jahr erscheinenden Erinnerungen des Marschalls gab noch einmal den tiefen Eindruck wieder, den er aus diesem Gespräch mit nach Berlin nahm. Sein »Führer« reagierte entsprechend positiv.

Nach Informationen des sowjetischen Geheimdienstes gab es durchaus interne Kritik an der prodeutschen Außenpolitik Becks. Zu den Gegnern gehörte General Józef Haller, im Ersten Weltkrieg ein enger Weggefährte Piłsudskis, Kommandeur an der russischen Front, dann bei Kriegsende in Frankreich Schöpfer der »Blauen Armee« aus polnischen Freiwilligen, Mitte der zwanziger Jahre politischer Gegenspieler Piłsudskis und von diesem aus der Armee entlassen. Haller warf ihm 1935 vor, mit den Deutschen einen antisowjetischen Vertrag abschließen zu wollen, der im Falle eines Krieges mit der UdSSR vorsah, dass Deutschland den Korridor für Nachschubtransporte militärisch nutzen dürfe. Piłsudski sei offenbar bereit, zur Realisierung seiner phantastischen Pläne in Bezug auf die Ukraine und Litauen auf den Korridor zu verzichten.[122] Stalin konnte nach solchen Meldungen annehmen, dass es ein geheimes Zusatzabkommen zum deutsch-polnischen Nichtangriffsvertrag von 1934 gab. Inhaltlich bewegten sich die deutsch-polnischen Gespräche bis Anfang 1939 tatsächlich auf solchen Bahnen.

Der Marschall starb kurze Zeit danach, und seine Nachfolger schienen offen zu sein, auch über die antisowjetische Zielrichtung der Partnerschaft weiter zu verhandeln. Deshalb versuchte Hitler in den nächsten Jahren immer wieder, mit der Idee eines deutsch-polnischen Feldzugs gegen die Sowjetunion Warschau auf seine Seite zu ziehen. Göring war dafür der prominenteste Vermittler, der im Mai 1935 anlässlich der Beerdigung Piłsudskis, im Februar 1936 und im Februar 1937 bei Jagdaufenthalten und dann noch einmal 1938 weitere Gespräche mit der polnischen Seite führte.[123]

Oberst Beck, der als Außenminister bis 1935 die Linie Piłsudskis vertreten hatte, ließ in einer Unterredung am 19. Mai 1935 mit Göring, als dieser von der Beerdigung des Marschalls in Krakau nach Warschau kam, die Prioritäten der neuen Regierung erkennen.[124] Es ging ihr vor allem darum, die Verhandlungen um ein »Ostlocarno« zu hintertreiben, mit dem Frankreich ein System kollektiver Sicherheit in Ostmitteleuropa unter Einbeziehung der UdSSR schaffen wollte. Der wenige Tage zuvor abgeschlossene französisch-sowjetische Beistandspakt beunruhigte Warschau. Piłsudski sah die Gefahr, dass sein Land durch den Mechanismus des Paktes im Falle eines fremden Konflikts in Mitteleuropa zum Durchmarschgebiet oder Kriegsschauplatz für die Rote Armee werden könnte. Außerdem war

Deutsch-polnische Militärbeziehungen: Auf Einladung des Oberbefehlshabers der Wehrmacht, Werner von Blomberg, besuchten polnische Offiziere im August 1935 die Infanterieschule in Dresden.

Polen nicht bereit, einer Mitwirkung der Tschechoslowakei zuzustimmen, weil die damit verbundene Grenzgarantie einen Verzicht auf polnische Ansprüche auf die Provinz Teschen bedeutet hätte. Deshalb betonte Beck die deutsch-polnische Gemeinsamkeit, ohne sich aber auf weitere Bindungen einzulassen.

Auf militärischer Ebene zeigte sich im Sommer 1935 die Möglichkeit einer engeren Zusammenarbeit, heute eine vergessene Episode in dem weitgehend unbekannten Kapitel der deutsch-polnischen Militärbeziehungen. Auf Einladung des Oberbefehlshabers der Wehrmacht, Generaloberst Werner von Blomberg, besuchte der Direktor der polnischen Kriegsakademie, Generalmajor Tadeusz Kutrzeba, Dresden. Kutrzeba führte im September 1939 die Armee Poznań und lieferte an der Bzura eine erbitterte Schlacht, die einzige Gelegenheit, bei der die Wehrmacht zumindest für kurze Zeit in erhebliche Schwierigkeiten geriet. Am 24. August 1935 wurde er in Dresden vom Kommandierenden General des II. Armeekorps, Generalleutnant Wilhelm List, empfangen (List befehligte im September die 14. Armee, die den Stoß nach Lemberg in die Ukraine durchführte). Zusammen mit dem polnischen Militärattaché Oberstleutnant i. G. Antoni Szymanski besichtigte Kutrzeba Truppenübungen und jene berühmte Infanterieschule, an der unter anderem Erwin Rommel gelehrt hatte.

Aus heutiger Sicht mag die Vorstellung, Deutschland und Polen hätten 1935 gemeinsam eine Intervention gegen die Sowjetunion organisieren können, absurd erscheinen. Die Friedensstärke der Roten Armee übertraf mit 1,3 Millionen Mann die der polnischen und der deutschen Armee nach damaligem Stand um das Doppelte. Die Verantwortlichen sahen das damals anders. Der Konflikt im Fernen Osten hatte sich zwar inzwischen wieder abgeschwächt, blieb aber virulent. Geriete die UdSSR in einen Zweifrontenkrieg, würde an einer sowjetischen Westfront nur ein Teil der Roten Armee eingesetzt werden können. Das konnte theoretisch zum Gleichstand mit einer deutsch-polnischen Allianz führen, der gänzlich verloren ging, wenn Moskau außerdem die Armeen Finnlands, der baltischen Staaten und Rumäniens als potentielle Feindmächte einstufen musste. Zudem hatte Piłsudski intensive Beziehungen zur Türkei aufgebaut, die den Nationalismus der Orientvölker in der UdSSR förderte.

Die Idee, mit einer Zangenbewegung Sowjetrussland zu zerbrechen, behielt ihre Faszination, zumal man damit rechnete, dass in der Führung der Roten Armee die Bereitschaft vorhanden sein könnte, sich gegen Stalin und das Sowjetsystem zu wenden. Mochten sich der sterbenskranke Piłsudski und sein aalglatter Außenminister auch im Moment an den Status quo klammern und zu Abenteuern nicht aufgelegt sein, in der polnischen Führung schien es – den Eindruck brachten die Deutschen aus Warschau mit – auch andere Auffassungen zu geben. Schließlich hing alles davon ab, ob und wann es im Fernen Osten zu einem japanisch-sowjetischen Krieg kommen würde bzw. wie die UdSSR die inneren Spannungen in den nächsten Jahren überstand.

Knapp zwei Monate nach den Gesprächen Görings in Warschau verkündete Hitler am 16. März 1935 die Wiederherstellung der »Wehrhoheit« des Reiches. Das bedeutete den klaren Bruch der Beschränkungen des Versailler Vertrages sowie die ungehemmte Aufrüstung einer neuen »Wehrmacht«, einschließlich der Wiedereinführung einer allgemeinen Wehrpflicht sowie einer Friedensstärke mit bis zu 800 000 Mann.

Frankreich reagierte darauf mit dem Abschluss eines Beistandspaktes mit der UdSSR am 2. Mai 1935. Der auf fünf Jahre abgeschlossene Vertrag verpflichtete beide Seiten im Falle des unprovozierten Angriffs einer dritten Macht zur sofortigen Hilfeleistung. Zwei Wochen später ergänzte ein tschechoslowakisch-sowjetischer Vertrag die sicherheitspolitische Konstruktion, mit der Paris die aggressive Revisionspolitik Hitlers einzudämmen versuchte.[125] Die vorangegangenen französischen Bemühungen um einen »Ostpakt« waren gescheitert, weil sich Polen, die baltischen Staaten und Rumänien weigerten, mit der UdSSR zu kooperieren, denn sie befürchteten, im Kriegsfall sowjetisches Aufmarschgebiet zu werden und ihre Unabhängigkeit zu verlieren.

Hitler konnte der französischen Initiative am 18. Juni 1935 sein Flottenabkommen mit Großbritannien entgegensetzen. Das förderte seine Hoffnung, London werde ihm »freie Hand im Osten« lassen. Zwei Monate später gab ihm die Aussicht auf einen Krieg Italiens gegen Abessinien die Hoffnung, dass trotz der augenblicklichen Flaute im Fernen Osten der Marsch nach Russland vielleicht doch noch in absehbarer Zeit beginnen könnte.

Tagebuchnotiz von Goebbels am 19. August 1935:
»Der Führer ist glücklich. Gibt einen Abriss seiner außenpolitischen Pläne: mit England ewiges Bündnis. [...] Dagegen nach Osten Ausweitung. [...] Konflikte Italien – Abessinien – England, dann Japan – Russland vor der Tür. [...] Dann kommt unsere große geschichtliche Stunde. Wir müssen dann parat sein. Grandioser Augenblick. Wir sind alle tief ergriffen.«[126]

Die Kooperation mit Moskau machte die Tschechoslowakei zu einem potentiellen Feindstaat, der bei nächster Gelegenheit auszuschalten war. Das Thema einer möglichen französischen Intervention schien sich bald zu erledigen, weil 1936 eine linke Volksfront-Regierung das Land lähmte und zudem südlich der Pyrenäen im selben Jahr ein Bürgerkrieg ausbrach. Ein deutsches Expeditionskorps verhalf dem faschistischen Regime des Francisco Franco in Spanien an die Macht. Schließlich geriet Italien mit seinem Überfall auf Abessinien in internationale Verwicklungen, in denen es auf die Unterstützung Hitlers angewiesen war. Der »Duce« musste sein Misstrauen gegenüber dem »Führer« zurückstellen und seine Patronage über Österreich aufgeben.

Auf dem internationalen Parkett konnte das »Dritte Reich« 1935/36 erheblich an außenpolitischem Spielraum und Ansehen gewinnen. Der Beitritt der UdSSR zum Völkerbund und Stalins Pakt mit Paris und Prag blieben demgegenüber schwache Gesten. In Moskau zog der sowjetische Diktator deshalb die Notbremse, um mit einer brutalen Terrorpolitik sein Reich zu stabilisieren und gegenüber möglichen ausländischen Interventionen zu immunisieren. Durch den »Holodomor«, wie die Hungersnot von 1932/33 heute bezeichnet wird, war insbesondere in der Ukraine der antikommunistischen Landbevölkerung die soziale Basis entzogen worden. Nach neuesten Berechnungen verloren allein hier mindestens 3,5 Millionen Menschen ihr Leben.[127] Und Stalin begann eine Hatz auf angebliche innere Feinde und potentielle Verräter. Diese »Säuberungen« stärkten zwar sein persönliches Regiment, führten bis Ende der dreißiger Jahre aber zu einer verhängnisvollen Schwächung der UdSSR, insbesondere der Roten Armee. Ihr prominentestes Opfer wurde 1937 Generalstabschef Tuchatschewski, der noch zwei Jahre zuvor bei den Sommermanövern 1935 in der Ukraine die Rote Armee auf dem Höhepunkt ihrer Leistungsfähigkeit gezeigt hatte. Die Wahl des Kiewer Militärbezirks und der erprobten Gefechtsgrundsätze war ein klares Signal an jene Kräfte im Ausland, die über eine Intervention in der Ukraine sprachen oder darüber spekulierten, dass die UdSSR vom Fernen Osten und vom Westen her in die Zange genommen werden könnte.

Zum ersten Male in der Militärgeschichte wurden bei diesem Manöver Luftlandetruppen für operative Aufgaben eingesetzt. Sie ergänzten den Durchbruch durch eine befestigte Verteidigungslinie, die Ausweitung durch schnelle Kräfte sowie die Einkesslung und Vernichtung des Gegners durch mechanisierte Teile. Auch der Flussübergang mit schwerer Artillerie wurde geprobt. Insgesamt bestätigten

Sowjetische Fallschirmjäger bei einem Luftlandemanöver, um 1935.

sich dabei die Leitsätze der sowjetischen »Theorie der tiefen Operation«. Tuchatschewski errang damit die Ernennung zum jüngsten Marschall der Roten Armee. Er war 42 Jahre und konnte glauben, dass ihm ein Debakel, wie er es 1920 gegenüber dem kurz zuvor verstorbenen alten Marschall Piłsudski erlebt hatte, nicht mehr passieren würde. In diesen Tagen des Spätsommers 1935 erschien seine Analyse über den Feldzug von 1920 in der Berliner Ausgabe der Schriften Piłsudskis und wurde dem deutschen Generalstab zum Studium aufgetragen – doch dazu später.

In Berlin beschloss man auch handfeste Maßnahmen, um der sichtlich erstarkten Roten Armee bei einem möglichen Angriff nach Westen besser begegnen zu können. Der kürzeste Weg über Warschau nach Berlin führte über den Oder-Warthe-Bogen, der von deutscher Seite bisher nur durch Geländeverstärkungen gesichert war. Er wurde nun nach dem Modell der französischen Maginot-Linie mit Panzerwerken und kilometerlangen unterirdischen Verbindungswegen zum »Ostwall« ausgebaut. Die Luftwaffe entwickelte einen Fernbomber mit der Projektbezeichnung »Uralbomber«, und das Heereswaffenamt analysierte bei der Entwicklung eines Eisenbahngeschützes das Problem eines Überwechselns auf russische Spurbreite.[128]

Die UdSSR in der operativen Planung der Wehrmacht

Ob Hitler bereits konkrete Vorstellungen davon besaß, wie der von ihm propagierte Krieg um Lebensraum im Osten militärisch geführt werden könnte, ist nicht zu sagen. Man kann jedoch davon ausgehen, dass er als Reichskanzler erst nach dem Tod von Hindenburg und der Vereidigung der Reichswehr auf seine Person sowie ab März 1935 als Oberster Befehlshaber der neuen Wehrmacht stärkeren Einfluss auf die internen militärischen Vorgänge und Planungen nehmen konnte. Es ist allerdings festzustellen, dass er noch bis in den Zweiten Weltkrieg hinein den Generalstab mit größtem Respekt behandelte. In die operativen Planungen und Entscheidungen mischte sich Hitler erst im Verlauf des »Unternehmens Barbarossa« immer stärker ein – Ergebnis der Erkenntnis, dass der Kriegsverlauf nicht seinen Erwartungen entsprach.

So beschränkte er sich in den dreißiger Jahren im Wesentlichen auf die großen politischen und strategischen Fragen der Außen- und Militärpolitik. Das entsprach den Erwartungen der Militärs, die seit der Mitte des 19. Jahrhunderts das Prinzip einer Arbeitsteilung vertraten. Nach Moltke hatte sich die Politik vor einem Krieg um eine günstige Ausgangslage, insbesondere durch das Bemühen um Bundesgenossen, zu kümmern. Die Militärs trugen Verantwortung für die Aufstellung, Ausrüstung und Ausbildung der Streitkräfte, die Analyse potentieller Feindmächte und deren Fähigkeiten sowie Absichten, die sorgfältige Erkundung von Aufmarschräumen und möglichen Schlachtfeldern und schließlich für die minutiöse Planung des Aufmarsches bei – besser vor – Kriegsbeginn. Mit Beginn des Krieges hatte die Politik zurückzutreten und die Militärs dabei zu unterstützen, die Kriegsentscheidung zu erzwingen. Erst danach trat dann die Politik wieder in ihre Verantwortung, um den Friedensschluss und die Nachkriegsverhältnisse zu regeln.

Das war natürlich nur ein Idealbild. Schon zwischen Moltke und Bismarck war es während der Reichseinigungskriege zu Reibungen gekommen, und während des Ersten Weltkriegs hatten die Militärs zwar die zivile Reichsleitung in ihrer Bedeutung immer weiter zurückgedrängt, bis die Oberste Heeresleitung gleichsam eine Art von Militärdiktatur ausübte; aber der »Große Krieg« war auch deshalb verlorengegangen, weil die Militärs nicht in der Lage gewesen waren, die schwierigen Fragen der Innen- und Bündnispolitik sowie der Gesamtstrategie zu lösen. Das hatte in der Reichwehr unter Seeckt die Tendenz gestärkt, sich aus der Politik weitgehend herauszuhalten und auf die für originär militärisch eingeschätzten Aufgaben zu konzentrieren.

In organisatorischer und taktisch-operativer Hinsicht konnte das preußisch-deutsche Offizierkorps zweifellos auf glänzende Leistungen in der Vergangenheit zurückblicken. Viele andere Armeen hatten sich seit dem ausgehenden 19. Jahrhundert den deutschen Generalstab und seine hochprofessionelle Ausrichtung zum Vorbild genommen. Im operativen Denken entwickelten sich freilich eigentümlich deutsche Ausprägungen, die in Betracht zu ziehen sind, wenn man die zum »Unternehmen Barbarossa« führenden militärischen Planungen besser verstehen will.[129]

Grundlegend sind die europäische Mittellage, die sich daraus ergebende Gefahr eines Zwei- oder Mehrfrontenkrieges sowie die potentielle materielle und personelle Unterlegenheit des Reiches gewesen. Diese Mittellage hatte schon aus dem Blickwinkel von Schlieffen immerhin den Vorteil, die beiden mächtigsten Kontrahenten, Frankreich und Russland, geographisch voneinander zu trennen. Gestützt auf die hervorragend ausgebaute Infrastruktur Mitteleuropas ergab sich daraus die Chance, auf der inneren Linie operierend die Gegner nacheinander zu schlagen. Damit ließ sich die eigene Unterlegenheit durch die Konzentration der Kräfte nach jeweils einer Seite ein Stück ausgleichen. Es bedurfte allerdings auch einiger wichtiger Voraussetzungen. Der Aufbau qualitativ hochwertiger Streitkräfte sowie eine dem Gegner überlegene taktisch-operative Führungskunst standen an erster Stelle. Nur mit ihrer Hilfe schien es möglich zu sein, den Krieg so schnell zu beenden, dass die gegnerische Koalition keine Gelegenheit fand, ihre überlegenen Ressourcen zu mobilisieren und in einem länger andauernden Abnutzungskrieg für sich den Sieg zu erzwingen.

Die Parameter der operativen Führungskunst hießen Bewegung, Angriff, Schnelligkeit, Initiative, Freiheit des Handelns, Schwerpunktbildung, Umfassung, Überraschung und Vernichtung. Es musste das Ziel sein, in einer oder mehreren Schlachten im grenznahen Raum um Deutschland die gegnerischen Streitkräfte durch Umfassung zu vernichten. Die Zerstörung der »lebendigen Kräfte« des Gegners (d. h. Ausschaltung, nicht die physische Auslöschung seiner Armeen) sollte schnell und gründlich erfolgen, um deren Regeneration und damit den Aufbau neuer Fronten zu verhindern. Im Idealfall erkannte der Gegner seine Niederlage an und zeigte sich zu einem Frieden bereit.

In diesem Sinne mussten also die Schlachten im grenznahen Umfeld des Reiches bis etwa 250 Kilometer Tiefe »kriegsentscheidend« sein. Freilich hatte sich schon im Deutsch-Französischen Krieg von 1870/71 gezeigt, dass Niederlagen der feindlichen Armeen nicht zwangsläufig zur Aufgabe des Gegners führen müssen. Wollte man den Übergang zu einem »Volkskrieg« verhindern, bedurfte es einer ergänzenden politischen Strategie, um den Widerstandswillen des Feindes zu brechen. 1917 war eine solche politische Kriegführung im Osten sehr erfolgreich gewesen. Daran knüpften die Kriegspläne von 1934/35 an.

Um das strategische Dilemma des Zweifrontenkrieges mit unterlegenen eigenen Kräften operativ lösen zu können, musste sich der Generalstab also an das Modell grenznaher kriegsentscheidender Schlachten halten – oder der politischen Führung vom Kriegsentschluss abraten. Das hätte aber in letzter Konsequenz sein professionelles und soziales Selbstverständnis zunichtemachen können. Was hatten nun die Verantwortlichen der Reichswehr, mit denen es Hitler zu tun bekam, für Schlussfolgerungen aus der Niederlage im Ersten Weltkrieg gezogen, in dem sie zumeist in mittleren Generalstabspositionen ihre Erfahrungen gesammelt hatten? In einer kollektiven Verweigerung der Wahrnehmung von realen strategischen Gegebenheiten – das für den Kampf um eine Groß- und Weltmachtposition unzureichende Kräftepotential – interpretierten sie den Misserfolg so: Das Kaiserreich habe mit dem Schlieffen/Moltke-Plan über ein Siegesrezept verfügt, das von den ausführenden Personen nur falsch umgesetzt worden sei. Im Grunde sei die eigene Armee also »im Felde unbesiegt« geblieben.

Mit ihrer Kritik an den Generalen des Kaisers machten sich die jüngeren Stabsoffiziere frei davon, die maßlosen Großmachtziele zu hinterfragen, und glaubten, es im nächsten Krieg besser machen zu können. Für sie lautete die entscheidende Frage: Wie kann die Offensive, als Grundbedingung für schnelle kriegsentscheidende Schlachten, ihre Beweglichkeit wiedergewinnen? Diese Beschränkung des professionellen Denkens und Umdenkens war im Kern unpolitisch und vertraute darauf, dass die Politik für die notwendigen außenpolitischen und strategischen Voraussetzungen zur Eröffnung des Krieges sorgen würde.

Die Militärs hatten zumindest gelernt, dass ein allzu starrer militärischer »Fahrplan« in den Krieg von Schaden sein konnte. Es gehörte eigentlich zu ihrem Grundwissen, dass nur der Aufmarsch und die Anfangsphase eines Feldzuges durchgeplant werden konnten. Danach begannen nach Clausewitz die Friktionen. Seeckt hatte deshalb die Tradition einer intensiven Schulung der Generalstabsoffiziere wieder aufgenommen. Studien zu einzelnen taktisch-operativen Problemen sowie Generalstabsreisen und Kriegsspiele, mit denen man »im Gelände« bzw. in den höheren Führungsstäben einen möglichen Kriegsverlauf simulierte, dienten dazu, die Beurteilung einer Lage und das Fassen von Entschlüssen zu trainieren. Dabei war jedes Schema zu vermeiden, auf Beweglichkeit, Kühnheit und Entschlossenheit des militärischen Führers kam es vor allem an. Solche »Kriegsspiele« hatten über den Ausbildungseffekt hinaus eine hohe Bedeutung, um trotz aller dem Manöverzwecke geschuldeten Friktionen denkbare und wahrscheinliche Optionen einer künftigen Kriegführung zu erproben. Sie geben dem Historiker also Auskunft über das militärische Denken und Planen auch dort, wo die damals gültigen Einsatzpläne nach ihrer jeweiligen Aktualisierung im ursprünglichen Original routinemäßig vernichtet worden sind.[130]

Wie beeinflusste also die ostpolitische Kehrtwendung Hitlers die Kriegsplanungen der Reichswehr? Wie erwähnt, ist der Reichswehrführung die Verabschiedung von der Vorstellung einer deutsch-russischen Allianz, die Deutschland in der Auseinandersetzung mit dem Hauptgegner Frankreich den Rücken freihielt, sehr schwergefallen. Die Umstellung zog sich nach dem Regierungswechsel über Monate hin. Die forschen Bemühungen des Reichskanzlers, die strategische Wendung gegen die UdSSR zu vollziehen und Polen als Bündnispartner für einen möglichen Interventionskrieg zu gewinnen, konnten bis 1935 im militärischen Bereich keine größeren Auswirkungen haben.

Sie erlaubten es immerhin, schon jetzt an einen Überfall auf die Tschechoslowakei zu denken, der in einer Operationsstudie als »Unternehmen Schulung« bezeichnet wurde. Darin ging man von der Annahme aus, dass sich Großbritannien nach dem Flottenvertrag zurückhalten werde, ebenso Italien, so dass man mit einem blitzartigen Überfall auf die Tschechoslowakei der sowjetischen Luftwaffe die möglichen vorgeschobenen Basen nehmen und Raum gewinnen würde, falls sich Frankreich nicht von einem Eingreifen abschrecken ließ. Generalstabschef Ludwig Beck griff allerdings ein, da er bei der Studie die Einordnung in die gesamtstrategische Lage sowie eine realistische Einschätzung des derzeitigen Rüstungsstandes vermisste. Beck zeigte sich bis zu seinem Rücktritt 1938 immer wieder besorgt, dass isolierte Operationsplanungen ohne einen Gesamtkriegsplan zu Leichtsinn und am Ende in einen großen Krieg führen würden, den Deutschland nicht gewinnen könnte. Selbst die Aussichten auf eine rasche und entscheidende Operation gegen das tschechoslowakische Heer beurteilte Beck skeptischer als andere. Das war keine grundsätzliche Absage an eine Strategie, die mit der Besetzung Österreichs und der Tschechoslowakei beginnen wollte, um Deutschlands Großmachtposition zu festigen. Beck wollte aber zunächst die eigene Aufrüstung vollenden, um dann zu einem späteren Zeitpunkt und in einer günstigen europäischen Gesamtlage losschlagen zu können.[131] Seine Lösung hieß »rasche Aufrüstung plus militärische Bündnispolitik«.

In den Kriegsspielen der Wehrmacht wurde ab 1935 angenommen, dass die Rote Armee – bei Neutralität Polens – über Rumänien und das Baltikum Offensiven unternehmen könnte, die von deutscher Seite ohne Mühe aufzufangen wären. Polens antisowjetische Haltung sicherte also in jedem Falle Hitlers Handlungsfähigkeit nach Westen und Südosten, eine Vorstufe für die geplante Ostexpansion.

Die deutsche Marineführung spielte seit 1935 in ihren jährlichen Übungen auf höchster Ebene auch das mögliche Eingreifen Russlands durch. Um einen Ausbruch der überlegenen sowjetischen Flotte aus der Enge des Finnischen Meerbusens und einen Vorstoß in die westliche Ostsee zu verhindern, kam es aus deutscher Sicht darauf an, weit im Osten Minensperren zu legen und zu überwachen. In der Weite der östlichen Ostsee und vor der Küste neutraler Staaten wäre das kein leichtes Unternehmen gewesen.[132] Dennoch kam es aus der Sicht der Marine darauf an, wie im Ersten Weltkrieg die russische Flotte in Kronstadt zu umschließen und die strategisch wichtige Schifffahrt auf der Ostsee zur Versorgung des Reiches, insbesondere mit schwedischen Eisenerzen, zu sichern. Man hielt sich selbst in taktischer, technischer und personeller Hinsicht für überlegen. Die Entwicklung einer »stoßkräftigen Marine« werde auf sowjetischer Seite noch viele Jahre brauchen.

Im Osten war mit einer akuten Bedrohung durch die UdSSR kaum zu rechnen, da die Rote Armee nur über fremdes Territorium hinweg gegen die deutsche Grenze vorgehen konnte. Das schmälerte die Bedeutung des tschechoslowakisch-sowjetischen Beistandspaktes, selbst wenn man an den möglichen Überflug sowjetischer Luftflotten und ihre Stationierung in der Tschechoslowakei denken wollte.[133] Deshalb entfalteten Überlegungen, im Osten offensiv zu werden, ihre Faszination. Mit polnischer Neutralität oder erst recht bei einer Allianz öffneten sich gegenüber dem »Ostraum« viele Möglichkeiten zur Veränderung der Machtverhältnisse. Aus deutscher Sicht kam schon 1934/35 Ostpreußen als Sprungbrett in Betracht. Der kleine Nachbar Litauen lag seit 1920 sowohl mit Deutschen wie mit Polen im Streit. Das Reich verlangte die Rückgabe des Memelgebiets, eine wichtige strategische Position und Brückenkopf ostwärts des Memelflusses. Polen hatte das Wilna-Gebiet okkupiert, was neben anderen Aspekten die Grenze zu Sowjetrussland begradigte, aber zu einem latenten Kriegszustand mit Litauen geführt hatte, der erst 1937 durch ein Nachgeben der litauischen Regierung formell beendet wurde. Staatspräsident Antanas Smetona regierte das von Putschversuchen und Bauernunruhen geschwächte Land mit diktatorischer Gewalt nach faschistischem Vorbild.

Zu Finnland und Estland hatte die Wehrmacht schon länger enge militärische Beziehungen. Sie ermöglichten es zum Beispiel, den Funkverkehr der Roten Armee zu belauschen, und das fast vor den Toren von Leningrad.[134] Bei einem Empfang finnischer Abwehroffiziere bedankte sich Werner Freiherr von Fritsch, der Oberbefehlshaber des Heeres, für die langjährige Zusammenarbeit und versicherte, das »neue Deutschland« habe sich mit »ganz besonderem Eifer« die Aufgabe gestellt, »gegen Sowjet-Russland als den Träger der kommunistischen Idee anzugehen«. Es stehe »unsere Arbeit gegen Russland heute an allererster Stelle«.[135]

Zu dieser vorbereitenden Arbeit gehörten Untersuchungen des Reichskriegsministeriums, wie in einem Kriegsfalle die Propagandawaffe gegen die UdSSR eingesetzt werden könne. Sowohl bei einer defensiven Kriegführung im mitteleuropäischen Raum als auch bei einer für denkbar gehaltenen militärischen Intervention europäischer Mächte unter der Führung Deutschlands wollte man auf die Nationalitätenfrage sowie antisemitische Parolen setzen. In Auswertung der Erfahrungen des Ersten Weltkriegs wurde außerdem vorgeschlagen, die Aufstellung ukrainischer Einheiten unter direktem deutschen Kommando vorzunehmen und nicht einheimischen Führern zu überlassen. Das waren Ansätze, die 1941 teilweise umgesetzt werden konnten.[136]

Sah man die baltischen Staaten sowie Finnland als eine potentielle deutsche Einflusssphäre an und bezog die polnische Ostgrenze mit ein, dann lagen Leningrad und Kiew durchaus in der Reichweite möglicher Operationsplanungen. Das musste sich aus dem Blickwinkel von 1935 noch ziemlich unrealistisch ausnehmen. Entscheidend aber war zunächst einmal der Entschluss, den Schwerpunkt der strategischen Überlegungen nach Osten zu verlagern. Der ehemalige Gefreite, der militärische Literatur zum Ersten Weltkrieg ebenso wie die Klassiker bei seiner autodidaktischen Fortbildung zum »Größten Feldherrn aller Zeiten« verschlang, hatte spätestens in seiner Landsberger Haft Gelegenheit, auch eine Schrift von Max Hoffmann zu studieren. Dieser war 1917/18 Oberbefehlshaber im Osten gewesen und hatte in seiner Zeit die russische Armee besiegt und den weiten Vormarsch

Ostmitteleuropa nach den Friedensverträgen 1919/1922

nach Osten geführt. Der General führte gleich mehrere Beispiele an, wie man durch einen frühen Sieg im Osten auch den Weltkrieg hätte gewinnen können.[137] Sein wichtigster Gedanke: Im Westen war von Anfang an kein schneller Sieg zu erwarten gewesen, deshalb wäre es sinnvoller gewesen, den Schwerpunkt konsequent nach Osten zu verlagern und im Westen defensiv zu bleiben.

Doch auf welche Weise konnte man im Osten einen schnellen militärischen Erfolg erzielen? Die Mittelmächte hatten bis 1917 immerhin drei Jahre gebraucht, um die russische Armee aus dem polnischen Balkon zurückzudrängen. Die Erfolge Piłsudskis von 1920 konnten auch aus dem Blickwinkel von 1935 dazu noch Alternativen aufzeigen.

1935 war der zweite Band der Erinnerungen Piłsudskis auf Deutsch erschienen. Er enthält die Gegenüberstellung seiner eigenen Einschätzungen zum Feldzug von 1920 mit denen seines früheren Gegners Tuchatschewski. Das Vorwort dazu schrieb Reichskriegsminister und Oberbefehlshaber der Wehrmacht Generaloberst Werner von Blomberg! Der Soldat, so meinte er, habe allen Anlass, diesen Krieg, der zu den »großen weltgeschichtlichen Entscheidungen der letzten Jahrzehnte« zu rechnen sei, »an Hand der fesselnden Darstellung des Marschalls aufmerksam zu verfolgen. Überfluß an Raum, Mangel an Kräften und die Eigenarten überhastet aufgestellter Heere gaben diesem Krieg sein einmaliges Gepräge.« Auch wenn ein kommender Krieg zwischen Großmächten vermutlich anders geartet sein werde, könne man aus dem historischen Beispiel eine »Fülle wertvoller Erkenntnisse« ableiten. Die von ihm bei dieser Gelegenheit angekündigte deutsche Studie zum Krieg von 1920 erschien, wie bereits erwähnt, im Sommer 1940, gerade noch rechtzeitig.

Generaloberst von Blomberg über den Krieg von 1920:
»Dieser Krieg stand strategisch und taktisch gewissermaßen im Schatten des Weltkrieges. Erfahrungssätze und Begriffe des Weltkrieges wirkten bewusst oder unbewusst auf beiden Seiten nach. Aber die Voraussetzungen hatten sich grundlegend geändert. Es gab nicht mehr die Massenheere und die geschlossenen Heeresfronten. Es fehlte der überwältigende Materialeinsatz und die Wucht tage- und wochenlanger Artillerieschlachten.
Alles kam darauf an, die ewigen Grundgesetze des Krieges den neuen Bedingungen anzupassen und so das Geheimnis des Sieges zu ergründen. Das scheint leicht und ist doch schwer. Dazu gehört ein klarer Kopf, selbständiges Denken und ein harter Wille, der die Erkenntnis in die Tat umsetzt.
Hier zeigte sich die Größe des Feldherrn Piłsudski. Er machte sich frei von den überholten Vorstellungen der jüngsten Vergangenheit. Er führte den Krieg so, wie es die Elemente Raum, Kraft und Zeit verlangten. Nicht im Massenstoß geschlossener und beiderseits angelehnter Fronten wollte und konnte er die Entscheidung suchen, sondern in der Ausnutzung des großen Raumes zu schnellen und weiten Bewegungen. Wie alle großen Feldherren scheute er sich auch nicht vor der Preisgabe eigenen Landes. So wurde er ein Meister des Bewegungskrieges.«[138]

Ein wichtiges Merkmal des Krieges von 1920 sei der Einsatz großer Reitermassen gewesen. Das sei zwar überholt, gebe aber wertvolle Anhaltspunkte für die Frage, über die in allen Armeen derzeit heftig gestritten werde: Einsatz und Abwehr großer beweglicher Verbände, von leichten Divisionen und Panzertruppen. Blomberg erinnerte seine Leser – neben den militärischen Lehren – auch daran, dass Polen damals die Ausbreitung des Bolschewismus nach Deutschland verhindert habe. »Polen hat in schweren Kämpfen den Bolschewismus in den Raum seines Ursprungs zurückgeworfen und vor ihm einen festen Damm gegen Westen errichtet. Es hat damit Europa und besonders Deutschland vor dem Zusammenbruch bewahrt und zur Erhaltung der gesamten abendländischen Kultur in entscheidender Weise beigetragen. Das nationalsozialistische Deutschland Adolf Hitlers weiß diese Leistung zu schätzen.«

Diese Einschätzung wurde noch im Jahre 1937 popularisiert, als ein unter dem Pseudonym »Agricola« publizierender Militärschriftsteller (ein Alexander Bauermeister) über das »Wunder an der Weichsel« schrieb, in memoriam Marschall Piłsudski.[139] Der in einem der Wehrmacht nahestehenden Verlag erschienene, romanhaft ausgeschmückte kleine Band beruhte auf dem Kriegstagebuch eines ehemaligen russischen Generalstabsoffiziers. Es pries den polnischen Marschall in höchsten Tönen: »Wie eine lästige, aufdringliche Fliege hatte Piłsudski das unheimliche rote Gespenst mit einer Handbewegung verscheucht.« Der Autor sparte nicht mit Kritik an Tuchatschewski, hielt ihm aber zugute, dass er 1920 als Armeeoberbefehlshaber erst 26 Jahre alt gewesen sei. Er habe kein Feldherrntalent besessen. Seine Niederlage verdanke er aber vor allem der Unfähigkeit seiner Unterführer. Doch der zuvor durchgeführte rücksichtslose Gewaltmarsch von Minsk nach Warschau verdiene allen Respekt, wenngleich er von einer Unterschätzung des polnischen Gegners angetrieben worden sei.

Der Band begann mit dem Heeresgruppenbefehl Tuchatschewskis vom 2. Juli 1920: »Über die Leiche Polens führt der Weg zur Weltrevolution! Vorwärts auf Wilna, Minsk und Warschau!« Und er endete mit der Erinnerung »an eine wild bewegte Zeit, in der das Schicksal Europas vorübergehend am seidenen Faden hing und die roten Horden Tuchatschewskis sprungbereit vor den Toren Warschaus standen, um Europa in einem Meer von Blut und Tränen zu begraben.«

Der sowjetische Marschall legte 1935 seinem »Führer« Stalin zum Thema »Kriegspläne Hitlers« eine mahnende Denkschrift vor,[140] in der er die Wiederaufrüstung Deutschlands und sein enormes Rüstungspotential beschrieb. Tuchatschewski analysierte die künftige deutsche Kriegsdoktrin, die durch den Masseneinsatz von Panzern, Flugzeugen und einer motorisierten Infanterie auf die schnelle Zerschlagung der feindlichen Hauptstreitmacht, die Desorganisation der Mobilisierung und die Vernichtung der Kraftzentren ziele. Zu Hitlers Absichten verwies er auf die bekannten Zitate aus *Mein Kampf*, die Russland als Hauptziel einer Politik des »Lebensraums« markierten. Im Augenblick, so Tuchatschewski, sei nicht mit konkreten aggressiven Aktionen zu rechnen. Hitler versuche lediglich, die westlichen Grenzen der UdSSR zu schwächen und ein sowjetisch-französisches Bündnis zu verhindern. Aber für die Zukunft wolle er sich nach Agentenberichten freie Hand im Osten verschaffen. Ein deutsch-polnisches Bündnis sei durchaus möglich – diese Prognose strich Stalin durch, offenbar weil er das für unwahrscheinlich hielt. Der sowjetische Diktator nahm allem Anschein nach an, dass sein Kontrahent in Berlin in erster Linie eine Revanche gegen die Westmächte im Sinne hatte und die NS-Ideologie nur ein Deckmantel für eine kühl berechende Machtpolitik sei, die Hitler, auch unter dem Einfluss der hinter ihm stehenden reaktionären Kreise, über kurz oder lang zur Rapallo-Politik zurückführen würde. Das war eine zugleich falsche als auch richtige Prognose, wie die Geschichte zeigen sollte.

Ein Interventionskrieg gegen die Sowjetunion?

1936: »In vier Jahren kriegsbereit«!

■ Der Respekt deutscher Offiziere für Piłsudski war auch nach seinem Tod (1935) und trotz des Krieges im September 1939 so groß, dass nach der Eroberung von Krakau an seinem Grabmal eine Ehrenbezeigung durch den Kommandierenden General erfolgte und eine militärische Ehrenwache aufgestellt wurde.[1] Der politische Kurswechsel in Warschau nach dem Tod des Marschalls hat jedenfalls die deutschen Hoffnungen auf eine Allianz nicht gemindert. Die autoritäre Umgestaltung der Verfassung führte zu einem Rechtskurs der Obristen.[2] Zur »Sanacja« (Gesundung) gehörten Bestrebungen zur »Lösung der Judenfrage« durch Massenemigration. Antikommunismus und Antisemitismus bildeten also an sich eine stabile ideologische Grundlage für eine mögliche Partnerschaft mit Deutschland – freilich nicht hinsichtlich der inkompatiblen territorialen Ambitionen gegenüber den baltischen Staaten und der Ukraine. Außenminister Oberst Beck wurde – neben dem frankophilen Edward Rydz-Śmigły, dem neuen Marschall – der eigentlich starke Mann in Warschau, der im Kreis der ehemaligen Kampfgefährten Piłsudskis das Konzept weiterverfolgte, die Zwischenzone Ostmitteleuropas als eigenständige Basis polnischer Außenpolitik zu organisieren.

Das Interesse an einer aggressiven Expansionspolitik gegenüber der UdSSR blieb jedenfalls in Berlin stärker als in Warschau, wo man gute Gründe hatte, sich gegenüber dem deutschen Werben bedeckt zu halten und sich nicht in eine Abhängigkeit zu begeben, bei der Polen womöglich nur verlieren konnte, zumindest seine Westgebiete und seinen Status als Großmacht. Der bereits begonnene Rüstungswettlauf der Großmächte überforderte aber eindeutig die polnischen Möglichkeiten für den Ausbau und die Modernisierung der Armee. Ein denkbares Eingehen auf die deutschen Bündnisangebote hätte die wirtschaftlichen und technischen Probleme vielleicht vermindern können, doch Polen wäre dann auf die stärkere Armierung seiner Ostgrenze festgelegt worden, zu Lasten seiner Positionen gegenüber Deutschland. Die französische Kapitalhilfe blieb weiterhin zögerlich und äußerst begrenzt, was die Bemühungen zum Aufbau einer eigenen Rüstungsindustrie im Zentrum des Landes und die Aufrüstung erheblich einschränkte.

In Deutschland führte die beschleunigte Aufrüstung 1935/36 ebenfalls zu ersten finanziellen Problemen. Durch ein verschleierndes System der Rüstungsfinanzierung auf Wechsel gewann man zusätzlichen, aber nicht unbegrenzten Spielraum. Mangel an Devisen beschränkte die Einfuhr wichtiger Rohstoffe. Der rechtskonservative Politiker Hjalmar Schacht, bisher Hitlers Steuermann für Wirtschaft und Finanzen, plädierte dafür, das Tempo der Aufrüstung zu bremsen und auf die Angebote Moskaus zur Wiederaufnahme intensiver Wirtschaftsbeziehungen einzugehen.[3] Vor der neu gegründeten Wehrmachtakademie brachte Schacht die Situation militärisch knapp auf die Formel: »Wir sind im Zustand einer permanenten Pleite. [...] Wenn morgen der Krieg käme, müssten wir in 4 Wochen die Bude zumachen.«[4] Schacht drängte nicht nur im persönlichen Gespräch mit Hitler auf einen Kurswechsel, sondern auch durch Briefe an den Reichskriegsminister, dem er androhte, die größer gewordenen Forderungen der Wehrmacht nicht zu erfüllen. Dem Reichsstatthalter in Bayern gegenüber klagte Schacht darüber, dass die »Idee von dem zu erwerbenden Ostraum« leider viel »Unheil« stifte. Auch er befürworte Grenzkorrekturen im Osten, aber weitergehende Siedlungs- und Annexionspläne seien völlig utopisch. Das Reichskriegsministerium zeigte sich unter diesen Umständen sogar bereit, Hitlers Verbot von Waffenlieferungen an die UdSSR großzügig auszulegen. Da sich Schacht in der Öffentlichkeit nicht zurückhielt und die englische Presse bereits meldete, die deutsche Großindustrie verlange von der Reichsregierung engere Beziehungen zur UdSSR,[5] schritt der »Führer« ein. Dem Reichskriegsminister ließ er mitteilen, entgegen den Gerüchten, man denke in deutschen Militärkreisen an eine Wiederaufnahme der militärischen Zusammenarbeit mit der Roten Armee, »könne keine Rede davon sein, in der nächsten Zeit militärisch an Sowjet-Russland Anschluss zu suchen«.[6]

Zur gleichen Zeit weilte Göring wieder in Polen und deutete erneut an, dass man gemeinsam gegen Russland marschieren sollte. Nun allerdings machte er geographisch einen entgegengesetzten Vorschlag. Polen solle »im Norden Russlands Ordnung« machen. Für Deutschland forderte er den Süden. Das Interesse an der »Kornkammer« Ukraine, den Rohstoffen des Donezbeckens und dem Erdöl des Kaukasus dürfte durch die aktuellen Devisen- und Rohstoffprobleme des Reiches erheblich befördert worden sein. Sogar für eine deutschfreundliche Fraktion in Polen wäre der Verweis auf den kargen Norden Russlands nicht sonderlich attraktiv gewesen, selbst wenn man die Industriestandorte von Leningrad und Moskau sowie die Städte an der Rollbahn von Minsk und Smolensk mitrechnete. Lipski sagte später, Göring habe wohl »mehr Phantasie als Kenntnis des Problems und der Landkarte« besessen.[7] Für die polnische Seite war nur wichtig zu hören, dass man in Berlin an der Idee einer deutsch-polnischen Allianz festhielt und über die Ukraine verfügen wollte, ohne die ukrainischen Nationalisten einzuschalten.

Reichsaußenminister Constantin Freiherr von Neurath versicherte dem amerikanischen Botschafter William C. Bullitt am 18. Mai 1936, dass aus Hitlers Sicht die Feindschaft zur UdSSR unüberwindbar sei und er nur so lange ruhig bleiben wolle, bis die Westbefestigungen fertiggestellt seien.[8]

Die Lösung aller deutschen Wirtschaftsprobleme durch den Griff nach Russland schien 1936 zwar unverändert verlockend, aber keine Lösung, die sofort umsetzbar gewesen wäre und daher nicht aus der aktuellen Klemme führte. Hitler sah sich gezwungen, durch einen drastischen Kurswechsel in der Wirtschaftspolitik für einen größeren Spielraum für die Aufrüstung und den Krieg gegen die UdSSR zu sorgen. Im August 1936 verfasste er seine Denkschrift zu einem »Vierjahresplan«. Er beauftragte Göring, mit aller Kraft für die Steigerung der inländischen Rohstoff- und Ersatzstoffproduktion zu sorgen. Damit sollte Deutschland in kurzer Zeit weitgehend autark werden, um die bevorstehenden Kämpfe bestehen zu können.[9] Die »endgültige Lösung liegt in der Erweiterung des Lebensraumes bzw. der Rohstoff- und Ernährungsbasis unseres Volkes. Es ist die Aufgabe der politischen Führung, diese Frage dereinst zu lösen.«

Hitler begründete ausführlich den von Schacht bekämpften Kurswechsel, der dem Ziele diene, einen »aussichtsvollen Krieg gegen Sowjetrussland« führen zu können. Die Rote Armee befinde sich in einer beschleunigten Aufrüstung, der Deutschland in kürzester Zeit die beste Wehrmacht der Welt entgegensetzen müsse, und er stellte zwei Aufgaben: In vier Jahren müsse die deutsche Armee einsatzfähig und in vier Jahren die deutsche Wirtschaft kriegsfähig sein. Parallel zur Festlegung und Durchsetzung einer neuen Wirtschaftspolitik sorgte er für den Ausbau der antisowjetischen Bündnispolitik, um die Einkreisung der UdSSR zu stabilisieren und eine günstige Ausgangsposition für den geplanten Angriff zu schaffen. Dabei wurde deutlich, dass er mit der Vierjahresfrist keinesfalls ausgeschlossen hatte, eventuell auch früher zuzuschlagen, falls sich eine Gelegenheit dafür bieten würde.

Was er mit »Lebensraum im Osten« an Vorstellungen verband, erklärte Hitler im Herbst 1936 auf einer Parteiveranstaltung öffentlich so: »Wenn der Ural mit seinen unermesslichen Rohstoffschätzen, Sibirien mit seinen reichen Wäldern und die Ukraine mit ihren unermesslichen Getreideflächen in Deutschland lägen, würde dies unter nationalsozialistischer Führung im Überfluss schwimmen. Wir würden produzieren, jeder einzelne Deutsche würde mehr als genug zu leben haben. In Russland aber verhungert die Bevölkerung dieser weiten Gebiete, weil eine jüdisch-bolschewistische Führung unfähig ist, die Produktion zu organisieren und so dem Arbeiter praktisch zu helfen.«[10] Joachim von Ribbentrop, zwischen 1936 und 1938 deutscher Botschafter in London, danach Reichsaußenminister, erklärte in diesem Sinne bei seinen Gesprächen in Großbritannien, dass der Besitz der Ukraine und Weißrusslands »für die künftige Existenz Großdeutschlands mit seinen siebzig Millionen Einwohnern unentbehrlich« sei.[11] Bei einer Besprechung des Ministerrats Anfang September 1936 über Hitlers Denkschrift zum Vierjahresplan führte Göring als Begründung für die Wirtschaftsmaßnahmen an, der Krieg gegen die UdSSR sei unvermeidbar.[12] Gegenüber hohen Luftwaffenoffizieren erläuterte er wenig später, dass man sich bereits im Krieg mit Russland befinde. Es werde nur noch nicht geschossen.[13] Der amerikanische Militärattaché in

Berlin, Truman Smith, hielt es für unklar, in welcher Reihenfolge Hitler die weiteren Expansionsschritte unternehmen werde, sicher sei aber, dass diese Expansion den Linien Berlin – Leningrad und Berlin – Prag – Odessa folgen werde.[14]

Es gelang Hitler, in einem ähnlich dramatischen Coup wie durch den Pakt mit Polen auch Japan fester in die Einkreisungsfront einzubauen. Wie im Falle Polens musste er dazu erhebliche Widerstände in der Wehrmachtführung sowie im Auswärtigen Amt überwinden, die bei Japans Aggressionspolitik gegenüber China bislang stärker auf die chinesische Karte gesetzt hatten. Deutsche Militärberater, darunter zeitweilig auch General Seeckt, unterstützten Tschiang Kai-shek, um China mit seinem riesigen Markt und als Großmacht im Fernen Osten zu erhalten. Japan schien demgegenüber ein wenig attraktiver Bündnispartner im globalen Spiel zu sein, dessen antisowjetischen Speerspitzen konservative deutsche Militärs und Diplomaten, die noch immer der Rapallo-Linie nachtrauerten, kein Gewicht beimaßen. Selbst Göring zögerte lange, die Verbindungen mit China zu lösen, da von dort kriegswichtige Rohstoffe, vor allem Wolfram, importiert wurden, auf die Deutschland bei allen Autarkiebemühungen nicht verzichten konnte.

Der Antikominternpakt vom 25. November 1936 hätte für die UdSSR zu einer tödlichen Bedrohung werden können. Die Initiative war bereits 1935 von japanischer Seite ausgegangen.[15] Den Vorschlag hatte Militärattaché Hiroshi Oshima in Berlin übermittelt. Der Pakt sollte sich vorsichtshalber nicht direkt gegen die Sowjetunion richten, sondern gegen die von Moskau gesteuerte Kommunistische Internationale (Komintern). Eine Militärrevolte in Japan im Februar 1936 verzögerte den Abschluss. Der grundsätzliche Streit zwischen der kaiserlichen Marine, die nach Süden strebte, und dem Heer, das eine Expansion nach Norden und damit gegen die UdSSR bevorzugte, blieb letztlich ungelöst. In einem geheimen Zusatzprotokoll vereinbarten Deutschland und Japan, die ersten Signatarmächte – Italien schloss sich erst ein Jahr später an (6. November 1937) –, der UdSSR keine Hilfe zu leisten, falls diese eine der beteiligten Mächte angreifen sollte.

Formell eigentlich ein Defensivbündnis, verabredeten die Partner eine Koordination ihrer antisowjetischen Politik, ohne sich allerdings genauer festzulegen. Damit hielten sie den Pakt offen für den von Hitler erhofften Beitritt Großbritanniens und Polens, womit einschließlich der Verständigung mit Italien jene außenpolitische Wunschkonstellation Gestalt angenommen hätte, die den Angriff auf Russland nach Hitlers Einschätzung ermöglichen würde.

Anfang Juni 1936 festigte sich nach einer Begegnung mit dem japanischen Botschafter sein Eindruck, dass sich die Lage im Fernen Osten wieder zuspitzen werde. Zu Goebbels meinte er: »Japan wird Russland verdreschen.« Der Koloss werde ins Wanken kommen. Der Propagandaminister notierte in seinem Tagebuch etwas skeptisch: »Hoffentlich sind wir dann fertig und der Führer lebt noch. Dass gehandelt wird.«[16] Wenige Monate später, nach der Verkündung des Vierjahresplans, schien Hitlers Optimismus überzeugender: »Nach Tisch spreche ich mich mit dem Führer allein gründlich aus. Er ist sehr zufrieden mit der Situation. Die

Aufrüstung geht weiter. Wir stecken märchenhafte Summen hinein. 1938 sind wir ganz fertig. Die Auseinandersetzung mit dem Bolschewismus kommt. Dann wollen wir parat sein. […] Die Armee ist jetzt ganz von uns gewonnen. Führer unantastbar. […] Vorherrschaft in Europa ist uns so gut wie sicher. Nur keine Chance vorbeigehen lassen. Dafür rüsten.«[17]

Bis zum Frühjahr 1939 bot Hitler Polen immer wieder einen Beitritt zum Antikominternpakt an. Anders wäre schon aus strategischen Gründen eine Front gegen die UdSSR nicht zu errichten. Das formale Angebot, dem Pakt beizutreten, überbrachte Göring im Februar 1937 bei einem erneuten Jagdaufenthalt. Gegenüber Marschall Rydz-Śmigły ließ er sogar die deutschen Revisionsansprüche hinsichtlich des Korridors und Oberschlesiens fallen. Ein starkes Polen mit Zugang zum Meer sei für Deutschland als Bollwerk gegen die UdSSR wichtiger. Das Reich werde niemals zu der Politik von Rapallo zurückkehren. Es sei zweckmäßig, herauszufinden, bis zu welchem Punkt man die deutsch-polnische Zusammenarbeit ausbauen könne. Hier erwähnte er auch die weitere Vertiefung der Beziehungen zwischen beiden Armeen.[18]

Es war ein Reflex auch auf den Besuch den französischen General Maurice Gustave Gamelin Mitte August 1936 in Warschau. Paris war daran interessiert, zu verhindern, dass Polen auf die deutsche Seite trat, ohne andererseits die eigenen Verpflichtungen präzisieren zu wollen. Der polnische Oberbefehlshaber seinerseits musste um die Rückversicherung gegenüber Deutschland durch Frankreich besorgt sein. Rydz-Śmigły hatte bei dieser Gelegenheit einen polnischen Aufmarschplan vorgelegt, der davon ausging, dass im Falle eines deutschen Angriffs offensive Vorstöße – was nahelag – von Pommern/Ostpreußen und von Schlesien zu erwarten seien, denen die polnische Armee defensiv zu begegnen gedachte.[19]

Das war hinsichtlich der möglichen deutschen Planungen oder gar Absichten reine Fiktion, denn der zur gleichen Zeit gültige deutsche Aufmarschplan »Rot« stellte zwar einen möglichen französischen Angriff im Westen in Rechnung und sah dort den Schwerpunkt des eigenen Einsatzes vor, gegenüber Polen, mit dessen Neutralität man rechnete, sollten aber nur zwei schwache Deckungsarmeen entlang der Oder zum Einsatz kommen.[20]

Warschau hielt sich gegenüber Görings Offerte bedeckt, erteilte aber auch in diesem Falle keine so eindeutige Absage, dass man in Berlin alle Hoffnungen auf eine Vertiefung der Partnerschaft hätte aufgeben müssen. Immerhin arbeiteten Polen und Deutschland, unterstützt von Italien, im August 1936 erfolgreich am Sturz des rumänischen Außenministers Nicolae Titulescu, der ein Vorkämpfer der »Kleinen Entente«, dem Bündnis Rumäniens, der Tschechoslowakei und Jugoslawiens, gewesen war und sich bereit zeigte, im Falle einer Hilfeleistung für die Tschechoslowakei den Durchmarsch sowjetischer Truppen durch Rumänien zu gestatten.[21] Damit baute der polnische Außenminister Beck einen weiteren antisowjetischen Schutzwall für sein Land, trug allerdings damit auch zur Isolierung der Tschechoslowakei bei.

Mitte 1934 hatte der Bau der Festungsfront Oder-Warthe-Bogen begonnen: heutiger Zustand der Panzerkuppeln des Panzerwerks 717 in der Nähe von Kalawa (früher Kalau).

Auch wenn Polen weitere vertragliche Bindungen für eine antisowjetische Politik gegenüber Deutschland scheute, funktionierte die Zusammenarbeit auf der politischen und ideologischen Ebene in dieser Hinsicht reibungslos. Der Abschluss eines Polizeiabkommens diente der besseren Koordinierung bei der Bekämpfung kommunistischer Bestrebungen, wozu Hitler im Mai 1937 sogar den polnischen Justizminister Witold Grabowski empfing. Die Zusammenarbeit wurde zur gleichen Zeit auf den Jugendaustausch ausgedehnt, so dass die Hitlerjugend und der polnische Pfadfinderverband Fahrten und Zeltlager im jeweiligen Nachbarland unternahmen.[22]

Das polnische Interesse auf Rückversicherung durch Frankreich war aus deutscher Sicht verständlich,[23] aber letztlich unerheblich, da man keinen Krieg gegen Frankreich, sondern gegen die UdSSR ansteuerte und in diesem Falle damit rechnete, dass Polen zumindest neutral bleiben und das sowjetisch-französisch-tschechoslowakische Beistandssystem damit nicht funktionieren würde. Deshalb richteten sich die ersten operativen Überlegungen für einen Angriffskrieg nicht gegen Polen, sondern gegen die Tschechoslowakei.

Erste operative Planungen

Der Sachverhalt, der heute von der polnischen Historiographie [24] als Gleichgewichtspolitik gegenüber Hitler und Stalin interpretiert wird, ist nicht ohne Zwielicht. Die deutschen Quellen vermitteln – wie zu sehen war – den Eindruck, dass man in Warschau durchaus für die Idee eines antisowjetischen Bündnisses empfänglich gewesen ist, aber nicht um den Preis territorialer Zugeständnisse gegenüber Deutschland und den möglichen Verlust der Chance eigenständiger Großmachtpolitik in Ostmitteleuropa. Diesen Eindruck bestätigen auch die wenig bekannten japanischen Quellen.[25]

Polen und Japan waren vom Ende des Ersten Weltkriegs an natürliche Verbündete gewesen. Beide Mächte hatten es verstanden, die russische Armee zu schlagen. Japan war 1905 siegreich gewesen und hatte Polen 1919/20 unterstützt. Beide Großmächte bildeten in den zwanziger und dreißiger Jahren die stärksten und sich ergänzenden Bollwerke gegenüber der UdSSR. Als Japan 1931 seine Position durch die Eroberung der Mandschurei ausbaute und damit die Aufmerksamkeit der Sowjetunion auf sich zog, entspannte sich Polens sicherheitspolitische Lage. Doch anders herum hätte Tokio von einer Drohkulisse an der sowjetischen Westgrenze profitieren können. Der Hitler-Piłsudski-Pakt wurde deshalb von japanischer Seite als Chance zu einer Dreimächte-Allianz begriffen. Man ernannte Hauptmann Yamawaki zum Militärattaché in Warschau, der bereits 1919 als Militärbeobachter in Polen gewesen war.[26] Der Besuch eines kaiserlichen Prinzen in Berlin und Warschau markierte 1934 den Beginn eines permanenten Drängens aus Tokio zum Aufbau einer solchen Interventionsfront.[27]

Das Kalkül einer möglichen deutsch-polnischen Speerspitze gegen die Sowjetunion verstärkte sich 1937 noch einmal. Zwei Entwicklungen trafen zusammen und beförderten die Aussicht, dass ein Zusammenbruch der UdSSR doch schneller kommen könnte, als es noch in den zwanziger Jahren den Anschein gehabt hatte. Anfang des Jahres deutete der Reichsführer SS Heinrich Himmler auf dem »Nationalpolitischen Lehrgang der Wehrmacht« in einem Vortrag an, dass der Hauptgegner in einem künftigen Krieg der Bolschewismus sei und man sich auf einen »Vernichtungskampf« gegen den »untermenschlichen Gegner« einstellen müsse.[28] Er lag damit ganz auf der Linie seines »Führers«, im Gegensatz zu Reichswirtschaftsminister Hjalmar Schacht, der noch einmal einen Vorstoß unternahm, die vorteilhaften Handelskontakte zur UdSSR wieder zu intensivieren. Nach einem Gespräch mit dem Leiter der sowjetischen Handelsvertretung, David Kandelaki, brachte dieser aus Moskau am 29. Januar eine Erklärung von Stalin und Molotow zurück. Darin wurde erklärt, dass sich ihre Politik nicht gegen deutsche Interessen richte und sie zu politischen Verhandlungen über die Verbesserung der beiderseitigen Beziehungen bereit seien, auf Wunsch auch unter größter Geheimhaltung.

Schachts Initiative ist auch vor dem Hintergrund der Wehrmachtstudie zu sehen, die im Herbst 1936 im Reichskriegsministerium entstanden und unter Mitwirkung des Propagandaministeriums, des Reichsinnenministers sowie des »Generalbevollmächtigen für die Kriegswirtschaft« (das war Schacht in seiner Nebenfunktion) in siebenwöchigen Kriegsspielen auf allen wichtigen Gebieten ausgelotet worden war. Angenommen wurde »ein Ost-Fall, bei dem die bolschewistischen Staaten (Russland, Litauen, Tschechoslowakei) als Gegner, die antibolschewistischen Staaten (Deutschland, Italien, Österreich, Ungarn, das nationale Spanien) als Verbündete und die übrigen Staaten als Neutrale dargestellt wurden«.[29] Auf kriegswirtschaftlichem Gebiet war die Bedeutung der russischen Ressourcen nicht zu übersehen, weshalb man auf die Erfahrungen des Ersten Weltkriegs verwies, dass die Besetzung und Ausbeutung der landwirtschaftlichen Überschussgebiete Russlands, insbesondere im Baltikum, der Ukraine sowie der Rohstoffquellen im Donezgebiet und Kaukasus, unumgänglich sei.[30] Für den Reichswirtschaftsminister stand die Frage im Vordergrund, ob man in der Phase der Aufrüstung auf diese Ressourcen verzichten konnte, wenn sich die Chance bot, sie im Zuge des Handelsaustausches zu erwerben.

Allem Anschein nach ging es Stalin mit seinem Angebot darum, den Antikominternpakt zu hintertreiben und Hitler von seiner Einkreisungspolitik mit Polen und Japan abzubringen. Doch anders als zwei Jahre später, als Stalin seine Avancen wiederholte, lehnte Hitler jeden Kontakt strikt ab. Seine positive Einschätzung der Haltung Polens spielte 1937 keine unwichtige Rolle. Außenminister Neurath teilte Schacht nach einem Gespräch mit dem »Führer« mit, dieser befürchte, dass Stalin solche Verhandlungen nur nutzen würde, um zu einem engeren Militärbündnis mit Frankreich zu gelangen und auch eine weitere Annäherung an England zu erreichen. »Etwas anderes wäre es, wenn sich die Dinge in Russland in der Richtung einer absoluten Despotie, gestützt auf das Militär, weiterentwickeln sollten. In diesem Falle dürften wir allerdings den Zeitpunkt nicht verpassen, um uns in Russland wieder einzuschalten.«[31]

Stalin dürfte über diese Abfuhr aus Deutschland nicht erfreut gewesen sein. Und sein Gegenspieler war bereits dabei, sich »in Russland wieder einzuschalten«. Im Reichssicherheitshauptamt wurden unter der Leitung von Reinhard Heydrich verschiedene nationalistische Separatisten- und Emigranten-Organisationen betreut, zu denen auch die japanische Seite Kontakte pflegte – also insbesondere Gruppen in den fernöstlichen und zentralasiatischen Sowjetrepubliken.[32] Gegenüber den Exil-Ukrainern hielt man Distanz und überließ dieses Feld zum Teil den Polen, die unter dem Decknamen »Prometheus« über ein eigenes antisowjetisches Führungszentrum verfügten.[33]

In Deutschland sorgte das 1936 von der SS gegründete »Wannsee-Institut« für die Beschaffung und Auswertung zum Beispiel von Wirtschaftsdaten der UdSSR, die den rasanten industriellen Aufschwung des Landes beleuchten konnten. Heydrichs »Sicherheitsdienst« fälschte auch brisante Dokumente, die über den ahnungslosen tschechoslowakischen Präsidenten Edvard Beneš der sowjetischen Regierung zugespielt wurden. Sie gaben Stalin Veranlassung, gegen seinen stärksten innenpolitischen Widersacher Tuchatschewski vorzugehen. Die Idee soll von Hitler persönlich stammen.[34]

Tuchatschewski trat bei der Parade zum 1. Mai das letzte Mal öffentlich auf. Am 26. Mai wurde er auf Befehl Stalins verhaftet, gefoltert und nach einem Schauprozess hingerichtet. Der Vorwurf, ein deutscher Agent gewesen zu sein, war natürlich ebenso absurd wie die Unterstellung, er habe den Krieg von 1920 absichtlich verloren. Dass gerade erst in der deutschen Prachtausgabe der Erinnerungen Piłsudskis Tuchatschewski – sicher ungefragt – als Feldherr von 1920 zu Worte gekommen war, sprach nicht unbedingt für ihn. Ob Stalin auf diese Weise einen in Volk und Armee äußerst beliebten Konkurrenten beseitigen wollte oder in seiner paranoiden Furcht vor Verrätern von seinem eigenen Geheimdienst bestärkt worden ist, dem nicht entgangen sein dürfte, welche Erwartungen man nicht nur in der Wehrmacht auf Tuchatschewski setzte, muss wohl offen bleiben.[35]

Dieser Vorgang markiert den Beginn von »Säuberungen« auch in der Sowjetarmee, die mit den Morden an Offizieren – insbesondere im höheren Offizierkorps – sprichwörtlich enthauptet worden ist. Bis zum Beginn des Zweiten Weltkriegs erlebte die Rote Armee einen rasanten Absturz sowohl in ihrem internationalen Ansehen als auch in ihrer realen Leistungsfähigkeit, so dass sie von ausländischen Militärexperten als nicht mehr ernstzunehmende Größe eingeschätzt wurde. Der polnische Botschafter in Moskau schätzte im November 1937 die Lage so ein, dass infolge einer wachsenden Schwäche der UdSSR ein ernsthafter militärischer Konflikt die Kräfte des Landes überfordern würde.[36] Das schmälerte die Bemühungen der sowjetischen Regierung um neue Formen der kollektiven Sicherheit und ermutigte zugleich ihre Feinde zu kühnen Spekulationen.

Drei Wochen nach der Hinrichtung Tuchatschewskis verschärfte Japan den schwelenden Konflikt in China. Es entbrannte ein offener Krieg, in dem Deutschland nach einem gescheiterten Vermittlungsversuch ebenso wie Polen die Partei Japans ergriff, was die Beziehungen zur UdSSR verschärfte.[37] In Berlin fand beim japanischen Militärattaché eine Konferenz statt, bei der Deutsche und Japaner über die Einbeziehung Polens in den Antikominternpakt diskutierten. Man war sich einig, dass die innenpolitischen Gegensätze in Polen einen solchen Schritt zweifellos erschwerten. Den japanischen Vorschlag, Druck auf Warschau auszuüben, indem man Truppen an der Grenze konzentrierte und vielleicht Litauen mit dem umstrittenen Memelgebiet besetzte, lehnte die deutsche Seite ab.[38]

Das Ergebnis der Konferenz ist nicht bekannt, aber es war deutlich geworden, dass Japan zur Unterstützung seiner kriegerischen Expansion, konkret zur Ablenkung der UdSSR, einen Entlastungsangriff an der sowjetischen Westgrenze erhoffte, den unter den damaligen Umständen weder Polen noch Deutschland riskieren konnten – noch nicht, erwartete man doch, dass zunächst durch Japan die UdSSR ins Wanken gebracht und deren innerer Zusammenhalt zerbrechen würde. In Berlin richteten sich die Kriegsvorbereitungen auf näherliegende und leichter

Krieg in China: japanische Truppen vor der Eroberung von Hankau, Oktober 1938.

zu erreichende Ziele: auf die Tschechoslowakei als potentieller sowjetischer »Flugzeugträger«.

Vier Jahre nach der Machtübernahme Hitlers schätzte man die außenpolitische Lage und die Kräfteverhältnisse als so günstig ein, dass man sich zutraute, eine offensive Kriegsplanung in Angriff zu nehmen. Die Wehrmachtführung hatte eine Drosselung des Rüstungstempos verhindert, und Generalstabschef Ludwig Beck setzte sich mit der Forderung durch, ein Gesamtkonzept operativer Planungen zu erarbeiten, das strategische und bündnispolitische Optionen einbezog. Kriegsminister Blomberg hatte eine erste Weisung für die »einheitliche Kriegsvorbereitung der Wehrmacht« unterschrieben und in einer Wehrmachtstudie im Winter 1936/37 durchspielen lassen.[39]

Im Zentrum der operativen Planungen stand der Überfall auf die Tschechoslowakei. Beck hatte bereits seit 1935 dafür gesorgt, dass entsprechende Vorbereitungen mit Ungarn abgesprochen waren, nun setzte man zusätzlich auf die Mitwirkung von Italien und Österreich – bei Neutralität Polens, die eine wichtige Voraussetzung für die Annahme war, einen schnellen operativen Erfolg erzielen zu können. Eine aktive Mitwirkung Polens hatte Beck noch 1934 erhofft, hielt sie aber nun drei Jahre später für entbehrlich, zumal er die polnische Politik inzwischen als unberechenbar ansah und über genügend Grenzschutzkräfte im Osten verfügte, um Polen notfalls davon abhalten zu können, in den Konflikt zusammen mit Frankreich und Russland einzugreifen.[40] Das war außerdem schon deshalb unwahrscheinlich, weil die polnisch-tschechoslowakischen Beziehungen ohnehin angespannt waren und eine gemeinsame polnisch-sowjetische Militäraktion für die Polen undenkbar gewesen ist.

Die detaillierte Operationsstudie stammte von Becks Stellvertreter, Generalmajor Erich von Manstein, der den Einsatz der drei Verbündeten (Italien, Ungarn, Österreich) unter straffem deutschen Oberbefehl plante.[41] Für Beck war entscheidend, dass durch die politische Konstellation sowie durch den operativen Einsatz eine schnelle kriegsentscheidende Schlacht im grenznahen Raum ermöglicht wurde. Nur wenn sich die Möglichkeit eines kurzen, isolierten Krieges abzeichnete und eine Ausweitung gegen Frankreich und Großbritannien verhindert werden konnte, hielt er den frühzeitigen Einsatz der noch im Aufbau befindlichen Wehrmacht für verantwortbar. Beck gehörte zu jener Mehrheit von Generalstabsoffizieren, die ihre Erfahrungen im Ersten Weltkrieg im Schützengrabenkrieg an der Westfront gesammelt hatten. Daher trieb ihn die Sorge um, dass ein neuer Krieg gegen die Westmächte ausbrechen könnte, bevor die Wehrmacht dazu bereit war und Deutschland seine Großmachtposition in Mitteleuropa gefestigt und erweitert hätte.

Am 27. Januar 1937 hatte Kriegsminister Blomberg in einem dreistündigen Vortrag in Anwesenheit von Hitler die Ergebnisse der Wehrmachtstudie vorgetragen. Trotz unzureichender Überlieferung lässt sich erkennen, dass alle von Beck geforderten Elemente enthalten waren: Abschluss der Aufrüstung, Überlegenheit der eigenen Kräftekonstellation, Überraschungseffekt und schnelle Entscheidung, womit das Eingreifen vertraglich gebundener Mächte wie Frankreich und Russland sinnlos werden würde. Selbst der Seetransport der aktiven Kräfte des Wehrkreises Ostpreußen von Pillau nach Swinemünde, wie er im Sommermanöver der Wehrmacht 1937 zum Programm gehörte, blieb möglich, um in Mitteldeutschland einen Schwerpunkt zu bilden, der den Angriff gegen die Tschechoslowakei ermöglichen würde. In Ostpreußen bliebe der Grenzschutz. Mochte auch Beck alle Risiken bedacht haben, ein Krieg gegen die UdSSR war selbst unter günstigsten Bedingungen nicht auszuschließen. Sollte sich Stalin aber doch zum Eingreifen entschließen, würde die polnische Karte wieder stärker ins Spiel kommen müssen. Außerdem würde bei einer Zerschlagung der Tschechoslowakei die Karpato-Ukraine und damit ein Sprungbrett zur Revolutionierung der Sowjetukraine in deutsche Hände geraten. Deshalb erprobte man auch propagandistische Zersetzungskampagnen gegen die Rote Armee, wie sie später im deutsch-sowjetischen Krieg tatsächlich zum Einsatz kamen.[42]

Nicht zufällig begann die Wehrmacht, ihre Kontakte zum ukrainischen Exil wieder zu intensivieren. Die militärische Abwehr erweiterte 1937 ihr ukrainisches Personal. Dazu gehörte Oberst Jewhen Konowaletz, der 1919 im Exil die »Organisation Ukrainischer Nationalisten« (OUN) gegründet hatte, die Anschläge in der

Sowjetunion durchführte. Er suchte Verbündete im Ausland. Seine Gespräche mit Rosenberg waren fruchtlos geblieben, bis er schließlich in der Abwehr Förderer fand. Konowaletz bemühte sich darum, das Lager des ukrainischen Exils zu einigen, um eine größere Schlagkraft zu entwickeln, was der japanische Botschafter in Berlin im Januar 1938 mit einem Bankett für Konowaletz honorierte.[43] Dieser kündigte für September 1938 einen großen Kongress seiner OUN an, fiel jedoch wenig später in Paris einem Attentat zum Opfer.

Doch zurück zum Januar 1937. Nach der Sitzung im Kriegsministerium sprachen Hitler und Goebbels über ihre Eindrücke von der Wehrmachtstudie, die im Detail nicht vollständig überliefert sind. »Bis ins Kleinste ausgearbeitet«, so Goebbels, sei die Annahme, dass Deutschland »mit faschistischen Bundesgenossen im Ernstfall gegen Russland, Tschechei und Litauen« kämpfen würde. Selbst über die Einsetzung von Zivilkommissaren im Besatzungsgebiet sprach man und über die große Rolle der Propaganda – ein Hinweis vielleicht darauf, dass man wie im Ersten Weltkrieg auf die Propagandawaffe gegen Russland setzte. Das Ergebnis: »Führer sehr zufrieden«, wie Goebbels notierte.[44] Das Eingreifen der Westmächte sollte ausgeschlossen sein, so wie es Becks Konzeption entsprach. Dem konnte Hitler ohne weiteres zustimmen, auch der Perspektive, dass man hoffte, noch sechs Jahre Zeit zu haben. Aber – und hier unterschied er sich von seinem risikoscheuen Generalstabschef – er wollte auch, »wenn eine sehr günstige Chance kommt, sie nicht verpassen.«

Eine Chance wofür? Die Ausschaltung der Tschechoslowakei und die Ausdehnung des deutschen Einflusses über Österreich und Ungarn bis nach Rumänien sollten ja nur strategische Zwischenschritte bilden für das eigentliche Ziel: die Auseinandersetzung mit der UdSSR. Im Gespräch mit Goebbels bildete daher »Russlands Stärke« den Ausgangspunkt von Hitlers Überlegungen. Wie immer setzte er darauf, sich mit Großbritannien doch irgendwie verständigen zu können, und lobte Italiens »enthusiastischen Heroismus«, um dann darauf zu verweisen, dass Frankreich wohl »Versöhnung« wünschte, die werde aber »erst endgültig kommen, wenn wir stark genug sind«.

Kein Gedanke also daran, dass man erst den Westen ausschalten müsse, um sich dann nach Osten wenden zu können. Im Gegenteil, seine außenpolitischen Perspektiven richteten sich offenbar in Übereinstimmung mit der Wehrmachtstudie nach Osten. Die wachsende Stärke der UdSSR und die kommunistische Propaganda werde Deutschland immer mehr Bundesgenossen zutreiben, womit das Reich die »Kleine Entente« Frankreichs in Ost- und Südosteuropa beerben werde, neben Rumänien und Jugoslawien »mehr und mehr auch Polen« Hitler setzte also darauf, Polen immer stärker auf seine Seite ziehen zu können.

In der Wehrmachtakademie wurde im März/April 1937 das Planspiel für einen Krieg »Frankreich, Tschechei und Russland gegen Deutschland, Italien, Österreich und Ungarn« durchgespielt, und zwar einschließlich des Entwurfs von Befehlen und Skizzen für den Aufmarsch.[45] Dass man der »bolschewisierten Mächtegruppe«

die Absicht eines Angriffskrieges unterstellte, entsprach der üblichen Sprachregelung, wurde aber eingeschränkt durch die Beschreibung einer angenommenen politischen Lage, in der Russland durch »unfreundliche Handlungen« anstrebt, »Deutschland allein oder die autoritäre Mächtegruppe zu Schritten zu verleiten, die in dem Licht der Welt als Angriff gedeutet werden«.

Als militärische bzw. bündnispolitische Konstellation nahm man an, dass wegen der Spannungen mit Japan die Sowjetunion ihre Fernost-Armee nicht in Europa einsetzen könne. Litauen werde sich in jeder Beziehung Moskau anschließen – was den Planern den Vorwand verschaffte, nicht nur an einen Überfall auf die Tschechoslowakei zu denken, der man unterstellte, dass sie bereits eine enge militärische Zusammenarbeit mit Russland betreibe. Der tschechische Teil der Bevölkerung verlange einen baldigen Krieg gegen Deutschland und unterdrücke blutig die deutsche sowie die ungarische Minderheit im Lande.

Interessant ist die Einschätzung Polens. Das Land sei durch Verträge mit Frankreich und mit Deutschland gebunden. Paris versuche, einen polnisch-russischen Ausgleich zu erreichen, der es der Roten Armee ermögliche, ein Durchmarschrecht zu erhalten, wobei die russische Seite auf jegliche bolschewistische Agitation in Polen verzichte. Ostpreußen solle nach Friedensschluss an Polen fallen. Die Verhandlungen würden sich aber sehr schwierig gestalten. Das polnische Verhältnis zu Prag sei außerdem wegen der Reibungen im Gebiet von Teschen schlecht.

Man sieht also, dass unter der Annahme einer wahrscheinlichen polnischen Neutralität – abgesichert durch deutsche Grenztruppen – sowie durch die Neutralität Großbritanniens und der meisten anderen europäischen Staaten für möglich gehalten wurde, einen Mehrfrontenkrieg zu riskieren, wenn man auch hoffte, ihn vermeiden zu können. Mit dem blitzartigen Überfall auf die Tschechoslowakei und Litauen würde man die strategische Lage Deutschlands verbessern und Frankreich sowie Russland wahrscheinlich von einem Eingreifen abhalten, anderenfalls verfügte man mit der Masse eigener Kräfte an der Rheinfront über eine starke Abwehrposition, im Osten hingegen mit der Besetzung Litauens und der Tschechoslowakei bzw. der Karpato-Ukraine sowie mit der engen Zusammenarbeit mit Estland über günstige strategische Positionen gegenüber der Sowjetunion. Ein möglicher Angriff der Roten Armee über Rumänien sollte durch die Zusammenarbeit mit Ungarn und Österreich so lange verzögert werden, bis die Masse der Wehrmacht für eine Abwehrschlacht entsprechend aufmarschiert sei.

Die internationale Lage schien sich im Sommer 1937 so weit zu verbessern, dass Blomberg im Rahmen einer Aktualisierung der »Weisung zur einheitlichen Kriegsvorbereitung der Wehrmacht« als Sonderfall den militärischen Zugriff auf Österreich (»Fall Otto«) einplanen ließ.[46] Aus strategischen Gründen schien die unbedingte Absicherung des österreichischen Terrains der erste Schritt einer deutschen Expansionspolitik bilden zu müssen. Blombergs Direktiven lassen die Bereitschaft zu einem Zuschlagen bereits deutlicher als bisher erkennen. Dort hieß es im Hinblick auf die aktuelle Lage, dass Deutschland zwar derzeit nicht mit einem

Krieg rechnen müsse, weil es bei allen Völkern, auch beim russischen, am Kriegswillen mangele. Deutschland brauche aber eine stete Kriegsbereitschaft, um bei plötzlichen Angriffen gewappnet zu seine und »um etwa sich ergebende politisch günstige Gelegenheiten militärisch ausnutzen zu können«.[47]

Es blieb im Ernstfalle gegenüber dem Westen bei einer defensiven Kriegführung. Sie wurde durch den Baubeginn des »Westwalls« erheblich verstärkt. Unter Einsatz enormer Kräfte errichtete die Wehrmacht ab 1937 neue Bunkerlinien, die sich mit geringen Kräften halten ließen, um an anderen Fronten in die Offensive gehen zu können. Die in der Erde vergrabenen Investitionen fehlten allerdings beim Aufbau von Offensivkräften – ein Widerspruch, der die deutsche Kriegführung bis zu Hitlers Ende im Berliner Führerbunker im April 1945 begleitete. Dafür vernachlässigte die Heeresführung 1937 den weiteren Ausbau des »Ostwalls« und beschleunigte den Aufbau der Panzertruppe. So verschaffte man sich eine »Schlagkraft«, die im Osten und Südosten offensiv eingesetzt werden konnte. Der Generalstabschef vertraute darauf, dass dieser Fall nicht vor 1941, das heißt bis zur Erfüllung der Minimalforderungen an die Rüstung, eintreten werde. Doch er akzeptierte, dass die politische Führung »günstige Gelegenheiten« auch sehr viel früher erkennen könnte. Wie sehr der »Fall Ost« das Denken in der höheren militärischen Führung bestimmte, zeigt das Argument von General Werner von Fritsch, dem Oberbefehlshaber des Heeres, der im Streit um den maßgeblichen Einfluss auf die Wehrmachtführung den Anspruch des Heeres damit begründete, dass ein militärischer Sieg Deutschlands in einem künftigen Krieg nur durch »Eroberungen im Osten«, also durch das Heer, gewährleistet werden könne.[48]

Mit der Ermordung Tuchatschewskis und der inneren Lähmung der Roten Armee nahm die Gefahr rapide ab, dass die UdSSR bei einem deutschen Überfall auf die Tschechoslowakei eingreifen und damit der deutsch-sowjetische Krieg bereits in dieser Konstellation beginnen würde. Und ohne ein wirkungsvolles Eingreifen der Sowjetunion würden sich auch die Westmächte nicht engagieren wollen. Hitler wollte auf »günstige Gelegenheiten« nicht warten, sondern arbeitete fieberhaft daran, sie absichtsvoll herbeizuführen. Bereits am 5. November 1937 weihte er die militärische Führungsspitze und den Außenminister in seine Überlegungen ein. Sie enthielten im Kern keinen neuen strategischen Ansatz, wohl aber die erstmals klar erkennbare Absicht des »Führers«, möglichst bald und bei der nächsten sich bietenden Gelegenheit Krieg zu führen. Österreich und die Tschechoslowakei sollten die ersten Objekte deutscher Expansion sein.[49]

Hitler machte keinen Hehl daraus, dass dies nur der Anfang sein würde. Es sei sein »unabänderlicher Entschluss«, die deutsche Raumnot gewaltsam durch einen größeren »Lebensraum« zu lösen. Der späteste Zeitpunkt dafür sei 1943/44 mit dem Höhepunkt der deutschen Rüstung erreicht, aber der Zeitkorridor für die beste Gelegenheit sei enger. Auch meinte Hitler mit »Lebensraum im Osten« zweifellos die UdSSR, nicht Polen, denn am selben Tag, dem 5. November 1937, empfing er anlässlich der Unterzeichnung einer deutsch-polnischen Erklärung zum

Schutz der Minderheiten Botschafter Lipski. Am Tag zuvor hatte Göring mit dem polnischen Vizeaußenminister Szembek erneut über einen Ausbau der deutsch-polnischen Beziehungen gesprochen. Polen zögerte zwar, der Zusammenarbeit gegen die UdSSR eine vertragliche Form zu geben, hinsichtlich eines gemeinsamen Vorgehens gegen die Tschechoslowakei zeigte Szembek sich allerdings aufgeschlossen.[50]

Hitlers interne Ankündigungen über seine weiteren Pläne, die als Hoßbach-Protokoll bekannt geworden sind,[51] stießen nicht auf Widerspruch, soweit es die Sowjetunion betraf. Der Kriegsminister, der Oberbefehlshaber des Heeres und der Außenminister waren jedoch nicht von Hitlers Argumentation überzeugt, dass die Westmächte abseits bleiben würden. Blomberg und Fritsch wiesen in teilweise sehr scharfer Form darauf hin, dass England und Frankreich unter keinen Umständen in einen Konflikt eingreifen dürften, der aus einem vorzeitigen Überfall auf die Tschechoslowakei resultierte. Auch der Außenminister zeigte sich – wie der Generalstabschef, der einige Tage später von der Besprechung unterrichtet wurde – äußerst besorgt von der Entschlossenheit zum Handeln, die Hitler gezeigt hatte, und der Gefahr, dass unter den damals erkennbaren Bedingungen ein Angriff gegen die Tschechoslowakei zu einem neuen Weltkrieg führen könnte.

Wenig überzeugend auf die Wehrmachtführung wirkte es auch, dass Italien nun bereit war, dem Antikominternpakt beizutreten. Damit schien das japanisch-deutsch-italienische Bündnis perfekt, in dem Italien die Rolle zufallen sollte, Frankreich im Mittelmeer zu binden und damit von einem mitteleuropäischen Konflikt fernzuhalten. Es muss für den »Führer« sehr enttäuschend gewesen sein, dass es ihm nicht gelungen war, die militärische Führungsspitze für sich einzunehmen. Das Modell Tuchatschewski war für ihn nicht ohne weiteres anwendbar, und seine »Säuberung« verlief auch effektiver als Stalins parallele Aktion gegen die Führungsspitze der Roten Armee. Im Ergebnis wechselte Hitler innerhalb weniger Wochen Fritsch, Blomberg und Neurath aus, Beck trat im Herbst 1938 von seinem Amt zurück, zumal er sich mit seinen Bedenken innerhalb der Generalität weitgehend isoliert hatte. Als die Westmächte auf der Konferenz von München Hitler freie Hand gegen die Tschechoslowakei gaben, fielen auch die Überlegungen zu einem Militärputsch in sich zusammen. Für den Fall, dass Hitlers Angriffsbefehl zu einem Krieg mit England und Frankreich führen sollte, hatte die Militäropposition in der Heeresführung bereits Vorbereitungen für einen Staatsstreich getroffen.

Obwohl Beck Hitlers risikofreudigen Marsch in Richtung Krieg zu bremsen versucht hatte, sorgte er als Generalstabchef des Heeres dafür, dass die operativen Planungen nicht hinter den politischen Weisungen zurückblieben. Zwar hielt er einen möglichen Krieg schon im Jahr 1938 für viel zu riskant, aber zumindest den isolierten Überfall auf die Tschechoslowakei ließ er konkret durchplanen. Anfang des Jahres setzte er ein operatives Kriegsspiel unter der Bezeichnung »Generalstabsreise 1938« an. Statt der routinemäßigen Ausbildungsreise für Generalstabsoffiziere sollte nun eine kleine Zahl von Generalen und höheren Generalstabsoffizieren als schriftliche Fernaufgabe die »Führung eines Angriffskrieges gegen die Tschechoslowakei einschließlich Aufmarsch« durchspielen, und zwar ausdrücklich auf der Grundlage des aktuellen Rüstungsstandes, nicht als Fernziel![52] Das Übungsspiel zog sich bis Mitte des Jahres hin, als aus der »Übung« Ernst wurde.

Nachdem im Vorjahr mit der großen Wehrmachtübung die Probleme einer möglichen Koalitionskriegführung durchgespielt worden waren, schien es auch für Beck sinnvoll zu sein, die operative Seite zu überprüfen. Daher wurde der ungarische Generalstab in den Prozess eingeschaltet. Die Aktualisierung des »Falles Grün« erhielt bei allen Planungen die höchste Priorität. Dagegen wurde der »Fall Rot«, ein möglicher Krieg mit Frankreich, heruntergefahren. Die Heeresführung stellte sich demnach auf die nächstliegende Aufgabe ein. Daher ist es nicht verwunderlich, wenn in den Auseinandersetzungen und Anweisungen des Generalstabschefs sowie in den rudimentär erhaltenen Planungsunterlagen der Fall Russland praktisch nicht vorkommt. Das gilt auch für die umfangreichen Planstudien der Luftwaffe für die Fälle »Rot« und »Grün«. Das potentielle Einsatzgebiet für die Luftverteidigung bzw. für einen strategischen Luftkrieg ins feindliche Hinterland war der süddeutsche Raum.[53] Polen und die UdSSR erscheinen in diesem Zusammenhang nicht.

Kriegsspiele der deutschen Kriegsmarine

Bei den gut erhaltenen Planungs- und Übungsunterlagen der Kriegsmarine dagegen wird deutlicher erkennbar, dass in der Wehrmachtführung ein Krieg mit der UdSSR auch 1938/39 für denkbar und »machbar« gehalten und vorgedacht worden ist. Die Kriegsmarine war schon ihrem Charakter nach eher auf ein weiterreichendes strategisches Denken ausgelegt; mit ihrem Operationsgebiet Ostsee hatte sie außerdem unmittelbare Berührung mit dem wichtigsten Flottenstützpunkt und den Seekriegsmöglichkeiten der Sowjetunion. Für die deutsche Marineführung sind Überlegungen zur Sicherung der Seeherrschaft in der Ostsee daher von existenzieller Bedeutung gewesen, auch wenn die Blickrichtung Nordsee und die Bewertung der Rolle der Royal Navy als möglicher Hauptgegner höchste Priorität einnahmen. Man war sich darüber im Klaren, dass ein Krieg gegen England nur mit Unterstützung Russlands, ein Krieg gegen die UdSSR nur mit englischer Hilfe zu führen sei.[54] Wer frühe Ansätze von »Barbarossa« sucht, sollte die Unterlagen der Kriegsmarine nicht außen vor lassen, vor allem auch deshalb nicht, weil bei den Übungen und Kriegsspielen enger Kontakt mit den anderen Wehrmachtteilen gehalten wurde, deren Kriegsbild also mit eingeflossen ist.

Das Ziel des Kriegsspieles 1938 des Oberkommandos der Kriegsmarine, das

Anfang des Jahres – also kurz nach Hitlers Eröffnungen – begonnen wurde, ist es gewesen, herauszufinden, ob in zwei Jahren eine hinreichend günstige Möglichkeit bestehen würde, einen Zweifrontenkrieg mit Frankreich und Russland durch einen »strategischen Überfall« Deutschlands so zu eröffnen, dass auch bei Annahme ungünstigster Umstände ein Sieg zu erreichen wäre.[55] Mit der gleichen allgemeinen Ausgangslage sollten gleich mehrere Stellen die Aufgabe operativ durchspielen und um optimale Lösungen konkurrieren. Ausschnitte aus diesen Spielen hatten dann nachgeordnete Stellen taktisch bis ins Detail zu untersuchen. Es war das erste Kriegsspiel der Marineführung, das in eine mögliche Gesamtkriegführung eingebettet gewesen ist. Dazu gehörten unter anderem Vorträge zum Wirtschaftskrieg, zur Landkriegführung und zum Völkerrecht.

Flottenchef Admiral Rolf Carls skizzierte in seiner Schlussbesprechung die politische Ausgangslage so, dass nach einer Spannungsphase im Sommer 1940 ein Krieg mit der französisch-sowjetischen Allianz unausweichlich geworden ist, der Gegner aber den Krieg bis zum nächsten Frühjahr hinauszuzögern versuche. Daraufhin habe sich die politische Führung des Reiches entschlossen, eine »augenblicklich günstig erscheinende wehrpolitische Lage für das Austragen der unvermeidlichen kriegerischen Auseinandersetzung auszunutzen«.[56] Alle anderen Staaten würden sich vorerst neutral verhalten, woraufhin Deutschland am 5. September die Vorteile einer schlagartigen, überraschenden Kriegseröffnung nutzen würde. Admiral Carls machte an dieser Stelle deutlich, dass ein solches Vorgehen nur möglich sei, wenn die militärische Führung der Staatsführung einen strategischen Erfolg mit Sicherheit garantieren könne!

Was die Kriegführung gegen Russland anbelangte, so befinde sich Deutschland in der vorteilhaften Lage, dass es mit einer langen Küste und den Ausgängen der Ostsee über vielfältige Operationsmöglichkeiten verfüge, während der Gegner von allen Seeverbindungen praktisch abgeschnitten sei und nur einen einzigen Stützpunkt im gleichsam hintersten Winkel habe. Durch die Abriegelung des schmalen Zugangs zum Finnischen Meerbusen könnten die sowjetischen Seestreitkräfte ausgeschaltet werden. Das setze aber voraus, dass auch die finnischen und estnischen Küstengewässer durch Minen gesperrt sein müssten, weil sonst eine Umgehung oder ein Durchbruch möglich sei. Außerdem brauche man einen Stützpunkt in der Nähe der Sperre. Daraus folgte, dass Finnland und Estland auf die deutsche Seite gezogen werden müssten.

Carls hielt abschließend einen solchen Zweifrontenkrieg nicht für wahrscheinlich. Im Kriegsfall werde England immer an der Seite Frankreichs sein. Zurzeit aber könne Deutschland einen solchen Krieg nicht bestehen. Allerdings würden beide Länder gegenwärtig auch keinerlei Interesse an einem Krieg mit Deutschland haben. Hinsichtlich der russischen Seite fand der Admiral klare Worte, die bei den anwesenden Vertretern von Heer, Luftwaffe und Auswärtigem Amt besondere Aufmerksamkeit gefunden haben dürften.

Admiral Carls zum Abschluss des Kriegsspiels 1938:

»Ich bin ferner der Ansicht, dass *weder* Russland *noch* Deutschland in der Lage sind, Operationen *entscheidenden* Ausmaßes gegeneinander zu führen. Deutsche Operationen nach Russland hinein werden sich in der Weite des Raumes verlieren, russische Operationen nach Deutschland, zu denen ich die Russen zur Zeit nicht für fähig halte, werden an der Abwehrkraft Deutschlands zerschellen.«[57]

Der Sache nach wiederholte Carls nur jene Skepsis, die auch Moltke und Schlieffen hinsichtlich von möglichen Operationen in der Tiefe des russischen Raumes gehegt hatten. Beck dürfte die Anschauungen seiner Vorgänger als Generalstabschef des Heeres geteilt haben. Aber die Bedenken von Carls zeigten doch zugleich auch, dass solche Überlegungen, über die grenznahe Operationszone nach Russland hineinzuwirken, 1938 bereits im militärischen Denken wie selbstverständlich angelegt gewesen sind.

Den Hintergrund bildete das Ergebnis des operativen Kriegsspiels der Marinestation der Ostsee unter Admiral Conrad Albrecht, das Teil des Gesamtunternehmens gewesen ist. Hier wurde eine Kriegseröffnung durch die UdSSR als Spielvariante angenommen. Es zeigte sich, dass angesichts der nur sehr geringen deutschen Kräfte in der Ostsee bei einem längeren Krieg die Kontrolle der westlichen und mittleren Ostsee verlorengehen könnte. Wollte man an einer strategischen Defensive in der Ostsee festhalten, müsste zumindest bei Kriegsbeginn, besser noch zuvor, eine starke Minensperre bei Öland gelegt werden, um den lebenswichtigen neutralen Handel, insbesondere die Erzzufuhr aus Schweden, zu schützen.

Hinsichtlich der Heeresseite stellte man in Rechnung, dass die Rote Armee bei einem Vormarsch durch die baltischen Staaten etwa drei Wochen benötigen würde, um die Distanz von etwa 200 Kilometern bis zur deutschen Grenze zu überwinden.[58] Sie würde bei diesem Vormarsch gegen rund 20 Divisionen der baltischen Armeen kämpfen müssen, die nach deutscher Einschätzung zumindest in der Defensive über einigen Kampfwert verfügten. Danach könnte die Rote Armee mit etwa 20 eigenen Divisionen an der Grenze zu Ostpreußen erscheinen, das allerdings stark befestigt sei und bis zum Letzten kämpfen würde. Im Ergebnis würde die Herrschaft über die östliche und mittlere Ostsee wohl an die Russen fallen, was die deutsche Kriegsmarine derartig unter Druck setzen würde, dass sie ihre Aufgabe, der Kriegführung in der Nordsee und im Atlantik den Rücken freizuhalten, nicht erfüllen könnte.[59]

Deshalb hatte Admiral Albrecht auch die Möglichkeit eines deutschen strategischen Überfalls untersuchen lassen. Das Ergebnis war eindeutig. Der Schlüssel zur Beherrschung des Ostseeraumes lag bei den baltischen und den Aaland-Inseln. Es kam darauf an, sie als Erster zu besetzen und zu behaupten. Das sei mit den Mitteln der Marine allein nicht möglich. Deshalb bedürfe es einer politischen und »großstrategischen« Planung schon in Friedenszeiten unter Einsatz aller Wehrmachtteile. Auch bei einer strategischen Defensive gegen Osten wäre ein teilweise offensives Vorgehen im Ostseeraum erforderlich. Im Ersten Weltkrieg habe man erst 1917 die wichtigen Aaland-Inseln besetzt. In einem künftigen Krieg müsse dieser Schritt ganz am Anfang stehen, um dann nach der Sicherung der Ostsee »freie Hand für die strategische Offensive im Westen und Norden zu haben, die die Entscheidung herbeiführen soll«.[60]

Voraussetzung für einen Erfolg sei es, eine günstige politische Konstellation herbeizuführen und dann einen »strategischen Überfall« durchzuführen. Die Politik müsse dafür sorgen, dass England und Schweden an den baltischen Randstaaten desinteressiert seien, Schweden und Polen [!] sich wohlwollend neutral verhielten, Finnland und Estland aber für die deutsche Kriegführung gewonnen würden. Das sei, solange das bolschewistische Regime in Russland herrsche, nicht unmöglich. Militärisch komme es darauf an, durch Operationen des Heeres Lettland zu besetzen, damit die strategisch wichtigen Häfen Libau und Riga zu beherrschen, sowie Estland bei der Behauptung Revals zu unterstützen, ebenso Finnland. Gleichzeitig sollten wie 1917 Kriegsmarine und Heer die baltischen Inseln besetzen sowie Teile der Aaland-Inseln. Die Marine könnte überfallartig die Enge Reval – Helsinki verminen, ohne Rücksicht auf die finnischen und estnischen Hoheitsgewässer. Parallel dazu müsste die Luftwaffe als ihre strategischen Ziele Kronstadt als sowjetischen Marinestützpunkt sowie die sowjetischen Flugplätze ausschalten und die feindlichen Luftstreitkräfte niederringen. Kronstadt hätte also zum Pearl Harbor eines deutsch-sowjetischen Krieges werden sollen.

Admiral Albrecht machte deutlich, dass für Deutschland nur der strategische Überfall in Betracht käme, also der Überraschungsangriff, um gleich bei Kriegsbeginn wichtige Positionen in Besitz zu nehmen. Damit könnte man den Russen zuvorkommen. Der Wert des Überfalls sei aus strategisch-militärischer Sicht ebenso unbestreitbar wie aus politischer. Das habe sich in der Mandschurei, in Abessinien und – soweit es Deutschland betraf – bei der Rheinlandbesetzung und der gerade erst erfolgten »Einverleibung Österreichs« gezeigt.[61] Albrecht wies abschließend auf die Möglichkeiten hin, die Deutschland nach Beginn eines solchen Überfalls haben werde. England werde zwar an die Seite Frankreichs treten, doch könne die politische Führung die Gefahr einer »überwältigenden Koalition England – Frankreich – Russland« bannen, wenn man auf eine Offensive im Westen und gegen den Kanal verzichte. »Kriegsentscheidende Siege« könnten an der deutsch-französischen Grenze vielleicht gar nicht mehr errungen werden. Die Aufgabe des Heeres im Westen würde dann darin bestehen, dort eine Kriegsentscheidung zugunsten des Feindes zu verhindern. Die Gesamtstrategie sollte also im Westen auf die Defensive setzen, dagegen auf die »Offensive im Osten zur Eroberung des Ostseeraums und damit zur Lösung der für den Bestand unseres Reiches wahrhaft *lebensnotwendigen* und entscheidenden Fragen: der Raumnot, der Bereinigung unseres Verhältnisses zu Polen und der Bannung der Weltgefahr des Bolschewismus«.[62]

Man sieht, dass Albrecht zu jenen höheren Offizieren gehörte, die unter den umlaufenden Parolen vom »Lebensraum im Osten« eine begrenzte territoriale Expansion, in diesem Fall ins Baltikum, verstanden, was nicht zu Lasten Polens gehen müsse. Die antibolschewistische Zielrichtung blieb allgemein, reichte aber wohl über die territorial begrenzte Erweiterung des deutschen Machtbereichs hinaus. Das musste nicht die Unterwerfung Russlands bedeuten, wohl aber die Beseitigung des Sowjetregimes, mit welchen Mitteln auch immer. Albrecht leitete im September 1939 noch die Seekriegführung gegen Polen und wurde anschließend verabschiedet.

Der Oberbefehlshaber der Kriegsmarine, Admiral Erich Raeder, der fünf Monate zuvor an der Hoßbach-Besprechung teilgenommen und Hitlers Absicht, möglichst bald Krieg zu führen, nicht widersprochen hatte, verwies in seiner Ansprache am 12. April 1938 darauf, dass die Kriegsspiele nicht nur der allgemeinen Schulung dienten. Gerade das Kriegsspiel 1938 sei so angelegt worden, dass die Aufgaben in einem künftigen Krieg in solchen Spielen und Studien theoretisch nach allen Seiten durchgeprüft werden, um sie danach einer praktischen Prüfung durch Manöver und Übungen zu unterziehen.[63] Deshalb betonte er im Widerspruch zum Flottenchef, dass man in einem Krieg mit Frankreich in jedem Falle mit dem Eingreifen Englands rechnen müsse. Das würde die Grundlagen der Seekriegführung völlig verändern. In einem Zweifrontenkrieg, der auch Russland umfasste, sei die Besetzung der Aaland-Inseln, ebenso wie Finnlands und Estlands, zwar von großem Vorteil, werde aber einen erheblichen Kräfteaufwand der Gesamtwehrmacht erfordern. Deshalb müsse man prüfen, ob es nicht günstiger wäre, zunächst die Neutralität dieser Länder zu achten, um dann zum Gegenschlag auszuholen, wenn der Gegner diese Neutralität verletze.[64] Mit einem strategischen Überfall durch den russischen Gegner, wie im Kriegsspiel für die Ostseestation vorgegeben, rechnete Raeder nicht. Das kennzeichnete die Situation Mitte 1938.

1938: Hitlers Ostexpansion beginnt

Am 12. März 1938 hatte die Wehrmacht nach erheblichen politischen Pressionen Österreich kampflos besetzt – und die Welt sah tatenlos zu. Unter dem Decknamen »Sonderfall Otto« hatte der deutsche Generalstab bereits seit dem Juni 1937 die Besetzung des Nachbarlandes vorbereitet. Göring drängte vor allem aus wirtschaftlichen Gründen auf den raschen »Anschluss«, um die zunehmende finanz- und rohstoffpolitische Krise des Reiches zu dämpfen. Die österreichischen Nationalsozialisten hatten die Regierung in Wien unter Druck gesetzt, und Hitler hatte die Unterwerfung gefordert. Dann ließ er die Wehrmacht marschieren. Von der Mehrheit der Bevölkerung wurde sie stürmisch begrüßt. Für die österreichische Unabhängigkeit wollte sich keine andere Großmacht einsetzen. Das galt auch für die polnische Regierung, die zunächst gehofft hatte, für ihre Zustimmung deutsche Zugeständnisse in der Danziger Frage erhalten zu können. Doch dann blickte sie sofort nach vorn und erkannte, dass als nächste Objekte deutscher Revisionspolitik die Tschechoslowakei und/oder Litauen an die Reihe kommen würden. Noch am 12. März entschied man sich in Warschau zu einem eigenen Vorgehen gegen Litauen.[65] Angesichts einer massiven innenpolitischen Opposition erhoffte sich die Regierung durch die Entfesselung nationalistischer Stimmungen einen Zuwachs an Popularität. Außenpolitisch würde ein »Anschluss« Litauens sowohl den antisowjetischen Sperrriegel erweitern und Polens Position an der Ostsee stärken als auch verhindern, dass Litauen in den deutschen Einflussbereich fiel. Schon für Piłsudski hatte die Wiederherstellung der historischen polnisch-litauischen Union zu seinem Programm gehört.

Zwischen Polen und Litauen herrschten seit Jahren starke Spannungen. Am Tag des deutschen Einmarsches in Österreich war ein polnischer Grenzsoldat von litauischen Grenzwächtern erschossen worden. Die Regierung in Warschau wollte die Gelegenheit nutzen, um eine faktische Hegemonie gegenüber Litauen durchzusetzen. Sie forderte ultimativ den Abschluss entsprechender Verträge und war offenbar auch zu einem militärischen Einmarsch bereit.[66] Auf sowjetischen, französischen und britischen Druck verzichtete man schließlich auf weitergehende Forderungen, bestand aber darauf, dass Litauen die diplomatischen Beziehungen wieder aufnahm, die es wegen des Streits um Wilna abgebrochen hatte. Die polnische Führung versicherte zugleich gegenüber Berlin, dass man sich bei einer Zuspitzung des Konflikts mit dem Reich absprechen werde. Hitler nahm das zum Anlass, um sofort eine mögliche militärische Besetzung des von Deutschland beanspruchten Memelgebiets vorbereiten zu lassen. Und er war besorgt, dass bei einer Unterwerfung Litauens durch Polen eine alte Idee hinfällig werden würde, nämlich Polen zu einem Nachgeben im Streit um Danzig veranlassen zu können, indem man als Kompensation Litauen anbieten könnte.[67]

Die am 18. März 1938 vom Oberkommando der Wehrmacht (OKW) vorbereitete mögliche deutsch-polnische Demarkationslinie in Litauen ging über die ursprünglichen deutschen Revisionsforderungen hinaus. Die deutsche Politik hatte kein Interesse daran, Polens Streben nach einem zweiten Zugang zur Ostsee zu unterstützen.[68] Wäre die deutsche Russlandpolitik defensiv angelegt gewesen, hätte man die Absicherung Ostpreußens auch ruhig Polen überlassen können. So aber musste man darauf achten, dass einer möglichen deutschen Offensive ins Baltikum bzw. in Richtung UdSSR nicht der Weg durch ein erweitertes, wahrscheinlich neutrales Polen versperrt werden konnte. Der Brückenkopf Memel fiel aber im März 1938 noch nicht in deutsche Hände, weil die litauische Regierung das polnische Ultimatum akzeptierte. Warschau hatte sich damit begnügt, dass die Regierung in Kowno in die Aufnahme diplomatischer Beziehungen einwilligte.

Nach dieser kurzzeitigen litauischen Episode richtete sich die Aufmerksamkeit wieder auf die Tschechoslowakei, zumal man in Berlin bereits im vergangenen

November den Eindruck gewonnen hatte, dass Großbritannien bereit sein könnte, Prag in den deutschen Einflussbereich fallen zu lassen. Damit würde die UdSSR wieder aus Mitteleuropa herausgedrängt und der deutschen Expansion freie Hand im Osten gegeben werden, sofern Deutschland sich verpflichtete, auf die Politik der vollendeten Tatsachen zu verzichten. Diese Form von Appeasement-Politik verkannte freilich den kriegerischen Drang Hitlers und die Maßlosigkeit seiner Ziele.

Mit dem polnischen Nachbarn kam man wieder zu einem raschen Einvernehmen. Göring hatte bereits im Februar bei seinem üblichen Jagdaufenthalt das »tschechische Problem« angesprochen. Außenminister Beck hatte dabei das Interesse an polnisch besiedelten Gebieten der Tschechoslowakei geäußert. Die Polen wollten sich nicht überraschen lassen und dabei sein, wenn es um die Zerschlagung des Nachbarlandes ging. Den sowjetischen Einfluss auf Prag zu eliminieren stand weniger im Vordergrund als die territorialen Ansprüche, über die Warschau auch bereits prophylaktisch mit der ungarischen Regierung verhandelte, die an der Einverleibung der Slowakei in den eigenen Staatsverband interessiert war.[69]

Görings erneuter Vorstoß hinsichtlich der gemeinsamen deutsch-polnischen Interessen gegenüber der UdSSR stieß bei Rydz-Śmigły auf höfliche Ablehnung. Der durch ihn überbrachte Vorschlag Hitlers, die Nichtangriffserklärung auf 25 Jahre zu verlängern, damit deutlich werde, dass die Beziehungen auf einer dauerhaften Grundlage standen, stieß hingegen bei Beck auf Interesse. Doch dieser erwartete im Gegenzug eine »entsprechende Behandlung des Danziger Problems«, also den Verzicht Deutschlands auf eine Änderung des Status quo. Das blieb eine für Hitler nicht zuletzt auch innenpolitisch und strategisch schwer zu erfüllende Erwartung. Wenn in der Historiographie die polnische Haltung in jener Zeit meist damit erklärt wird, Polen habe verhindern wollen, zum Satellitenstaat des Reiches zu werden,[70] so spielten solche möglichen Bedenken im Sommer 1938 offenbar keine Rolle. Die Danziger Frage trat gegenüber dem gemeinsamen Zugriff auf die Tschechoslowakei zunächst in den Hintergrund.

Während der Zuspitzung der internationalen Lage durch die antitschechische Agitation Deutschlands im Juli/August 1938 hatte Generalstabschef Ludwig Beck – ebenso wie die Führung der Kriegsmarine – Veranlassung, die UdSSR in ein Kriegskalkül einzubeziehen. Das Heer stand vor einem unmittelbaren Einsatz, der sich gegen einen Nachbarstaat richtete, der hinter einem gut ausgebauten Festungsgürtel über eine relativ modern ausgerüstete Armee und ein Bündnis mit Moskau verfügte. Wenn Beck sich mit seiner Denkschrift vom 5. Mai 1938 dezidiert gegen Hitlers riskanten Kriegskurs wandte, dann zweifelte er nicht an der Möglichkeit, die Tschechoslowakei in einer isolierten Aktion militärisch niederzuwerfen. Seine Sorge richtete sich darauf, dass es bei einer längeren Dauer des Feldzugs doch zu einem Eingreifen der europäischen Großmächte kommen könnte, dem die Wehrmacht in ihrer derzeitigen Verfassung nicht standhalten könnte.[71]

Der »Oberste Befehlshaber der Wehrmacht« tobte, als er von den Bedenken des

Generalstabschefs des Heeres Kenntnis erhielt, weil er den Eindruck hatte, »dass er mich von Kriegsabsichten abhalten will«.[72] Es war der erste Schritt zur Ablösung von Beck. Hitler passte es auch nicht, dass der befohlene Ausbau des Westwalls auf 20 Jahre angelegt worden war. Der Diktator glaubte, dass der Generalstab seine Befehle sabotiere. Vor den Spitzen der Wehrmacht und der Diplomatie legte Hitler am 28. Mai seine Absichten und Argumente noch einmal dar. »Es ist mein unerschütterlicher Wille, dass die Tschechoslowakei von der Landkarte verschwinden muss.« Er begründete das nicht nur mit dem Streben nach »Lebensraum«, sondern auch mit der strategischen Lage, die das Land zum gefährlichsten Gegner im Falle eines Krieges mit dem Westen mache. Dem konnte auch der Generalstabchef zustimmen, nicht aber Hitlers Ankündigung, im Kriegsfalle die deutsche Küstenbasis in den holländischen und belgischen Raum zu erweitern sowie die Rückgabe der Kolonien anzustreben.

Hier wird deutlich: Hitler hatte kein bestimmtes mittelfristiges strategisches Konzept. Er suchte möglichst rasch einen weiteren Erfolg. Dazu brauchte er das Stillhalten des Westens. Deshalb lehnte er alle Argumente ab, die diese Annahme in Frage stellten. Dass er Polen in der aktuellen Krise an seiner Seite wusste, spielte keine geringe Rolle. Hitler soll nach der Ansprache auf die Generale Brauchitsch, Keitel und Beck zugegangen sein und erklärt haben: »Also zuerst machen wir die Sache im Osten, dann gebe ich euch drei bis vier Jahre Zeit, und dann wird die große Sache im Westen in Angriff genommen.«[73]

Was meinte Hitler mit »Osten«? Nur auf die Tschechoslowakei gemünzt, ergab eine solche Bemerkung wenig Sinn. Wahrscheinlicher ist, dass er sich auf einen Kriegsplan bezog, den er seit Jahren offenbar immer wieder angedacht und skizziert hatte und auf den sich die Wehrmacht bereits vorbereitete: »günstige Gelegenheiten« zu nutzen, um die Tschechoslowakei auszuschalten, damit eine südliche Rollbahn gegen die Ukraine zu gewinnen sowie Danzig und das Memelgebiet als nördliche strategische Rollbahn gegen das Baltikum und Nordwestrussland zu sichern. Beteiligte sich Polen an einer Intervention gegen den Bolschewismus, umso besser, blieb es neutral und deckte den Mittelabschnitt, konnte – am besten durch eine parallele japanische Intervention im Fernen Osten unterstützt – durch kriegsentscheidende Schlachten im grenznahen Raum die Rote Armee geschlagen und der Zerfall der UdSSR auch unter Einsatz von politischen Diversionsunternehmungen beschleunigt werden.

Bei seinem Besuch in Rom Anfang Mai 1938 blieb Hitler gegenüber der italienischen Führung zurückhaltend. Dafür redete sein Außenminister »unentwegt und nach allen Seiten vom Kriegführen, ohne einen bestimmten Gegner oder ein klares Ziel im Auge zu haben. Das eine Mal möchte er zusammen mit Japan Russland vernichten. Ein andermal will er sich auf Frankreich und England stürzen. Dann wieder bedroht er die Vereinigten Staaten«, notierte Mussolinis Außenminister Ciano.[74] Ribbentrop kündigte die Vernichtung der Tschechoslowakei an und betonte das gute Einvernehmen mit Polen. Deutschland werde den Korridor

»für unbegrenzte Zeit« akzeptieren und möchte »sogar die Macht Polens vermehrt sehen […], um den antibolschewistischen Schutzwall zu verstärken«.

Polens Bereitschaft, sich an der Niederwerfung der Tschechoslowakei zusammen mit den Ungarn auch militärisch zu beteiligen, schuf eine günstige Ausgangslage. Sie bestärkte Hitler in der Annahme, dass die Westmächte in diesem Falle nicht eingreifen würden. Die polnische Armee formierte eine unabhängige operative Gruppe in Stärke von mehr als 35 000 Mann mit rund 100 Panzern und der gleichen Anzahl von Flugzeugen.[75] Sie sollte im Falle einer kriegerischen Zuspitzung die von Polen beanspruchten Gebiete besetzen. Schon im Vorfeld wurden subversive Gruppen des Geheimdienstes eingesetzt, um die tschechische Autorität in den Gebieten mit polnischer Minderheit zu erschüttern.

Die Wehrmacht bereitete sich auf ähnliche Weise vor. Teile der sudetendeutschen Bevölkerung, die sich bereits radikalisiert hatten, wurden vom Reich unterstützt.[76] Hitler gab Anfang September 1938 die Anweisung, die Zwischenfälle planvoll eskalieren zu lassen. Den Höhepunkt bildete ein unvorbereiteter Aufstand der sudetendeutschen Nationalsozialisten am 12. September, die in Grenznähe von lokalen SS- und SA-Einheiten unterstützt wurden. Der Aufstand kam freilich zu früh, denn die Wehrmacht sollte erst am 1. Oktober zum Eingreifen bereit sein. Nach der Niederschlagung des Aufstands setzte Hitler – wie im Falle Österreichs – auf die Bildung eines Freikorps, das in der Lage sein sollte, mit gezielten militärischen Aktionen den Einmarsch der Wehrmacht zu unterstützen. Die Truppe erreichte in kürzester Zeit eine Stärke von mehr als 40 000 Mann.

Hitler hatte sich auch durch erneute Bedenken seines Generalstabchefs nicht davon abbringen lassen, den militärischen Überfall vorbereiten zu lassen. Beck blieb bei seiner Einschätzung, dass sich dieser Krieg nicht isolieren lassen würde.[77] Er verwies außerdem darauf, dass die neue Form abgestimmter Operationen von Heer und Luftwaffe, Voraussetzung für eine schnelle Entscheidung des Feldzugs, noch nicht ausreichend erprobt sei. Im Spanischen Bürgerkrieg sammelte Görings Luftwaffe zu dieser Zeit lediglich begrenzte Erfahrungen im Bombenkrieg. Tatsächlich hatten die Übungen und Planspiele im Sommer 1938 gezeigt, dass die Vorstellungen in beiden Teilstreitkräften weit auseinandergingen.[78] Die Heeresoffiziere erwarteten von der Luftwaffe, dass diese vom ersten Kriegstag an die Heeresverbände massiv unterstützten. Die Vorbereitungen der Luftwaffe für einen operativen Luftkrieg zielten aber darauf, zunächst die feindlichen Luftstreitkräfte zu zerschlagen. Käme es zu einem Krieg gegen Frankreich, so würde das Heer über längere Zeit keine Unterstützung durch Kampfverbände der Luftwaffe erhalten können. Selbst über den Einsatz der Panzerverbände bestanden noch unterschiedliche Auffassungen. Das waren insgesamt keine guten Voraussetzungen, um mit den vorhandenen Kräften »blitzartig« die tschechische Armee ausschalten zu können. Doch in der nachfolgenden »Generalstabsreise 1938« zeigte das von der Heeresführung geleitete Spiel ein überraschendes Ergebnis: Bereits am siebten Tag der Kämpfe gegen die tschechoslowakische Armee stand der deutsche Sieg fest, und die ersten Verbände konnten an die imaginäre Westfront zur Verstärkung verlegt werden.[79]

Die Heeresführung hatte also wenig Vertrauen in Hitlers Annahme, dass die Westmächte im »Fall Grün« nicht eingreifen würden. Doch Becks Hoffnung, dass der Oberbefehlshaber des Heeres Hitler deshalb von dem Angriffsplan abbringen würde, erfüllte sich nicht. Zwar teilten auch andere seine Sorgen. So wollte der Staatssekretär im Auswärtigen Amt, Ernst Freiherr von Weizsäcker, die Tschechoslowakei lieber einem »chemischen, statt einem mechanischen Auflösungsprozess« unterwerfen,[80] doch Hitler drängte zur Aktion. Es gelang Admiral Raeder immerhin, den »Führer« dafür zu sensibilisieren, dass aus der Sicht der Kriegsmarine Großbritannien – ob es nun im Falle der Tschechoslowakei neutral bleiben würde oder nicht – der mögliche Hauptgegner war. Um einem späteren globalen Ringen gewachsen zu sein, brauchte die Marine ein langfristig angelegtes und aufwendiges Bauprogramm. Obwohl in der ersten Phase einer Expansion mit kriegerischen Mitteln, wie sie Hitler anvisierte, das Schwergewicht beim Heer und der Luftwaffe liegen würde, erhielt die Kriegsmarine mit ihrem Bauprogramm höchste Priorität. Hitler ließ die Rüstung insgesamt noch einmal erheblich beschleunigen.

Der Diktator forderte vom Generalstab keinen Masterplan nach dem Vorbild des berühmten Schlieffenplans von 1905, weder für kriegsentscheidende Schlachten gegen den Westen noch gegen den Osten, sondern die Bereitschaft, sich kurzfristig auf einzelne begrenzte Feldzüge und Aktionen einzustellen. Das kam den besonderen Qualitäten und Erfahrungen des deutschen Generalstabs eigentlich entgegen, die sich bis weit in den Zweiten Weltkrieg hinein bewähren sollten. Schon Alfred von Schlieffen, der Generalstabschef des Kaisers, hatte angesichts der Gefahr eines Zweifrontenkrieges seine Planungen auf verschiedene Varianten ausgerichtet.[81] Doch hatte schon damals eine schlüssige Strategie gefehlt, ein bündnispolitisch und wirtschaftlich abgestimmter Kriegsplan. Aus dem Scheitern der deutschen Kriegführung 1914 bis 1918 leitete Beck deshalb zu Recht die Forderung nach einer politischen Direktive ab, die den militärischen Möglichkeiten entsprach, wie sie nur vom Generalstab zutreffend beurteilt werden konnten. Es ging bei dem Streit also auch um den Anspruch des politischen Primats, wie er von Hitler erhoben wurde, und nicht zuletzt um den Führungsanspruch des Heeresgeneralstabs, den der Diktator mit dem Ausbau des OKW unter Keitel zu seinem persönlichen Beraterstab zu unterlaufen begann.

Auf dem Höhepunkt der Krise reichte Beck am 18. August 1938 sein Rücktrittsgesuch ein. Franz Halder wurde überraschend sein Nachfolger. Der äußerst fleißige »Bürogeneral« mit schwachen Nerven hatte wie viele andere Generale weniger Skrupel, mit dem Kriegsrisiko umzugehen.[82] Allerdings fürchtete auch er in der Sudetenkrise die Eskalation zu einem neuen Weltkrieg. Der Hoffnung einer kleinen Gruppe nationalkonservativer Offiziere, Halder könnte sich bei einem Angriffsbefehl Hitlers an die Spitze eines Staatsstreichs stellen, entzog sich der neue Generalstabschef jedoch. Die kurzfristig am 30. September 1938 in der von Mus-

Der polnische Botschafter Józef Lipski (stehend) beim Diplomatenempfang auf dem Reichsparteitag in Nürnberg, 10. September 1938; rechts am Tisch: Reichsführer SS Heinrich Himmler, die Frau des Reichsaußenministers Annelies von Ribbentrop, der englische Botschafter Nevile Henderson und Reichspropagandaminister Joseph Goebbels.

solini vermittelten Münchener Konferenz erreichte Verständigung mit den Westmächten entzog den Vorbereitungen der Militäropposition ohnehin den Boden.

Die Tschechoslowakei wurde gezwungen, die Gebiete mit deutschsprachiger Mehrheit an das Reich abzutreten. Polen beeilte sich, nach einem Ultimatum das Teschener Olsagebiet zu besetzen, ebenso wie Ungarn Gebiete mit ungarischer Bevölkerung im Süden okkupierte. Die tschechoslowakische Regierung musste sich dem Diktat der drei Großmächte Großbritannien, Frankreich und Deutschland beugen. Das Hilfsangebot Stalins blieb unbeantwortet und wäre ohnehin nicht militärisch wirksam gewesen. Im Rückblick hat Hitler später wiederholt bedauert, dass er sich in München auf eine Verhandlungslösung einließ, statt den vorbereiteten Krieg auszulösen.[83] Auf welchen Krieg verzichtete er 1938? Warum bereute er, erst ein Jahr später den Krieg ausgelöst zu haben? Eine mögliche Antwort: Eine kriegsentscheidende Schlacht im böhmischen Raum hätte, bei erwarteter Zurückhaltung der Westmächte, Hitler zu einem Kriegsherrn gemacht, der sich mit erheblicher Beute und Prestige gestärkt seinen polnischen und ungarischen Bündnispartnern gegenüber großzügig hätte zeigen können, um dann aus strategisch günstigen Positionen seinem Hauptgegner entgegenzutreten. Gewährten die Westmächte »freie Hand im Osten«, standen das Baltikum und die Ukraine offen, um den Krieg um »Lebensraum« führen zu können.

München interpretierte Hitler deshalb nur als halben Erfolg, da auch nach Abtretung der insbesondere gegenüber dem Reich stark befestigten Grenzgebiete die Tschechoslowakei fortbestand. Die Wehrmacht stand nicht in Prag, und die deutsche Grenze war nicht nach Osten vorgerückt. Das Versprechen gegenüber den Westmächten, dass Deutschland keine weiteren Revisionsansprüche habe, hatte der Diktator natürlich nicht ernst gemeint. Über die euphorische Einschätzung des britischen Premiers Chamberlain, dass jetzt der Friede ein für alle Male gesichert sei, hat er vermutlich nur schmunzeln können. In der Konsequenz aber bedeutete der Kompromiss von München, dass bei jeder weiteren territorialen Expansion und insbesondere beim Einsatz von Gewalt mit dem Eingreifen Großbritanniens zu rechnen war. Das Risiko für die Auslösung eines Krieges stieg erheblich an.

Wende im deutsch-polnischen Verhältnis

■ Als sich im Sommer 1938 die Kontakte zwischen Japan, Deutschland und Italien erneut intensivierten und der Abschluss einer Militärallianz in greifbarer Nähe schien, kam das Hitler zupass. Aus seiner Sicht würde damit die ideale Voraussetzung für die geplante Expansion gegeben sein. Ein antisowjetischer Block, der England und Frankreich zur Zurückhaltung und Polen zum Mitwirken zwingen würde, könnte zum Stoß gegen die UdSSR ansetzen. Ende Juli war es mit der Schlacht am Chassansee in der Mongolei bereits zu ersten Kampfhandlungen der Japaner mit der Roten Armee gekommen, militärisch nicht mehr als ein »Zwischenfall«, aber doch wohl auch ein Test aus fernöstlicher Richtung. Polen veranstaltete im September größere Manöver in Wolhynien als Warnung gegenüber Moskau, sich nicht in die »Klärung« des tschechoslowakischen »Problems« einzumischen.

Das entsprach aber einer eher defensiven Ausrichtung der polnischen Politik, sowohl gegenüber der Sowjetunion als auch gegenüber dem Reich. Denn Warschau signalisierte zwar sein Interesse daran, die Tschechoslowakei über die Regelungen von München hinaus aufzulösen. Außenminister Beck betrachtete den Nachbarstaat als »Brücke nach Russland«, so in der Instruktion für seinen Berliner Botschafter, als dieser vom Reichskanzler zu einem Gespräch eingeladen wurde.[1] Beck wollte die Benutzung dieser »Brücke« indirekt aber auch für die Deutschen erschweren, denn er dachte daran, dass Ungarn eine autonome Slowakei sowie insbesondere die Karpato-Ukraine in seinen Staatsverband aufnehmen könnte. Damit würde eine polnisch-ungarische Grenze geschaffen und Ungarn in die antisowjetische Abwehrfront nach polnischem Geschmack eingebaut werden, zu der auch die Bemühungen Warschaus um Rumänien gehörten.

Gleichzeitig wollte Beck die Beziehungen zum Reich auf dem Status quo stabilisieren, ohne dafür weitergehende Zugeständnisse anzubieten. Das galt auch für den Status von Danzig. Von Berlin erwartete er eine klare Festlegung auf die bestehende gemeinsame Grenze und regte die vorzeitige Verlängerung des Pakts von 1934 an. Hitler reagierte bei seinem Gespräch mit Lipski am 20. September auf dem Obersalzberg zurückhaltend. Es kam für ihn jetzt darauf an, erst einmal Polen zu ermutigen, gemeinsam gegen die Tschechoslowakei vorzugehen. Sollte es zu einem Eingreifen der UdSSR kommen, würde Deutschland Polen unterstützen.[2] Das gab Anlass, Warschau erneut den Beitritt zum Antikominternpakt nahezulegen.

Hitlers letztes Werben um Polen

Nach dem Abschluss des Münchner Abkommens wurde Berlin deutlicher. In der Frage der Karpato-Ukraine blieb Hitler zunächst unschlüssig. Es bot sich immerhin die Möglichkeit, den polnischen Wünschen im Austausch mit politischen Konzessionen entgegenzukommen. Doch hier griff nun das OKW ein, weil die Wehrmacht aus militärischen Gründen die »Brücke« in die Ukraine und nach Südosteuropa für sich offenhalten wollte. Deshalb sollte der tschechoslowakische Rumpfstaat einschließlich der Karpato-Ukraine unter deutschen Einfluss fallen. Im OKW machte sich vor allem die Abwehr stark, die mit der Intensivierung ihrer Kontakte zum ukrainischen Exil begonnen hatte, das Terrain für eine deutsche Expansion vorzubereiten. In wachsender Zahl bildete man 1938 Ukrainer für den bewaffneten Einsatz aus.[3] Das Auswärtige Amt unterstützte den Standpunkt und konnte sich die Karpato-Ukraine als Teil einer künftigen autonomen Slowakei vorstellen sowie als Anknüpfungspunkt für eine spätere »größere Ukraine«.[4]

Hitler billigte die Absicht, die deutschen Ambitionen zu verschleiern, und erklärte gegenüber einem Abgesandten des ungarischen Reichsverwesers Miklós Horthy, dass, »wenn Deutschland mit Ungarn und Polen einen großen Block formen würde, nichts endgültig sei und Grenzveränderungen immer noch vorgenommen werden könnten«.[5] Man erkennt, der Diktator blieb bemüht, das Tor nach Osten zu öffnen und Polen auf seine Seite zu bringen. Dabei ging es nicht primär um die Unterwerfung Polens oder dessen Satellitenstatus, sondern um die Bildung einer antisowjetischen Front. Solange Polen, wenn auch neutral und defensiv, im Mittelabschnitt die UdSSR blockierte, konnte die deutsche Strategie sich im Ernstfalle über die Flügel entfalten. Gelang es aber der polnischen Seite, Ungarn und Rumänien in den eigenen passiven Block einzubinden, müsste sich eine deutsche Expansion über die schmale nördliche Rollbahn entwickeln, was sie von dem Nadelöhr Danzig/Korridor abhängig machen würde. Doch die polnischen Bemühungen in Rumänien schlugen fehl, weil man in Bukarest jegliche Machterweiterung des ungarischen Rivalen ablehnte.

Die deutsche Führung gab sich einige Mühe, die Beziehungen zu Polen korrekt und zuvorkommend zu entwickeln. Walther Funk, der im Februar 1938 zum Nachfolger Schachts als Reichswirtschaftsminister ernannt worden war, erklärte bei einem Türkeibesuch gegenüber dem polnischen Botschafter im Oktober 1938, dass Polen seinen Zugang zur Ostsee benötige, Deutschland gleichzeitig aber auch eine engere Verbindung mit Ostpreußen. Im Übrigen bilde die UdSSR doch ein natürliches Expansionsgebiet für Polen.[6] Außenminister Ribbentrop schlug dem polnischen Botschafter Lipski eine »Gesamtlösung« der bilateralen strittigen Fragen vor, was nicht unmöglich erschien.[7] Das Gespräch sollte den geplanten Besuch von Außenminister Beck vorbereiten. Nach den bisherigen Andeutungen, denen Polen stets ausgewichen war, begann nun die »Phase der Entscheidung« (Andreas Hillgruber)[8].

Hitler wollte nun definitiv die »Heimkehr« Danzigs ins Reich und ließ eine polnische Ablehnung aus innenpolitischen Gründen nicht mehr gelten.[9] Auch die von Berlin geforderte exterritoriale Verbindung mit einer Autobahn sowie einer mehrgleisigen Eisenbahn schien nicht unangemessen zu sein, würde Polen doch dafür mit exterritorialen Regelungen auf Danziger Gebiet entschädigt. Zusätzlich bot Ribbentrop zahlreiche weitere Kompensationen an, die auf polnischen Vorschlägen beruhten, so etwa die Verlängerung des Vertrags von 1934 und die Anerkennung der gemeinsamen Grenze. Gerade der letzte Punkt blieb weit hinter dem Revisionsanspruch Stresemanns und der Weimarer Republik zurück, denn er bedeutete den Verzicht auf andere umstrittene Gebiete, wie Ostoberschlesien, die der Versailler Vertrag Polen übergeben hatte. Aus heutiger Sicht besonders makaber war die Bereitschaft beider Seiten zur Zusammenarbeit bei der Emigration der jüdischen Bevölkerung aus Polen. Lipski zu Hitler: Er verspreche ihm »ein schönes Denkmal in Warschau« für den Fall, dass er eine Lösung der »Judenfrage« finden würde.[10] Hitler schien davon überzeugt, dass die Warschauer Regierung sein Verhandlungsangebot letztlich annehmen würde.

Polen hielt sich aber in der Danzig-Frage weiterhin bedeckt und ignorierte auch das deutsche Drängen, endlich dem Antikominternpakt beizutreten, denn ein solcher Schritt hätte den polnischen Spielraum entscheidend eingeengt und Polen endgültig zum »antirussischen Schützengraben« (so der italienische Außenminister Graf Ciano)[11] gemacht mit unabsehbaren Folgen für die Zukunft des Landes. Ob ein Eingehen auf die deutsche »Globallösung« für Polen tatsächlich das Ende als eigenständige Macht in Europa bedeutet hätte, sei dahingestellt. Die große Vision des polnischen Außenministers Beck, das »Dritte Europa« zwischen Ost und West unter polnischer Führung organisieren zu können, hatte angesichts der machtpolitischen Verschiebungen ohnehin keine Chancen mehr. Der Platz Polens in einem von Deutschland dominierten Mittelosteuropa wäre sicher kein geringer gewesen, auch wenn Hitlers Zusicherungen nicht zu trauen war.

Große Hoffnungen auf eine aktivere Rolle Polens gegen die UdSSR und einen Beitritt zu dem möglichen Militärbündnis, über das Japan, Deutschland und Italien immer wieder sprachen, machte man sich in Berlin anscheinend nicht mehr. Im Herbst 1938 gab der Generalstab des Heeres »Für den Gebrauch der Truppe im Felde« ein *Taschenbuch Polnisches Heer* heraus. Die ausführliche und relativ sachliche Beschreibung der polnischen Armee ließ erkennen, dass man natürlich auch mit deren Mobilmachung gegenüber der deutschen Grenze rechnete.

Der Generalstab des Heeres über das polnische Heer im Herbst 1938:
»Der poln. Soldat ist willig, tapfer, hart, anspruchslos und vaterlandsliebend. Er wird sich voll und ganz einsetzen.
In schwierigen Lagen wird jedoch die Truppe einer straffen Führung bedürfen, da der

einzelne Soldat bei dem geringen Bildungsstand des Volkes im Allgemeinen wenig zum selbständigen Handeln befähigt ist. Gegen schnelle und überraschende Stöße wird die Truppe bei der schematischen taktischen Führung empfindlich sein, besonders, wenn sie Flanke und Rücken treffen.«[12]

Weil Polen nach der ersten gemeinsamen Aktion gegen die Tschechoslowakei weitergehende Bindungen an Deutschland scheute, schalteten sich die Japaner vermittelnd ein. Botschafter General Oshima ließ sich von Hitler zusichern, dass er gewillt sei, die freundlichen Beziehungen zu Warschau fortzusetzen. In Tokio ging man offenbar davon aus, dass Hitler weitere aggressive Schritte unternehmen würde, die sich nach Lage der Dinge gegen die bereits angeschlagene Tschechoslowakei richten würden. Hier kamen freilich auch die strategischen Interessen Polens ins Spiel. Denn eine mögliche Loslösung der Slowakei und der Karpato-Ukraine zugunsten Ungarns würde eine weitergehende Umklammerung Polens durch das Reich verhindern.

Die japanischen Diplomaten drängten im Dezember 1938 die polnische Regierung zu einer Verständigung mit Berlin, mit der Begründung, dass Hitler und Ribbentrop die Absicht verfolgten, in die Ukraine vorzustoßen. Wenn Polen die deutschen Angebote weiterhin ablehne, könnte Hitler die Karpato-Ukraine nach einem Zerfall der Tschechoslowakei notfalls auch als Guerilla-Basis gegen Polen nutzen.[13] Der amerikanische Geschäftsträger in Berlin, Raymond H. Geist, erinnerte sich später daran, dass ihm der neue Generalstabschef Franz Halder im Dezember 1938 ausführlich davon erzählt habe, Hitlers Ostprogramm sei unabänderlich entschieden und ziele vor allem auf die Ukraine, die eine deutsche Provinz werden solle.[14] Oshima reiste mit einer Empfehlung von Ribbentrop nach Rom, wo er Japans Absicht erklärte, Russland »in so viele Staaten auseinanderzulegen, dass dadurch jeder Gedanke an Revanche eitel und unsinnig werde«. Auf Oshimas Drängen, den Antikominternpakt endlich in ein Militärbündnis umzuwandeln, bat Mussolini um einige Wochen Zeit.[15]

Nach japanischer Vermittlung fand der polnische Außenminister Beck am 5. Januar 1939 bei seinem Gespräch auf dem Berghof einen versöhnlich gestimmten Hitler. Nach der Aufzeichnung von Beck erklärte Hitler, dass die Interessengemeinschaft mit Polen umfassend sei. »Für Deutschland sei Russland, ob zaristisch oder bolschewistisch, gleich gefährlich. Das bolschewistische Russland sei vielleicht gefährlicher wegen der bolschewistischen Propaganda. Dagegen sei das zaristische Russland militärisch gefährlicher und imperialistischer gewesen. Aus diesen Gründen sei ein starkes Polen für Deutschland einfach eine reine Notwendigkeit. Jede gegen Russland eingesetzte polnische Division erspare eine deutsche Division.«[16]

In der deutschen Aufzeichnung des Gesprächs mit der polnischen Delegation heißt es ähnlich: »Deutschland werde unter allen Umständen an der Erhaltung eines starken nationalen Polen interessiert sein, ganz unabhängig von der Entwicklung der Dinge in Russland. Gleichgültig ob es sich um ein bolschewistisches

Besuch des polnischen Außenministers Józef Beck bei Hitler auf dem Obersalzberg, 5. Januar 1939.

oder ein zaristisches oder ein sonst wie geartetes Russland handele, würde Deutschland diesem Land stets mit größter Vorsicht gegenüberstehen und sei daher durchaus daran interessiert, Polens Stellung erhalten zu sehen. Rein militärisch bedeute die Existenz einer starken, polnischen Armee an der russischen Grenze für Deutschland eine erhebliche Entlastung; die Divisionen, die Polen an der russischen Grenze zu stehen hätte, ersparten Deutschland eine entsprechende militärische Mehrausgabe.«[17]

Großes Gewicht legte Hitler darauf, polnische Besorgnisse über eine konkurrierende deutsche Ukrainepolitik zu beschwichtigen. »Deutschland hätte jenseits der Karpathen keine Interessen, und es sei ihm gleichgültig, was die an diesen Gebieten interessierten Länder dort täten.« Wenn es gelänge, für Danzig und den Korridor eine vernünftige Lösung zu finden, dann könnte die deutsche Seite eine vertraglich geregelte Grenzgarantie für Polen abgeben. Hitler nannte als gemeinsames Interesse auch die Lösung des Judenproblems. »Er, der Führer, sei entschlossen, die Juden aus Deutschland herauszubringen.« Würden ihm die Westmächte in der Kolonialfrage entgegenkommen, könnte er ein Territorium in Afrika zur Verfügung stellen, »das zur Ansiedlung nicht nur der deutschen, sondern auch der polnischen Juden hätte verwendet werden können«.

Beck unterstrich in seiner Antwort, dass Polen in der Beziehung zu seinem russischen Nachbarn einen »tragbaren Modus vivendi« finden müsse. Man würde sich aber niemals in russische Abhängigkeit begeben. Bezüglich der Ukraine erinnerte er an das Piłsudski-Wort von der »Balkanisierung Mitteleuropas«. »Polen erkenne in den Agitatoren, die sich auf dem jetzigen karpatho-ukrainischen Territorium betätigen, alte Feinde wieder und fürchte, dass die Karpatho-Ukraine sich möglicherweise einmal zu einem Herd derartiger Beunruhigung für Polen entwickelte, dass sich die polnische Regierung zu einem Einschreiten veranlasst sehen würde, aus dem sich dann weitere Komplikationen ergeben könnten.« Deshalb strebe man nach einer Grenze mit Ungarn. Auf die Frage Danzig ließ sich Beck nicht ein. »Er wolle jedoch das Problem gern einmal in Ruhe überlegen.«

Am nächsten Tage hatte der polnische Außenminister Gelegenheit, mit seinem deutschen Amtskollegen in München die Aussprache fortzusetzen. Hier eröffnete Beck den Dialog sofort mit dem Thema Danzig. Er habe bislang keine Lösung gefunden, warnte allerdings vor einer »Taktik der faits accomplis«. »Beck«, so heißt es in den Aufzeichnungen Ribbentrops, »kam dann auf die großukrainische Frage zu sprechen und sagte, die Versicherung des Führers, dass wir hier desinteressiert seien, habe ihn sehr befriedigt, wie überhaupt er die klare und konstante Linie des Führers einer freundschaftlichen Verständigung mit Polen mit aufrichtiger Freude zur Kenntnis genommen habe.«[18] Ribbentrop wiederholte die deutschen Angebote hinsichtlich einer Regelung des Problems Danzig / Korridor, ohne bei Beck auf Resonanz zu stoßen. Dann bezeichnete er die »von Polen und Deutschland gegenüber Russland zu treibende Politik und in diesem Zusammenhang auch die Frage der Großukraine« als Teil der angestrebten endgültigen Regulierung des gegenseitigen Verhältnisses.

Ribbentrop gegenüber Beck am 6. Januar 1939 zur gemeinsamen antirussischen Politik:

»Ich habe Beck versichert, dass wir an der sowjetrussischen Ukraine nur insofern Interesse hätten, als wir überall da, wo wir könnten, den Russen Schaden zufügten, genau wie sie es uns gegenüber täten, daher hätten wir natürlich laufend Beziehungen zu der russischen Ukraine. Niemals aber hätten wir irgendwie mit den polnischen Ukrainern operiert, sondern dies sei strengstens vermieden worden. Der Führer habe ja unsere negative Einstellung zur Großukraine dargelegt. Das Übel schiene mir darin zu liegen, dass natürlich eine antirussische Agitation in der Ukraine immer gewisse Rückwirkungen auf die polnische Minderheit und die Ukrainer in Karpathorussland habe. Dies sei aber meiner Auffassung nach nur zu ändern, wenn Polen und wir in der ukrainischen Frage in jeder Beziehung zusammenarbeiten. Ich könnte mir vorstellen, dass bei einer allgemeinen großzügigen Regelung aller Probleme zwischen Polen und uns wir durchaus dafür zu haben seien, die ukrainische Frage als ein Privilegium Polens zu betrachten und Polen in jeder Beziehung bei der Behandlung dieser Frage zu unterstützen. Dies wiederum setze allerdings auch eine immer klarere antirussische Einstellung Polens voraus, da sonst das gemeinsame Interesse kaum gegeben sei.«[19]

In diesem Zusammenhang stellte Ribbentrop erneut die Gretchenfrage nach einem Beitritt Polens zum Antikominternpakt. Es war aus deutscher Sicht sinnvoll, neben der laufenden Vorbereitung einer Umwandlung des Paktes zu einer antirussischen Militärallianz die Rolle Polens bei einer Intervention zu klären. Wenn immer wieder die Ukraine ins Spiel gebracht wurde, machte das deutlich, wo für die Polen der Preis für ein Zusammenwirken liegen sollte. Beck wies den Vorstoß nicht völlig zurück, betonte aber noch einmal die Notwendigkeit einer friedlichen Nachbarschaft mit Russland, die sein Land »zu seiner Ruhe benötige«. Ribbentrop notierte weiter: »Ich fragte Beck, ob sie denn die Aspirationen des Marschalls Piłsudski in dieser Richtung, also nach der Ukraine, aufgegeben hätten, worauf er mir lachend antwortete, dass sie ja selbst in Kiew gewesen seien und dass diese Aspirationen zweifellos auch heute vorhanden wären.«

Es scheint offensichtlich, dass die Möglichkeit eines Krieges mit der UdSSR im Frühjahr 1939 von Hitler ins Kalkül gezogen wurde und dass für ihn eine Militärallianz mit Polen, ob nun offensiv oder defensiv, von größter Bedeutung war, um seinen Expansionskurs fortsetzen zu können. Aus seiner Sicht bedeutete die Forderung nach einem polnischen Verzicht auf Danzig keinen unzumutbaren Preis, war er doch selbst bereit, auf Südtirol zu verzichten, um eine Allianz mit Italien zu schmieden. Die für Deutschland optierenden Südtiroler wollte er – wie wir aus den späteren Bemühungen wissen, auf der Krim ansiedeln. Zudem schien es zunächst noch so, als ob Großbritannien bereit sein könnte, Danzig fallenzulassen und Hitlers Expansionsdrang in Richtung Osten zu lenken. Der deutsche Botschafter in London, Herbert von Dirksen, gewann im Januar 1939 den Eindruck, dass sich England, »entsprechend der Grundtendenz der chamberlainschen Politik, mit einer Expansionspolitik Deutschlands in Osteuropa abfinden« werde, insbesondere, wenn ein ukrainischer Staat mit deutscher – auch militärischer – Hilfe entstehe und dabei das Selbstbestimmungsrecht der Ukraine betont werde.[20]

Dass Hitler die Absicht hatte, den Plan für einen Krieg gegen die Sowjetunion jetzt tatsächlich umzusetzen, hatte auch ein Bericht Oshimas ganz deutlich gemacht.[21] Und obwohl die polnische Führung offensichtlich nicht prinzipiell abgeneigt gewesen ist, wollte sie sich nicht in ein solches Abenteuer hineinziehen lassen, zumal sie neuerdings durch die US-Diplomatie ermutigt wurde, sich stattdessen in eine antideutsche Front einzufügen.[22] Denn Roosevelt verfolgte seit der Münchner Konferenz und der brutalen Judenverfolgung in Deutschland eine Politik der Eindämmung gegen jede weitere Expansion des »Dritten Reichs«. Die amerikanische Presse berichtete Anfang 1939, dass die Deutschen beabsichtigten, wie 1918 in die Ukraine zu marschieren. Beobachter seien sich einig, dass dies der nächste Schritt Hitlers sein werde.[23] Warschau war bereits im November 1938 dazu übergegangen, seine Beziehungen zur UdSSR zu entspannen.[24] Die Idee Washingtons zur Errichtung eines polnisch-sowjetischen Damms gegen Deutschland überzeugte die polnische Führung zwar nicht – dazu waren ihre antirussischen Ressentiments zu groß –, aber die amerikanische Rückendeckung bestärkte sie, gegenüber Hitler härter aufzutreten. Und auch die kritischen Stimmen in der britischen Führung wurden lauter. Der englische Botschafter in Berlin verwies auf Hitlers Ideen in seinem Buch *Mein Kampf*. Sie würden bedeuten, dass eine Ausdehnung des Reiches nach Osten zu einem Zusammenstoß zwischen Deutschland und Russland führen würde, bei dem die Deutschen ihre Vorherrschaft über die Ukraine begründen würden. Ob die UdSSR die Macht habe, die Ukraine zu verteidigen, sei nicht sicher, meinte die britische Zeitung *The Times*.[25]

Mit der immer stärkeren Rückendeckung durch die angelsächsischen Mächte endeten Überlegungen in Teilen der polnischen Führung, den deutschen Vorstellungen hinsichtlich Danzigs entgegenzukommen. Mitte Januar beschlossen Beck und Marschall Rydz-Śmigły, die Vorschläge der Reichsregierung zum Korridor und zu Danzig abzulehnen, obwohl es sich letztlich um eine zweitrangige Frage handelte. Es war ein bewusster Kurswechsel, der das Risiko eines Krieges einkalkulierte, selbst wenn der Kampf aussichtslos sein würde.[26]

Bei seinem Gegenbesuch in Warschau am 25. Januar 1939 bemühte sich Ribbentrop vergeblich, der polnischen Seite noch einmal Kompensationen in der Ukraine für einen Anschluss Danzigs an das Reich schmackhaft zu machen.[27] Auch die polnischen Wünsche hinsichtlich der Slowakei und der Karpato-Ukraine könnten erfüllt werden. Beck sagte, er wolle sich die Anregungen »weiterhin reiflich überlegen«, lehnte aber den Beitritt zum Antikominternpakt erneut ab.[28] Die polnische Führung hatte sich darauf festgelegt, Danzig und den Korridor als empfindlichste Nervenpunkte im Westen zu betrachten, um von Deutschland als gleichberechtigte Großmacht respektiert zu werden. Ribbentrop kehrte mit leeren Händen nach Berlin zurück.

Ganz so hart wie Beck es anderen gegenüber darstellte, hat er sich gegenüber Ribbentrop wohl nicht gegeben. Dem japanischen Botschafter in Warschau gestand er ein, dass er es gegenüber Ribbentrop als nicht unmöglich bezeichnet hatte, eine Unabhängigkeit der Sowjet-Ukraine zu erreichen. Auch das deutsche Desinteresse an der Karpato-Ukraine habe er befriedigt zur Kenntnis genommen.[29] Berlin konnte also glauben, dass sich die polnische Führung vielleicht doch noch einer antisowjetischen Front anschließen und in der Danzigfrage bewegen würde. Aber es gab wohl auch Gegenkräfte, die das Misstrauen gegenüber der deutschen Ukrainepolitik auch mit Dokumentenfälschungen zu schüren versuchten, zugleich aber die deutschen Intentionen durchaus richtig einschätzten.

So findet sich in den Prager Akten die Aufzeichnung einer angeblichen Rede Ribbentrops, die dieser vor seiner Abreise nach Warschau »bei der Sitzung mit den reichsdeutschen Generälen gehalten« habe. Die auffällige Formulierung »Sitzung mit den reichsdeutschen Generälen«, die nicht dem damaligen militärischen Sprachgebrauch entspricht, gibt einen Hinweis auf den möglichen Fälscher, der einige Monate später auch eine angebliche Rede Halders in Umlauf (in diesem Fall in London und Moskau) brachte, mit der Legende, die Aufzeichnung stamme von einem ehemals österreichischen Wehrmachtoffizier. Doch dazu später.

Am 22. Januar 1939 soll Ribbentrop also davon gesprochen haben, dass eine »Groß-Ukraine« das »ideale Ziel der deutschen Ostpolitik« sei. Sie würde die von Ukrainern bewohnten Gebiete in Polen, Russland und der Karpato-Ukraine umfassen. Dieser Staat werde sich sowohl gegenüber Russland als auch »dem Reste Polens gegenüber« nur schwer halten können und deshalb zum deutschen Vasallenstaat werden. Auf dem Weg des »teile und herrsche« bilde die Karpato-Ukraine nur die erste Etappe. Deutschland sei allerdings gezwungen, »mit Polen die freundschaftlichsten Verbindungen aufrechtzuerhalten«, weil es im Falle eines Konflikts mit Frankreich die polnische Neutralität benötige. Dadurch werde das Vorgehen in der großukrainischen Frage gebremst.[30]

Hitler schlug bei seiner öffentlichen Rede am 30. Januar 1939 im Reichstag noch einmal versöhnliche Töne an und erklärte, dass bei den Krisen des vergangenen Jahres »die Freundschaft zwischen Deutschland und Polen eines der verheißungsvollsten Momente im politischen Leben Europas« gewesen sei. Aber er verkündete zugleich, dass er den Kampf gegen das Versailler System fortsetzen werde. Das zielte auch auf Polen, das darüber nicht überrascht gewesen sein dürfte, hatte es doch von sich aus faktisch die »Freundschaft« aufgekündigt, um die Hitler seit fünf Jahren warb.[31]

Selbst Heinrich Himmler bemühte sich am 18. Februar nach Warschau, um dort zwar einzuräumen, dass man die Nationalukrainer finanziell und mit Propagandasendungen unterstützte, aber zugleich anzudeuten, dass man sich bei einer Generalbereinigung aller deutsch-polnischen Fragen leicht auch über die Ukraine verständigen könne.[32]

Noch waren also die Brücken aus deutscher Sicht nicht abgebrochen, auch wenn man in Berlin aufmerksam registrierte, dass Polen nun seine Beziehungen zu Großbritannien intensivierte. In Japan reagierte man höchst besorgt und unterstützte einen Besuch des italienischen Außenministers Ciano in Warschau, da ein offener Schwenk Polens ins Lager der Westmächte die UdSSR aufwerten und sie damit hinsichtlich der Spannungen im Fernen Osten entlasten würde. Doch alle Vermittlungsbemühungen der beiden Partner Deutschlands im Antikominternpakt blieben vergeblich. Ciano gewann bei seinen Gesprächen in Polen Ende Februar 1939 den Eindruck, dass Polen »trotz aller Bemühungen von Becks Politik von Grund auf und in seinem ganzen Wesen deutschfeindlich« sei. »Tradition, Gefühle und Interesse bringen es in einen Gegensatz zu Deutschland. Ein katholisches Land mit großen jüdischen Gruppen, beunruhigt durch starke deutsche Minderheiten, enthält schicksalsmäßig alle Elemente, die mit dem teutonischen Imperialismus im Widerspruch stehen.«

Das Gespräch mit Beck vermittelte dem italienischen Außenminister den Eindruck, dass Polen eine gute Nachbarschaft mit Deutschland aufrechterhalten wolle, eine Lösung für Danzig aber nur aus »freien diplomatischen Unterhandlungen hervorgehen dürfe«. Im Stillen beherrsche die »Sorge um das ukrainische Problem« das polnische Denken. Beck sei von Hitlers Zusicherungen nicht überzeugt. Zusammenfassend meinte Ciano, das Land sei zwar noch nicht für die Achse gewonnen, aber auch noch nicht als Gegner zu bezeichnen: »Wenn der große Krieg ausbricht, wird Polen lang Zeit Gewehr bei Fuß bleiben, und erst wenn der Ausgang entschieden ist, wird es sich auf die Seite des Siegers schlagen. Daran tut es gut, denn es ist ein Land, das auf beiden Seiten Feinde und Freunde hat.«[33]

Planungen für den »Fall Ost« – auch ohne Polen

Die herkömmliche Interpretation beschreibt die Absichten Hitlers Anfang 1939 so, dass er sich Polen als Vorposten im Osten sichern wollte, um zunächst eine Offensive im Westen zu unternehmen und erst danach den Krieg gegen die UdSSR zu führen.[34] Doch es gab keine besonderen militärischen Maßnahmen und Planungen für einen bevorstehenden Krieg gegen die Westmächte. Die Aktivitäten der Wehrmacht blieben nach Osten ausgerichtet, um das Vorfeld für eine mögliche Expansion gegen die UdSSR zu sichern. Dass Hitler ein gigantisches Bauprogramm für die Kriegsmarine unterzeichnete und neuerdings Deutschlands Anspruch auf Rückgabe der Kolonien betonte, stand nicht im Gegensatz zu seiner Ostorientierung. Es sprach eben gerade nicht für einen baldigen Krieg gegen die Westmächte, eher für eine Drohgebärde und die Option, eventuell zu einem sehr viel späteren Zeitpunkt den Kampf um die Weltvorherrschaft führen zu können. Deutsche Schlachtflotten und Flugzeugträger wären nicht vor 1944 verfügbar gewesen und hätten Rohstoffe benötigt, über die das Reich gar nicht verfügte, zumal auch noch die Luftwaffe gigantische Ausbaupläne verfolgte.

Selbst die Ausweitung der Ersatzstoffproduktion durch die Vierjahresplan-Administration konnte unter den gegebenen Umständen solche Bedürfnisse auf Jahre hinaus nicht decken. Der Entschluss, zunächst den »Lebensraum« nach Osten zu erweitern und die nötigen Rohstoffe zu erobern, um danach den Krieg gegen Kontinente zu führen, lag daher sehr viel näher. Und die Kolonialforderung war wohl nicht mehr als ein Pokern, um das erwünschte Einvernehmen mit Großbritannien zu erreichen. Auch für die nächste Phase der Expansion nach Osten bot die Passivität der britischen Politik die besten Chancen, für die Hitler als Kompensation den Verzicht auf die Kolonien anbieten konnte. Das Angebot gegenüber Polen (Danzig gegen Teile der Ukraine) passte in diesem Sinne zu einem möglichen Tauschhandel mit England: Deutschlands Verzicht auf Kolonien gegen Englands Zustimmung für eine »freie Hand« Hitlers im Osten. So hatte es der Diktator in *Mein Kampf* zur Grundlage seines außenpolitischen Programms gemacht.

Und Frankreich war Anfang 1939 für ihn keine bedrohliche Macht mehr. Die französische Außenpolitik schien nicht uninteressiert, sich mit dem Reich zu arrangieren und Ostmittel- sowie Südosteuropa als deutsches Interessengebiet zu respektieren. Der französische Generalstab sah keine Möglichkeit, die deutsche Ostexpansion zu bremsen, da mit der UdSSR und Polen nicht zu rechnen sei. Die Maginot-Linie und Großbritannien erschienen als verlässliche Garanten.[35]

Sollte Hitlers Kalkül nicht aufgehen, so würde seine stärkste Absicherung gegenüber den Westmächten – neben dem massiv ausgebauten Westwall am Rhein – das Dreierbündnis mit Italien und Japan sein, um dessen Ausbau er sich ebenfalls bemühte. Der Antikominternpakt hatte schließlich nicht nur eine antisowjetische Speerspitze, sondern auch – aus Hitlers Sicht – eine antibritische Spitze. Ein Bündnis mit Italien würde das französisch-britische Militärpotential im Mittelmeerraum binden, eine Allianz mit Japan konnte Großbritannien nach Asien ablenken und die USA im Pazifik festhalten.[36] Die bloße Drohkulisse würde die Westmächte vielleicht zum Stillhalten veranlassen, wenn er seinen Lebensraumkrieg gegen die UdSSR führte, denn der Westen würde es kaum riskieren können, den maroden Sowjetkommunismus retten zu wollen. Ein solches Kalkül zielte nicht darauf, erst den Westen schlagen zu wollen, um dann nach Osten marschieren zu können.

Die Bemühungen um den Abschluss der Dreierallianz kamen Anfang 1939 nicht recht voran, weil es den drei Partnern nicht gelang, ihre Interessen zu koordinieren und eine gemeinsame Vertrauensbasis für ein schlagkräftiges Bündnis zu schaffen. Tokio befürwortete die antisowjetische Stoßrichtung, wollte aber eine Herausforderung Großbritanniens und der USA vermeiden. Auch Rom zeigte wenig Neigung, sich bei aller demonstrativ betonter »Freundschaft« in Hitlers Schlepptau zu begeben und die Rolle des Prellbocks im Mittelmeer sowie in Ostafrika zu übernehmen. Italien und Japan fürchteten beide die Risiken eines Krieges mit den Westmächten, während sie den deutschen Drang nach Osten durchaus ermutigten. Ginge Hitler hier voran, konnten seine Partner davon profitieren und ihren eigenen Spielraum vielleicht erweitern. Hier pokerten »Freunde« miteinander, von denen jeder aber das eigene Risiko zu Lasten des anderen zu minimieren trachtete.

Ohne Zweifel: Es war Hitler, der zum Krieg drängte, der endlich losschlagen wollte und in großen Dimensionen dachte. Seine Verbündeten Italien und Japan hatten es längst nicht so eilig, und das umworbene Polen hielt sich unverändert bedeckt. In seiner geheimen Ansprache vor den Truppenkommandeuren am 10. Februar 1939 machte der »Führer« deutlich, dass die bisher vollzogenen kleinen Schritte nur Teil eines sehr viel größeren Plans waren. Es gehe um »das Schicksal unserer Rasse in kommenden Jahrhunderten«, und der »nächste Kampf« werde ein »reiner Weltanschauungskrieg sein«.[37] Sprach das für eine Wendung gegen Großbritannien und für den Vorrang des Westkrieges? Das ist schwer vorstellbar. Solange Hitler annehmen konnte, dass sich Polen schließlich doch stärker in die antisowjetische Front einordnen würde, ergaben seine einzelnen Schritte zur Entfesselung einer militärischen Auseinandersetzung und Zerschlagung der UdSSR Sinn. Im Winterhalbjahr 1938/39 war die Zeit für eine solche Intervention noch nicht reif. Im Mai/Juni 1939 konnte er nicht nur mit besseren meteorologischen

Bedingungen rechnen und mit einem weiter verstärkten Ausbau der Wehrmacht, sondern auch mit besseren Möglichkeiten für einen Aufmarsch sowie die Zersetzung und Isolierung des Feindes.

Die »Erledigung der Rest-Tschechei« als nächste Aufgabe der Wehrmacht stand schon kurz nach der Besetzung des Sudetengebiets im Oktober 1938 fest.[38] Heer und Luftwaffe sollten dazu jederzeit in der Lage sein. Der Angriff sollte möglichst überfallartig und als angebliche »Befriedungsaktion« durchgeführt werden. Das OKW bemühte sich zwar, an der einheitlichen Kriegsvorbereitung festzuhalten, doch Hitler wollte die künftigen Aufgaben und die daraus sich ergebenden Vorbereitungen für die Kriegführung erst später festlegen. Damit entging er der lästigen Auseinandersetzung um die Gesamtstrategie, die auch nach dem Rücktritt von Generalstabschef Beck wieder aufbrechen konnte. Angeblich soll Hitler angeordnet haben, dass die Heeresführung jede Aufmarschplanung unterlassen und sich ganz dem planmäßigen Aufbau widmen solle.[39] Doch gemeint war vermutlich eine Gesamtplanung für den großen Krieg. Das OKW beschränkte sich tatsächlich darauf, die allgemeine Aufgabe der Grenzsicherung und der Luftverteidigung zu regeln. Doch der Oberbefehlshaber des Heeres Walther von Brauchitsch unterzeichnete am 30. Januar 1939 bereits die Aufmarschanweisung »Fall Ost«. Darin wurden detaillierte Regelungen getroffen, um den Schutz der deutsch-polnischen Grenze durch die 2. Armee zu gewährleisten und im Konfliktfalle den Aufmarsch von Verteidigungskräften zu ermöglichen.[40]

Hinsichtlich offensiver Unternehmungen benannte Hitler konkrete Ziele.[41] Das betraf neben der »Erledigung der Rest-Tschechei« die »Inbesitznahme des Memellandes« sowie die »handstreichartige Besetzung von Danzig«. Die Planungsarbeit der Wehrmacht verlor damit ebenso wie die Rüstungspolitik ihren einheitlichen Charakter. Über Ansätze dazu war man bislang ohnehin nicht hinausgelangt. Die Regie durch Hitler als »Obersten Befehlshaber« der Wehrmacht erfolgte sprunghaft, nach aktuellen und kurzfristig anvisierten politischen Möglichkeiten, um dem befürchteten großen Konflikt mit dem Westmächten möglichst lange aus dem Weg zu gehen. Der »Fall Rot« – ein Krieg mit Frankreich, der 1937 noch in der Planung eine große Rolle gespielt hatte – erschien in den Weisungen vom Frühjahr 1939 überhaupt nicht mehr. Nun war für das Heer nur noch von der »Grenzsicherung West« die Rede, obwohl sich zumindest die Kriegsmarine und die Luftwaffe weiterhin intensiv mit dem Problem einer Kriegführung gegen England beschäftigen mussten. Denn scheiterte die Politik mit dem Bemühen, die Westmächte zur Duldung einer weiteren deutschen Expansion zu veranlassen, würden im denkbar schlechtesten Falle diese beiden Wehrmachtteile zuerst mit dem Feind in Berührung kommen.

Das Heer aktualisierte und intensivierte dagegen seine Vorbereitungen für eine militärische Auseinandersetzung im Osten. Die befohlene Bereitschaft zum überfallartigen Vorgehen gegen die Tschechoslowakei sowie zur Besetzung des Memellandes und Danzigs war bereits im Januar 1939 durch entsprechende Anordnungen sichergestellt worden. Bei den in Mittel- und Ostdeutschland stationierten Verbänden bestand ohnehin eine erhöhte Einsatzbereitschaft. Größere Aufmarschbewegungen waren nicht erforderlich, weil durch den geplanten überraschenden Überfall jede Gegenwehr ausgeschlossen werden sollte. Bei der Zerschlagung der Tschechoslowakei brauchte man nicht mehr mit einem ernsthaften Widerstand der demoralisierten und geschwächten Armee zu rechnen. Auch ein Eingreifen des Westens und der UdSSR war auszuschließen.

Anders sah die Situation hinsichtlich Danzigs und des Memellandes aus. Litauen konnte immerhin versuchen, sich unter den Schutz Moskaus zu stellen. Dann musste die Wehrmacht nicht nur die litauischen Streitkräfte niederwerfen, sondern sich auch auf einen Zusammenprall mit der Roten Armee einstellen. In diesem Fall würde die Haltung Polens wichtig sein, denn es gab keine litauisch-sowjetische Grenze. Das polnisch besetzte Wilna-Gebiet lag wie ein Riegel zwischen beiden Ländern. Angesichts der polnisch-litauischen Gegensätze war jedenfalls nicht mit einem Eingreifen Polens zugunsten Litauens zu rechnen. Die Führung in Kowno befand sich in einer ersichtlich hoffnungslosen Lage, aus der sie auch sowjetische Fallschirmjäger nicht würden retten können, sollten die Deutschen militärisch offensiv werden. Für den denkbaren Fall, dass Litauen und die UdSSR bei polnischer Neutralität versuchen wollten, das von Deutschland überfallartig besetzte Memelgebiet zurückzuerobern, sollte sofort eine Offensive gestartet werden, »um wenigstens Teile des litauischen Heeres vor seiner Versammlung zu schlagen«.[42]

Sehr viel problematischer stellte sich für das Oberkommando des Heeres der Fall Danzig dar. Hitler sorgte zwar dafür, dass die Nationalsozialisten in der Stadt heftig für die »Heimkehr ins Reich« trommelten, sich heimlich bewaffneten und einen Putsch vorbereiteten. Doch der »Führer« wollte einen direkten Konflikt mit Polen nach Möglichkeit vermeiden. Deshalb unternahm er die politischen Anstrengungen im Januar/Februar 1939, um die Führung in Warschau zur Hinnahme einer gegebenenfalls auch gewaltsamen Aktion in Danzig zu bewegen. Auf der militärischen Ebene wurden Vorbereitungen getroffen, um »handstreichartig« Danzig zu besetzen, wenn nach dem sich abzeichnenden Rückzug des Völkerbunds aus der Verantwortung für die Stadt der Putsch stattgefunden hätte. Die folgende Besetzung durch die Wehrmacht sollte die polnischen Positionen respektieren, solange von dort keine Waffengewalt angewendet wurde, etwa bei der Westerplatte. Käme es dennoch zu kriegerischen Verwicklungen mit Polen, würde man versuchen müssen, den Korridor »wegzunehmen«. Das OKH legte aber besonderen Nachdruck darauf, zu verhindern, dass solche Verwicklungen durch Missverständnisse oder Provokationen – zum Beispiel durch Freischärler – herbeigeführt wurden. Ein Überschreiten der polnischen Grenze sei in jedem Falle verboten.

Zuständig für die Bearbeitung und Vorbereitung der Kriegsmaßnahmen war das in Königsberg stationierte Generalkommando des I. Armeekorps. Hier stellte man sich auf die Verteidigung Ostpreußens ein, bis 1934 gegen einen möglichen polnischen Angriff, danach rückte die Rote Armee stärker ins Visier. Die Haupttätigkeit des Generalkommandos bestand darin, die Landesbefestigung voranzutreiben und den Abwehrkampf vorzubereiten. Nun, Anfang 1939, wurde die Umstellung auf offensive Aktionen befohlen. Sie richteten sich definitiv nicht gegen Polen, mit dessen Neutralität bzw. Zurückhaltung man rechnete, sondern auf die Wiederherstellung einer sicheren Rollbahn im Nordosten des Reiches, die als Rückhalt für einen Angriff in Richtung Baltikum unentbehrlich war. Organisatorisch gehörte dazu im Kriegsfall die Aufstellung des Oberkommandos der 3. Armee, das dann im Bereich Ostpreußen die Kriegführung befehligen würde. Dieses Oberkommando stand in Friedenszeiten nur auf dem Papier. Das real existierende I. Armeekorps würde den Kern dieser Armee bilden, die man durch die Mobilisierung von Reserven entsprechend verstärken würde. Der Stab in Königsberg bildete also gleichsam das Gehirn für einen Krieg gegen die UdSSR, den man noch im Frühjahr 1939 für wahrscheinlicher ansehen konnte als ein Konflikt mit Polen.

Das bestätigt auch die parallele Planung für die noch fiktive 2. Armee, die im »Fall Ost« in Schlesien die deutsche Grenze gegen Polen sichern sollte.[43] Käme es zu einem polnischen Angriff, sollte die 2. Armee hinhaltend kämpfend auf die Befestigungslinien ausweichen. Hier, wo im September 1939 der Hauptstoß gegen Polen erfolgte, plante man Anfang des Jahres noch die Defensive. Beide Armeen, die 2. und die 3., sollten vom Heeresgruppenkommando 1 in Berlin geführt werden, das schon jetzt gebildet worden war. Für das Heeresgruppenkommando 3 in Sachsen stellte sich die Aufgabe etwas anders dar. Am 4. Februar 1939 erteilte es »Weisungen für den ersten Einsatz«, der auf die Niederwerfung der Tschechoslowakei zielte. Am »Y-Tag« sollte die Heeresgruppe 3 »unter überfallartiger Wegnahme der tschechischen Grenzstandorte [...] überraschend und konzentrisch mit Schwerpunkt an der Nordfront in Böhmen« einbrechen, frühzeitig Prag nehmen, die Verbindungen nach Mähren unterbrechen und so einen geordneten Rückzug tschechischer Kräfte unmöglich machen.[44]

Hitler mischte sich in solche Planungen seiner Militärs nicht ein. Und die Arbeitsteilung funktionierte 1939, nach den personellen Wechseln des Vorjahrs, reibungslos. Die Oberkommandos der Wehrmachtteile erarbeiteten Planungsgrundlagen entsprechend den politischen Vorgaben ihres »Obersten Befehlshabers« und entwickelten dabei ein hohes Maß an Eigeninitiative. Russland als Angriffsobjekt war seit 1935 im Gespräch, Anfang 1939 schien es so weit zu sein, die deutschen »Vorposten« an den Gegner heranzuführen. Noch stand Polen zwischen der Wehrmacht und der Roten Armee und zeigte nach dem Strategiewechsel in Warschau Mitte Januar weniger Neigung denn je, sich offensiv gegen die UdSSR zu wenden oder zumindest gegenüber den deutschen Absichten eine wohlwollend neutrale Haltung einzunehmen und damit dem Drang Hitlers nach Osten nicht im Wege zu stehen.

Roman Knoll, der als Politiker Piłsudski nahegestanden, sich mit seinen Nachfolgern aber überworfen hatte, schrieb im März 1939, dass ein gemeinsamer deutsch-polnischer Feldzug gegen die UdSSR ein selbstmörderisches Unternehmen sei. Zwar bestehe das Interesse Polens an einem Zerfall Russlands in einzelne Nationalstaaten fort, und unter einem anderen Kräfteverhältnis könne man aus dem deutschen Beistand Nutzen ziehen. Aber in der gegenwärtigen Lage sei eine gegen Russland gerichtete große deutsche Aktion vor allem eine Bedrohung Polens. Solange die UdSSR existiere und nicht mit Deutschland kooperiere, solle man besser nichts gegen sie unternehmen, da man nicht wisse, ob das, was an ihre Stelle trete, besser oder schlechter wäre.[45]

Auch der polnische Generalstab reagierte auf die veränderten politischen Konstellationen. Der bisherige »Operationsplan West« musste dringend aktualisiert werden, zumal angesichts der deutschen Pressionen ein kriegerischer Konflikt nicht ausgeschlossen werden konnte. Allerdings durfte man die Ostgrenze gegenüber der UdSSR nicht entblößen. Gleichzeitig einen Aufmarsch in beide Richtungen vorzunehmen hätte die Kräfte des Landes überfordert, dessen Möglichkeiten aufgrund der anhaltenden wirtschaftlichen und innenpolitischen Krise ohnehin äußerst begrenzt waren.[46] Die vom Generalinspekteur im Februar 1939 angeordnete detaillierte Ausarbeitung der Planung West hatte freilich nur kurze Zeit Bestand, da durch die deutschen Aktivitäten und die Veränderungen der strategischen Lage die polnischen Vorbereitungen immer wieder umgestellt und beschleunigt werden mussten. Die polnische Armeeführung schaffte es nicht, den Operationsplan vollständig schriftlich auszuarbeiten und die nachgeordneten Kommandobehörden darauf einzustellen.

Im März 1939 kam es zur entscheidenden Wende, als Deutschland – ohne wie bisher Polen einzuschalten und zu beteiligen – zuerst die Tschechoslowakei zerschlug und dann wenige Tage später das Memelgebiet besetzte. Die Aktionen folgten der bislang erfolgreich praktizierten Methode. Am Anfang stand eine verstärkte Wühlarbeit in den betroffenen Ländern, um antideutsche Aktionen zu provozieren, die den gewünschten Vorwand für einen Einmarsch der Wehrmacht lieferten. Unter massivem deutschen Druck verzichteten die Regierungen auf militärischen Widerstand. Das erwies sich vor allem hinsichtlich der Tschechei als enormer Vorteil, weil so die komplette Ausrüstung und Bewaffnung der tschechischen Armee in deutsche Hände fiel. Das ermöglichte immerhin der Wehrmacht die Aufstellung von 20 weiteren Divisionen und verschaffte ihr eine zusätzliche moderne Rüstungsindustrie. Die Brutalität des deutschen Vorgehens und der Wortbruch Hitlers schockierten die britische Regierung und förderten ihre Entschlossenheit, dem Diktator keine weitere Expansion zuzugestehen.

Da die Slowakei nach Verkündung ihrer Selbständigkeit die Anlehnung an das Reich suchte, mussten die Polen ihre mögliche Verteidigungslinie weit auseinanderziehen und eine zusätzliche Armee in den Karpaten aufstellen. Die Karpato-Ukraine wurde für kurze Zeit zum Unruheherd. Ukrainische Nationalisten versuchten das Gebiet zum Kristallisationspunkt ihrer Unabhängigkeitsbestrebungen zu machen, was aus der deutschen Perspektive verfrüht war. Ungarn übernahm gewaltsam die Kontrolle. Doch obwohl Polen eine ungarische Lösung bislang bevorzugt hatte, gab es in Warschau wenig Anlass zur Genugtuung, denn Ungarn vollzog nun offiziell seinen Schwenk an die deutsche Seite und erklärte seinen Beitritt zum Antikominternpakt.

Ein äußerst vorteilhaftes Wirtschaftsabkommen mit dem Reich half bei diesem Entschluss ebenso wie im Falle Rumäniens, das sich bereit erklärte, Hitler mit dem strategisch wichtigen Öl im Austausch gegen deutsche Waffen zu beliefern. Italien drängte darauf, im »weltpolitischen Dreieck« mit Japan die notwendigen Generalstabsbesprechungen zu beginnen.[47] Rom bereitete sich darauf vor, Albanien zu annektieren und damit ein eigenes Sprungbrett nach Südosteuropa zu schaffen.

Die südliche Rollbahn schien nun für die Wehrmacht geöffnet zu sein, es blieb das Nadelöhr Danzig auf der nördlichen. Polen stand unter massivem Druck, einen offenbar bevorstehenden Einmarsch der Wehrmacht widerstandslos hinzunehmen. Ribbentrop erklärte gegenüber dem polnischen Botschafter Lipski am 21. März 1939, der Führer sei über »die merkwürdige Haltung Polens« nur verwundert. Es komme darauf an, »dass er nicht den Eindruck erhalte, dass Polen einfach nicht wolle«.[48] Gewöhnlich wird dieses Gespräch so interpretiert, dass die polnische Regierung in die Rolle der Tschechen gedrängt werden sollte, was Warschau verständlicherweise veranlasst habe, Rückhalt in Großbritannien zu suchen. Aber ging es Hitler tatsächlich darum, Polen zu unterwerfen und zu zerstückeln, um sich ungehindert der Auseinandersetzung im Westen zuwenden zu können? Lipski interpretierte die deutschen Forderungen so, »dass die Deutschen beschlossen haben, ihr Ostprogramm rasch zu verwirklichen« und deshalb wissen wollten, »welche Haltung Polen definitiv einnehmen werde«.[49]

Was war mit dem deutschen »Ostprogramm« gemeint? Peter Kleist, Sekretär der Deutsch-Polnischen Gesellschaft in Berlin und Mitarbeiter des Außenministers Ribbentrop, erklärte in diesen Tagen den Stand gegenüber einem Journalisten so: »Im Verlaufe der weiteren Verwirklichung der deutschen Pläne bleibt der Krieg gegen die Sowjetunion die letzte und entscheidende Aufgabe der deutschen Politik. Während man früher hoffte, Polen als Bundesgenossen im Krieg gegen die Sowjetunion auf seine Seite ziehen zu können, ist man jetzt in Berlin überzeugt, dass Polen bei seinem gegenwärtigen politischen Zustand und territorialen Bestand nicht als Hilfskraft gegen die Sowjetunion ausgenutzt werden kann. Offensichtlich muss Polen zuerst territorial aufgeteilt (Abtrennung der Gebiete, die früher zu Deutschland gehörten, Bildung eines westukrainischen Staates unter deutschem Protektorat) und politisch organisiert werden (Ernennung von Führern des polnischen Staates, die vom deutschen Standpunkt zuverlässig sind), ehe es möglich sein wird, den Krieg gegen Russland mit Hilfe und durch Polen zu beginnen.«[50]

In Berlin führte die definitive polnische Ablehnung einer antirussischen Partnerschaft zu einem fundamentalen Umschwung. Hitler sah sich offenbar von Warschau getäuscht und enttäuscht. Nun musste er sich gedanklich darauf einstellen, die angestrebte Auseinandersetzung mit der UdSSR zeitlich zu verschieben, um zunächst die »polnische Frage« zu klären. Dass Polen ab dem 23. März mit einer Verstärkung seiner militärischen Kräfte im Korridor und bei Danzig ein deutliches Signal setzte, dass eine handstreichartige Besetzung der Stadt durch die Wehrmacht nicht geduldet werde, erschwerte seinen Plan ungemein. Aber auch jetzt wolle er keine Gewalt einsetzen, wie er dem Oberbefehlshaber des Heeres am 25. März erklärte, weil er »Polen nicht den Briten in die Arme treiben wolle«. Noch hoffte er darauf, dass die Polen unter Druck nachgeben und einen Einmarsch der Wehrmacht in Danzig hinnehmen würden. »Aber wir müssen in den sauren Apfel beißen und Polens Grenzen garantieren«, so Hitler.[51] Der polnische Außenminister machte drei Tage später unmissverständlich klar, dass es bei einem deutschen Gewaltstreich gegen Danzig Krieg geben werde.[52]

Eine solchen Krieg scheute Hitler nicht grundsätzlich, denn er dachte auch daran, unter »besonders günstigen politischen Voraussetzungen« Polen so niederzuschlagen, »dass es in den nächsten Jahrzehnten als pol[itischer] Faktor nicht mehr in Rechnung gestellt werden braucht«.[53] Daraus sprach Verdruss über das gescheiterte Bündnisprojekt. Was konnten »besonders günstige Voraussetzungen« sein, um den unwilligen Nachbarn aus dem Weg zu räumen? Nach Hitlers politischem Denken kam es darauf an, ob England ihm freie Hand im Osten gewährte.

Festzuhalten gilt, dass er hier weder von rassenideologischen Maximen noch davon sprach, Polen endgültig auszulöschen. Es war eine Option, die an die oben angeführte Interpretation durch Kleist erinnert. Anders als im Zeichen des Pakts mit Piłsudski wollte Hitler den widerspenstigen Polen nur noch den Status eines Hilfsvolkes zubilligen.

Am 26. März traf die polnische Zurückweisung der deutschen Vorschläge in Berlin ein, und am 31. März verkündete der britische Premierminister Chamberlain im Unterhaus eine Garantieerklärung für die Unabhängigkeit Polens. Es war das lange erwartete Zeichen britischer Entschlossenheit – im eigenen Lande nicht unumstritten, in Polen als angestrebte Rückendeckung begrüßt. Zwar würden britische Streitkräfte im Falle eines deutschen Angriffs auf Polen dem Land nicht unmittelbar helfen können, aber Hitler musste nun mit einem möglichen Zweifrontenkrieg rechnen. Er mochte den britischen Schritt als unerheblich abtun, doch seine anwachsende Aversion gegen Polen erhielt damit neue Nahrung. Am 3. April befahl er dem OKW in einer Weisung zum »Fall Weiß«, die bislang »bearbeitete Grenzsicherung Ost« so zu erweitern, dass »jede Bedrohung von dieser Seite für alle Zukunft auszuschließen« sei. Die Durchführung solle ab 1. September »jederzeit möglich« sein.[54]

War das die definitive Entscheidung, Polen zu überfallen und auf diese Weise eine Grenze zur UdSSR zu schaffen, die einen breiteren Aufmarsch nach Osten ermöglichen würde? Wenn er die nächsten sechs Monate nutzen wollte, um »politisch günstige Voraussetzungen« zu schaffen – diente das einem Aufmarsch gen Osten oder der Rückendeckung für einen Großangriff im Westen? Einer hatte die ihm drohende Gefahr und die aus dem Kurswechsel Polens resultierenden neuen

Möglichkeiten der sowjetischen Politik schnell erkannt. Stalin erklärte am 10. März 1939 öffentlich, dass er angesichts der außenpolitischen Spannungen nicht bereit sei, für andere die »Kastanien aus dem Feuer« zu holen, und keine Gefahr für die Sowjetukraine erkenne. Wenn die Westmächte glauben sollten, sie könnten Polen in einen antideutschen Schützengraben verwandeln, gestützt auf eine sowjetische Etappe, die dann zum Ziel des deutschen Angreifers werden würde und diesen immer weiter nach Osten zöge, dann konnte der sowjetische Diktator den Spieß auch umdrehen. Dass sein Widerpart in Berlin einige Zeit brauchte, um diesen Wink zu verstehen, hatte wohl auch damit zu tun, dass Hitler noch zu sehr auf sein »Ostprogramm« fixiert war.

Vorbereitungen auf den Ostkrieg

■ Eine andere politische Haltung der polnischen Führung im März 1939, auf die Hitler ganz offensichtlich gesetzt hatte, hätte im Mai 1939 die Möglichkeit geboten, einen militärischen Konflikt mit der UdSSR zu riskieren, über den seit fünf Jahren insgeheim verhandelt und spekuliert worden war.[1] Ein deutsch-polnisches Militärbündnis – bei Neutralität der Westmächte – hätte einige Erfolgsaussichten besessen. Abgesichert durch den gerade erst fertiggestellten Westwall, hätten der Wehrmacht im Kriegsfall mindestens 50 kampfkräftige Divisionen sowie die Masse der Panzerkräfte und der Luftwaffe für einen Einsatz im Osten zur Verfügung gestanden, kombiniert mit einer etwa gleich großen Zahl verbündeter polnischer Divisionen. Damit hätten die Deutschen über eine Militärmacht verfügen können, die gegenüber der Roten Armee im westlichen Teil der Sowjetunion zahlenmäßig und qualitativ überlegen gewesen wäre. Im deutschen Generalstab schätzte man die kurzfristig verfügbare sowjetische Kampfkraft auf nicht mehr als 80 bis 100 »gute« Divisionen. Die Bindung der Sowjetunion im Fernen Osten hätte die Verlegung zusätzlicher Einheiten der Roten Armee an die Westgrenze kaum möglich gemacht.

Ein Aufmarsch der deutsch-polnischen Armee entsprechend den meteorologischen Bedingungen etwa zum 1. Mai 1939 hätte zwangsläufig die Einbindung der baltischen Staaten und Absprachen mit Rumänien und Finnland ermöglicht. Der Angriff hätte also vor den Toren von Leningrad und Minsk beginnen können, mit dem Ansatz der Masse deutscher Panzerverbände im Norden und Süden, während die polnische Armee mit ihren 50 Infanteriedivisionen eine Heeresgruppe Mitte hätte bilden können, mit der Aufgabe, den sowjetischen Gegner in der waldreichen und sumpfigen Region Weißrusslands zu binden. Insgesamt wäre das aus strategischer Sicht eine günstigere Ausgangsposition als am 22. Juni 1941 gewesen! Solche Hoffnungen waren nach dem Ausscheren Polens endgültig zerstoben. Dennoch wurde ein Krieg gegen die UdSSR weiterhin durchgespielt.

Alexander Cadogan, Unterstaatssekretär des Foreign Office, im Mai 1939:
»Deutschland ist im Augenblick nicht in der Lage, einen Zweifrontenkrieg zu beginnen. Wenn es jedoch freie Hand hätte, nach Osten zu expandieren und sich die Kontrolle über die Ressourcen Mittel- und Osteuropas zu verschaffen, dann könnte es kräftig genug sein, um mit überwältigender Stärke über die westlichen Länder herzufallen.«[2]

Der Albrecht-Plan

Wie bereits erwähnt, sind die Unterlagen der Heeresführung nur in Bruchstücken erhalten, aber die komplett überlieferten strategischen Planspiele und Studien der Kriegsmarine geben zumindest in Ausschnitten konkrete Hinweise darauf, welche konkreten Optionen und Denkweisen, Vorstellungen und Pläne es 1938/39 in der Wehrmachtführung über einen möglichen militärischen Zusammenprall mit der Roten Armee gab.

Zwar hatte eine strategische Übung der Kriegsmarine im September 1938 unter der Führung von Admiral Erich Raeder ganz im Banne einer möglichen Auseinandersetzung mit der Royal Navy um die Freihaltung der Nordsee und den Zufuhrkrieg gestanden.[3] Doch das war die denkbar schlechteste Konstellation, die wohl nicht mehr auszuschließen war, aber von deutscher Seite nicht erstrebenswert schien. Für die operative Führung des Seekrieges waren die Gruppenbefehlshaber West und Ost vorgesehen. Raeder schrieb später im Rückblick: »Da eine Auseinandersetzung im Osten in erster Linie bevorzustehen schien, wurde das Gruppenkommando Ost zuerst geschaffen und mit dem nötigen Personal ausgestattet. Da der Führer die Auseinandersetzung im Westen erst viel später erwartete, wurde 1939 zunächst nur ein Bearbeiter« für die Vorarbeiten der Gruppe West zugeteilt.[4]

Über das Stadium des Kriegsspiels hinaus ging deshalb eine umfangreiche und sehr detailliert ausgearbeitete Studie des »Kommandos der Marinestation der Ostsee« vom März/April 1939, die auf den Erfahrungen des Kriegsspiels vom Frühjahr 1938 aufbaute. Das war eine Option, die im April 1939 als »Planstudie« bereits eine höhere Stufe der praktischen Kriegsvorbereitung erreichte und zur Grundlage weiterer Vorbereitungen für den Kampf um die Ostsee benutzt wurde. Wie bereits 1938 kam man zu dem Schluss, dass ein strategischer Überfall die geeignete Lösung sein würde. Völkerrechtliche Probleme veranschlagte man als gering. Und im Übrigen könnten sich die politischen Voraussetzungen für einen Angriff gegen die UdSSR überraschend ändern.[5] Generaladmiral Conrad Albrecht begründete den Zweck der Studie damit, dass in den vergangenen Jahren stets von einem möglichen Zweifrontenkrieg gegen Frankreich und Russland bei englischer Neutralität ausgegangen worden sei. Nun sei aber Großbritannien als wahrscheinlicher Kriegsgegner hinzugekommen. Weil deshalb die Versorgung über die Nordsee höchst gefährdet sei, komme den Seewegen in der Ostsee, insbesondere hinsichtlich der Versorgung mit Schwedenerzen, »kriegsentscheidende« Bedeutung zu.

Die bisher geplante Defensive in der Ostseekriegführung müsse auch deshalb aufgegeben werden, weil sie nicht zum Kriegsziel des Deutschen Reiches führe.

Generaladmiral Conrad Albrecht in der Studie »Ostseekriegführung« im April 1939:

»Die Kenntnis des Kriegszieles ist die Voraussetzung jeder Strategie, sie bestimmt die militärische Aufgabenstellung, die Bewertung der Kriegsschauplätze, die Kräftezuteilung, den Aufmarsch und die Kampfführung sowohl der gesamten Wehrmacht wie ihrer einzelnen Teile.

Das große Ziel deutscher Politik wird darin gesehen, Europa von der Westgrenze Deutschlands bis einschließlich des europäischen Russlands unter der militärischen bzw. wirtschaftlichen Führung der Achsenmächte zusammenzufassen. Ein solches Mittel- und Osteuropa würde stark genug sein, um sich im Kriege selbst zu ernähren und sich unter Verzicht auf Rohstoffe anderer Kontinente aus eigenen Mitteln und eigener Macht zu verteidigen.

Die Zielsetzung bedeutet die Abkehr von einer nach Westen ausgerichteten Überseepolitik und das Hinwenden nach Osten, eine Entwicklung, in der wir stehen. Überseehandel und Kolonien sind dann Fragen, die der wirtschaftlichen und militärischen Erstarkung in erster Linie *im Frieden* zu dienen hätten. Im Kriege wären sie nicht von entscheidender Bedeutung für die Gesamtkriegführung, da sie keine nennenswerten wirtschaftlichen und nur begrenzte militärische Vorteile bringen können.

Würde dieses Ziel erreicht werden, so ständen neben einem geeinten und autarken Mittel- und Osteuropa unter Führung der Achsenmächte

a) das englische Weltreich,
b) Frankreich mit seinem Kolonialreich,
c) Nord- und Südamerika,
d) das asiatische Russland,
e) das asiatische Reich der gelben Rasse.

Damit sind die großen Gegner aufgezeigt.

Die politische Zielsetzung mit der Stoßrichtung nach Osten kann nur *gegen Russland* verwirklicht werden; ob bolschewistisch oder autoritär spielt dabei nicht die entscheidende Rolle, denn Deutschland fordert von Russland Raum und Rohstoffe. Russland ist demnach als wahrscheinlichster Kriegsgegner einzusetzen.«[6]

England, so Albrecht, werde sich einer auf Osteuropa abgestützten deutschen Großraumpolitik nach Kräften widersetzen, könne aber auf dem Kontinent dieses »Europa« nicht niederringen, ebenso wenig wie Frankreich. Die Haltung der USA bleibe unklar, doch angesichts der Feindseligkeit gegenüber den autoritären Staaten müsse in einem künftigen Krieg mit den Amerikanern gerechnet werden. Die asiatische Mächtegruppe hingegen werde die Bildung eines deutschen Großraums direkt oder indirekt unterstützen.

»Unsere großen Gegner werden demnach in einem kommenden Waffenkrieg mit hoher Wahrscheinlichkeit Russland, England, Frankreich und die Vereinigten Staaten sein. Unser Kriegsziel wird gegenüber England, Frankreich und den Vereinigten Staaten – auf eine Formel gebracht – lauten:

Freie Hand in Mittel- und Osteuropa gegenüber den europäischen Staaten:

Herbeiführung des Anschlusses an ein unter der Führung der Achsenmächte stehendes Mittel- und Osteuropa vom Rhein bis zur Grenze des asiatischen Russlands.

Die Erreichung des Kriegszieles fordert zu Land nach meiner Auffassung grundsätzlich Verteidigung nach Westen, Angriff nach Osten.

Die Angriffsrichtung gegen den größten kontinentalen Gegner Russland zeigt zu Land zwei mögliche große Linien.

a) Der Vorstoß gegen Südosteuropa über Rumänien,
b) über die baltischen Staaten nach Nordrussland.

Der Vorstoß gegen Rumänien würde zunächst das Nahziel von Nahrungsmitteln und Öl einbringen, dann den möglichen Siedlungsraum und das wichtige Rohstoffgebiet der Ukraine erreichen und eine Ausgangsstellung für weitere Operationen bilden, die Russland zur Aufgabe seines Einflusses in Europa zwingen sollen.

Ein Vorstoß über die baltischen Länder bringt das Nahziel des Siedlungsraumes für deutsche Bauern, die Sicherung der offenen Flanke im Ostseeraum und eine Ausgangsstellung zum Angriff auf Russland oder zur Verteidigung. Eins scheint sicher, der Angriff auf nur einer dieser Linien hat den Gegenangriff auf der anderen Linie fast zwangsläufig zur Folge. Dies ist für den Ostseeraum von weitgehender Bedeutung.«

Albrecht skizzierte einen Angriff auf die UdSSR über die Ostsee mit See- und Luftstreitkräften. Wichtigstes Ziel sei der einzige sowjetische Flottenstützpunkt in Kronstadt, der durch Luftangriffe und fortgesetzte Verseuchung mit chemischen Kampfstoffen auszuschalten sei. (Überlegungen, das belagerte Leningrad durch den Einsatz von Giftgas auszuschalten, ließ das OKH noch einmal im Dezember 1941 durchrechnen.)[7] Zwar sei davon auszugehen, dass die baltischen Staaten ebenso wie Polen bei einem deutsch-sowjetischen Konflikt versuchen würden, ihre Neutralität zu wahren. Trotz seines jetzt mit England verabredeten Militärbündnisses werde Polen erst dann Partei ergreifen, wenn der Sieger des Ringens erkennbar sei. Wegen des beachtlichen polnischen Militärpotentials würden sowohl Deutschland als auch Russland die Neutralität des Nachbarn achten, um ihn nicht auf die Seite des Gegners zu drängen. Sollte das ostpreußische Pillau als Marinestützpunkt für den Kampf gegen die sowjetische Flotte ausfallen, müsste Deutschland allerdings die Benutzung Danzigs fordern.[8]

Weil außerdem Russland zur Verteidigung seiner Seekriegsmöglichkeiten gezwungen wäre, Estland und Finnland zu besetzen, müssten rechtzeitig Operationspläne mit der Luftwaffe und dem Heer aufgestellt werden, um den Russen zuvorzukommen. Auch an entsprechende Absprachen mit den Armeen der baltischen Länder sollte gedacht werden. Albrecht beantragte, dass seinem Kommando die Aufgabe übertragen werde, den Ostseekrieg offensiv durch Schließung des finnischen Meerbusens zu führen.[9] Er musste darauf ein Jahr warten, bis zum Herbst 1940, als sein Nachfolger den Angriff auf Leningrad unter sehr viel schlechteren Bedingungen zu planen hatte. Das entschied sich auf der politischen Bühne, wo die umstürzende Entwicklung, die später durch den Hitler-Stalin-Pakt ausgelöst werden sollte, im April / Mai 1939 noch für undenkbar gehalten wurde.

Ein baldiger Überfall auf die Sowjetunion, ein »Barbarossa 1939«, hatte zu diesem Zeitpunkt noch keine klaren Konturen. Es lag aber zweifellos »in der Luft« militärischer Planungsstäbe, die den erkennbaren politischen Absichten mit entsprechenden Vorschlägen entgegenarbeiteten. Der Albrecht-Plan ist vom Oberkommando der Kriegsmarine grundsätzlich akzeptiert worden als eine mögliche Option, sofern die politischen Voraussetzungen dafür vorlägen. Das könne sich natürlich jederzeit ändern. Bei der gegenwärtigen Lage, das heißt aus dem Blickwinkel vom April 1939, sei der Zweifrontenkrieg als »das Wahrscheinlichere« anzunehmen.[10] Damit könne die Aufgabe, die russische Flotte durch eine Abriegelung des Finnischen Meerbusens auszuschalten, nicht gelöst werden. Operative Vorbereitungen seien aber für alle denkbaren Optionen zu treffen.

Die geforderte Verlegung von zusätzlichen Kriegsschiffen in die Ostsee zu Lasten eines Nordseekriegsschauplatzes kam also nicht in Betracht. Albrechts Aufforderung, die Marineführung solle die Politik immer wieder auf die Bedeutung der sicheren Zufuhr von Schwedenerzen über die Ostsee hinweisen, hatte insofern wichtige Folgen für »Barbarossa 1941«, als Hitler genau diesen Punkt später nutzte, um auf die Operationsplanung des Heeres Einfluss zu nehmen. Dieser Aspekt gehörte aber auch 1939/40 zum Kanon seiner Argumente. Hitler blieb also sensibilisiert für die strategische Problematik. Das Kommando der Marinestation Ostsee setzte die Vorbereitungen für eine offensive Lösung fort, bis sie im Herbst 1940 wieder aktuell wurden, nun freilich unter extrem verschlechterten Bedingungen, da der »Führer« für seinen Pakt mit Stalin einen extrem hohen Preis gezahlt und der UdSSR die gesamte baltische Küste überlassen hatte. Auch Finnland forderte Stalin und erlangte nach dem Winterkrieg im Frühjahr 1940 wertvolle Stützpunkte an der Küste. Doch nicht nur die Kriegsmarine musste nach dem antipolnischen Kurswechsel der NS-Führung im April / Mai 1939 neu disponieren.

Hitlers Auftrag an die Heeresführung Ende März 1939, sich auf eine mögliche militärische Auseinandersetzung mit Polen einzustellen, war ohne Zweifel eine Reaktion auf die Schritte der polnischen Regierung, die jahrelang über ein Militärbündnis mit Deutschland nur in Andeutungen gesprochen hatte, nun sich aber eilig unter den Schutz Großbritanniens begab. Am 28. April kündigte Hitler den Nichtangriffspakt. Doch Warschau gab im Vertrauen auf den Westen keinen Fußbreit nach. Das war vermutlich der Augenblick, in dem sich der Diktator entschlossen hat, Polen nach dem Vorbild der Tschechoslowakei zu isolieren und als strategischen Faktor und Vorposten gegen die UdSSR auszuschalten.[11] Sein Vorsatz, einen Krieg um »Lebensraum« auf sowjetischem Boden zu führen, so wie es der Albrecht-Plan annähernd richtig erfasste, stand felsenfest. Auf der Parade zu seinem fünfzigsten Geburtstag am 20. April 1939 zeigte sich eine anscheinend hochgerüstete und kriegsbereite Wehrmacht. Das förderte bei Hitler offenbar eine Art von persönlicher Torschlusspanik und eine Entschlossenheit, das große Spiel unbedingt noch im selben Jahr zu eröffnen.[12] Alles, was sich ihm auf dem Weg in den Krieg entgegenstellte, wollte er mit rücksichtsloser Entschlossenheit vernichten. Die spektakulären Kündigungen des Flottenabkommens mit Großbritannien und des Nichtangriffspakts mit Polen am 28. April 1939 sollten demonstrieren, dass er nicht bluffte.

Es ist bemerkenswert, dass er auch jetzt nicht – anders als der Kaiser ein Vierteljahrhundert zuvor – ernsthaft daran dachte, die Kriegsentscheidung durch einen Angriff gegen Frankreich zu erzwingen und der möglichen Bedrohung der Ostgrenze mit einigen Deckungsdivisionen zu begegnen. Hitler befand sich damit in Übereinstimmung mit der Heeresführung, die im April/Mai 1939 nichts mehr fürchtete als eine Schlacht im Westen, womöglich einen neuen Stellungs- und Abnutzungskrieg.

Hitler sah sich deshalb gezwungen, gegenüber seiner Generalität immer wieder seine Zuversicht zu unterstreichen, dass die Westmächte wie im Jahr zuvor nicht militärisch eingreifen würden, freilich nicht ohne immer wieder darauf hinzuweisen, dass England und Frankreich viel zu schwach seien, um Deutschland ernsthaft bedrohen zu können. Um mögliche Skeptiker im Generalstab von vornherein mundtot zu machen, kündigte er – für den Fall, dass seine Prognosen nicht eintreffen würden – entscheidende Schläge gegen Frankreich und Großbritannien an. Das war aber nur Ausdruck seines unbedingten Willens zum Krieg, nicht eine durchdachte und durchgeplante Strategie. Raeder hätte sich im Stillen fragen müssen, womit und wie die Kriegsmarine einen solchen Auftrag hätte durchführen sollen. Ob die Luftwaffe mit »Vernichtungsschlägen« in der Lage sein würde, Großbritannien und Frankreich in die Knie zu zwingen, hat trotz allem demonstrativen Optimismus vermutlich selbst Göring nicht angenommen. In den letzten Friedensmonaten bemühte er sich jedenfalls hinter den Kulissen um einen Ausgleich mit England.

Auch die Heeresführung bemühte sich um eine realistische Einschätzung der Optionen und musste darauf vertrauen, dass die politische Führung wie bisher mit allerlei diplomatischen Manövern, öffentlichem Druck und militärischen Drohungen zum Erfolg kommen würde. Nach der Besetzung von Prag und Memel ging es um den sicheren Zugriff auf Danzig, ein weiterer Schritt zum Ausbau strategischer Positionen dort, wo nach dem herkömmlichen operativen Denken des Heeres und den Erfahrungen des Ersten Weltkriegs am ehesten durch grenznahe Schlachten eine Kriegsentscheidung herbeigeführt werden konnte. Eine Neutra-

Militärparade in Berlin zum Geburtstag von Adolf Hitler, 20. April 1939.

lität Polens wäre, wie der Albrecht-Plan zeigt, eine hinreichende Voraussetzung für den Kampf gegen die UdSSR sowie den kriegswirtschaftlich wichtigen Zugriff auf das Baltikum und die Ukraine gewesen. Dass Großbritannien jetzt den Bestand Polens, nicht aber seine Grenzen garantierte, ließ erkennbaren Spielraum, um für das Nadelöhr Danzig doch noch eine Lösung finden zu können.

Die harsche Reaktion des Diktators und die Anweisung, einen möglichen Angriff auf Polen vorzubereiten, änderten nicht zwangsläufig die strategische Generallinie, die gegen die UdSSR zielte. Es wäre allerdings ein riskantes Spiel gewesen, mit einer Ausschaltung Polens auf 50 polnische Divisionen an der möglichen russischen Front zu verzichten. Die Wehrmacht hätte diesen Verlust nur dann mit eigenen Kräften ausgleichen können, wenn kein paralleler deutscher Aufmarsch im Westen erforderlich gewesen wäre. Daher war die Hoffnung auf ein Nicht-Eingreifen der Westmächte verständlich, änderte aber nichts daran, dass eine Deckungsarmee im Rücken des Westwalls unabdingbar blieb. Die Reaktionen der Heeresführung Anfang Mai 1939 zeigen, dass man dort Hitlers Auftrag noch nicht als definitiven Entschluss zur Durchführung eines Krieges gegen Polen betrachtete und die Konsequenzen für eine Gesamtstrategie einkalkulierte.

Weichenstellung im Mai 1939

Von entscheidender Bedeutung für die weitere Kriegsplanung dürfte die erste Heeresgeneralstabsreise gewesen sein, die Franz Halder als Generalstabschef Anfang Mai 1939 organisierte. Diese spezifische Form des Kriegsspiels ist nur in der Aufzeichnung eines Verbindungsoffiziers der Luftwaffe an entlegener Stelle überliefert und bislang nicht in der Literatur ausgewertet worden.[13] Halder nahm die ungünstigste Variante (Eingreifen der Westmächte, Litauens und der UdSSR auf polnischer Seite) als Ausgangslage für die Schulungsreise an.[14]

Im Mittelpunkt stand die Aufgabe – ähnlich wie bei den operativen Planungen gegenüber der Tschechoslowakei im Vorjahr –, die polnische Armee überfallartig durch eine schnelle Zangenbewegung westlich der Weichsel zu vernichten. Bemerkenswert ist die Zielsetzung dieser Entscheidungsschlacht im grenznahen Raum: Es sollten günstige »Ausgangspositionen« (!) für Operationen ostwärts der Weichsel gewonnen werden. Die Versammlung der Roten Armee werde zwölf Tage nach Beginn der Operationen abgeschlossen sein. Doch rechnete man zu diesem Zeitpunkt bereits mit dem Herankommen motorisierter sowjetischer Truppen bei Lemberg und Siedlce.

Deshalb sollte die aus Ostpreußen angreifende Heeresgruppe ostwärts von Warschau vorgehen und den Raum Brest-Białystok einnehmen, die südliche Heeresgruppe einen Stoß gegen Lemberg führen. Aufgabe der Luftwaffe sollte es unter

Generalstabschef Franz Halder, um 1938/39.

anderem sein, Eisenbahnbewegungen und Mobilisierungszentren im östlichen Polen anzugreifen. Der Kampf gegen die polnische bzw. russische Luftwaffe sowie die Zerschlagung der herankommenden motorisierten Verbände der Roten Armee sei »kriegsentscheidend«, zumindest aber entscheidend für die Schlacht westlich der Weichsel gegen die polnische Armee. Bei einem Zweifrontenkrieg durch Eingreifen der Westmächte würden die Polen im Wesentlichen nur mit sowjetischer Unterstützung rechnen können. Durch hinhaltenden Kampf könnten sie die Weiträumigkeit des Landes ausnutzen, um Zeit zu gewinnen, bis der Druck der Westmächte Entlastung bringe. Deshalb käme es darauf an, die Masse des Feindes zur Entscheidung zu stellen und in kürzester Zeit durch einen Vernichtungsschlag auszuschalten.

Das entsprach dem klassischen operativen Denken und ließ die Frage nach der Fortsetzung des Krieges an der Ostfront, das heißt gegenüber der UdSSR, offen. Gedankenspiele dafür gab es schon lange. Sie brauchten nur aktiviert und umgesetzt zu werden, jetzt allerdings ohne polnische Mithilfe. Den polnischen Gegner auszuschalten schien ohne größere Probleme möglich zu sein. Auch eine daraus resultierende Konfrontation mit der Roten Armee hielt man anscheinend nicht für besorgniserregend. Wie bereits beschrieben, ist die Entscheidungsschlacht im ostpolnisch-weißrussischen Raum als Denkmodell fest in den Köpfen der Militärs verankert gewesen. Ludwig Beck kommentierte das Kriegsspiel seines Nachfolgers im Mai 1939 lediglich mit dem lakonischen Hinweis, dass, »wenn der erste deutsche Soldat über den Narew, Weichsel und San vorgehen würde, der Russe antreten würde«.[15] Genau darauf stellte sich Halder ein. Auch aus seiner Sicht war die Gefahr eines Konflikts mit den Westmächten viel höher einzuschätzen. Doch der »Führer« gab sich sicher, dass es ihm gelingen würde, England zu veranlassen, ihm freie Hand im Osten zu lassen.

In den Planungsgrundlagen des OKH war ein noch immer bestehender Respekt gegenüber einer Armee erkennbar, die in den vergangenen Jahren als möglicher Partner in Betracht gekommen war. In 350 Ausfertigungen und als Geheime Kommandosache wurde eine aktualisierte Ausgabe des *Großen Orientierungsheftes Polen* mit Stand vom 1. Mai 1939 in den Verteiler der höchsten Führungsstäbe geschickt.[16] Es enthielt eine ausführliche Beschreibung des polnischen Militärwesens. Das Werturteil über die polnische Armee war nach wie vor sachlich gehalten, ohne politisch-ideologische Abwertungen, auch wenn die mangelnde Einheitlichkeit im Offizierkorps hervorgehoben wurde. Daraus folge eine »Unsicherheit in operativen und taktischen Dingen. Das *jüngere Offizierkorps* entstammt im Allgemeinen den besten Kreisen des Landes. Es bildet mehr als das ältere Offizierkorps ein geschlossenes Ganzes und ist frisch, dienstfreudig, sportlich und diszipliniert, aber weniger durchgebildet als die deutschen jüngeren Offiziere.«

Aus dem *Großen Orientierungsheft Polen:*
»Die hervorragende *Stellung des Heeres im Volke* verdient besonders bemerkt zu werden. Es ist der wichtigste Träger des Staates.
Das Heer ist nicht nur für die leitenden Persönlichkeiten des Staates, sondern vielmehr für das ganze Volk die Schule des Lebens geworden, aus der der Bauer und Arbeiter aus einem für westliche Begriffe sehr niedrigen Lebensniveau zu Ordnung, Sauberkeit und Staatsgesinnung erzogen, stolz auf seine Waffe und gewillt, sie für sein Vaterland zu gebrauchen, nach Hause zurückkehrt.
Die materielle Ausstattung entspricht neuzeitlichen Anforderungen noch nicht.
Zusammenfassung:
Das polnische Heer ist zum Angriff erzogen. Es ist jedoch wegen seiner mäßigen Führung und seiner noch ungenügenden Bewaffnung zu größeren Operationen gegen einen neuzeitlichen Gegner nicht fähig. Einer schweren moralischen Belastung wird das Heer kaum gewachsen sein.«[17]

Halders Kriegsspiel vom 17. Mai 1939 führte nicht zu dem gewünschten Ergebnis: Die polnische Armee konnte nicht westlich der Weichsel entscheidend geschlagen werden. Die deutschen Generalstabsoffiziere beherrschten ihr Geschäft noch nicht in ausreichendem Maße. Anders gesagt: Das von der polnischen Armee zu führende hinhaltende Gefecht gelang den deutschen Spielführern besser als ihren Kameraden, die den Angriff der Wehrmacht zu simulieren hatten. Halders Mängelliste war lang:

- mangelndes Zutrauen in die operativen Möglichkeiten der schnellen Truppen;
- zögerndes Vorgehen gegen abwehrbereiten Gegner, zu viel Sorge um Flanken und vor Rückschlägen;
- Angriffe nicht in operativ wirksame Richtungen angesetzt;
- Wahl von für Panzer ungünstigem Gelände;
- Abweichen von festgelegter Angriffsrichtung, um Teilkräfte des Gegners zu vernichten;
- Zeitverlust und Materialverschleiß durch außerordentliche Umgruppierungen.

Ob der Generalstabschef den Obersten Befehlshaber von diesem Ergebnis unterrichtet hat, ist nicht bekannt. Aber während Halder in den nächsten Wochen für eine verbesserte Ausbildung und Vorbereitung sorgte, kümmerte sich Hitler um günstigere politische Voraussetzungen zur Auslösung des Krieges. Er brauchte eine Lösung, die entweder die Westmächte oder Russland herausließ – oder sogar beide –, um Polen nach dem Modell der Tschechoslowakei zu isolieren und niederzuwerfen. Paris, London und Rom vermochten sich ein neues »München« vorzustellen, was vielleicht Polen zum Nachgeben in der Danzigfrage veranlassen könnte, sofern Hitler auf Gewalt verzichtete. Dieser aber wollte nun endlich einen militärischen Sieg seiner Wehrmacht und sich als Kriegsherr beweisen.

Am 22. Mai schloss er den »Stahlpakt« mit Italien, wodurch er Italien als Gegengewicht zu den Westmächten an seiner Seite glaubte. Mitte Mai hatte Japan in Zentralasien die Initiative ergriffen und die Rote Armee in Kämpfe um die Mongolei verwickelt. Würde der Funke überspringen? Wieder aber zeigte sich ein Versäumnis strategischer Absprachen und Generalstabsbesprechungen zwischen Deutschland und Japan, nicht zum ersten und nicht zum letzten Male. Tokio verhinderte schließlich eine große Lösung, also die Umwandlung des Antikominternpakts in ein Militärbündnis, weil man Hitler keinen Blankoscheck erteilen wollte, der Japan in eine Konfrontation mit Großbritannien hätte bringen können. Als Ribbentrop später sogar damit drohte, dann müsse man sich wohl mit der UdSSR verständigen, waren die Japaner noch mehr verprellt.

Doch noch glaubte Hitler an einen Erfolg seines globalen Dreiecks. Bereits einen Tag nach der Unterschrift Italiens versammelte er die Führungsspitzen der Wehrmacht in seinem Arbeitszimmer in der neuen Reichskanzlei. Die Niederschrift des diensttuenden Adjutanten Oberstleutnant im Generalstab Rudolf Schmundt ist später im Nürnberger Kriegsverbrecherprozess als Schlüsseldokument eingestuft worden, weil es Hitlers unbedingten Willen zum Angriffskrieg beweist.[18] Natürlich ist zu beachten, dass es sich nicht um ein Wortprotokoll handelt, sondern nur um eine sinngemäße Wiedergabe von Hitlers Argumenten. Seine Äußerungen sind außerdem zu verstehen vor dem Hintergrund der damaligen Lagebeurteilung, also nach dem Stand vom 23. Mai 1939. Viele seiner Prognosen und Ankündigungen sind nicht eingetroffen, weil die Entwicklung einen anderen Verlauf genommen hat. Von einem festen, unumstößlichen Programm ist auch deshalb nur bedingt zu sprechen, weil der »Führer« bei dieser Besprechung zwar absolute Entschlossenheit gegenüber der militärischen Führungsspitze demonstrierte, sich später aber doch hin und wieder von notwendigen Modifikationen überzeugen ließ.

Hitlers Auftreten am 23. Mai 1939 sollte man auch als Inszenierung verstehen, mit der er seine misslichen Erfahrungen bei der ersten in den Krieg weisenden Besprechung am 5. November 1937 verarbeitete. Seine jetzigen Ausführungen duldeten keinen Widerspruch, kein Bedenken. Er kündigte am Ende sogar an, dass er beim OKW einen »kleinen Studienstab« zu seiner persönlichen Unterrichtung schaffen werde. Dieser werde die »geistige Vorbereitung der Operationen im höchsten Grade« sowie die sich ergebenden technischen und organisatorischen Konsequenzen übernehmen. »Der Zweck bestimmter Anordnungen geht außerhalb des Stabes keinen etwas an.« Von Fall zu Fall könne man die drei Oberbefehlshaber bzw. die Generalstabschefs einbeziehen. Zu leisten sei von diesem persönlichen Stab das Studium des »Gesamtproblems«, des Vorgehens, der erforderlichen Mittel und der notwendigen Ausbildung. »Dem Stab müssen Männer mit großer Phantasie und bestem Fachwissen angehören, sowie Offiziere mit nüchternem skeptischem Verstand.«

»Grundsatz für die Arbeit:

1.) Niemand ist zu beteiligen, der es nicht wissen muss.
2.) Niemand darf mehr erfahren, als er wissen muss.
3.) Wann muss der Betreffende es spätestens wissen? Niemand darf früher etwas wissen, als er es wissen muss.«

Was der frühere Generalstabschef Ludwig Beck vor Jahresfrist vergeblich gefordert und für das OKH reklamiert hatte, die Erarbeitung eines strategischen Gesamtplanes, wollte Hitler als Oberster Befehlshaber der Wehrmacht also an sich ziehen. Die Ankündigung war ein klarer Affront vor allem gegen die Heeresführung, die es sich unter diesen Umständen nicht leisten konnte, den »Führer« mit möglichen Bedenken zu behelligen und seine Autorität als Kriegsherr in Frage zu stellen. Es kam dann später nicht so schlimm, wie insbesondere Halder befürchten musste, denn im Februar 1940 wurde zwar das bisherige Wehrmachtführungsamt in Wehrmachtführungsstab umbenannt, doch blieb dessen Verantwortung sehr beschränkt. Das Beharrungsvermögen des Ressortdenkens an der militärischen Führungsspitze war auch in der Wehrmacht so stark ausgeprägt, dass eine stringente Spitzengliederung bis 1945 nicht erreichbar war.

Hitlers Auftritt am 23. Mai 1939 diente neben der Stärkung seiner militärischen Autorität der Darlegung seiner Absichten und war ganz geprägt davon, möglichen Bedenken zuvorzukommen, die ihm ja nicht unbekannt waren. Deshalb baute er seine Argumentation so auf:

1.) Der Krieg ist unausweichlich.
2.) Deutschland ist gut vorbereitet.

3.) Polen bildet keine ausreichende Barriere mehr gegen Russland. Es ist innenpolitisch zerrissen, unzuverlässig und trotz Freundschaftsvertrag im Kern immer gegen das Reich eingestellt gewesen. Es entfällt daher die Option, Polen zu schonen.
4.) Bei nächster Gelegenheit müsse Polen ausgeschaltet werden. Das sei anders als bei der Tschechoslowakei nur mit Gewalt möglich. Ein Erfolg sei aber nur dann möglich, »wenn der Westen aus dem Spiel bleibt«.
5.) Es dürfe nicht zu einer gleichzeitigen Auseinandersetzung mit England und Frankreich kommen.
6.) Wenn es, wie es sich zu diesem Zeitpunkt abzeichnete, zu einem Kampf zwischen dem Bündnis Frankreich – England – Russland gegen Deutschland – Italien – Japan komme, werde er »mit einigen vernichtenden Schlägen England und Frankreich« angreifen. Diesem Thema widmete Hitler besondere Aufmerksamkeit. Seine Vorstellung lief darauf hinaus, Holland und Belgien überfallartig zu besetzen, die Franzosen in Nordfrankreich zu schlagen und gegen England eine neue Front aufzubauen. Man müsse sich notfalls auf einen Krieg von zehn bis 15 Jahren Dauer einrichten.
7.) Am besten sei es, dem Hauptgegner England gleich am Anfang einen schweren Schlag zu versetzen. Die Überraschung sei aber nur möglich, »wenn man nicht durch Polen in einen Krieg mit England ›hineinschlittert‹«. Ansonsten müssten Kriegsmarine und Luftwaffe die Zufuhren nach England abschneiden, um das Land in die Knie zu zwingen. Auch den Einsatz von Gas schloss er nicht aus. Dort, wo neue Waffentechnik nicht mehr als entscheidend anzusehen ist, müsse man auf Überraschung und »genialen« Einsatz vertrauen.

Wenn bei nächster Gelegenheit Polen ausgeschaltet werden sollte, ohne in einen Krieg mit den Westmächten zu »schlittern«: Was wäre der erste Schritt? Die Besetzung Polens bis zu seiner Ostgrenze würde die Wehrmacht immerhin bis an das Zentrum Russlands, des Baltikums und der Ukraine führen. Hitlers Ausführungen am 23. Mai 1939 werden meist so interpretiert, dass er Polen isolieren und überfallen wollte, um sich danach (!) dem Westen zuzuwenden.[19] Eine solche Schlussfolgerung ist nicht zwingend.

Hitler gegenüber der Wehrmachtführung am 23. Mai 1939:
»Danzig ist nicht das Objekt, um das es geht. Es handelt sich für uns um die Erweiterung des Lebensraumes im Osten und Sicherstellung der Ernährung sowie der Lösung des Baltikum-Problems. Lebensmittelversorgung ist nur von dort möglich, wo geringe Besiedelung herrscht. Neben der Fruchtbarkeit wird die deutsche, gründliche Bewirtschaftung die Überschüsse gewaltig steigern. In Europa ist keine andere Möglichkeit zu sehen.«[20]

Die Floskeln »Lebensraum im Osten« und »Sicherstellung der Ernährung im Kriege« waren bisher von Hitler nicht auf Polen gemünzt gewesen,[21] und die ersten vorliegenden Stellungnahmen zu den wirtschaftlichen Bedingungen für die Auslösung eines Krieges ließen keinen Zweifel daran, dass die Besetzung Polens – wie auch im Ersten Weltkrieg – allein nicht genügen würde, um die deutsche Ernährung sicherzustellen. Das »Dritte Reich« war trotz aller Investitionen auch 1939 nicht blockadefest und brauchte im Kriegsfall die »Kornkammer Ukraine«, die Erze des Donezgebiets und das Öl des Kaukasus. Der Wehrwirtschaftsstab im OKW wies in seiner Studie vom April 1939 darauf hin, dass Deutschland in einem Mehrfrontenkrieg über keine ausreichende Mineralölversorgung verfügen würde und man deshalb neben der Besetzung der rumänischen Ölfelder sofort nach Kriegsbeginn auch auf die südrussischen und kaukasischen Förderquellen zugreifen müsse.[22]

Carl Krauch, der Vorstandsvorsitzende des mächtigen IG-Farben-Konzerns und als Görings »Generalbevollmächtigter für Sonderfragen der chemischen Erzeugung« gleichsam der Chemieminister des »Dritten Reichs«, hatte im Generalrat des Vierjahresplans Mitte April die Forderung erhoben, »im Kriegsfalle die Ukraine wehrwirtschaftlich auszunutzen«.[23] Und auch andere zivile Wirtschaftsbehörden bestätigten bei ihren Berechnungen für den Kriegsfall, dass selbst im günstigsten Falle und bei Annahme einer Lieferbereitschaft Schwedens mit kriegswichtigen Erzen »ohne wirtschaftlichen Anschluss an Russland« nur eine begrenzte Blockadesicherheit gegeben sei.[24] Auch unabhängig von Hitlers langfristigem politischen Programm wäre bei dieser Zielsetzung für Deutschland also mit Ausbruch des Krieges ein Zugriff auf das Baltikum und die UdSSR, insbesondere die Ukraine und den Kaukasus, unvermeidbar gewesen. Im Oberkommando der Wehrmacht hatten die Experten jedenfalls keinen Zweifel an dieser Notwendigkeit. Dort hieß es im Mai 1939 in einer Expertise, dass Deutschland bei Bildung einer feindlichen Koalition unter Einschluss der UdSSR sofort nach Kriegsbeginn die Ukraine besetzen müsse, um einerseits das Sowjetregime zu schwächen und andererseits die deutsche Kriegswirtschaft durch die Ausbeutung der besetzten Gebiete Russlands zu stärken.[25]

Es ist nicht überliefert, ob der »Führer« solche Experten-Gutachten überhaupt zur Kenntnis genommen hat bzw. ob ihm zumindest die Schlussfolgerungen von Göring als seinem engsten Vertrauten vermittelt wurden. Als Reichskanzler führte er schon seit Jahren keine Kabinettssitzungen mehr durch. Die gelegentlichen Sitzungen des Generalrats für den Vierjahresplan sorgten immerhin bei den Wirtschaftsressorts für eine gewisse Abstimmung. Für seine Gewissheit, dass die Ressourcen Osteuropas für ihn im Kriegsfalle unentbehrlich sein würden, brauchte Hitler ohnehin keine Bestätigung. Deshalb ist sein Argument am 23. Mai, es seien in Europa keine anderen Möglichkeiten für agrarische Überschüsse und deutsche Siedlungen zu sehen, nicht auf Polen und das Baltikum zu beschränken. Der Mythos von der »Kornkammer Ukraine« war in seinem Denken fest verwurzelt – ein Krieg mit der Sowjetunion also unvermeidbar. Wenn Hitler vom »Baltikum-Problem« sprach, dann ging es ihm sicher nicht nur um Landwirtschaft und Siedlung, sondern auch um die Seeherrschaft in der östlichen Ostsee mit ihren Auswirkungen auf die Zufuhr kriegswichtiger Schwedenerze, einer Hauptsorge der Kriegsmarine und der Wirtschaftsressorts.[26] Der Zugriff auf das Baltikum bedeutete zugleich, im Kriegsfall die nördliche Rollbahn für einen Angriff gegen die Sowjetunion nutzen zu können.

Aus der Sicht der Industrie konnte die notwendige wirtschaftliche Ergänzung natürlich auch durch die Neubelebung des Handelsverkehrs mit der UdSSR erreicht werden. Einige Diplomaten des Auswärtigen Amts arbeiteten bereits fieberhaft an der Wiederbelebung der Rapallo-Option, die Stalin vielleicht von einer Annäherung an die Westmächte abhalten würde. Wenn sich die polnische Regierung offenbar darauf verließ, dass die ideologischen Gegensätze eine deutsch-russische Annäherung ausschlossen, dann bot diese unwahrscheinlichste aller Optionen für Hitler doch zumindest ein mögliches Druckmittel. In seiner Ansprache am 23. Mai griff er diesen Punkt auf und meinte, dass wirtschaftliche Beziehungen zu Russland nur möglich seien, wenn sich die politischen Beziehungen verbessert hätten.

Görings Adjutant, General Karl-Heinrich Bodenschatz, der bei der Ansprache Hitlers am 23. Mai anwesend war, teilte anschließend dem polnischen Militärattaché in Berlin, Oberst Antoni Szymański, die Warnung mit, dass Hitler überzeugt sei, Polen werde seine Forderungen zurückweisen, und deshalb sei er bereit, sich mit jedem Partner zu verständigen, »sogar mit dem Teufel selbst«, um Polen zu vernichten.[27] Eine mögliche vierte Teilung Polens mit Hilfe der UdSSR ergab aber strategisch keinen Sinn, es sei denn als Drohung gegenüber dem Westen, um zu erreichen, dass dieser sich aus einem Krieg mit Polen heraushielt.

Warum also zuerst Polen niederwerfen auf die Gefahr hin, mit der UdSSR zusammenzuprallen, wie im Halder-Kriegsspiel angenommen, um sich dann auf das Risiko eines Angriffs im Westen einzulassen und sich anschließend wieder nach Osten gegen die UdSSR zu wenden, dem Hauptziel seines Kriegsplanes? Der Verbündete Mussolini war von dem Gedanken eines Krieges gegen die Westmächte ohnehin nicht begeistert. Die Tinte unter dem »Stahlpakt« war kaum trocken, da wies der »Duce« in einer Denkschrift vom 30. Mai 1939 Hitlers militärische Kombinationen schon zurück. Die Westmächte hätten sich eingemauert und seien gegen Heeresoperationen unempfindlich. Deshalb solle man am Rhein Verteidigungsstellungen beziehen. Nur nach Osten ließe sich ein dynamischer Krieg führen.[28]

Es spricht einiges dafür, dass Hitlers Kriegsplan im Mai / Juni 1939 noch keineswegs endgültig feststand. Der genaue Wortlaut seiner Ausführungen am 23. Mai ist ebenso unsicher wie die Floskel vom »Lebensraum im Osten«. Gewiss ist aber, dass er ohne Not keinen Weltkrieg gegen die Westmächte entfachen wollte, sondern auf deren Zurückhaltung oder Neutralität hoffte. Der Weg in den Krieg war also alles andere als eine Einbahnstraße und ließ in Hitlers Strategie auch die Option offen, unter günstigen Umständen nicht nur Polen aus dem Weg zu räumen, sondern sofort seinen wichtigsten Krieg zu führen.

Nervenkrieg

Als Hitler am 23. Mai seinen führenden Militärs die gegenwärtige Lage und seine Absichten erläuterte, hatten die Japaner in der Mongolei bei Nomohan gerade neue Kämpfe gegen die Rote Armee begonnen. Der Konflikt eskalierte langsam, der Zündfunke sprang aber nicht nach Europa über, denn Hitler hielt das Problem Japan zwar für schwerwiegend, das Zögern Tokios vor dem Ausbau einer Militärallianz ließ ihn nun seinerseits zögern. Es sei »doch im eigenen Interesse Japans, vorzeitig gegen Russland vorzugehen«.[29] Warum sprach er von »vorzeitig«? Stalin jedenfalls reagierte sofort und ließ einen Plan zur Vertreibung der Japaner aus dem umstrittenen Gebiet erarbeiten. Gleichzeitig sandte er Signale an Berlin über die Bereitschaft zu einem Interessenausgleich.

Am 1. Juli setzte die japanische Guandong-Armee zu einer größeren Aktion an, wurde aber von weit überlegenen sowjetisch-mongolischen Truppen wieder zurückgedrängt.[30] Es folgte eine Waffenruhe bis zum 22. August 1939, als Stalin eine Großoffensive durch Schukow starten ließ, der erste erfolgreiche Blitzkrieg, der innerhalb weniger Tage zur Vernichtung der 6. japanischen Armee führte. Zur gleichen Zeit landete Ribbentrop in Moskau, um den sensationellen Pakt mit Stalin abzuschließen. Der sowjetische Diktator wurde zum eindeutigen Gewinner in dem Nervenkrieg des Sommers 1939.

Die Bemühungen der Westmächte, Moskau für den Abschluss eines antideutschen Militärbündnisses zu gewinnen, hatten sich hingezogen. Bereits im April waren Gespräche aufgenommen worden. Am 24. Juni führten sie zum Abschluss

Sowjetische Offensive gegen japanische Truppen im Sommer 1939.

eines französisch-britisch-sowjetischen Beistandspakts. Dabei handelte es sich um Täuschungsmanöver von allen Seiten, denn weder Paris noch London waren in der Lage und ernsthaft gewillt, weitergehende militärische Verpflichtungen einzugehen. Sie mussten vielmehr daran interessiert sein, den ersten Schlag der hochgerüsteten deutschen Militärmaschine von sich abzulenken und wie im Ersten Weltkrieg zusätzliche Fronten im Osten oder Südosten Europas zu schaffen oder Hitlers Expansionsdrang tatenlos hinnehmen – diese Option, das hatte auch Hitler inzwischen halbwegs verstanden, kam für sie aber nicht mehr in Betracht. Von der Roten Armee erwarteten die westlichen Militärexperten freilich auch nicht die Fähigkeit, eine raumgreifende Offensive in Richtung Westen zu unternehmen. Stalin seinerseits zeigte sich bestrebt, einen hohen Preis für seine mögliche Intervention auszuhandeln und die Westmächte als Erste zu massiven Kriegseinsätzen zu verpflichten. Gleichzeitig ließ er sich in geheime Verhandlungen mit Berlin ein, was bald zu Gerüchten führte, die sich in ganz Europa verbreiteten und geeignet waren, den Preis für seine Gunst hochzutreiben.

Boris Schaposchnikow, der neue Generalstabschef der Roten Armee, erkannte in einer Denkschrift für Stalin vom 10. Juli 1939 vier mögliche Kriegsvarianten: (1) ein deutscher Angriff auf Frankreich und Großbritannien; (2) ein isolierter deutscher Angriff auf Polen; (3) ein deutscher Überfall mit ungarischer und bulgarischer Unterstützung auf Rumänien; (4) ein direkter deutscher Angriff gegen die UdSSR über Estland, Lettland und Finnland.[31] Die sowjetische Führung ist sich also der Möglichkeit eines »Barbarossa 1939« durchaus bewusst gewesen, auch der möglichen deutschen Rollbahnen über das Baltikum und über Rumänien. Die Abwehrfähigkeit der polnischen Armee hat sie vielleicht überschätzt, sonst hätte sie

sich Sorgen machen müssen über die Folgen eines schnellen deutschen Sieges an der Weichsel und das Heranrücken der Wehrmacht an die polnische Ostgrenze.

Dass Warschau den Gedanken strikt ablehnte, die Rote Armee ins Land zu lassen, um einen deutschen Aggressor gemeinsam zu bekämpfen, dürfte Stalin dagegen nicht überrascht haben. Auch nicht die ablehnende Haltung der rumänischen Regierung. Wenn die polnische Regierung doch noch in letzter Minute die Nerven verlieren und sich dem Druck ihrer westlichen Verbündeten beugen würde, hätten beide Diktatoren ein Problem gehabt: Hitler im Falle eines polnischen Verzichts auf Danzig und den Korridor, weil dann sein Vorwand entfallen wäre, Polen angreifen zu können, Stalin im Falle einer polnischen Genehmigung, in Richtung Ostpreußen oder Weichsel vorrücken zu können, um dann direkt auf die Wehrmacht zu stoßen, während Schukow zur gleichen Zeit seine Offensive im Fernen Osten gegen die Japaner führte.

Die sowjetische Seite zog es vor zu versuchen, die Westmächte zu einer Schlacht um das Ruhrgebiet und einen Hauptstoß ins Zentrum Deutschlands zu veranlassen, um dann gleichsam im Windschatten des Westkrieges und abgedeckt durch die polnische Hauptfront an der Weichsel über das Wilna-Gebiet einen Angriff gegen Ostpreußen zu führen. Die Westmächte sollten neben Polen auch die baltischen Staaten veranlassen, den Transport sowjetischer Truppen über ihr Territorium zu dulden. Schaposchnikow wollte lediglich 30 Prozent der eigenen Streitkräfte einsetzen, um in der Ostsee die deutsche Kriegsmarine zu bekämpfen und die Küste einzunehmen. Es war das Gegenmodell zum Albrecht-Plan, oder anders gewendet: Der Kommandierende Admiral der Marinestation Ostsee hatte die sowjetischen Aktionsmöglichkeiten richtig eingeschätzt. Sollte die sowjetische Führung bei den Verhandlungen mit den Westmächten bei dieser Option bleiben und Polen bereit sein, das Wilna-Gebiet für den Durchmarsch der Roten Armee zur Verfügung zu stellen, hätte die deutsche Führung entsprechend dem Albrecht-Plan mit einem Präventivkrieg Richtung Leningrad und Nordwestrussland antworten können. Wenn der Albrecht-Plan in Moskau nicht ohnehin schon bekannt war, dann handelte es sich zumindest um eine gut durchdachte sowjetische »Vorwärtsverteidigung«.

Welche Rolle der Südflügel konkret spielen würde, machte die sowjetische Seite nicht deutlich. Sie verlangte lediglich ein Durchmarschrecht durch rumänisches Gebiet – jene Variante also, die man auf deutscher Seite bereits in den Vorjahren als denkbare sowjetische Stoßrichtung einkalkuliert hatte. Doch darf man vermuten, dass die Rote Armee im Falle eines Allianzkrieges zwar ins polnische Galizien und nach Rumänien einmarschiert wäre, sich den politischen Einfluss und den Zugriff auf die Ölfelder gesichert hätte, dann aber wegen der deutsch-ungarischen Gegenmaßnahmen den riskanten weiteren Vorstoß im Donauraum wahrscheinlich zunächst zurückgestellt hätte. Eine mögliche Niederlage sowjetischer Angriffsspitzen an der Donau hätte Stalins Position auch in der Allianz mit den Westmächten erheblich schwächen und ein neues »München« zu seinen Lasten bewirken können, inklusive der Gefahr einer deutschen Intervention in die Ukraine. Es wäre also klug, sich zunächst nicht allzu sehr zu exponieren, weder mit einem Vorstoß der Roten Armee gegen das stark befestigte Ostpreußen noch mit einem weiten Vorstoß in Südosteuropa.

Würde sich dagegen der deutsche Erstschlag gegen die Westmächte richten und diese eine deutsche Offensive am Rhein zurückschlagen, womöglich sogar gegen das deutsche Zentrum vorrücken, hätte Stalin mit dem leichten Gewinn des Baltikums, des Wilna-Gebiets sowie Bessarabiens und der Bukowina sowie einer ungeschlagenen Armee gute Aussichten, seine Beute zu behalten. Würde sich die Auseinandersetzung mit dem deutschen Aggressor für die Westmächte zu einem langwierigen Stellungskrieg nach dem Beispiel des Ersten Weltkriegs entwickeln, was damals die meisten Militärexperten als wahrscheinlichste Variante annahmen, hätte die Rote Armee mit gut zu verteidigenden Vorposten in Ostpreußen und Galizien ebenfalls eine hervorragende Möglichkeit, sich stärker ins Spiel zu bringen. Stalin war zweifellos ein kluger Schachspieler, der jeden Zug bedachte, kein Hasardeur wie Hitler – und die Zeit arbeitete für den Herrn des Kreml.

Das Ergebnis des Nervenkriegs im Sommer 1939 blieb lange offen. Als am 12. August die Verhandlungen der britischen, französischen und sowjetischen Militärmissionen in Moskau begannen, um sich über einen gemeinsamen Kriegsplan zur Abwehr weiterer deutscher Aggressionen zu verständigen, war noch alles möglich, auch wenn die Interessen der drei Allianzpartner nur schwer in Übereinstimmung zu bringen waren. Auf deutscher Seite konnte man nicht völlig ausschließen, dass die Militärgespräche vielleicht doch noch zu einem erfolgreichen Abschluss führen könnten. Es wäre höchst leichtsinnig gewesen, sich völlig auf die Prognose Hitlers zu verlassen, dass man Polen isolieren und in einer Blitzaktion niederwerfen könnte, um dann womöglich in die Kasernen zurückzukehren. Seine Ankündigung, anderenfalls eine weitere Offensive im Westen zu unternehmen, konnte angesichts der zur Verfügung stehenden Kräfte kaum ernst genommen werden. Im schlimmsten anzunehmenden Fall konnte das Reich innerhalb weniger Tage wie 1914 in einen Weltkrieg verwickelt sein. Nach den Erinnerungen von Brauchitsch soll Hitler erklärt haben: »Ich müsste ein Idiot sein, wenn ich wegen Polen in einen Krieg schlittern würde, wie die Unfähigen vom Jahre 1914.«[32]

Welche Konsequenzen hat das OKH also aus Hitlers Ankündigungen am 23. Mai gezogen? Das Kriegsspiel im Mai hatte ein Eingreifen der UdSSR angenommen, und deshalb musste Halder unzufrieden mit dem Ergebnis sein, weil sich gezeigt hatte, dass der überraschende Einbruch massierter schneller Kräfte mit weiten operativen Zielen noch nicht erfolgreich beherrscht wurde. Deshalb verstärkte das OKH die Maßnahmen zur Mobilisierung, Schulung und Vorbereitung der Truppen. Eine weiträumige »Marsch- und Gefechtsübung« motorisierter Truppen sollte dann im September 1939 stattfinden.[33] Unter dieser Geheimhaltung lief die Kriegsvorbereitung bereits auf Hochtouren. Schließlich hatte Hitler am 23. Mai gefordert, dass die Wehrmacht in der Lage sein müsse, gleichsam aus der Kaserne heraus

Nachbarländer überfallen zu können. Zugleich ließ er einen »Parteitag des Friedens« ankündigen, was ihm über die Täuschung der Öffentlichkeit hinaus auch die Option offenhielt, im günstigsten Falle (schnellster Erfolg gegen Polen und keine Kriegsausweitung) sowie im ungünstigsten Falle (Deutschland ohne Verbündeten) einen Rückzieher zu machen und in dem Nervenkrieg um den möglichen Ausbruch eines Weltkriegs eine Pause einzulegen.

Die mögliche Verwicklung in Kampfhandlungen mit der Roten Armee blieb den Sachbearbeitern des Polenfeldzugs weiterhin präsent. Das zeigte sich bei der Erarbeitung eines »Kriegsaufklärungsplans«, in dem sich detaillierte Anweisungen für Meldungen der Fronttruppen über den Feind finden. Die polnische Armee stand natürlich im Mittelpunkt, aber wie selbstverständlich sollten im Kriegsfall auch Nachrichten gesammelt werden über das Auftreten russischer Truppen in Polen, speziell der Fallschirmtruppen, über Bewaffnung, Gliederung etc. und insbesondere über die Grenzbahnhöfe, auf denen wegen des Spurwechsels der Schienen umgeladen werden müsste[34] – wichtige Ziele für den taktischen Luftkrieg! Nicht zuletzt sollte danach gefragt werden, wie sich die kommunistische Propaganda nach dem Eingreifen der UdSSR auf dem polnischen Kriegsschauplatz auswirken könnte.

Die Aufmarschanweisung des Heeres für den »Fall Weiß« vom 15. Juni 1939[35] sah vor, dass die polnische Armee mit einem überraschenden Schlag westlich der Weichsel vernichtet werden sollte. Taktisch-operativ handelte es sich um den Ansatz von Kräften und Zielsetzungen, die im Halder-Kriegsspiel bereits erprobt worden waren. Der Oberbefehlshaber des Heeres erklärte die Absicht, der Mobilmachung und dem Aufmarsch des Gegners möglichst zuvorkommen zu wollen. Die geplante Zerschlagung des polnischen Heeres durch konzentrische Angriffe aus Schlesien und aus Pommern-Ostpreußen entsprach dem bekannten Schema. Bei diesem Zangenangriff musste man mit Gegenwirkungen aus dem Raum Galizien rechnen. Deshalb war es von Vorteil, dass nun durch Mitwirkung der Slowakei eine zusätzliche Armee gegen diesen Raum gerichtet werden konnte.

Bemerkenswert bei diesen Überlegungen ist einerseits der Verzicht auf den Einsatz der Ungarn und damit die Einbeziehung der Karpato-Ukraine. Andererseits sollte die aus Ostpreußen nach Süden vorstoßende 3. Armee die an ihrer linken Flanke stehenden schwachen Kräfte der Polen im Wilna-Raum ignorieren bzw. durch Täuschungsmanöver binden. Wenn es in der Anweisung hieß, die Grenze Ostpreußens gegen Litauen sei mit einem Mindestmaß an Kräften zu sichern, stellte man ein mögliches Eingreifen der UdSSR und einen Vorstoß über Wilna und Litauen gegen Ostpreußen offenbar in Rechnung. Leider geben die Akten der 3. Armee über diese frühe Phase der Planung des Polenfeldzugs keine Auskunft, da sie 1942 offenbar verbrannt sind.[36] Dabei hätten sie Aufschluss darüber geben können, wie die Planungen für eine militärische Auseinandersetzung mit der Roten Armee in Nordostpolen ausgesehen haben, die im Juni 1939 noch immer eine realistische Möglichkeit gewesen ist.

Deutscher Operationsplan, Polen 1939

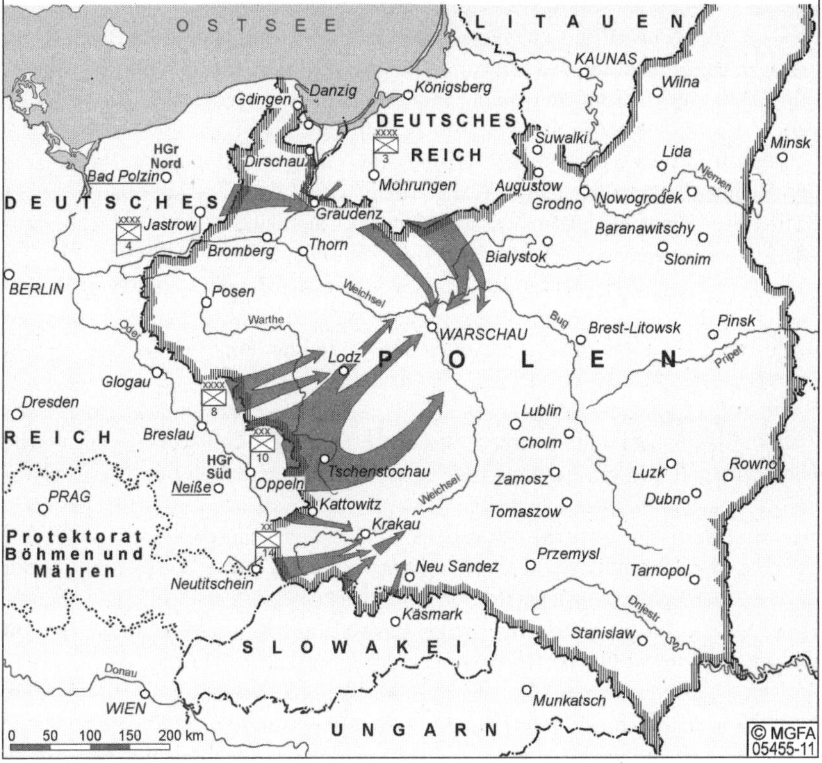

So heißt es in der Aufmarschanweisung des Heeres lediglich, dass die 3. Armee von Ostpreußen aus auf Warschau »und ostwärts« vorstoßen sollte. Hier lassen sich noch die Dispositionen des Halder-Kriegsspiels erkennen, die dort nach Osten ausgerichtete Auffangstellungen vorgesehen hatten. Was danach kommen würde, blieb jetzt offen. In dem riesigen polnischen Raum ostwärts der Weichsel konnten sich Reste des Feindes versammeln und den Kampf fortsetzen, womöglich mit Unterstützung der Roten Armee. Dann wäre eine zweite Operation notwendig geworden, entweder zunächst aus der Defensive an der Weichsellinie (vielleicht nach dem Vorbild von 1920) oder aus der Bewegung heraus und in Verfolgung von Resten des polnischen Heeres.

In der Geschichtsschreibung bislang nicht beachtet worden ist die von General Guderian ebenfalls im Juni 1939 entworfene »Marsch- und Gefechtsübung motorisierter Verbände 1939«. Mit dieser Übung sollten die Defizite beseitigt werden, die das Halder-Kriegsspiel im Mai offenbart hatte. Das Übungsgelände wurde in Nordbayern in Nord-Süd-Richtung auf den Bereich der Mainlinie festgelegt. Als Ausgangslage wurde angenommen, dass die »blauen« (das heißt die eigenen) Kräfte vor überlegenem Feind auf gutausgebaute Stellungen am Nordufer des Mains ausgewichen sind und mit einer Fortsetzung des feindlichen Angriffs zu rechnen sei. Die (blaue) Heeresgruppe beabsichtige, zum Gegenangriff überzugehen, mit Schwerpunkt bei der 3. Armee und mit der 10. Armee gegen Flanke und Rücken des feindlichen Ostflügels. Hierdurch solle dieser Feindflügel schnell geschlagen und »damit die Vernichtung der beiderseits Bamberg am weitesten nach Norden vorgestoßenen feindlichen Hauptkräfte erreicht werden.[37]

Wenn man den Main mit der Weichsel und Bamberg mit Warschau austauscht, dann hatte man hier die Folie für ein neues Wunder an der Weichsel. Die Nummern der Armeen waren ohnehin identisch mit den beiden wichtigsten Armeen des geplanten Polenfeldzugs. Sofern die Auswahl des Geländes kein Zufall gewesen sein sollte, ist natürlich auch denkbar, dass damit eine mögliche Abwehrschlacht an der Rheinlinie im ähnlich bewaldeten und hügeligen Gebiet der Pfalz trainiert werden sollte. Doch zumindest die verwendeten Armee-Ziffern sprechen gegen diese Annahme, nicht zuletzt auch Hitlers Vorstellung vom Mai gegen eventuelle Offensivschläge im Westen.

Mitte Juni erhielt Hitler vom Außenpolitischen Amt der NSDAP eine Denkschrift »Die osteuropäischen Fragen«. Darin wurde beklagt, dass neben den rein militärischen Vorbereitungen die politischen Fragen bislang vernachlässigt worden seien. Es sei von höchster Wichtigkeit, im künftigen Ostraum auch die Bevölkerung entsprechend den deutschen Interessen richtig zu behandeln. Bei dem zu erwartenden deutsch-polnischen Konflikt seien die ostpolnischen Gebiete »als Sammelbecken und Vorbereitungsglacis für eine ausgreifende Zertrümmerung Russlands […] von unschätzbarer Bedeutung. Denn einmal wird der Augenblick innerer Erschütterung im Sowjet-Paradies eintreten (vielleicht schon mit dem Ableben Stalins beginnend), in dem dann alle von den Sowjet-Machthabern unterdrückten nationalpolitischen Tendenzen aufleben werden.« Es gelte also, Weißruthenen und Westukrainer im deutschen Interesse einzusetzen, um »Moskovien« zurückzudrängen.[38] Das Rosenberg-Amt beklagte zugleich die mangelnde Koordinierung der Ukraine-Aktivitäten und versäumte nicht, darauf hinzuweisen, dass in Galizien und Wolhynien die polnischen Juden »in kompaktester Masse auftreten«. Es stelle das wohl »größte jüdische Reservoir dar. Ein eventuell nicht zu unterschätzendes Faustpfand des jüdischen Lebensnerves.«[39] Der »Führer« allein könne die aufgeworfenen Fragen entscheiden und entsprechende Vorbereitungsarbeiten anordnen.

Im Sommer 1939 griff Hitler nicht auf das Angebot zurück, sondern aktivierte Rosenberg und seinen Expertenstab erst im Frühjahr 1941, als die militärischen Planungen für einen Überfall auf die UdSSR weit genug vorangeschritten waren. Im Juni 1939, das zeigt die Ostdenkschrift aus dem Hause Rosenberg, waren die mögliche Besetzung Ostpolens und die daraus resultierenden Möglichkeiten einer Interventionspolitik gegenüber der UdSSR in der Führungsspitze der Partei durchaus präsent. Anscheinend hat Hitler die Denkschrift zur Kenntnis genommen, denn Rosenbergs Argument, mit dem »Ableben Stalins« könnte der innere Zerfall der Sowjetunion beginnen, findet sich in Hitlers Ansprache vor der Wehrmachtführung am 22. August wieder, von der noch die Rede sein wird. Warum die NS-Führung Stalins Tod in Rechnung stellte, obwohl sich dieser bester Gesundheit erfreute, bleibt unklar. Vermutlich rechnete man mit weiteren inneren Machtkämpfen, denen der rote Diktator zum Opfer fallen könnte.

Ob der Hinweis auf den »jüdischen Lebensnerv«, der in Ostpolen liege und ein »Faustpfand« sein könne, Hitlers weiteres Vorgehen beeinflusst hat, ist schwer zu sagen. Er hat im August bei den Verhandlungen mit Moskau auf dieses »Faustpfand« jedenfalls ohne zu Zögern verzichtet und hinsichtlich der Juden im eigenen Machtbereich auf erzwungene Auswanderung und Deportationen (»Madagaskar-Plan«) gesetzt. Zwei Jahre später allerdings, im August 1941, fiel der Höhepunkt des »Unternehmens Barbarossa« zusammen mit der Entscheidung, den Massenmord an der jüdischen Bevölkerung im ehemaligen Ostpolen auszuweiten und zu systematisieren. In seiner kruden Logik nutzte Hitler das »Faustpfand«, das er Stalin wieder abgenommen hatte, um den »jüdischen Lebensnerv« zu zerstören. Er kam jetzt auf jene Prognose zurück, die sein antisemitisches Hetzblatt *Der Stürmer* bereits im Mai 1939 öffentlich verkündet hatte.

Aus einem Artikel der Zeitschrift *Der Stürmer* vom Mai 1939:
»Es muss eine Strafexpedition über die Juden in Russland kommen. Eine Strafexpedition, die ihnen dasselbe Ende bereitet, wie es jeder Mörder und Verbrecher zu erwarten hat: das Todesurteil, die Hinrichtung! Die Juden in Russland müssen getötet werden. Sie müssen ausgerottet werden mit Stumpf und Stiel. Dann wird die Welt sehen, dass das Ende der Juden auch das Ende des Bolschewismus ist.«[40]

Im Sommer 1939 wurde ein Überfall auf Polen immer wahrscheinlicher, was sich nicht zuletzt auch an Veränderungen im Bild von der polnischen Armee zeigte. Ein möglicher Bundesgenosse wurde zum Feind gemacht. Im April 1939 hatte die Abteilung »Fremde Heere Ost« den »Kurzen Überblick über die polnische Wehrmacht« Stand 1. März 1939 noch einmal in größerer Zahl nachgeliefert. Das bereits oben zitierte Werturteil über das polnische Heer (zum Angriff erzogen, zu größeren Operationen nicht fähig, schweren moralischen Belastungen nicht gewachsen) ergänzte man nun durch den Zusatz: »Es erscheint erforderlich, dem polnischen Heer sofort bei Beginn des Krieges einen starken Schlag zu versetzen. Abwartendes Verhalten des Feindes wird das Selbstbewusstsein und die moralische Kampfkraft des polnischen Heeres erheblich stärken.«[41]

Zum 1. Juli 1939 verfasste die Abteilung ein »Merkblatt über Eigenarten der polnischen Kriegführung«, das mit anderen Materialien bis hinunter zu den Kompanien verteilt werden sollte. Neben den bisher üblichen sachlichen Informationen wurden zu Bevölkerung und Armee hetzerische Klischees verbreitet, mit denen offensichtlich das positive Polenbild ausgelöscht werden sollte.

Aus dem »Merkblatt über Eigenarten der polnischen Kriegführung« vom 1. Juli 1939:

»Die polnische Bevölkerung ist fanatisch verhetzt und zur Sabotage sowie zu Überfällen fähig. Bei Erfolgen, auch kleinsten Umfanges, wird der Pole überheblich und angriffslustig, bei Rückschlägen schnell pessimistisch. Zuvorkommende Behandlung wird bald als Schwäche ausgelegt. Träger der nationalen Hetze ist im Allgemeinen die katholische Geistlichkeit. Gegen den polnischen Staat sind abgesehen von den Volksdeutschen viele Polen und Kaschuben der ehemals deutschen Gebiete und vor allem die Ukrainer. Die zahlreichen Juden sehen in den Deutschen ihre persönlichen Feinde, sind jedoch gegen Geld zu allem fähig. Die Minderheiten werden nach Rückschlägen und bei längerer Kriegsdauer eine Gefahr für das polnische Heer.
Weitgehende Räumung der Westteile Polens und Zerstörung aller wertvollen Industrie- und Verkehrszentren ist vorgesehen. Mit Vernichtung und Vergiftung der Lebensmittelvorräte ist zu rechnen.

Zusammenfassung

Das Heer ist noch kein vollwertiges Kampfinstrument. Bewaffnung und Ausrüstung namentlich an schwerer Artillerie, Panzerkampfwagen, Flugzeugen und Bomben entsprechen noch nicht modernen Anforderungen. Die Führung ist unsicher und schematisch. Die Wirkung des feindlichen Feuers wird unterschätzt, die eigene Leistungsfähigkeit in jeder Hinsicht überschätzt. Doch werden diese Schwächen teilweise durch den Fanatismus des Offizierkorps sowie durch Genügsamkeit, Härte und Opferbereitschaft der Soldaten ausgeglichen.«

Während die Wehrmachtführung den Überfall auf Polen intensiv vorbereitete, einschließlich des bewährten Einsatzes einer »fünften Kolonne«, die schon jetzt für Zwischenfälle im Grenzbereich sorgte und die psychologische Kriegführung anheizte, machten hektische Aktivitäten auf der diplomatischen Bühne mehrere strategische Optionen möglich:

Polen konnte sich dem Druck im letzten Moment beugen und sich doch noch mit Hitler arrangieren. Damit wäre ein »Barbarossa 1939« möglich gewesen, ob als deutsch-polnisches Gemeinschaftsprojekt, wie seit 1935 mit Warschau im Gespräch, oder bei wohlwollender polnischer Neutralität der strategische Überfall über das Baltikum und den Stoß in die Ukraine.

Polen konnte seine Weigerung, im Kriegsfalle zuzulassen, dass Verbände der Roten Armee polnisches Territorium betraten, zurückziehen und damit den Abschluss eines vierseitigen Militärpaktes freigeben. In diesem Falle hätte Hitler seine weiterreichenden Expansionsziele sicher nicht aufgegeben. Um aus der Einkreisung auszubrechen und eine schnelle Entscheidung zu erzwingen, hätte sich erfolgversprechend nur der Osten angeboten. Das hätte nach einer Niederwerfung der polnischen Armee die Fortführung des Kampfes gegen die UdSSR bedeutet – bei wahrscheinlicher Passivität der Feindmächte an der Westfront. Halders Kriegsspiel zielte in diese Richtung.

Bei der Publikation einer geheimen Ansprache Halders haben die beiden Historiker Christian Hartmann und Sergej Slutsch darauf hingewiesen, dass bislang keine Dokumente bekannt sind, in denen 1939 auch nur erwogen worden sei, die für den Polenfeldzug bestimmten Kräfte im Anschluss gegen die UdSSR einzusetzen. Das von ihnen präsentierte Dokument aus dem Moskauer Sonderarchiv, in dem genau davon die Rede ist, ist allerdings mit einiger Sicherheit als britische Fälschung zu betrachten.[42] Als ihr Autor kann der britische Journalist Henry Wickham Steed gelten, der im Ersten Weltkrieg die britische Propaganda gegen die habsburgische Dynastie geleitet hatte. Danach war er zeitweilig Chefredakteur der *Times* und galt als Osteuropa-Experte, der schon früh vor Hitler gewarnt hatte. Angeblich hatte ein ehemaliger österreichischer Offizier an der Wehrmachtakademie den Vortrag Halders mitgeschrieben. Die Notizen wurden in London und Moskau in offizielle Kanäle geleitet, fanden aber anscheinend keine Beachtung.

Ist die Halder-Rede, wie sie im Sonderarchiv Moskau und im Public Record Office in London überliefert ist, echt, dann wird die hier vertretene These bestätigt, dass ein Feldzug gegen die UdSSR im Juni 1939 durchaus eine reale Möglichkeit gewesen ist. Mit Halders angeblichen Worten heißt es, nach der Niederwerfung Polens »wird dann eine siegreiche Armee, erfüllt mit dem Geist gewonnener Riesenschlachten, bereitstehen, um entweder dem Bolschewismus entgegenzutreten oder, die Vorteile der inneren Linie nutzend, nach dem Westen geworfen zu werden, um dort die Entscheidung rasch, aber gründlich zu erringen.«[43] Ist die Halder-Rede dagegen eine Fälschung britischer Spezialisten, spiegelt sie zumindest den zeitgenössischen Erwartungshorizont über Fähigkeiten und Absichten der deutschen Armee wider.

Das tatsächliche Bemühen der Westmächte um Zeitgewinn, ohne bindende Verpflichtungen gegenüber Stalin eingehen zu müssen, kam Hitlers Interessen entgegen. Es ließ ihm alle Optionen offen und förderte seine Hoffnung, Polen isolieren und militärisch niederwerfen zu können, ohne damit den gefürchteten Weltkrieg an mehreren Fronten zu entfesseln. Diese Ideallösung hätte die Wehrmacht nach einem kurzen Kampf gegen die polnische Armee bis vor die Tore von Minsk und tief in die Ukraine hinein geführt, was unter Einbeziehung der baltischen Staaten ein Sprungbrett gegen die UdSSR geschaffen hätte.

Vom Hitler-Stalin-Pakt zum »Unternehmen Barbarossa«

■ Die Enttäuschung über die Hinwendung Polens zu Großbritannien im März 1939 hatte Hitler dazu gebracht, über die Rolle der UdSSR neu nachzudenken. Es ging um einen taktischen Schachzug, um Stalin davon abzuhalten, sich mit den Westmächten über eine gemeinsame Frontstellung gegen Deutschland zu verständigen. Dabei spielte die sowjetische Militärmacht eine geringe Rolle. Sie stellte keine reale Bedrohung für das Reich dar. Für Hitlers Kalkül war die Frage der Wirtschaftsbeziehungen bedeutsamer. Verhandlungen über einen neuen Handelsvertrag waren Anfang des Jahres nahezu versandet.[1] Stalins überraschende Ankündigung am 13. März, er sei nicht bereit, für den Westen »die Kastanien aus dem Feuer zu holen«, hatte die Deutsche Botschaft in Moskau sofort zum Anlass genommen, auf die Bedeutung des sowjetischen Rohstoffpotentials für die deutsche Kriegsvorbereitung hinzuweisen. Die sowjetische Seite spielte weiter mit, als die Nachrichtenagentur Tass durchblicken ließ, dass die UdSSR bereit sein könnte, im Falle eines deutsch-polnischen Konflikts das Reich mit Rohstoffen zu beliefern.

Das Auswärtige Amt in Berlin versuchte sofort, die überraschenden Signale Stalins auf ihre Glaubwürdigkeit zu testen. Im Rahmen der doppelgleisigen Verhandlungen, die Moskau im Sommer 1939 einerseits mit den Westmächten über Militärfragen, andererseits mit dem Reich über Handelsfragen führte, boten die deutschen Diplomaten eine Teilung Polens an, um eine Wiederaufnahme der Wirtschaftsgespräche zu erreichen. Als Moskau zusätzliche Ansprüche auf die baltischen Staaten und Finnland erkennen ließ, zögerte Hitler Ende Juni. Kam es zum Krieg gegen Polen, würde sich die Besetzung des östlichen Teils durch die Rote Armee für die Wehrmacht strategisch nicht weiter nachteilig auswirken. Die Ausweitung der territorialen Ansprüche Stalins hingegen war geeignet, einen späteren deutschen Angriff zu erschweren.

Als sich die UdSSR Ende Juli 1939 mit den Westmächten über einen Beistandspakt verständigte, sah sich Hitler zum Handeln gezwungen. Auf seine Anweisung hin sorgte das Auswärtige Amt zunächst für den Abschluss eines deutsch-sowjetischen Kreditabkommens. Mit dem Vertrag vom 19. August verpflichtete sich die Sowjetunion, in den folgenden zwei Jahren kriegswichtige Rohstoffe an das Reich im Austausch gegen Industriegüter zu liefern. Ob der Wirtschaftsaustausch tatsächlich funktionieren würde, blieb aus Hitlers Sicht nebensächlich. Die bloße

Perspektive war schon geeignet, die Besorgnisse in deutschen Führungskreisen über die Wirtschaftslage im Kriegsfall zu zerstreuen. Zugleich mussten die Westmächte damit rechnen, dass im Falle eines militärischen Eingreifens zugunsten Polens die geplante Blockade gegen das Reich unwirksam sein würde, was sie nach Hitlers Kalkül dazu veranlassen könnte, auf den Kriegsentschluss zu verzichten.

Für das Kreditabkommen wollte Stalin weitergehende territoriale deutsche Zusicherungen. So flog Ribbentrop am 23. August nach Moskau und unterzeichnete einen deutsch-sowjetischen Nichtangriffspakt, der den französisch-britisch-sowjetischen Militärpakt hinfällig machte. Die UdSSR nahm damit gegenüber dem deutschen Aufmarsch gegen Polen eine vordergründig neutrale Haltung ein. Für Hitler hätte das ausgereicht, um den Überfall beginnen zu können. Aber Stalin beharrte auf einem geheimen Zusatzabkommen, dessen Existenz die sowjetische Geschichtsschreibung mehr als fünf Jahrzehnte lang geleugnet hat. Dieses erste Abkommen legte »Interessensphären« in Ostmitteleuropa fest. Sie umfassten mehr als die Aufteilung Polens, in dem es, ohne Einzelheiten festzulegen, einen sowjetischen Zugriff auf Finnland, Estland, Lettland und Bessarabien ermöglichte, was in etwa der alten Grenze Russlands von 1914 entsprach. Litauen kam erst in einem zweiten Zusatzabkommen vom 28. September zum Einflussbereich der UdSSR.

Bis zu der entsprechenden sowjetischen Forderung im August 1939 hatte es kein Anzeichen dafür gegeben, dass Hitler bereit gewesen wäre, auf Ostpolen, Finnland und das Baltikum zu verzichten. Um noch rechtzeitig den Propagandacoup eines scheinbaren deutsch-sowjetischen Einvernehmens zu starten, hatte er seinem Außenminister die Vollmacht erteilt, jeden gewünschten Preis zu bezahlen, Hauptsache der Nichtangriffsvertrag trat mit sofortiger Wirkung in Kraft. Alles andere war nebensächlich. Eine Teilung Polens nach historischem Vorbild wäre aus Hitlers Sicht ohnehin nur von kurzer Dauer.

Spricht Hitlers Bereitschaft, sich mit Stalin über eine Aufteilung Osteuropas zu verständigen, tatsächlich dafür, dass er 1939 seine aggressiven Absichten gegenüber der Sowjetunion vorerst zurückgestellt hat und nach dem Sieg über die polnische Armee unbedingt die Westmächte angreifen wollte? In seiner Ansprache vor den militärischen Führern am 22. August 1939, einem weiteren Schlüsseldokument zur Auslösung des Zweiten Weltkriegs, ging es ihm vor allem darum, die Generale und Admirale in der großen Halle des Berghofes davon zu überzeugen, dass jetzt durch den Pakt mit Stalin die Gefahr eines Zweifrontenkrieges vermieden werde. Er vertraute auf die Schockwirkung gegenüber den Westmächten und Polen, um sein Ziel einer isolierten Niederwerfung Polens doch noch erreichen zu können.

Der Nichtangriffsvertrag sicherte ihm zumindest auf dem Papier zu, dass die Rote Armee Polen bei einem deutschen Angriff nicht unterstützen würde. Der größte Vorteil lag im Moment darin, dass die militärischen Verhandlungen Moskaus mit den Briten und Franzosen damit endgültig begraben waren. Polens militärische Lage schien nun hoffnungslos, es sei denn, die Westmächte wären zu einer

Nach der Unterzeichnung des Hitler-Stalin-Pakts am 23. August 1939; v. l. n. r.: Reichsaußenminister Joachim von Ribbentrop, Legationsrat Andor Hencke, Josef Stalin, Legationsrat Gustav Hilger, der sowjetische Außenminister Wjatscheslaw Molotow.

raschen Gegenoffensive im Westen bereit. Um dieser Gefahr zu begegnen, hatte die Wehrmacht hinter dem Westwall einen Teil ihrer weniger kampfkräftigen Divisionen aufmarschieren lassen. Aber das war nur eine Rückversicherung. An eine ernsthafte Gefahr aus dem Westen dachte zunächst niemand.

»Alles was ich unternehme, ist gegen Russland gerichtet.«

Den befehlsgemäß in Zivilkleidung erschienenen Oberbefehlshabern der Wehrmachtteile sowie den wichtigsten Befehlshabern der Heeresgruppen und Armeen wollte Hitler am 22. August 1939 vor allem seine Entschlossenheit zum Angriff demonstrieren. Einzuräumen, dass er sich in seinen Plänen gegenüber der UdSSR und in diesem Zusammenhang auch in seiner Einschätzung der Haltung Polens getäuscht hatte, wäre ein schlechter psychologischer Einstieg in die bisher wichtigste interne Besprechung als Reichskanzler gewesen. Das hätte vielleicht Widerspruch ermutigen können, den er um keinen Preis gebrauchen konnte. Hitler sprach im Stehen mit lockerer Haltung, den rechten Arm auf einen Konzertflügel gestützt, rund 90 Minuten. Nach einem gemeinsamen Mittagessen folgte noch einmal eine Ansprache, nun hauptsächlich zum militärischen Vorgehen gegen Polen.

Die dokumentarische Überlieferung auch dieser Ansprache ist nicht unproblematisch.[2] Sie enthält zunächst eine widersprüchliche Darlegung seiner Entscheidung, sich gegen Polen zu wenden.

Hitler in seiner Ansprache an die Oberbefehlshaber am 22. August 1939:
»Ich fasste den Entschluss bereits im Frühjahr, dachte aber, dass ich mich zunächst in einigen Jahren [!] gegen den Westen wenden würde und dann erst gegen den Osten. Aber die Zeitfolge lässt sich nicht festlegen. Man darf auch vor bedrohlichen Lagen nicht die Augen schließen. Ich wollte zunächst mit Polen ein tragbares Verhältnis herstellen, um zunächst gegen den Westen zu kämpfen. Dieser mir sympathische Plan war aber nicht durchführbar, da sich Wesentliches geändert hatte. Es wurde mir klar, dass bei einer Auseinandersetzung mit dem Westen Polen uns angreifen würde. Polen strebt den Zugang zum Meer an. Nach der Besetzung des Memelgebietes zeigte sich die weitere Entwicklung, und es wurde mir klar, dass u. U. eine Auseinandersetzung mit Polen zu einem ungünstigen Zeitpunkt kommen könnte.«[3]

Diente Hitlers Bemühen um Polen tatsächlich nur dazu, einen Krieg gegen die Westmächte zu ermöglichen? Höchst unwahrscheinlich, denn die Wehrmacht führte einen Deckungsaufmarsch durch, hatte aber keinen offensiven Kriegsplan gegen die Westmächte erarbeitet. Es waren ihre Bautruppen, die sich im Einsatz befanden und fleißig am Westwall betonierten. Und im Übrigen wurden Vorbereitungen getroffen, die Bevölkerung aus den westlichen Grenzgebieten im großen Stile zu evakuieren, um den Kampf im eigenen Lande führen zu können. Ebenso unwahrscheinlich war die angebliche Gefahr, dass Polen ihm in den Rücken fallen könnte. Zehn Tage zuvor hatte Hitler gegenüber Carl J. Burckhardt, dem Völkerbundkommissar in Danzig, bei dessen Durchreise nach London auf dem Berghof ganz andere Erklärungen abgegeben.

Hitler zu Carl J. Burckhardt am 11. August 1939:
»Ich habe keinen Wunsch, zu herrschen. Vor allem will ich vom Westen nichts, heute nicht und nicht morgen. Ich wünsche nichts von den dichtbesiedelten Regionen der Welt. Hier suche ich nichts und ein für allemal: gar nichts. All die Ideen, die mir die Leute zuschreiben, sind Erfindungen. Aber ich muss freie Hand im Osten haben. [...] Alles was ich unternehme, ist gegen Russland gerichtet; wenn der Westen zu dumm und zu blind ist, um dies zu begreifen, werde ich gezwungen sein, mich mit den Russen zu verständigen, den Westen zu schlagen und dann nach seiner Niederlage mich mit meinen versammelten Kräften gegen die Sowjetunion zu wenden.«[4]

Daraus folgte: Wenn der Westen stillhalten und Polen nachgeben würde, könnte die Wehrmacht auch gleich den eigentlichen Gegner, die Rote Armee, niederwerfen.[5] Nur wenn ihm Großbritannien die »freie Hand im Osten« verweigerte und ihn an die Kette zu legen versuchte, wäre er gezwungen, im Westen loszuschlagen.

Wann und gegenüber wem sprach der Diktator mit ehrlichem Sinn? Hitlers Ansprache vor der militärischen Führungsspitze am 22. August war in Bezug auf Russland ebenfalls widersprüchlich. Einerseits verwies er auf Stalins Interesse an einer langfristigen Kooperation und auf dringend benötigte sowjetische Rohstofflieferungen, andererseits unterstellte er, dass Stalin keinen Krieg gegen Deutschland riskieren könne, weil es dann zu einem Zusammenbruch der UdSSR komme. Dann – fast in einem Atemzug – fügte er an, er werde mit Russland das Gleiche machen wie mit Polen. »Nach Stalins Tod, er ist ein schwerkranker Mann, zerbrechen wir die Sowjetunion. Dann dämmert die deutsche Erdherrschaft herauf.«[6] Stalin hat Hitler bekanntlich acht Jahre überlebt, und der deutsche Diktator dachte auch gar nicht daran, mit dem geplanten Überfall allzu lange zu warten. Hitlers merkwürdige Spekulation über Stalins Tod ist zumindest ein Hinweis darauf, dass er die oben zitierte Denkschrift aus dem Amt Rosenberg zur Ostpolitik offenbar zur Kenntnis genommen hatte.

Nach einer anderen Aufzeichnung seiner Rede sagte er. »Ich war überzeugt, dass Stalin nie auf das englische Angebot eingehen würde. Russland hat kein Interesse an der Erhaltung Polens, und dann weiß Stalín, dass es mit seinem Regime zu Ende ist, einerlei, ob seine Soldaten siegreich oder geschlagen aus einem Krieg hervorgehen.«[7] In diesem Satz enthüllt sich sein bisheriges antisowjetisches Programm, denn in welchem Krieg sollten Stalins Soldaten wohl geschlagen werden können, wenn nicht in einem Krieg mit der Wehrmacht? Außerdem zeigt sich seine Erwartung, dass ein bloßer Anstoß genügen würde, um das Sowjetregime zum Einsturz zu bringen – ein fataler Irrtum, der ein Jahr später in die Planung von »Barbarossa« einfließen und zum Scheitern von Hitlers Ostkrieg beitragen sollte.

Allem Anschein nach hielt es der »Führer« für klüger, die militärische Führungsspitze nicht damit zu beunruhigen, dass er eine Ausweitung des Ostkrieges im Sinne hatte. Jetzt lag ihm erst einmal daran, mit dem Verweis auf Stalins Neutralität und wirtschaftliche Unterstützung die Sorge der Militärs vor einem Zweifrontenkrieg zu besänftigen. Ansonsten schwadronierte er triumphierend über die Schwäche seiner Gegner, die es nicht wagen würden, Polen zu unterstützen. Auch die Sorge vor einem langen Blockadekrieg erklärte er für unbegründet. Mit besonderem Nachdruck forderte er eine schnelle Kriegsentscheidung gegen Polen durch rücksichtslose Vorstöße bis zur völligen Vernichtung des Feindes.

Manche seiner Äußerungen sind in diesem Zusammenhang als Hinweis auf seine rassenideologische Vernichtungsstrategie interpretiert worden. Doch Formulierungen wie »größte Härte« und »brutales Vorgehen« zielen bei genauer Betrachtung nicht auf die Zivilbevölkerung, sondern gegen das polnische Militär.

Hier schien es ihm wohl wichtig zu sein, vor »Mitleid« zu warnen. Später, im Frühjahr 1941, fand er für die Rotarmisten die Formel »Keine Kameraden« – die Parole hätte 1939 auch auf die Polen gemünzt werden können. Im Zusammenhang mit der Frage nach einem möglichen Krieg gegen die Sowjetunion 1939 ist besonders wichtig, dass Hitler mehrfach davon sprach, es ginge nicht um das »Erreichen einer bestimmten Linie« und die militärischen Operationen sollten keine Rücksicht nehmen auf eine spätere Grenzziehung. Und im Hinblick auf die künftige Grenze zur UdSSR ist die Formulierung bemerkenswert, dass man an ein »Protektorat als Vorgelände« denken könne. Das hielt die polnische Option immerhin offen.

Als Ribbentrop einen Tag später nach Moskau flog, fiel die Verständigung mit der sowjetischen Seite auch deshalb leicht, weil neben dem Nichtangriffsvertrag die Forderungen Stalins noch sehr vage gehalten waren. Das geheime Zusatzprotokoll skizzierte lediglich eine »Abgrenzung der beiderseitigen Interessensphären in Osteuropa«. Demnach fielen Finnland, Estland und Lettland sowie Bessarabien in den sowjetischen Bereich, was immer zu diesem Zeitpunkt unter »Interessensphäre« zu verstehen war. Litauen sollte in den deutschen Bereich fallen, einschließlich des Anspruchs auf das Wilna-Gebiet. Konkreter war die beabsichtigte Teilung Polens entlang der Flüsse San, Weichsel und Narew, was in etwa der sogenannten Curzon-Linie entsprach, die in Versailles festgelegt, von Polen aber nicht anerkannt worden war. Diese Verabredungen am 23. August 1939 blieben zunächst noch lose Absichtserklärungen und konnten später geändert werden.

Das Abkommen vom 23. August 1939 war also zunächst nicht mehr als ein »Stillhalteabkommen« (Klaus Hildebrand) zwischen beiden Parteien, ein Ergebnis der Zwangslage, in die sich Hitler mit seiner antipolnischen Wende hineinmanövriert und die Stalin geschickt für sich genutzt hatte. Gegenüber seinen Militärs stellte sich der »Führer« natürlich als überlegener Schachspieler dar, der in dem Nervenkrieg bereits gesiegt hatte. Nun seien die Soldaten am Zuge. Rosenberg als sein wichtigster ostpolitischer Berater zeigte sich nicht überzeugt und war enttäuscht. Es fehlte ihm zwar nicht am Verständnis dafür, dass »Übergänge« erforderlich sein konnten, um das Ziel einer Dekomposition Russlands zu erreichen. Drei Monate zuvor hatte er sich in einer langen Aussprache mit Göring im Hinblick auf den sich abzeichnenden Konflikt mit Polen darüber verständigt.[8] Beide hatten sich seit 1935 für das Konzept einer antisowjetischen Interventionspolitik massiv eingesetzt und dafür auf die Zusammenarbeit mit Polen, England und Japan gesetzt. Wenn Polen jetzt ausfiel und die Haltung Japans undurchsichtig blieb, dann kam es umso mehr darauf an, England einzubinden.

Rosenberg fragte sich deshalb, ob man nicht statt der aus seiner Sicht peinlichen und riskanten Annäherung an Moskau besser die andere Lösung hätte verfolgen sollen, nämlich durch den ausdrücklichen Verzicht auf die ehemaligen deutschen Kolonien Großbritannien dafür zu gewinnen, Deutschland die Expansion nach Osten – entsprechend dem Plan von 1934 – zu ermöglichen.[9] Göring und Rosenberg waren sich darin einig, dass Ribbentrop ein arroganter Dummkopf sei, dem es an nationalsozialistischer Prägung mangele und der mit seiner antibritischen Gesinnung auf den »Führer« einen unheilvollen Einfluss ausübe.

Rosenberg am 25. August 1939 über den Abschluss des deutsch-sowjetischen Nichtangriffsvertrags:
»Ich habe das Gefühl als ob sich dieser Moskau-Pakt irgendwann am Nationalsozialismus rächen wird. Das war nicht ein Schritt aus freiem Entschluss, sondern die Handlung einer Zwangslage, ein Bittgesuch seitens einer Revolution gegenüber dem Haupt einer anderen, die niederzukämpfen das vorgehaltene Ideal eines 20-jährigen Kampfes gewesen ist. Wie können wir noch von der Rettung und Gestaltung Europas sprechen, wenn wir den Zerstörer Europas um Hilfe bitten müssen? Wir können heute auch nicht offen sagen, durch ein Zusammengehen würden wir nach und nach in Russland eine Änderung herbeiführen, um dadurch wirklich an das russische Volk heranzukommen. Wenn wir zudem der Sowjet-Union das Territorium der poln.[ischen] Ukraine überlassen müssen, so ist das nach der Karpatho-Ukr.[aine] der zweite Schlag unsererseits gegen die stärkste antimoskowitische Kraft. Das mag sich auch jetzt noch nicht auswirken, wohl aber in späteren Zeiten. Aber da nun einmal ein entscheidender Entschluss gefasst worden war, so ergibt sich das, und noch manches andere, mit Konsequenz.
Und wieder entsteht die Frage: musste diese Situation kommen? Musste die polnische Frage jetzt gelöst werden und in dieser Form? Heute kann niemand darauf eine Antwort geben. Ich jedenfalls halte Ribbentrop für den Verbrecher Iswolsky, der auch aus gekränkter Eitelkeit die ›Gründe‹ zu seiner politischen Haltung schöpfte.«[10]

Am 22. August 1939, als Hitler auf dem Obersalzberg seine entscheidende Rede vor den Oberbefehlshabern hielt, traf in Berlin Oberst im Generalstab Eduard Wagner ein, der einige Monate lang das Artillerie-Regiment 10 in Regensburg kommandiert hatte. Es war die routinemäßige Truppenverwendung eines Generalstabsoffiziers, der seit 1936 als Abteilungschef im Generalstab des Heeres gearbeitet hatte. Im Bereich des Generalquartiermeisters war er in den vergangenen Jahren unter anderem für die planerischen Vorbereitungen zuständig gewesen, um im Falle einer Bedrohung der Ostgrenze die Bevölkerung in Ostpreußen und Schlesien zu evakuieren. Der Angriffsbefehl gegen Polen und der »Russenpakt« machten solche Vorbereitungen Ende August 1939 überflüssig. Wagner, der zu einer der Schlüsselfiguren des »Unternehmens Barbarossa« avancieren sollte, übernahm mit der Mobilmachung den Dienstposten des Chefs des Generalstabs von Generalquartiermeister Eugen Müller. Damit wurde er mit der gesamten Logistik des Heeres sowie mit der Organisation der Militärverwaltung im Feindgebiet betraut. Zu seinen ersten Aufgaben gehörte es, mit Reinhard Heydrich Verhandlungen über den Einsatz von SS und Polizei in Polen zu führen.

Wagners Tagebuch macht die gedrückte Stimmung im Generalstab deutlich. In dem Befehlschaos der letzten Tage vor Kriegsbeginn schien es nur zwei sichere Annahmen zu geben: Russland wird nicht eingreifen, und der »Führer« ist zuversichtlich, dass sich auch die Westmächte zurückhalten werden, wenn der Angriff auf Polen startet. Die letzten Gespräche mit der britischen Seite erweckten bei Wagner den Eindruck, dass eine Verständigung mit London möglich sein könnte, aber der »Führer hofft, Polen doch noch hauen zu können.«[11] Göring bemühte sich dessen ungeachtet bis Ende August 1939 intensiv darum, doch noch einen deutsch-britischen Konsens herbeizuführen. Dieser Konsens hätte Polen einige Zugeständnisse abverlangt und ins deutsche Fahrwasser bzw. in einen antisowjetischen »Schützengraben« geführt. Doch Hitler wollte endlich Krieg führen, so viel stand fest. Und seit April 1939 war er entschlossen, Polen als militärischen Faktor auszulöschen. Die Enttäuschung über sein vergebliches Werben für eine gemeinsame antisowjetische Front gab den letzten Ausschlag, nicht ein durchdachter Kriegsplan.

Für Wagner wie die meisten Offiziere seiner Generation war ein Krieg gegen Polen populär, trotz der offiziellen »Freundschaft« in den Jahren zuvor. Dieser Krieg konnte auch als eine wünschenswerte, unproblematische Bewährungsprobe für die neue Armee betrachtet werden, die man in fieberhafter Arbeit aufgebaut hatte. Wenn man auch die Militärmacht UdSSR nicht fürchtete, so war es doch nützlich, wenn Moskau neutral blieb, falls es wider Erwarten zu dem befürchteten Zusammenstoß mit den Westmächten kommen sollte. Wagner sah aus dem Blickwinkel seines Ressorts noch einen weiteren Vorteil: Der »Russenpakt« würde es der Wehrmacht ersparen, in den Weiten des östlichen Polen eine größere Zahl von Sicherungsdivisionen einsetzen zu müssen. Sollten sich doch die Russen mit den rebellischen Polen herumärgern.

Auch das Marinegruppenkommando Ost unter Admiral Albrecht registrierte die Mitteilung Hitlers am 22. August 1939 über den Abschluss des Paktes mit Stalin mit großer Erleichterung.[12] Als vier Wochen später mit dem geheimen Zusatzabkommen für die Eingeweihten der Preis erkennbar wurde, den Hitler für den großen Bluff zu zahlen bereit gewesen war, dürfte in der Marinestation der Ostsee das Entsetzen allerdings besonders groß gewesen sein.

September 1939: Erhält Hitler »freie Hand im Osten«?

Als der Angriff auf Polen schließlich am Morgen des 1. September begann, gab es noch immer mehrere Möglichkeiten. Der Weg in den Krieg war keine Einbahnstraße! Bis zum 3. September glaubte Hitler offenbar fest daran, dass die Westmächte ihre Kriegsdrohung nicht wahrmachen würden. Als sie dann doch ultimativ den deutschen Rückzug aus Polen forderten, reagierte er völlig still und regungslos, wie erstarrt und mit der Frage an seinen Außenminister: »Was nun?«[13]

Nach der Kriegserklärung am 3. September 1939 blieb Hitler die Hoffnung, dass es keine ernsthaften militärischen Aktionen im Westen geben werde. Wenn die polnische Armee nach kurzem Widerstand kapitulieren würde, wäre Hitler – bei Neutralität bzw. Passivität der Westmächte – in der Lage, das gesamte polnische Territorium zu besetzen und eine günstige Aufmarschposition gegenüber der UdSSR zu gewinnen. Unter Umständen hätte er sogar mit einer neuen polnischen Regierung eine Zusammenarbeit vereinbaren können, so wie das neun Monate später mit der Staatsführung unter Marschall Pétain im besiegten Frankreich möglich wurde. Was galt ihm schon ein Vertragspapier mit dem »Teufel« Stalin! Das musste nicht sofort zu einem militärischen Schlagabtausch mit der Roten Armee führen. Die Jahreszeit war dafür ohnehin nicht geeignet. Aber warum sollte Hitler zulassen, dass Stalin die strategisch günstigen Positionen in Finnland, dem Baltikum und der Westukraine besetzte, wenn er selbst zu einem Einvernehmen mit den Westmächten kommen könnte und dann die Rückendeckung im Osten nicht mehr brauchte? Die offizielle deutsche »Friedenspropaganda« zielte vor allem auf Frankreich, dessen große Armee am Rhein »Gewehr bei Fuß« stand. Der Begriff »Krieg« sollte nach der Anweisung von Goebbels möglichst in der eigenen Presse vermieden werden, um die deutsche Bevölkerung und die Weltöffentlichkeit über die Absichten der NS-Führung zu täuschen und den Kriegswillen des Gegners zu schwächen. Auch im OKH hofften viele auf einen Erfolg der politischen Führung.[14] Dann wäre die Wehrmacht wieder nach allen Seiten frei verfügbar. »Freie Hand im Osten« – dieses Ziel der deutschen Politik seit 1933 schien zum Greifen nahe.

Der Feldzug gegen Polen verlief militärisch zunächst erfolgreich. Als die vordersten Spitzen der 10. Armee am 8. September 1939 den Stadtrand von Warschau erreichten, schien ein schneller Zugriff auf die polnische Hauptstadt möglich zu sein. Das hätte den Feldzug bereits nach einer Woche beenden können. Doch der hartnäckige Widerstand Polens zwang Hitler in eine engere Kooperation mit der UdSSR, als er es vermutlich ursprünglich geplant hat. In Ostpreußen war mit der Mobilmachung die 3. Armee aufgestellt worden, die als nördlicher Angriffsflügel schon beim Halder-Kriegsspiel eine wichtige Rolle gespielt hatte. Im Mai hatte man in Rechnung gestellt, dass sie nicht direkt auf die polnische Hauptstadt, sondern ostwärts davon vorgehen würde, um zwischen Weichsel und Bug »eine günstige Ausgangsposition gegen die von Osten später zu erwartenden russischen Armeen zu gewinnen«.

Noch im August hatte dann die Führung der Sowjetarmee den Westmächten einen eigenen Vorstoß über Wilna nach Ostpreußen in Aussicht gestellt, was einen direkten Stoß in die linke Flanke bzw. in den Rücken der deutschen 3. Armee bedeutet hätte. Die Zusicherung der sowjetischen Neutralität veränderte innerhalb von wenigen Tagen die militärischen Dispositionen auf deutscher Seite.[15] Die

Sicherung der linken Flanke gegenüber den wenigen polnischen Truppen im Wilna-Gebiet konnten kleinere Reserve-Formationen übernehmen, die – wie 1914 – hauptsächlich aus Forstangestellten bestanden.

Die 3. Armee unter der Führung des Generals der Artillerie Georg von Küchler war deshalb in der Lage, sich mit allen aktiven Verbänden nach Süden zu wenden und die beiden Festungsbereiche von Modlin und Warschau anzugreifen, die das »Herz« Polens schützten. Auf dem alten Schlachtfeld von 1920 gerieten auch die Deutschen trotz ihrer waffentechnischen und operativen Überlegenheit in erhebliche Schwierigkeiten. Die Polen kämpften verbissen und aufopferungsvoll fast drei Wochen um ihr Zentrum. Erst am 28. bzw. 29. September kapitulierten beide Festungen. Ihr Schicksal war bereits besiegelt gewesen, als die französische Armee am 6. September nur einen schwachen Vorstoß an der Westfront unternahm und die Rote Armee ab 17. September der polnischen Armee in den Rücken fiel. Im Rahmen des Paktabschlusses vom 23. August waren keine konkreten militärischen Absprachen getroffen worden. In der Annahme einer schnellen militärischen Entscheidung hatte man auf deutscher Seite zunächst wenig Interesse an einer Beteiligung sowjetischer Truppen. Doch als sich nach zehn Tagen der polnische Widerstand bei Warschau versteifte und ein, wenn auch schwacher Entlastungsangriff der Westmächte begann, wurde man in Berlin unruhig. Während Stalin im Prinzip die Entwicklung in Ruhe abwarten konnte, drängte das OKH auf eine baldige Schwerpunktverlagerung nach Westen. Dafür schien ein militärisches Eingreifen der Roten Armee in Polen als dringlich, um deutsche Truppen freizumachen. Den deutschen Aufforderungen folgte Stalin, in dem er am 17. September seine Armeen auf breiter Front über die polnische Grenze vorrücken ließ.

In der ersten Woche des Feldzugs waren die Kräfte der Heeresgruppe Nord ebenfalls rasch vorangekommen.[16] Neben der 3. Armee in Ostpreußen gehörte dazu die 4. Armee in Pommern, die den Auftrag hatte, den Korridor zu erobern und so die Verbindung nach Ostpreußen herzustellen. Sie sollte dann am östlichen Weichselufer den Vorstoß der 3. Armee unterstützen. Fedor von Bock, der Oberbefehlshaber der Heeresgruppe Nord, konnte sich am 5. September mit seiner Vorstellung durchsetzen, einen zweiten Ostflügel zu bilden. Dieser sollte eine weit ausholende Umfassung in Richtung Brest-Litowsk und Lublin führen, um eine sich vielleicht in Zentralpolen bildende Kräftegruppierung des Gegners einkesseln zu können. Zu diesem Zeitpunkt war das mögliche Eingreifen der Roten Armee zugunsten der Wehrmacht noch völlig offen. Für die Umfassung erhielt die Heeresgruppe die Erlaubnis, die motorisierten Kräfte aus der 4. Armee, die gerade erst den Korridor durchbrochen hatten, herauszuziehen und quer zur Front hinter der 3. Armee in den Raum Lötzen zu führen. Dabei handelt es sich um das XIX. Armeekorps unter Heinz Guderian, den »Schöpfer der deutschen Panzerwaffe«. Mit zwei motorisierten Infanteriedivisionen und einer Panzerdivision demonstrierte er beispielhaft die Möglichkeiten schneller und weiträumiger operativer Bewegungen, für die beim Kriegsspiel Halders im Mai 1939 noch die Zuversicht gefehlt hatte.

Deutsche und sowjetische Soldaten bei der gemeinsamen Siegesparade in Brest-Litowsk, 22. September 1939.

Mit seinem Korps hatte Guderian innerhalb weniger Tage von Pommern aus die Weichsel erreicht, anschließend Danzig freigekämpft, war dann über 200 Kilometer nach Lötzen transportiert worden, um von dort erneut antretend im Rücken der polnischen Front fast 300 Kilometer am Ostufer des Bug über Brest-Litowsk bis Włodawa vorzustoßen. Während die Schlacht um Warschau geführt wurde, deckte er mit seinen Kräften die 3. Armee nach Osten ab, bis die Spitzen der Roten Armee eintrafen. Mit der Eroberung des Raumes zwischen Narew und Bug hatte Guderian jene fiktive nördliche Rollbahn bis zu den Pripjet-Sümpfen freigeräumt, die sowohl im Ersten Weltkrieg als auch in militärischen Überlegungen der dreißiger Jahre als Ausgangsbasis für einen Angriff auf das Baltikum und das russische Zentrum angesehen worden war. Man weiß nicht, was Guderian bei einer gemeinsamen Parade anlässlich der Übergabe des Gebiets an die sowjetischen Panzertruppen gedacht hat. Mit seinem Korps verließ er jedenfalls einen Teil Polens, in den er ziemlich genau ein Jahr später zurückkehren würde, um einen wichtigen Teil der Planung und Vorbereitung von »Barbarossa« zu übernehmen. Doch dazu später.

Auf der fiktiven südlichen Rollbahn hatte die 14. Armee über Krakau in Richtung Ukraine vorstoßend innerhalb von zwei Wochen den San überschritten und den Bug erreicht. Die rechte Flanke, also die südlichste deutsche Gruppierung des

Polenfeldzugs, bildete das XVIII. Armeekorps. Zu dem teilmotorisierten Verband gehörte, dem Gelände entsprechend, auch eine Gebirgsdivision. Zusammen mit der slowakischen Armee (drei Divisionen und eine schnelle Abteilung) war die Gruppierung von der südlichen Slowakei aus angetreten, um auf der alten Heerstraße möglichst rasch Lemberg, die Hauptstadt der Westukraine, zu erreichen. Die Einnahme misslang am 16. September. Die Deutschen konnten sich nicht halten und mussten ausweichen. Am nächsten Tag begann die Rote Armee mit ihrem Vormarsch auch in der Ukraine. So kam es zu einem Wettlauf auf Lemberg. Am 19. stießen Deutsche und Russen aufeinander. Eduard Wagner notierte in seinem Tagebuch: »Die Begegnung mit den Russen bei Lemberg war heute eigenartig. Zwei von uns zerschossene russische Panzerwagen und bei uns ein Offizier der 1. Gebirgsdivision tot. Versehen, weil die Einzeichnung in der russischen Karte nicht stimmte und die russischen Kampfwagen für polnische gehalten wurden. Nachdem aber die Umstände geklärt waren, erfolgte die vorgeschriebene freundschaftliche Begrüßung.«[17]

Die Vorschrift für das erste bewaffnete Zusammentreffen von Wehrmacht und Roter Armee auf polnischem Boden besagte, dass sich ein deutscher Offizier zu den fremden Truppen begeben sollte, um folgende Erklärung in russischer Sprache abzugeben: »Das deutsche Heer begrüsst die sowjetrussischen Truppen. Als Soldaten haben wir den Wunsch, mit den Soldaten der Sowjetunion in ein gutes, soldatisches Verhältnis zu treten. Der russische Soldat hat bei uns stets in hoher Achtung gestanden. Das soll auch für die Zukunft gelten.«[18] Dieses Versprechen hat die Wehrmacht nicht gehalten. Im September 1939 wurden aber zumindest die vereinbarten Demarkationslinien respektiert. Dort, wo die Deutschen über das Ziel hinausschossen, mussten sie sich wieder zurückziehen, wie aus Lemberg und Galizien. Das Tor zur Ukraine blieb versperrt. Der Wettlauf nach Lemberg sollte sich im Sommer 1941 wiederholen.

Zu Beginn der schwierigen Kämpfe um Warschau hatte die deutsche 3. Armee die Unterstützung von Kräften der Roten Armee erwartet, um die Einschließung der polnischen Hauptstadt im Osten vollenden und absichern zu können. Im Oberkommando der Armee stellte man sich sogar darauf ein, Sowjetverbände in die Front eingliedern zu können. Am 23. September ordnete Hitler an, Warschau vom Westen her einzunehmen, wofür die Luftwaffe schwere Bombardements durchführte. Die 3. Armee sollte sich in den Stellungen vor dem östlichen Industrievorort Praga und vor Nowy Dwor darauf vorbereiten, von russischen Truppen abgelöst zu werden, sobald diese in ausreichender Zahl herangeführt sein würden. Die eigenen Verbände hatten sich auf den Angriff gegen Modlin zu konzentrieren.[19]

Doch aus einem gemeinsamen Kampf von Wehrmacht und Roter Armee vor Warschau wurde nichts. Stalin dachte offenbar nicht daran, sich so weit vorzuwagen, und hielt seine Truppen bei Brest am Bug zurück. Stattdessen schlug er den Tausch des Gebiets Warschau und Lublin gegen Litauen vor. Das eröffnete ab dem 20. September eine neue Verhandlungsrunde, die gleichsam zur fünften Teilung

Polens führte. Hitler befand sich angesichts der strategischen Situation in einer außerordentlich misslichen Lage. Er brauchte dringend einen schnellen Abschluss der Kampfhandlungen in Polen, um seine Hauptkräfte an die Westfront werfen zu können. Andererseits hatte er bereits in aller Eile dafür gesorgt, den deutschen Einfluss auf das ihm zugesprochene Litauen auszubauen. Es gab Geheimverhandlungen, damit sich das Land unter den »Schutz« des Reiches stellte. Mit der möglichen Wegnahme von Wilna und der Rückgabe der alten litauischen Hauptstadt hätte er die Beziehungen zu dem strategisch wichtigen Nachbarn festigen können.

Nun bestand Stalin darauf, selbst den Litauern Wilna zurückzugeben und das Land unter seine eigene Kontrolle zu bringen. Angesichts der andauernden Kämpfe mit der polnischen Armee und des langsamen Vorrückens der Sowjettruppen hatte Hitler kaum eine andere Wahl, wollte er den Zweifrontenkrieg zumindest nach einer Seite, in Polen, rasch beenden. In seiner »Weisung Nr. 4 für die Kriegführung« vom 25. September kündigte Hitler an: »Die Entscheidung über die strategische Weiterführung des Krieges wird in kürzester Zeit fallen. Bis dahin dürfen die Maßnahmen der Wehrmachtteile, sowohl auf dem Gebiete der Organisation wie auf dem der Rüstung, keinem der möglichen Entschlüsse zuwiderlaufen. Die Möglichkeit einer jederzeitigen offensiven Führung des Krieges im Westen muss gewahrt sein. In Ostpreußen müssen genügend Kräfte bereitgehalten werden, um Litauen auch im Falle eines bewaffneten Widerstandes rasch in Besitz nehmen zu können.«[20] Zu den »möglichen Entschlüssen« gehörte, wie an dieser Stelle deutlich wird, auch die Fortsetzung der Offensive im Osten durch die Besetzung Litauens als dem Tor zum Baltikum, das ihm die deutsch-sowjetische Aufteilung Polens am 23. August offen gelassen hatte.

Der von Stalin schließlich erzwungene Verzicht auf Litauen ließ Hitler hoffen, bei den laufenden Wirtschaftsverhandlungen zumindest einen Extraprofit herausschlagen zu können. Die britische Blockade begann nach drei Wochen Krieg erste Wirkungen zu zeigen, umso wichtiger schien es den Wirtschaftsexperten, Moskaus Bereitschaft zu großzügigen Lieferungen strategischer Güter in einem neuen Handelsvertrag festzuschreiben.

Dass Großbritannien und Frankreich am 3. September entgegen Hitlers Erwartungen in den Krieg eingetreten waren, zwang ihn also nach dem Coup vom 23. August zum zweiten Mal dazu, sich Stalin stärker zu nähern, als es ihm vermutlich recht gewesen ist. Nun musste das Einvernehmen mit Moskau gepflegt und ausgebaut werden, zumindest vorläufig, solange nicht entschieden war, wie es an der Westfront weitergehen würde. Während Hunderttausende von Bürgern aus dem Saargebiet weiter ins Reich hinein evakuiert wurden, befand sich die Wehrmacht mehrere Wochen in einem Zweifrontenkrieg. Die erhoffte schnelle Entscheidung gegen Polen war erreicht worden, nicht zuletzt deshalb, weil man nur einen Teil des Landes erobern musste. Aber wie sollte es weitergehen? Würde auch im Westen eine grenznahe Entscheidungsschlacht geführt werden können, wie Hitler sich das vorstellte, oder wäre es günstiger, in den Westbefestigungen weiter defensiv zu bleiben? Für den Generalquartiermeister Wagner war es angesichts noch unklarer Verhältnisse in der Besatzungspolitik auf polnischem Boden zunächst eine schlichte Erleichterung seiner Arbeit, wenn jetzt die Rote Armee vorrückte. Er sei »jeden Tag erneut glücklich, dass uns dieses Gebiet abgenommen ist. Nun heißt es also kehrt Marsch in den Stellungskrieg.«[21]

Dass sich Paris und London entschlossen hatten, auf den Einmarsch der Roten Armee am 17. September in Ostpolen nicht mit einer Kriegserklärung an Stalin zu antworten, engte Hitlers strategische Möglichkeiten weiter ein. Wäre Warschau beim ersten Angriff in deutsche Hände gefallen und hätte sich ein polnischer Pétain gefunden, dann hätte Hitler, skrupellos genug ist er gewesen, die Chance gehabt, eine politische Kehrtwendung zu vollziehen und mit Rückendeckung im Westen die in Ostpolen eingedrungene Rote Armee zu überfallen, um sich dann als vermeintlicher Retter des Abendlandes vor dem Bolschewismus feiern zu lassen. Eine Kriegserklärung der Westmächte an Moskau wiederum hätte Stalin stärker in deutsche Abhängigkeit bringen können.

So nutzte Hitler die Gelegenheit seines Einzugs in Danzig in einer vom Rundfunk übertragenen Ansprache vor geladenen Gästen, um am 19. September 1939 an England zu appellieren, Frieden mit ihm zu schließen. Er rechtfertigte den Feldzug, der jetzt angeblich abgeschlossen war, und erinnerte an seinen Pakt mit Marschall Piłsudski. Dessen Nachfolger hätten die Beziehungen zwischen beiden Völkern vergiftet. Polen habe den Krieg gewählt und tapfer gekämpft, zumindest die einfachen Soldaten und die untere Führung, wenngleich es, durch die oberste Führung angeordnet, auch einen heimtückischen Heckenschützenkrieg gegeben habe. Jetzt sei ein Zustand erreicht, der es vielleicht möglich mache, »in Vernunft und Ruhe dereinst mit Vertretern dieses Volkes sprechen zu können.«[22]

Dann pries er die Verständigung mit Russland, das nicht bereit gewesen sei, »für die Ideale der westlichen Demokratie in die Bresche zu springen« und sich mit den Westmächten zu verbünden. Es sei eine englische Lüge, dass Deutschland die Absicht habe, »Europa bis zum Ural zu beherrschen«. Durch das Einvernehmen mit der UdSSR sei jetzt auch die Behauptung widerlegt worden, »dass Deutschland die Ukraine erobern will oder erobern wollte«. Er strebe vielmehr »ein aufrichtiges Freundschaftsverhältnis« mit dem britischen Volk an. Dass er diese »Freundschaft« anstrebte, um seinen Lebensraumkrieg im Osten führen zu können, sprach er tunlichst nicht aus. Aber man konnte es ja in seinen politischen Schriften nachlesen.

Da es kaum Anzeichen für ein Entgegenkommen der Briten gab, wäre es unklug gewesen, den neuen »Freund« im Osten gleich wieder zu verprellen. Wenn er Ribbentrop mit dem Auftrag nach Moskau schickte, bei der zweiten geheimen Verhandlungsrunde die Möglichkeit eines Militärbündnisses zu sondieren, spielte er wieder mit einer diplomatischen Variante, um die Westmächte zu beeindrucken und so doch noch an sein Ziel zu gelangen. Angesichts des Schweigens in London und Paris zu der sowjetischen Intervention in Polen konnte dieses Spiel nicht gelingen. Die Westmächte hielten sich gegenüber der UdSSR bedeckt und zeigten sich entschlossen, den Krieg gegen Deutschland um jeden Preis fortzusetzen. Das verschaffte Stalin eine bessere Position als Hitler.

Dem »Führer« blieb nur die Option, seine operativen Kräfte aus dem Osten abzuziehen und zunächst die Auseinandersetzung im Westen zu führen, denn ihm fehlte dafür auch die früher erhoffte Unterstützung durch Italien und Japan. So zahlte er einen hohen Preis. Der Rückzug aus Lemberg und vom südlichen Bug an die Weichsel sowie der Verzicht auf Litauen kamen einer strategischen Niederlage gleich. Diese Schlussfolgerung mag verblüffen, denn wer im »Pokerspiel der Diktatoren« im September 1939 den größeren Gewinn erzielt hat, scheint bis heute keineswegs ausgemacht zu sein. Lew Besymenski, der kürzlich verstorbene Doyen der russischen »Barbarossa«-Forscher, im Zweiten Weltkrieg in der Nähe der Mächtigen und mit Zugang zum Geheimarchiv Stalins, hatte zu Sowjetzeiten die These vertreten, Stalin habe durch den Pakt mit Hitler der UdSSR Zeit und ein wichtiges Vorfeld verschafft, um sich auf den Krieg vorzubereiten. In seinem letzten Buch von 2002 meinte er, für die Atempause habe die Sowjetunion später einen schrecklichen Preis zahlen müssen. Denn die Divisionen der Wehrmacht seien nach dem 22. Juni 1941 durch den Westen Weißrusslands, die Westukraine und das Baltikum gestürmt, wo die Rote Armee noch keine neuen Befestigungslinien hatte erbauen können.

Doch schon der Feldzug in Polen zeigte, dass Befestigungen im Zweiten Weltkrieg keine größere militärische Rolle mehr spielen konnten. Auch die Entscheidung im deutsch-sowjetischen Krieg fiel im Bewegungskrieg motorisierter Massenarmeen. Daher ist die These begründet, dass der Hitler-Stalin-Pakt der Roten Armee ein wichtiges Vorfeld verschaffte, aus dem sie größere strategische Vorteile ziehen konnte als die Wehrmacht.

Die deutsche Konzeption kriegsentscheidender Schlachten im grenznahen Bereich von etwa 250 Kilometern betraf jetzt den östlichen Teil Polens, verschob sich also entsprechend den Grenzveränderungen gegenüber der UdSSR nach Westen. Leningrad, Moskau und der Kaukasus als deutsche Fernziele rückten entsprechend weiter nach Osten. Die Rückeroberung des 1939/40 von Stalin besetzten Terrains durch die Deutschen im Juni / Juli 1941 kostete viel Mühe und Zeit, was vielleicht sogar über den Ausgang des »Unternehmens Barbarossa« entschied. Die Eroberung des Baltikums verlangte der Wehrmacht 1941 wochenlange schwere Kämpfe ab, und am Ende reichte die Kraft der Heeresgruppe Nord nicht dazu aus, Leningrad einzunehmen. Die 300 Kilometer von Brest-Litowsk bis Minsk bescherten der Panzergruppe Guderian zwar innerhalb von zwei Wochen einen grandiosen Sieg über zwei sowjetische Armeen. Aber die Entfernung entsprach der Strecke von der westlichen Reichsgrenze bis zum englischen Kanal, damit der Grenze deutscher Fähigkeit, raumgreifende Blitzkriegsoperationen in einem Zuge durchzuführen. Von nun an wurde der Weg in Richtung Moskau beschwerlicher und mühsamer. Am Ende reichte es auch hier nicht. Schließlich verbrauchte auch die

Heeresgruppe Süd 1941 bei der Eroberung von Galizien jene Kraft, die ihr im November fehlte, um von Taganrog aus die Ölfelder des Kaukasus zu erreichen, ihr eigentliches Ziel. Die Rote Armee errang also im September 1939 ihren ersten Sieg im Zweiten Weltkrieg mit nur 700 Gefallenen, und sie besetzte einen Raum, dessen Eroberung die Wehrmacht 1941 rund 200 000 Tote kostete!

Das besetzte Polen als zusätzliches Aufmarschgebiet gegen die UdSSR

Noch in seiner Rede vor der militärischen Führungsspitze am 22. August 1939 hatte Hitler von »vorgelagerten neutralisierten Staaten, eventuell einem polnischen Protektorat« als Kriegsziel gesprochen – er hätte auch die Ukraine und die baltischen Staaten erwähnen können. Das erinnerte an ähnliche deutsche Vorstellungen im Ersten Weltkrieg und beschwichtigte die Befürchtungen der nationalkonservativen Heeresführung vor einer möglichen Ausweitung des Krieges. Denn ein polnischer Satellitenstaat – etwa nach dem Vorbild der Slowakei – hätte vielleicht die Chance bieten können, doch noch zu einem Ausgleich mit den Westmächten zu kommen. Maßvolle Friedensbedingungen hätten ihn vielleicht sogar zu einem Verbündeten gegen die UdSSR machen können, ebenso wie eine unabhängige Ukraine. Dass die baltischen Staaten zusammen mit Finnland seit Oktober 1939 massiven sowjetischen Pressionen ausgesetzt waren, ließ die Westmächte – anders als das Vorrücken der UdSSR in das östliche Polen – keineswegs gleichgültig.

Zum ersten Male seit 1919 gab es wieder eine deutsch-russische Grenze, wenn auch vorerst nur im ostpolnischen Raum. Die polnische Armee als Barriere oder als Speerspitze gegen die UdSSR war zerschlagen. Ihre 50 Divisionen konnte die Wehrmacht nicht mit eigenen Truppen ersetzen, solange diese am Westwall gebunden waren. Immerhin konnten mit der polnischen Beute einige zusätzliche eigene Verbände ausgestattet werden. War das antisowjetische Potential Polens für Hitlers weiteren Expansionskurs entbehrlich, oder ließ es sich trotz der militärischen Niederlage des Nachbarstaates irgendwie nutzen? Die Frage stellte sich in den nächsten beiden Jahren immer wieder, wenn die Wehrmacht weitere Länder eroberte oder ausländische Verbündete gewann. Aus heutiger Sicht mag die Frage – bezogen auf Polen – unrealistisch erscheinen, im September / Oktober 1939 brauchte sie es nicht zu sein. Und was oft übersehen wird, die Antwort stand keineswegs von Anfang an fest.

Einerseits hatte die Wehrmacht den Kampf gegen die polnische Armee nicht als hasserfüllten Vernichtungskrieg geführt. Anders als zwei Jahre später gegen die Rote Armee wurden 1939 die Regeln der Haager Landkriegsordnung im Kampf weithin beachtet, was einzelne Exzesse und Übergriffe nicht ausschloss.

Mit brutaler Härte gingen Wehrmacht, SS und Polizei insbesondere gegen polnische Freischärler vor, in den ehemals preußischen Provinzen auch gegen politische Aktivisten. Der militärischen Führungsspitze des Gegners schlug wegen ihres professionellen Versagens und ihres vermeintlichen Hochmuts eine gewisse Verachtung entgegen. Aber in der Masse der einfachen Soldaten erkannte man ein hohes Maß an erwiesener Tapferkeit, ganz wie es früheren internen Einschätzungen entsprach. Nicht wenige hatten schließlich im Ersten Weltkrieg preußische Uniformen getragen. Die gefangenen polnischen Offiziere wurden mit Respekt behandelt. Das war in den Septembertagen des Jahres 1939 keine schlechte Voraussetzung, um vielleicht dort wieder anzusetzen, wo zwischen 1914 und 1916 unter Piłsudski eine gegen Russland gerichtete deutsch-polnische Waffenbrüderschaft entstanden war. Dass die Wehrmacht im September 1939 an seinem Grab in Krakau einen Kranz niederlegen und eine Ehrenwache aufziehen ließ, symbolisierte diese Erinnerung.

Solche Vorstellungen dürften zumindest unter den älteren Offizieren vorhanden gewesen sein und hatten seit 1934 die deutsch-polnische Annäherung begleitet, wie auch die spektakuläre »Marschall-Ausgabe« der Erinnerungen Piłsudskis zeigt, die 1936/37 mit respektvollen Vorworten höchster Vertreter der Wehrmacht in deutschen Führungskreisen verbreitet worden war. Die antipolnische Hass- und Gräuelpropaganda der Nazis im Sommer 1939 hatte die Stimmung natürlich angeheizt, aber ob sie das Polenbild unter den nüchtern kalkulierenden Generalstäblern nachhaltig verändert hat, kann bezweifelt werden. Der Beweis für die These, dass im September 1939 andere Optionen nicht undenkbar gewesen sind, hätten zwei Gelegenheiten erbringen können: Zum einen ein massiver Angriff der Westmächte, womöglich mit einem Kriegseintritt der USA, der mit Sicherheit die deutsche Militäropposition gegen Hitlers waghalsigen Kriegskurs mobilisiert hätte. Die Staatsstreichpläne von 1938, die vor der Münchener Konferenz entstanden waren, um den eventuellen Ausbruch eines Weltkrieges zu verhindern, waren noch präsent und, wie sich in der Führungskrise im November 1939 zeigen sollte, durchaus aktuell. Eine Militärdiktatur nach Hitlers Verhaftung oder Tod, womöglich mit Göring, dem Jagdfreund der Polen, an der Spitze, hätte auf das Modell von 1916 zurückgreifen können: »Kongress-Polen« als selbständiger Staat »im Schutze des Reiches« und mit antirussischer Ausrichtung. Ein ähnliches Ergebnis hätte sich einstellen können, wenn die Bombe, die der einsame Attentäter Georg Elser am 8. November 1939 im Münchner Bürgerbräukeller gezündet hat, Hitler und seine engste Umgebung tatsächlich getötet hätte.

Eine andere Frage ist in diesem Zusammenhang natürlich nur schwer zu beantworten – ob sich unter dem Schock der militärischen Niederlage in Polen Kräfte hätten finden lassen, die bereit gewesen wären, sich für ein Kollaborationsregime zur Verfügung zu stellen. Festzuhalten ist, dass die deutsche Seite weder einen ernsthaften Versuch in dieser Hinsicht gemacht, aber bis Anfang Oktober 1939 diese Möglichkeit auch nicht völlig ausgeschlossen hat. Stalin hatte – anders als Hitler – von Anfang an kein Interesse an »vorgelagerten neutralen Staaten« und einem polnischen »Protektorat« gezeigt. Im deutsch-sowjetischen Freundschaftsvertrag vom 28. September und wieder mit einem geheimen Zusatzabkommen, das einige geringfügige Änderungen enthielt, ließ Moskau eine klare Interessengrenze festlegen. Da die Westmächte die polnische Exilregierung, die nach der Evakuierung der Staatsführung am 17. September in Frankreich gebildet worden war, und damit die Fortsetzung des Kampfes gegen den Aggressor unterstützten, hat Hitler die Idee eines polnischen Kernstaates nur noch einmal in seiner sogenannten Friedensrede vom 6. Oktober öffentlich benannt. Es war der propagandistische Versuch, den Abschluss des Polenfeldzugs mit der Aufforderung an die Westmächte zu einer Verständigung zu verbinden. Dabei ließ er keinen Zweifel daran, dass er in »seinem« Teil Polens für »Ordnung« sorgen werde, so wie Stalin längst damit begonnen hatte, eine radikale Unterwerfung der ostpolnischen Gebiete zu betreiben. Das Problem Polen würde allein von Russland und Deutschland gelöst werden, erklärte er im Reichstag. Hitler beendete nun das Chaos der deutschen Besatzungspolitik in Polen. Er sorgte dafür, dass sich der von der Heeresführung als Normalkrieg geplante und begonnene Krieg, der aber von Anfang an von Exzessen begleitet gewesen war, zu einer radikalen Germanisierungs- und Ausbeutungspolitik entwickelte. Auch hier verfügte der »Führer« nicht über klare Vorstellungen, sondern reagierte sprunghaft auf Anstöße und Informationen seiner Untergebenen.

Bezeichnend ist ein langes Gespräch, das Hitler am 29. September, einen Tag nach der Unterzeichnung des Abkommens mit der Sowjetunion, in der Reichskanzlei mit Rosenberg führte.[23] Er schilderte zunächst seine Eindrücke von dem Besuch an der Front und bekannte, er habe »viel gelernt in diesen Wochen«. Das betraf zum einen sein Polenbild. Das Land sei verlaust und verkommen. »Die Polen: eine dünne germanische Schicht [!], unten ein furchtbares Material. Die Juden, das grauenhafteste, was man sich überhaupt vorstellen konnte. Die Städte starrend von Schmutz.« Das war nicht mehr der gewünschte Bundesgenosse, den Hitler noch vor einem halben Jahr umworben hatte. Was hatte man ihm vorgeführt und berichtet, oder sprach aus ihm der Hochmut des Siegers?

Und die Zukunft? Er wolle das besetzte Gebiet in drei Streifen teilen: Im Osten zwischen Bug und Weichsel werde man »das gesamte Judentum«, einschließlich der Juden aus dem Reich »sowie alle irgendwie unzuverlässigen Elemente« unterbringen. Sie würden das Vorfeld bilden für »einen unbezwingbaren Ostwall« an der Weichsel, »noch stärker als im Westen«. Das war eine absurde Vorstellung, die wohl nur aus der Unsicherheit zu erklären ist, in jenen Tagen eine schlüssige Strategie für die Fortsetzung des Krieges zu entwickeln. Was den westlichen Teil des besetzten Gebietes betraf, so dachte er an einen breiten Gürtel der Germanisierung und Kolonisierung an der bisherigen Reichsgrenze – eine Aufgabe für Jahrzehnte. Zwischen dem ominösen Ostwall an der Weichsel und diesem Siedlungsgebiet würde eine polnische »Staatlichkeit« zu bilden sein.

Da er um Rosenbergs Vorbehalte gegenüber dem Pakt mit Moskau wusste, machte Hitler in dem Gespräch deutlich, dass er sich das Vorgehen »sehr überlegt« habe. Falls Stalin sich mit England verbündet hätte, hätte man nicht verhindern können, dass die Russen auf einige Häfen in Estland zugegriffen hätten – das Argument erinnert an die Besorgnisse und Kriegsspiele der Kriegsmarine. Die Option eines möglichen deutschen Vorgehens im Baltikum war ihm also präsent. Er habe das kleinere Übel gewählt und einen »riesigen strategischen Vorteil erzielt« – gemeint war wohl die Neutralität der UdSSR. Tags darauf notierte Goebbels zu diesem Punkt: »Wir könnten auch im Baltikum uns ausdehnen, aber der Führer will nicht noch einen Staat angreifen, und im Übrigen haben wir nun vorläufig genug zu verdauen. Das heißt nicht Verzicht auf das Baltikum.«[24]

Dass er den neuen Nachbarn im Osten nicht als Bundesgenossen oder als potentielle Gefahr einschätzte, machten Hitlers abfällige Äußerungen über die Rote Armee deutlich. Man habe einen General zu ihm geschickt, erklärte er Rosenberg, der auf deutscher Seite noch nicht einmal eine Batterie befehligen könne. Stalin habe die führende Schicht »ausgerottet« und fürchte sich daher vor einem Krieg. Eine geschlagene Armee sei für ihn ebenso gefährlich wie eine siegreiche. Die russische Marine brauche man jedoch nicht zu fürchten, nur die Masse der Infanterie sei beachtlich. Brauchte er dagegen wirklich einen »unbezwingbaren Ostwall«?

Das Bemühen des Generalquartiermeisters, im besetzten polnischen Kerngebiet eine herkömmliche Militärverwaltung zu etablieren, die auf Ordnung und Wiederaufbau sowie auf ein gedeihliches Verhältnis zur Bevölkerung zu achten hätte, war nach kurzer Zeit zu einem »Kampf mit dunklen Mächten« (Wagner)[25] geworden. Seine Widersacher in SS und Polizei fanden die Rückendeckung Hitlers, und die Heeresführung wich gegenüber dem Diktator letztlich zurück. Sie trennte sich umso leichter von den »politischen« Fragen, weil Hitler darauf drängte, möglichst umgehend den Angriff im Westen zu starten.

Bereits am 27. September 1939, während in Polen Warschau und Modlin kapitulierten, teilte er in der Reichskanzlei der Heeresführung seine Auffassung der Lage mit.[26] Eine Weiterführung des Krieges im Westen sah er an sich als unvernünftig an und vertraute angeblich auf die Wirkung seiner Friedensoffensive. Doch müsse man damit rechnen, dass sich die Verhältnisse ändern könnten. »Ewig gültig« sei nur der Erfolg, die Macht. Die Zeit arbeite gegen Deutschland. Deshalb solle sich die Heeresführung darauf einstellen, »angriffsweise im Westen vorzugehen«.[27] Die aus dem Osten zurückkehrenden Truppen sollten also nicht in einen Stellungskrieg an der Westfront geschickt werden. Es handelte sich um den schlagkräftigsten Teil der Wehrmacht, erfüllt vom Bewusstsein des errungenen Sieges. Mit dieser erprobten Schlagkraft gelte es, möglichst rasch eine Entscheidung auf den alten Schlachtfeldern in Nordfrankreich zu erzwingen. Seine Bereitschaft, alles auf eine Karte zu setzen und den »großen Schlag« am liebsten schon Ende Oktober zu führen, um den ihm »aufgezwungenen« Westkrieg bis zum Jahresende abzuschließen, rief im Oberkommando des Heeres blankes Entsetzen hervor.

Die Heeresführung verfügte – anders als 1914 – über keinen Operationsplan für den Westen und stellte sich nur sehr zögerlich auf die neue Lage ein. Sie zweifelte daran, dass es möglich sein werde, die Maginot-Linie zu durchbrechen, und warnte vor den politischen Folgen eines Durchmarsches durch Holland und Belgien. Wenn aber ein schneller Erfolg nicht erreichbar sei, werde Deutschland nach 18 Monaten wirtschaftlich am Ende sein. Hitler ließ nicht mit sich reden und gab sich den Anschein, alle Probleme und Möglichkeiten durchdacht zu haben. Es handele sich um eine begrenzte Operation, die nach einer Zerschlagung der französischen Feldarmee zur Besetzung von Nordfrankreich, Belgien und Holland führen werde. Von hier aus werde man den Luft- und Seekrieg gegen Großbritannien führen und zugleich das lebenswichtige Ruhrgebiet schützen können.

Zum ersten Male übernahm Hitler die Rolle als Feldherr, der nicht nur den Rahmen des nächsten Feldzugs absteckte, sondern sich auch mit allen wichtigen Einzelheiten befasste. Der Heeresführung blieb unter diesen Umständen nur noch die Umsetzung der Planung und die Klärung von Detailfragen. Es war der Beginn eines stillen Ringens um den Anspruch des Generalstabs auf die Autonomie der operativen Planung. Gegen Hitlers Eingriffe brachte die Heeresführung eine Fülle von Bedenken vor. Dabei ging es nicht zuletzt um den Zustand der Truppen und ihre mangelhafte Einsatzbereitschaft. So legte der »Führer« wenige Tage später und noch bevor der britische Premierminister Chamberlain die Friedensangebote zurückgewiesen hatte der Heeresführung in einer Denkschrift seine Argumente erneut dar. Er war stark verstimmt über das Zögern des OKH und gab sich entschlossen, alle internen Widerstände zu überwinden, obwohl sein Entschluss offenbar noch gar nicht endgültig feststand.

Er verkenne nicht die Vorteile eines Friedensschlusses auf der Basis des im Osten erreichten Gebietszuwachses, aber das sei zu kurz gedacht. Selbst schriftliche Verträge seien keine sichere Grundlage für die Beurteilung der weiteren Entwicklung. Der Gegner müsse in einem Ausmaß niedergerungen werden, dass er sich einer möglichen Weiterentwicklung im Osten nicht mehr entgegenstellen könne. Schließlich müsse auch die Gegnerschaft der USA und die ungewisse Haltung der UdSSR bedacht werden.

Aus Hitlers Denkschrift und Richtlinien über die Führung des Krieges im Westen vom 9. Oktober 1939:

»Russland: Durch keinen Vertrag und durch keine Abmachung kann mit Bestimmtheit eine dauernde Neutralität Sowjet-Russlands sichergestellt werden.

Zurzeit sprechen alle Gründe gegen ein Verlassen der Neutralität. In 8 Monaten, in einem Jahr oder gar in mehr Jahren, kann dies auch anders sein. Die geringe Bedeutung des Wertes vertraglicher Abmachungen hat sich gerade in den letzten Jahren nach allen Seiten hin erwiesen. Die größte Sicherheit vor irgendeinem russischen Eingreifen liegt in der klaren Herausstellung der deutschen Überlegenheit bzw. in der raschen Demonstrierung der deutschen Kraft.«[28]

Es bleibt festzuhalten: Hitlers Wendung nach Westen verfolgte das Ziel, das Winterhalbjahr 1939/40 dafür zu nutzen, um sich durch entscheidende Operationen im grenznahen Raum Rückenfreiheit für die Auseinandersetzung mit der UdSSR zu verschaffen. Russlands Neutralität war ihm im Moment wichtig, aber kein Selbstzweck. Vertragliche Abmachungen galten ihm nichts, und von der militärischen Überlegenheit der Wehrmacht war er fest überzeugt. Klagen der Heeresführung über die mangelnde Einsatzbereitschaft der Verbände ließ Hitler nicht gelten. Es blieb dabei: Der eigentliche Feind stand im Osten. Um ihn angreifen zu können, brauchte er jenes schlagkräftige Instrument, das Polen ausgeschaltet hatte und jetzt im Westen gebunden war.

Seine Befehlsgebung und die Entscheidungen Mitte Oktober 1939 spiegeln diesen Zusammenhang deutlich wider. Mit der »Weisung Nr. 6 für die Kriegführung« vom 9. Oktober erteilte er dem OKH seinen Auftrag auch in schriftlicher Form. Und am 17. Oktober entschied sich Hitler, dass mit der Militärverwaltung in Polen Schluss sein solle. Die von der Partei geprägte Zivilverwaltung solle das besetzte Gebiet als »Generalgouvernement« – eine aus dem Ersten Weltkrieg entlehnte Bezeichnung – auf niedrigstem Niveau halten. Es gelte, die polnische Intelligenz auszuschalten und eine »nationale Zellenbildung« nicht zuzulassen. Ausdrücklich lehnte er Kontakte ab, die deutsche Offiziere in Krakau zum Episkopat und zur alten feudalen Führungsschicht geknüpft hatten. »Man kann diese Probleme nicht gesellschaftlich lösen.« »Alle Ansätze zu einer Konsolidierung der Verhältnisse müssen beseitigt werden«, ordnete Hitler an.

Aus den Anweisungen Hitlers am 17. Oktober 1939 über das künftige Verhältnis Polens zu Deutschland:

»Unsere Interessen bestehen in Folgendem: Es ist Vorsorge zu treffen, dass das Gebiet als vorgeschobenes Glacis für uns militärische Bedeutung hat und für einen Aufmarsch ausgenutzt werden kann. Dazu müssen die Bahnen, Straßen und Nachrichtenverbindungen für unsere Zwecke in Ordnung gehalten und ausgenutzt werden.«[29]

Angesichts des befohlenen Aufmarsches im Westen kam es im Osten zunächst darauf an, die militärische Sicherheit gegenüber einem möglichen polnischen Aufstand zu gewährleisten und die neue Grenze zur Sowjetunion als Sicherungslinie militärisch auszubauen, unter anderem durch die Einrichtung von Garnisonen, die nach dem alten Modell der »Ordensburgen« feste Stützpunkte bilden sollten. Ansonsten hatte der Ausbau von Aufmarschlinien große Bedeutung. Aber wofür? Wenn – mit letztlich ungewissem Ausgang, was auch Hitler trotz seines demonstrativen Optimismus nicht völlig leugnete – die Masse der Wehrmacht im Westen eine Entscheidung erzwingen wollte, war sie potentiell vom Osten her bedroht. Ließ sich völlig ausschließen, dass Stalin eine günstige Lage ausnutzen konnte, um die Allianzpartner zu wechseln?

Die Frage nach der Stabilität des Hitler-Stalin-Pakts stand durchaus im Raum, und das Vorrücken der Sowjettruppen ab Oktober 1939 in die ihnen von Berlin zugestandene Einflusssphäre konnte niemanden gleichgültig lassen, verlor doch die Wehrmacht mit dem Baltikum und Finnland eine der wichtigsten Aufmarschbahnen für einen möglichen Krieg mit der UdSSR. In der Marineführung waren die Argumente für einen Präventivschlag zur Sicherung der östlichen Ostsee und damit des Rückhalts für den Kampf gegen Großbritannien gerade erst verklungen. Die Luftwaffe hatte sich erst ein Jahr zuvor mit der Gefahr befassen müssen, dass die Tschechoslowakei zum sowjetischen »Flugzeugträger« werden könnte. Nun rückten die sowjetischen Luftstreitkräfte mit ihren Basen so weit nach Westen vor, dass sie jeden Flecken im Reich erreichen konnten. Und auch das Heer stand jetzt der Roten Armee direkt gegenüber.

Oberst Wagner nahm an der Reichstagssitzung am 6. Oktober 1939 teil und teilte nach Hitlers »Friedensrede« nicht den Optimismus vieler, die glaubten, dass das Ende des Krieges vor der Tür stünde. In seinem Tagebuch notierte er am Abend: »Russland dehnt sich ja erheblich nach Westen aus und nimmt so langsam die baltischen Staaten ›unter seinen Schutz‹. Damit hat es ohne Blut seine verlorenen Provinzen wiederbekommen und ist doch erheblich in Richtung Europa vorgedrungen. Wenn der Freundschaftspakt hält, ist's gut. Leider aber dauert der Zufluss an Rohstoffen sehr lange, denn erstens brauchen sie diese selbst, zweitens ist das Eisenbahnnetz katastrophal drüben.«[30] Trotzdem konnte er sich – wie Anhänger der alten Rapallo-Richtung – vorstellen, dass ein Bündnis mit der UdSSR strategisch für Deutschland von Nutzen sein könnte, wenn es gelänge, Moskaus Energien gegen Indien zu richten, um Großbritannien unter Druck zu setzen und damit zum Einlenken zu zwingen.

Max Ludwig, General der Artillerie, in den zwanziger Jahren als Chef des Heereswaffenamts einer der wichtigsten Protagonisten der geheimen deutsch-sowjetischen Zusammenarbeit auf dem Rüstungssektor, feierte im September 1939 als Hauptschriftleiter der *Wehrtechnischen Monatshefte* den »genialen Entschluss des Führers, die bestehenden Spannungen zu beseitigen und zur alten bewährten Freundschaft zurückzukehren«.[31] Nirgends auf der Welt würden sich zwei Wirtschaftsräume so ideal ergänzen. Sowjetrussland sei hinsichtlich der Rohstoffversorgung das »gegebene Hinterland Deutschlands« – was natürlich kein Argument gegen einen möglichen Krieg gegen die UdSSR gewesen ist. Oskar Ritter von Niedermayer, Seeckts Vertreter in Moskau in den zwanziger Jahren, jetzt vom OKW als Berater herangezogen, pries in der offiziösen *Militärwissenschaftlichen Rundschau* ebenfalls die ökonomische Leistungsfähigkeit der Sowjetunion und die lange Tradition deutsch-russischer Freundschaft.[32] Hinter den Kulissen entwarf er neue Pläne für einen deutsch-russischen Vorstoß in Richtung Persischer Golf und Indien, was im Auswärtigen Amt und im OKW ernsthaft diskutiert und von Rosenberg und Hitler ausdrücklich gefördert wurde.[33]

Eine solche Strategie, für die Hitler unter dem Einfluss seines Außenministers

Ribbentrop[34] durchaus empfänglich war und die in Führungskreisen der NSDAP und der Wehrmacht ihre Anhänger fand, basierte keineswegs auf der Annahme einer langfristigen Partnerschaft mit dem Sowjetregime. Die Auseinandersetzung mit Großbritannien sollte auch nicht das britische Empire zerstören, sondern London zwingen, die deutsche Vorherrschaft auf dem Kontinent anzuerkennen und dem Reich »freie Hand nach Osten« verschaffen. Selbst wenn es starke politische Kräfte gab, die von einem deutschen Kolonialreich in Übersee träumten, für Hitler selbst lagen die künftigen deutschen Kolonien im Osten. Die Afrika- und Übersee-Enthusiasten ließ er trotzdem agieren. Mit steigender Wut über die hartnäckige Weigerung der Briten, sich mit ihm zu verständigen, und seiner Entschlossenheit, die englische Regierung in die Knie zu zwingen, dachte er globaler. Doch seine Mittel, Großbritannien entscheidend zu treffen, blieben begrenzt, womit der geplante Eroberungskrieg gegen die UdSSR in eine ungewisse Ferne rückte. Er hatte ja niemals ernsthaft an eine dauerhafte Kooperation mit Stalin gedacht. Doch in dem Maße wie der Bluff vom August 1939 fortgesetzt werden musste und eine gewisse Eigendynamik gewann, zwang ihn die Situation immer wieder zu Kompromissen und Maßnahmen, die mit der Umstellung auf einen Ostkrieg nur schwer in Übereinstimmung zu bringen waren.

Die zähen Wirtschaftsverhandlungen sind ein Beispiel dafür. Erst nachdem sich die deutsche Seite bereit erklärte hatte, sowjetische Rohstofflieferungen, die für Hitlers Kriegswirtschaft dringend gebraucht wurden, mit modernster Rüstungstechnologie zu bezahlen, konnte am 11. Februar 1940 ein neues Wirtschaftsabkommen abgeschlossen werden.[35] Es hatte ein beträchtliches Volumen und sicherte die deutschen Bedürfnisse vor allem an Getreide und Erdöl für ein Jahr, auch wenn damit der Ausfall überseeischer Einfuhren infolge der britischen Blockade nur zum Teil ausgeglichen werden konnte. Weil die deutschen Gegenlieferungen erst später einsetzen sollten, bedeutete das Abkommen praktisch eine Kreditfinanzierung Stalins für Hitlers Angriff gegen den Westen. Die deutsche Kriegswirtschaft begab sich aber mit den wachsenden Verpflichtungen zu Gegenlieferungen in eine Abhängigkeit von der UdSSR, die den zeitlichen Spielraum für den Beginn des Ostkrieges begrenzte. Geriet die deutsche Kriegführung im Westen in eine Sackgasse, würde diese Abhängigkeit noch sehr schmerzhaft werden können.

Die mit Stalin vereinbarte Umsiedlung der Volksdeutschen aus jenen Gebieten, die an die UdSSR fallen sollten, begann in Ostpolen und im Baltikum und ergriff später auch Bessarabien sowie die Bukowina. Hunderttausende von deutschstämmigen Einwohnern wurden »heim ins Reich« transportiert und in den ehemals westpolnischen Gebieten angesiedelt. Hitler hatte Heinrich Himmler am 7. Oktober 1939 zum »Reichskommissar für die Festigung deutschen Volkstums« ernannt und ihm praktisch freie Hand für eine rücksichtslose Germanisierung der besetzten polnischen Gebiete erteilt – ein Auftrag, der eigentlich auf eine langfristige Zielsetzung ausgerichtet war, kurzfristig aber die Folge hatte, dass die Volksdeutschen als mögliche »fünfte Kolonne« in ihren angestammten Gebieten verlorengingen. Stalin handelte sich damit einen Sicherheitsvorteil ein, während Himmler mit den volksdeutschen Umsiedlern lediglich die von ihren Höfen ins »Generalgouvernement« vertriebenen polnischen Bauern in den »eingegliederten Ostgebieten« ersetzte. Eine große Zahl dieser Volksdeutschen verblieb für Jahre in Übergangslagern. Diese Massendeportationen schufen nicht nur Unruhe, sondern auch wirtschaftliche Nachteile, so dass die Wehrmacht und Göring eingriffen, um Himmler in seinem Elan zu bremsen.[36]

Stalins Griff nach dem Baltikum und sein militärischer Angriff auf Finnland am 30. November 1939 sorgten auch in deutschen Führungskreisen für erhebliches Unbehagen. In der »Anti-Kriegs-Gruppierung« der nationalkonservativen Opposition sowie in der Generalität hatten nicht wenige eine Friedenslösung mit den Westmächten erhofft, bei der sich Deutschland die Ostgrenze von 1914, vielleicht mit einem polnischen Zentralstaat, sichern könnte. Bei einigen verband sich das mit einer Abscheu, die sich sowohl gegen die Gräueltaten der SS in Polen als auch gegen den ihrer Ansicht nach abenteuerlichen »probolschewistischen« Kurs Hitlers richtete. Der ehemalige Botschafter Ulrich von Hassell und Carl Goerdeler, der ehemalige Oberbürgermeister von Leipzig, zwei maßgebliche Repräsentanten der zivilen bürgerlichen Opposition, hielten Hitlers Drängen auf einen Angriff im Westen mit Rückendeckung durch Stalin für einen »verbrecherischen Leichtsinn und die Politik mit Russland in dieser Form [für] eine ungeheure Gefahr«.

Man habe, nur um aus der augenblicklichen Zwangslage herauszukommen, »alle wichtigsten Positionen aufgeopfert: die Ostsee und die Ostgrenze. Ganz zu schweigen von der politisch unsittlichen Preisgabe der baltischen Länder ist nun das Dominium maris baltici schwer gefährdet, im Konfliktfalle mit Russland auch die Erzzufuhr aus Schweden. Alles tritt aber zurück gegen die unbekümmerte Auslieferung eines großen wichtigen Teiles des Abendlandes, zum Teil deutsch-lutherischer Kultur, zum Teil altes Österreich, an den Bolschewismus, den wir angeblich im fernen Spanien auf Tod und Leben bekämpft haben. Die Bolschewisierung hat in den bisher polnischen Teilen bereits auf breiter Front eingesetzt.« Es sei wahrscheinlich, »dass Hitler in seinem Innersten sich später den Angriff auf Sowjetrussland vorbehält. Der frevelhafte Charakter seiner Politik wird dadurch nur verstärkt. Das Vorrücken des Bolschewismus auf der ganzen Front und dicht an unsere Grenze zusammen mit den notwendigen sozialistischen Folgen einer Kriegswirtschaft muss auch in Deutschland innerpolitische Folgen gefährlichster Art haben.«[37]

Ähnlich dachte Ludwig Beck, der ein Jahr zuvor wegen Hitlers riskantem Kriegskurs als Generalstabschef des Heeres seinen Abschied genommen hatte. Er hielt es für unmöglich, eine Entscheidung im Westen zu erzwingen, und rechnete entweder mit einer alliierten Großoffensive oder einem langen Zermürbungskrieg, den das Reich nicht durchhalten könne. In diesem Fall würde das Gewicht Russlands weiter anwachsen und den strategischen Spielraum entscheidend einengen: »Bleibt kein ausreichender polnischer Pufferstaat bestehen, so muss das deutsche Zukunftskonto durch die Rückkehr Russlands nach Europa als auf das schwerste belastet angesehen werden«, schrieb er in einer Denkschrift nach dem Abschluss des Polenfeldzugs.[38]

Becks Nachfolger hatte andere Sorgen. Franz Halder stand unter dem permanenten Druck Hitlers, möglichst noch vor Jahresende im Westen eine Offensive zu beginnen. Am 3. November 1939 setzte er eine Generalstabsreise mit den maßgebenden Heerführern an, die zu dem Ergebnis führte, dass keine hohe Kommandostelle einen Angriff für erfolgversprechend hielt. Bei einer Lagebesprechung mit dem Oberbefehlshaber des Heeres zwei Tage später reagierte Hitler wütend auf diese Einschätzung und drohte mit persönlichen Konsequenzen für die Heeresführung, um dann doch den bereits ergangenen Angriffsbefehl für den 7. November wieder aufzuheben, aber nur, um ihn einige Tage später anzusetzen.[39] Der Beginn der Westoffensive wurde in den folgenden Monaten insgesamt 29 Mal verschoben – Ausdruck eines zähen Ringens zwischen der Wehrmachtführung und dem Obersten Befehlshaber um die Voraussetzungen und Mittel einer solchen Operation.

Die Heeresführung scheute sich nicht, mit übertriebenen Meldungen über den schlechten Zustand der deutschen Truppen Hitler von seinem Entschluss abbringen zu wollen.[40] Zwar war der Verschleiß insbesondere bei den motorisierten Truppen tatsächlich groß, und das Heer hatte bei den Kämpfen in Polen erhebliche Ausbildungsschwächen gezeigt, aber diese Mängel wurden von der Heeresführung vor allem deshalb hervorgehoben, weil sie daran zweifelte, aus dem Stand heraus die französische Armee angreifen und »vernichten« zu können. Eine längere Defensive im Westen dagegen bot nicht zuletzt die Chance, die nötigen Voraussetzungen für eine politische Verständigung mit den Kriegsgegnern schaffen zu können.

Auch wenn die NS-Propaganda ein anderes Bild vermittelte: Die kurze Aufbauphase der Wehrmacht hatte eine höchst heterogene Armee für den Krieg geschaffen. Die einstige Elite eines gut ausgebildeten 100 000-Mann-Heeres bildete das Gerüst für eine Armee, die innerhalb von drei Jahren um das Achtfache gewachsen und vor Kriegsbeginn noch einmal um das Sechsfache vergrößert worden war. Nur wenige Divisionen waren qualitativ hochwertig ausgerüstet, ausgebildet und zur beweglichen Kampfführung uneingeschränkt geeignet. 90 Prozent der Heeresverbände bewegten sich zu Fuß und zu Pferd vorwärts, nur die Hälfte von ihnen galt als voll einsatzfähig. Die Masse der Soldaten war nur kurz ausgebildet und entsprach nicht dem Bild des jungen, dynamischen Frontkämpfers der NS-Propaganda.

Der Polenfeldzug hatte Mängel an Ausrüstung und vor allem Ausbildung offenbart, die weit über die zu erwartenden Friktionen hinausgingen. Anders als 1914 zeigten sich besonders negative Folgen bei der Beherrschung des Auftrags- und Angriffsverfahrens. Der Entschluss zum Angriff erfolgte auf unterer Ebene oft zu zögerlich und nicht mit dem notwendigen Nachdruck, so dass der Angriffschwung leicht wieder verlorenging.[41] Das Zusammenwirken von Kampffliegern mit den Bodentruppen war »äußerst mangelhaft«. Häufig wurden eigene Truppen bombardiert. Das Gefecht der verbundenen Waffen beherrschten selbst Teile der Panzertruppe nicht, wie sich vor Warschau und an der Bzura gezeigt hatte. Die Panzer wurden – entgegen der neuen Doktrin – oft in kleinen Gruppen zur Unterstützung der Infanterie eingesetzt, was zu Misserfolgen und unnötigen Verlusten führte. So gewann vor allem die Artillerie eine herausragende Bedeutung, die eine außerordentlich hohe moralische Wirkung auf den Gegner gezeigt hatte. Ihre Unterstützung der motorisierten Kräfte musste aber verbessert werden.

Auch im Verteidigungsgefecht waren die Defizite gravierend.[42] Der Aufklärungs- und Sicherungsdienst wurde regelmäßig vernachlässigt, Überraschungen und Rückschläge waren die Folge. Die rückwärtigen Dienste und Nachschubeinheiten waren größtenteils unbewaffnet und reagierten nach feindlichen Überfällen mit Exzessen gegenüber der Zivilbevölkerung. Bei Märschen kam es ständig zu massiven Behinderungen auf den Straßen. Wie sehr große geschlossen marschierende Verbände der Wirkung von Fliegerangriffen ausgesetzt waren, hatte die polnische Armee erfahren müssen. Die Wehrmacht verhielt sich nicht besser. Auf dem westlichen Kriegsschauplatz würde sie damit nicht antreten können.

Das Oberkommando des Heeres reagierte und organisierte ab Oktober 1939 eine Ausbildungsoffensive, die in der Militärgeschichte nahezu ohne Beispiel dasteht. Sie betraf alle Ebenen, hauptsächlich aber die Bataillonskommandeure.[43] Neben der Führerausbildung standen das Gefecht der verbundenen Waffen und die Steigerung der Angriffskraft im Zentrum der Übungen. Die Infanterie wurde umgegliedert und besser bewaffnet. In der Panzertaktik verbesserte man die Zusammenfassung der Verbände und die Schwerpunktbildung. Die Einführung größerer und stärker gepanzerter Fahrzeuge wurde beschleunigt, die Zusammenarbeit mit der Luftwaffe wesentlich effektiver gestaltet. Nur durch solche Verbesserungen war im Mai 1940 der Erfolg in Frankreich möglich.

Im Oktober 1939 beurteilte die Heeresführung die Lage noch als sehr düster. Nur für eine geringe Anzahl von Truppen gab es ausreichend Munition für einen »Großkampf« nach den Erfahrungen des Ersten Weltkriegs. Für einen möglichen Ansturm gegen die Maginot-Linie und für längere Kampfhandlungen in Nordfrankreich schien das nicht ausreichend. Das Ergebnis war ein erheblicher Druck auf die Rüstungsindustrie, um die Munitionsherstellung erheblich zu steigern, auch zu Lasten der Panzerproduktion.[44] Und dennoch: Der mangelhafte Zustand der Wehrmacht machte sie im Oktober / November 1939 keineswegs kampfunfähig. Für eine mögliche Auseinandersetzung mit der Roten Armee, an die man angesichts der fortgeschrittenen Jahreszeit ohnehin erst im nächsten Frühjahr denken konnte, wäre die Wehrmacht allemal gerüstet gewesen. Denn dass die Euphorie in Moskau über die »leichten« Erfolge bei der Besetzung Ostpolens verfehlt gewesen ist, jedenfalls nichts über die Leistungsfähigkeit der Roten Armee aussagten, sollte sich im November beim sowjetischen Angriff auf Finnland zeigen. Beim Einsatz gegen die polnische Armee ab dem 17. September hatten es die Russen mit einem Feind zu tun gehabt, der faktisch schon geschlagen war. Seine im Osten dislozierten Reserveverbände erhielten von ihrer Führung den Auftrag, auszuweichen und zur Selbstverteidigung zu kämpfen. So war die Rote Armee nur auf geringen Widerstand gestoßen und hatte innerhalb von 12 Tagen bis zu 300 Kilometer nach Westen vorrücken können. Die Polen verloren bis zu 7000 Gefallene, die Rote Armee angeblich 737.[45] Dort, wo die polnische Armee gekämpft hatte, war es mit den Fähigkeiten der Roten Armee nicht weit her gewesen. Bei Feuerüberfällen gerieten die Truppen in Panik, die sowjetische Artillerie war unzureichend mobilisiert und organisiert, die Eisenbahntruppen versagten. Für Euphorie gab es also eigentlich keinen Anlass, was sich dann einige Wochen später beim Angriff gegen die weit unterlegene finnische Armee zeigen sollte. Hier konnte sich die Rote Armee erst nach längeren und verlustreichen Kämpfen gegen die taktisch geschickt operierenden Finnen durchsetzen und Helsinki zu Gebietsabtretungen zwingen.

Die Wehrmachtführung gewann durch die langwierige Auseinandersetzung mit Hitler um den befohlenen Angriff auf Frankreich die Gelegenheit, in aller Ruhe die Erfahrungen des Polenfeldzugs auszuwerten, um Ausbildung, Ausrüstung und Einsatzgrundsätze zu verbessern, während die Führung der Roten Armee eine weitreichende Entscheidung aufgrund isolierter Beobachtungen traf. So hatte man aus den Erfahrungen im ostpolnischen Raum, wo die Kavallerie schneller vorangekommen war als die schwerfälligen Panzerkorps, den Schluss gezogen, kleinere Panzerbrigaden aufzustellen. Der Umbau dieser wichtigsten Instrumente für die »Grundsätze der tiefen Operation« gilt heute als schwerer Fehler. Im Feldzug gegen Frankreich bewährten sich auf deutscher Seite die Panzerkorps als Führungsinstrument für schnelle, weitreichende Operationen, während sich die auf sowjetischer Seite geschaffenen kleineren Panzerbrigaden 1941 als zu schwach erweisen sollten.[46] Einen Schlagabtausch mit der Roten Armee brauchte die Wehrmacht jedenfalls schon 1939 nicht zu fürchten.

Hitler stellt seine antisowjetischen Pläne zurück

Als Hitler in seiner Ansprache vor den Oberbefehlshabern in der Reichskanzlei am 23. November 1939 noch einmal betonte, dass es sein »unabänderlicher Entschluss« sei, Frankreich und England anzugreifen, notierte der Adjutant des Heeres im Führerhauptquartier, Major Gerhard Engel, damit seien nicht zuletzt auch alle »Möglichkeiten einer Beendigung des Krieges und eines Separatvertrages mit einer polnischen Regierung«, von dem der Führer »mehrfach sprach«, zerstört.[47] Zwar liefen auf vielen Kanälen Vermittlungsversuche weiter,[48] doch Hitler hatte es sich nun in den Kopf gesetzt, erst Frankreich und Großbritannien in die Knie zu zwingen, um endlich freie Hand im Osten zu haben – zu seinen Bedingungen. Nie wieder wollte er so etwas wie eine Friedenskonferenz und Kompromisse wie 1938 in München erdulden.

Seine falsche »Freundschaft« mit dem Todfeind Stalin muss ihm unter diesen Umständen eigentlich noch unerträglicher erschienen sein. Aber solange England nicht bereit war, seine ostexpansive Politik zu akzeptieren und ihm jederzeit in den Rücken fallen konnte, waren seine Truppen im Westen gebunden und konnten nicht gegen die UdSSR marschieren. Dass Stalin die Situation ausnutzte, um die ihm versprochenen strategischen Gewinne einzutreiben, ließ sich nicht verhindern, es sei denn, Hitler hätte den Mut gehabt, eine nochmalige Kehrtwendung wie im August 1939 vorzunehmen. Aber was hätte er dem Westen anbieten können, außer einer Restituierung polnischer und tschechischer Staatlichkeit, selbstverständlich unter dem »Schutz des Reiches«, was den Westmächten aber nicht genügte? Sein Eindruck, dass es diese darauf anlegten, sein »Drittes Reich« zu zerstören, förderte die wütende Konzentration auf die Durchsetzung seines Angriffsbefehls für die Westfront: »Ich will England schlagen, koste es, was es wolle. Und dahin will nun mein ganzes Denken und Handeln. Ich kenne nicht mehr Film, Theater und Musik. England schlagen!«[49]

Wäre eine Kehrtwendung gegen Stalin im Herbst 1939 völlig unrealistisch gewesen? Außenpolitisch und ideologisch stieß Hitlers augenblickliche Orientierung gegen den Westen auf größere Hindernisse und Bedenken, als es ein antisowjetischer Kurswechsel gewesen wäre. Eine Machtprobe mit der UdSSR hätte keineswegs sofort zu einem militärischen Schlagabtausch führen müssen. Dafür war die Jahreszeit ohnehin zu weit fortgeschritten. Aber trotz des ungewöhnlich strengen Winters, der die deutsche Kriegswirtschaft in erhebliche Schwierigkeiten brachte, hätte eine Wiederbelebung der antisowjetischen Ausrichtung unter Ausdehnung des deutschen Einflusses im Baltikum und in der Ukraine eine Option sein können. Welche Verbindlichkeit besaß schon das geheime Zusatzabkommen zur Aufteilung der Interessensphären in Ostmitteleuropa? Der machtlose Völkerbund in Genf hatte Stalins Angriff gegen Finnland mit dem Hinauswurf der UdSSR beantwortet. Es gab keine Instanz, bei der Stalin seine Ansprüche hätte einklagen können, zumal der propagandistische Vorwand für die Annexion der ostpolnischen Gebiete (die angebliche Bitte der weißrussischen und ukrainischen Bevölkerung) bei der Offenlegung des Abkommens mit Hitler widerlegt worden wäre.

Nein, das geheime Zusatzabkommen hätte Stalin auch dann geheim halten müssen, wenn es im Winter 1939/40 zu einem Kalten Krieg mit Deutschland gekommen wäre. Wem das unwahrscheinlich vorkommen mag, sollte sich fragen, welche Politik bei einem erfolgreichen Attentat auf Hitler durch Georg Elser am 8. November 1939 ein neuer »Führer« Göring vermutlich verfolgt hätte. Göring hatte bislang auf Polen und eine Verständigung mit England gesetzt. Er befand sich außerdem in einem zunehmenden Streit mit Heinrich Himmler, der mit rücksichtslosen Deportationen die Besatzungspolitik in Polen, insbesondere hinsichtlich der wirtschaftlichen Verhältnisse, für die Göring Verantwortung trug, radikalisierte und erschwerte.

Natürlich hätte Stalin bei einem Kurswechsel Deutschlands wirtschaftliche Druckmittel einsetzen können, etwa das Abstoppen der sowjetischen Mineralöllieferungen, die aber ohnehin erst mit geringen Mengen angelaufen waren. Durch stärkeren deutschen Zugriff auf Rumänien wären sie leicht zu kompensieren gewesen. Wenn es Hitler im Oktober 1939 für möglich hielt, eine Westoffensive innerhalb von vier Wochen vorzubereiten und zu eröffnen, um wie viel leichter hätte die Umsetzung eines Ostfeldzuges fallen können? Das Argument kann also nicht sein, die Wehrmacht wäre dazu 1939 nicht in der Lage gewesen, sondern es lag in Hitlers Ermessen, die als weitaus schwieriger eingeschätzte Aufgabe im Westen vorzuziehen. Er hätte sich auch ganz anders entscheiden können. Und im Stillen ist er sich dessen vermutlich bewusst gewesen.

Eine Fortführung des Kriegs im Osten wäre auch ideologisch einfacher zu vermitteln gewesen als ein Bündnis mit dem bolschewistischen Erzfeind. In Moskau gab man sich indes einige Mühe, die Westmächte zumindest propagandistisch zu attackieren und die deutschen Positionen zu unterstützen. Nach dem Komintern-Kongress Anfang November 1939, der die Westmächte als Kriegstreiber brandmarkte, konterte Paris mit einer raffinierten Falschmeldung. Demnach habe Stalin bereits am 19. August, also vor dem Abschluss des Paktes, den wichtigsten Parteifunktionären deutlich gemacht, dass die UdSSR bestrebt sein müsse, Deutschland zum Krieg gegen die Westmächte zu ermutigen und dafür zu sorgen, dass sich dieser Kampf in die Länge ziehe, bis beide Seiten erschöpft seien. Bis dahin müsse man die propagandistische Arbeit in diesen Ländern verstärken, um selbst gut vorbereitet zu sein – eine Pressemeldung, die damals in Berlin keine größere Reaktion auslöste.[50] Die italienische Presse attackierte dagegen den Aufruf der Komintern an die proletarischen Massen in scharfen Worten. Das faschistische Italien, das Hitler nicht in den Weltkrieg folgen wollte und nun die Rolle des Vorkämpfers gegen den Bolschewismus übernahm, während Nazi-Deutschland schwieg, das war für den deutschen Propagandaminister schon eine schwer verdauliche Kost. Goebbels notierte: »Es wird einem manchmal doch etwas unheimlich bei dem Zusammengehen mit Moskau.« Und er zog daraus die Konsequenz: »Vor der Pressekonferenz unsere Haltung Russland gegenüber dargelegt. Wir müssen uns da sehr in der Reserve halten. Keine Broschüren und Bücher mehr über Russland, weder positiv noch negativ.«[51]

Das Thema Russland muss Hitler gequält haben, vor allem weil er dem langsamen Vorrücken Stalins nichts entgegensetzen konnte, ja selbst gegenüber seinen Getreuen im engsten Kreise noch den Gleichgültig-Unbewegten spielen musste. Nach einem Gespräch mit dem »Führer« notierte Goebbels dessen Haltung: »Für Finnland einzutreten haben wir gar keine Veranlassung. Wir sind am Baltikum uninteressiert. Und Finnland war in den vergangenen Jahren immer so gemein zu uns, dass eine Hilfe für es gar nicht in Frage kommt.«[52] Die so geschmähten Finnen wussten sich selbst zu helfen und gaben militärisch gegenüber der weit überlegenen Roten Armee bald eine bemerkenswerte Vorstellung. Einen Tag nach dem fehlgeschlagenen Attentat, das Hitler nur zufällig überlebte, schwadronierte er gegenüber seinem Propagandaminister: »Russlands Armee ist nicht viel wert. Schlecht geführt und noch schlechter ausgerüstet. Wir brauchen seine Waffenhilfe nicht.«[53] Dann drei Tage späer, am 14. November 1939, später wiederholte er seine Diagnose.

> **Goebbels nach einem Gespräch mit Hitler am 14. November 1939:**
> »Er stellt noch mal den katastrophalen Zustand der russischen Armee fest. Sie ist kämpferisch kaum zu gebrauchen. Daher wohl auch die Hartnäckigkeit der Finnen. Wahrscheinlich erlaubt auch wohl das Intelligenzniveau des Durchschnittsrussen keine moderne Bewaffnung. In Russland ist wie überall anderswo der Zentralismus als Vater der Bürokratie Feind jeder persönlichen Entwicklung. Es gibt dort keine Privatinitiative mehr. Man gab den Bauern Land, die haben daraufhin nur gefaulenzt. Dann musste man den brachliegenden Acker wieder in einer Art von Staatsdomänen zusammenfassen. Ähnlich ging es bei der Industrie. Dieses Übel wirkt sich im ganzen Lande aus und macht es unfähig, seine Kräfte richtig auszuwerten. Wir haben uns nette Bundesgenossen ausgesucht.«[54]

Solche Einschätzungen werfen die Frage auf, warum man sich nicht diesem vermeintlich schwachen Hauptgegner zuwandte und sich stattdessen auf den gefürchteten »Weltkrieg« mit den Westmächten einließ, zumal für Hitler unerschütterlich feststand: Der Feind steht im Osten! Der plausibelste Grund: Die Gefahr, dass ihm bei einer Entscheidungsschlacht im Westen die Rote Armee in den Rücken fallen könnte, schätzte Hitler geringer ein als im umgekehrten Fall.

Nach der Ansprache vor seinen obersten Militärführern am 23. November 1939 und einer langen, ernsten Aussprache, in der er den Oberbefehlshaber des Heeres noch einmal von der Richtigkeit eines Krieges im Westen zu überzeugen versuchte und dessen Rücktrittsangebot zurückwies, begab sich Hitler in den großen Lageraum. In Gegenwart seines Luftwaffenadjutanten Nicolaus von Below ging er auf und ab, um seine Gedanken zu rekapitulieren. Seine Hauptsorge war es, dass die Westmächte in den nächsten Monaten erheblich aufrüsten könnten. Deshalb drängte er ja darauf, möglichst rasch im Westen anzugreifen. Below erinnerte sich später an die Szene: »Außerdem wollte Hitler im Frühjahr das eigene Heer wieder frei haben für eine große Operation im Osten gegen Russland. Dies war die erste Andeutung, die ich von Hitler über Russland hörte. Sie schien mir utopisch. Für ihn waren es offenbar seit langem durchdachte Pläne, für die er nun die Wehrmacht einzusetzen beabsichtigt.«[55]

So scheinbar gleichmütig Hitler in diesen Tagen auf den finnischen Abwehrkampf gegen die Rote Armee reagierte, so peinlich muss es ihm gewesen sein, dass Mussolini, sein wichtigster Verbündeter, Finnland gegen den Bolschewismus unterstützen, aber im Kampf gegen die Westmächte Neutralität bewahren wollte. Am 5. Januar 1940 erhielt der »Führer« einen Brief des »Duce«. Mussolini erinnerte daran, dass die Erde, die die gemeinsamen Toten im spanischen Bürgerkrieg gegen den Bolschewismus bedecke, noch frisch sei und dass sich jetzt Tausende Freiwillige in Italien zur Rettung Finnlands gemeldet hätten. Dann wies er darauf hin, die englische Propaganda spiele zwei Dinge wirkungsvoll aus: dass der deutsch-russische Vertrag praktisch das Ende des Antikominternpakts bedeute und dass die Polen unter deutscher Herrschaft ein furchtbares Schicksal erlitten.

Aus dem Brief Mussolinis an Hitler vom 5. Januar 1940:

»Ein Volk, das von der kläglichen führenden militärpolitischen Klasse schmählich verraten wurde, das sich aber, wie Sie es selbst in Ihrer Danziger Rede ritterlich anerkannt haben, tapfer geschlagen hat, verdient eine Behandlung, die keinen Anlass zu Spekulationen der Feinde bietet. Es ist meine Überzeugung, dass die Schaffung eines bescheidenen, entwaffneten und ausschließlich polnischen Polen (das von den Juden befreit ist, für die ich Ihren Plan, sie sämtlich in einem großen Ghetto in Lublin zusammenzufassen, durchaus billige) niemals mehr eine Gefahr für das Großdeutsche Reich bedeuten kann. Aber diese Tatsache wäre ein sehr bedeutungsvolles Element, das den großen Demokratien jede Rechtfertigung zur Fortsetzung des Krieges nehmen und die von den Franzosen und Engländern in Angers ins Leben gerufene lächerliche Polnische Republik beseitigen würde. Es sei denn, dass Sie unwiderruflich entschlossen sind, den Krieg bis zum Äußersten zu führen, glaube ich, dass die Schaffung eines polnischen Staates unter deutscher Ägide ein Element zur Beendigung des Krieges und eine genügende Voraussetzung für den Frieden wäre ...
Die Verträge mit Russland.

Niemand weiß besser als ich, der ich nunmehr 40 Jahre politische Erfahrung besitze, dass die Politik ihre taktischen Forderungen stellt. Dies trifft auch auf eine revolutionäre Politik zu. Ich habe die Sowjets im Jahre 1924 anerkannt; 1934 habe ich mit ihnen einen Handels- und Freundschaftsvertrag geschlossen. Daher verstehe ich, dass Sie, nachdem sich die Voraussichten von Ribbentrops über das Nichteingreifen Englands und Frankreichs nicht erfüllt haben, die zweite Front vermieden haben. Russland ist, ohne einen Schlag zu tun, in Polen und im Ostseegebiet der große Nutznießer des Krieges gewesen.

Aber ich, der ich Revolutionär von Geburt bin und meine Anschauung nicht geändert habe, sage Ihnen, dass Sie nicht ständig die Grundsätze Ihrer Revolution zu Gunsten der taktischen Erfordernisse eines bestimmten politischen Augenblicks opfern können. Ich fühle, dass Sie nicht das antisemitische und antibolschewistische Banner aufgeben dürfen, das Sie 20 Jahre hindurch hochgehalten haben und für das so viele Ihrer Kameraden gefallen sind; Sie können nicht Ihr Evangelium verleugnen, an das das deutsche Volk blindlings geglaubt hat. Ich habe die unbedingte Pflicht, hinzuzufügen, dass ein weiterer Schritt vorwärts in Ihren Beziehungen mit Moskau katastrophale Rückwirkungen in Italien auslösen würde, wo die allgemeine antibolschewistische Gesinnung, besonders unter den faschistischen Massen, absolut, ehern und unerschütterlich ist.

Lassen Sie mich annehmen, dass dieses nicht der Fall sein wird. Die Lösung der Frage Ihres Lebensraumes liegt in Russland und nicht anderswo, in Russland mit seiner ungeheuren Fläche von 21 Millionen Quadratkilometern und 9 Einwohnern auf den Quadratkilometer. Es gehört nicht zu Europa. Trotz seiner Ausdehnung und seiner Bevölkerung hat es keine Kraft, sondern eine Schwäche. Die Masse seiner Bevölkerung ist slawisch und asiatisch. In früheren Zeiten waren die Balten das bindende Element, heute sind es die Juden: aber dies erklärt alles. Es ist die Aufgabe Deutschlands, Europa gegen Asien zu verteidigen. Das ist nicht nur Spenglers These [der Bezug ist Oswald Spengler, Der Untergang des Abendlandes. München 1922]. Noch vor vier Monaten war Russland der Weltfeind Nummer eins, es kann nicht der Freund Nummer eins geworden sein und ist es auch nicht. Dies hat die Faschisten in Italien und vielleicht auch viele Nationalsozialisten in Deutschland tief erregt.

An dem Tag, an dem wir den Bolschewismus vernichtet haben, werden wir unseren beiden Revolutionen die Treue gehalten haben. Dann kommen die großen Demokratien an die Reihe, die den Krebs nicht überleben können, der an ihnen frisst, und der auf dem Gebiet der Bevölkerungsbewegung, der Politik und der Moral zu Tage tritt.«[56]

Diese Belehrung durch sein früheres Vorbild, der bereits 1922 die Macht in seinem Lande ergriffen hatte, als der ehemalige Gefreite Hitler noch in bayerischen Bierkellern vor einer kleinen Schar von Anhängern seine Reden hielt, muss für den »Führer« höchst ärgerlich gewesen sein. Die polnische Option hatte sich für Hitler inzwischen erledigt, und an seiner antibolschewistischen Haltung war kein Zweifel möglich. Mussolinis Aufforderung, zuerst weiter nach Osten zu expandieren, stieß auf taube Ohren. Hitler war besessen, England mit einer einzigen Gewaltaktion niederzuschlagen – die Rache eines verschmähten Liebhabers. Mit seinem Antwortschreiben an Mussolini ließ er sich zwei Monate Zeit. Sein Brief war noch länger als der Mussolinis und voller Rechtfertigungen, diplomatisch, ohne persönliche Vorwürfe. Schließlich hoffte er noch immer, Italien zum Kriegseintritt gegen die Westmächte überreden zu können.

Hitler musste sich in seinem Antwortschreiben an den »Duce« schon sehr verstellen, und an seine darin geäußerten Behauptungen und Prognosen glaubte er vermutlich selbst nicht. Aber der Aufmarsch im Westen zwang ihn dazu, keinen Zweifel an seiner Entschlossenheit zum Kampf gegen Frankreich und England zuzulassen, was zugleich bedeutete, dass er sein Verhältnis zu Russland in den schönsten Farben erscheinen lassen musste. Er rechtfertigte noch einmal den Angriff auf Polen als Notwehr gegenüber den britischen Machenschaften, um den »polnischen Staat als Gefahrenquelle restlos auszuschalten und damit den deutschen Rücken freizubekommen«. Es gehe ihm nur um die »unbedingte Sicherstellung der östlichen Reichsgrenze«. Man habe den »Ballast« der Verwaltung des Gouvernements übernehmen müssen, weil sonst das Chaos ausgebrochen wäre, und Hitler versicherte, dass man nach Kriegsende diese Verantwortung abwerfen wolle. Hinsichtlich Russlands unterstrich er den angeblichen Wandel des Staates, der nach der Beseitigung der »jüdisch-internationalen Führung« eingetreten sei. »Wenn aber der Bolschewismus sich in Russland zu einer russisch-nationalen Staatsideologie und Wirtschaftsidee entwickelt, dann stellt er eine Realität dar, gegen die zu kämpfen wir weder Interesse noch einen Anlass besitzen.« Im Kampf gegen die westlichen Demokratien sei Russland derzeit eine wertvolle Hilfe. Die wirtschaftliche Ergänzung sei umfassend, und Deutschland habe eine klare Abgrenzung der Interessenzone vorgenommen: »An der wird sich auch niemals mehr etwas ändern.«[57]

Am 24. Januar 1940 hatte er – wie im Jahr zuvor – vor 7000 Offiziersanwärtern eine Rede gehalten. Dieses Mal wählte er den Geburtstag Friedrichs des Großen als Bezugspunkt, um nach den üblichen Betrachtungen zum »Lebensraum« und der Notwendigkeit des Kampfes, für den das deutsche Volk dank des Nationalsozialismus bestens gerüstet sei, den Vorteil zu betonen, dass Deutschland nur an einer Front zu kämpfen habe. »Wir haben zwei Staaten als unsere Feinde: England und Frankreich. […] Dieses Europa, das von Frankreichs und Englands Gnaden dirigiert wird, vergönnt unserem Volk das Dasein nicht, weil es dieses große deutsche Machtgebilde nicht ertragen will und nicht glaubt, ertragen zu können. Welche Einschränkungen wir auch vornehmen, wir werden niemals Frankreich und England besänftigen können. […] Heute steht zum erstenmal in der deutschen Geschichte der deutsche Riese, gerüstet besser als je zuvor, einer einzigen Front gegenüber! Sie glaubten, nun auch dieses Mal uns nach allen Seiten der Himmelsrose [gemeint ist Windrose] in einen Kampf hineinflechten zu können, und das ist ihnen durch die Bündnisse und Verträge dieses Mal misslungen.«[58]

Natürlich konnte Hitler nicht öffentlich seine Kriegspläne enthüllen. Aber seine Ausführungen lassen erkennen, dass er den Kampf gegen die Westmächte als einen ihm aufgezwungenen Krieg verstand, der sich hätte vermeiden lassen, wenn man ihm freie Hand nach Osten gegeben hätte. Dass der Krieg im Westen nur ein kurzfristiger Umweg sein würde, um dann nach der Klärung der Vorherrschaft auf dem Kontinent den eigentlichen Gegner angreifen und »Lebensraum im Osten« schaffen zu können, deutet sich in einer weiteren Notiz von Goebbels an. Einen Tag nach Hitlers Rede im Sportpalast vor den Offiziersanwärtern führten beide ein Mittagsgespräch, und sofort kamen sie auf »die russische Frage. Die Russen benehmen sich uns gegenüber zunehmend loyal. Dazu haben sie auch allen Grund. Bei den Finnen können sie nicht mehr zurück, auch wenn sie bisher schwere taktische Fehler gemacht haben. Der Führer glaubt, sie werden Finnland doch in einigen Monaten überwältigen. England kann und will auch Finnland nicht helfen. London hat zu viel mit sich selbst zu tun.«[59]

Wenn solche Berichte Hitlers Äußerungen zuverlässig wiedergeben, dann zeigen sie zumindest, dass er kriegerische Ankündigungen selbst im engsten Kreise vermied. Das war nicht das Ergebnis eines Gesinnungswandels, sondern sicherte ihn gegen Nachfragen, die seine aktuellen Offensivabsichten im Westen in Frage stellten. Nur selten lassen verräterische Sätze seine wahren Absichten erkennen. Auf einer geheimen Tagung der Gau- und Reichsleiter der NSDAP am 29. Februar 1940 gab sich Hitler davon überzeugt, dass der Sieg gegen den Westen noch im Laufe des Jahres errungen werde. Sorge um die Rückendeckung im Osten brauche man sich nicht zu machen, denn die Russen würden »in 100 Jahren nicht angreifen«. Bezeichnenderweise fügte er hinzu: »Wenn überhaupt eine Veränderung der Grenze in Frage kommt, dann nur weiter nach Osten. Aber das wäre eine Sache für spätere Zeiten.«[60]

Im Frühjahr 1940 war Hitler also ganz auf die bevorstehende Westoffensive fixiert, die er in immer größerem Maßstab entwarf. Während in der Heeresführung noch um den richtigen Operationsplan gegen Frankreich gerungen wurde, zog er die Planungen für einen Überfall auf Dänemark und Norwegen an sich. Nach seiner allgemeinen Ankündigung vom Mai 1939 wurde nun auf seinen »Wunsch« für diesen Zweck beim OKW ein Arbeitsstab eingerichtet. Dieser sollte »unter seinem persönlichen und unmittelbaren Einfluss und im engsten Zusammenhang mit der Gesamtkriegführung« mit den Planungen für das später als »Operation Weserübung« benannte Unternehmen begannen. Dieser Arbeitsstab sollte gleichzeitig der »Kern des künftigen Operationsstabes« sein.[61] Dieser organisatorische Eingriff in die Operationsplanung zu Lasten des Heeres hatte später bei der weiteren Vorbereitung des Krieges gegen die UdSSR Folgen.

Was war unterdessen aus dem angekündigten »unüberwindbaren Ostwall« an der Weichsel geworden? War diese absurde Vorstellung Ausdruck defensiver Absichten gegenüber der UdSSR? Man wird davon ausgehen können, dass Hitler mit dieser Parole die internen Bedenken gegen das Vorrücken der Roten Armee nach Westen ruhigstellen wollte. Die militärische Planung sah tatsächlich ganz anders aus. Hitlers Befehl vom 17. Oktober 1939, Polen als »vorgeschobenes Glacis« zu nutzen und für einen Aufmarsch vorzubereiten, wird zu Unrecht als Routinemaßnahme zur Landesverteidigung, nicht als Maßnahme gegen die UdSSR interpretiert.[62] Halder notierte in seinem Tagebuch nach dem Bericht Wagners über die Besprechung beim »Führer«: »Deutsches Aufmarschgebiet für Zukunft.«[63] Hitlers Begriff des »Glacis« erinnert an die oben zitierte Rosenberg-Denkschrift vom Juni 1939, in der Rosenberg Polen als »Vorbereitungsglacis für eine ausgreifende Zertrümmerung Russlands« bezeichnet hatte.

Der Oberbefehlshaber des Heeres befahl drei Tage später, am 20. Oktober 1939, den Ausbau einer Sicherungslinie an Weichsel, San und Narew sowie an der ostpreußischen Grenze. Die nach dem Abzug der Masse an Kräften nach Westen im Osten zurückgebliebenen Sicherungsdivisionen sollten aus dieser Linie heraus einen möglichen Angriff zurückweisen können, bis Verstärkungskräfte herangeführt sein würden. Dafür galt es, Bahn- und Straßenverbindungen in West-Ost-Richtung zu reparieren bzw. auszubauen.[64] Insofern handelte es sich um eine Rückendeckung für die Westoffensive. Diese Sicherungslinie konnte nicht der »unüberwindbare Ostwall« sein. Er bestand vielmehr – und das auch nur streckenweise – aus Stacheldrahtverhau und Schützengräben. Damit würde niemand ernsthaft die Rote Armee aufhalten wollen. Sollten die Verstärkungskräfte, die aus dem Westen heranzuführen wären, allein der Verteidigung dienen? Das ist unwahrscheinlich, denn die Verteidigung spielte, wie bereits dargelegt, im operativen Denken des Heeres stets nur eine temporäre Rolle. Die Befehle zum Ausbau der besetzten polnischen Gebiete für einen möglichen Aufmarsch des Heeres lassen Vorstellungen einer Kriegführung erkennen, die der ursprünglich für September 1939 geplanten »Marsch- und Gefechtsübung motorisierter Verbände« entsprach. Aus einer nur schwach besetzten Verteidigungslinie, die einen angreifenden Gegner aufzufangen hatte, wollte Guderian durch rasch herangeführte motorisierte Verbände einen Gegenangriff in die Flanke des Feindes mit dem Ziel seiner Vernichtung führen lassen. Die im Juni 1939 erstellten und detaillierten Planungsunterlagen[65] enthielten keinen völlig neuen operativen Gedanken. Sie erinnern an die Erfahrungen von 1914 in der Schlacht von Tannenberg und Piłsudskis Sieg vor Warschau 1920, waren aber ohne weiteres auch auf eine künftige Schlacht an der Westfront zu übertragen. In ähnlichen Vorstellungen bewegte sich jedenfalls auch Erich von Manstein im Oktober 1939, als er die Idee entwickelte, die Westmächte zu einem Angriff zu verlocken, um sie nach blutigen Verlusten im Vorfeld des Westwalls dann aus der Bewegung heraus mit einer Gegenoffensive zu schlagen.[66]

Bei Hitlers ersten Überlegungen für eine Westoffensive zeigte sich, dass er mit dem operativen Denken des Heeres inzwischen bestens vertraut war. In seiner Denkschrift vom 9. Oktober 1939 skizzierte er Grundzüge eines Operationsplans, wie sie auch gegenüber Russland zur Anwendung kommen konnten und sich ein Jahr später in den konkreten Planungen für den Überfall auf die UdSSR wiederfinden. Sie vermitteln zugleich einen Eindruck davon, wie schon 1939 ein Feldzug im Osten hätte aussehen können: ein überraschender Überfall mit massiven Kräften, das Aufreißen der feindlichen Front durch zwei kombinierte Panzerkeile, dann die Fortsetzung des Angriffs auf breiter Front, um die Bildung einer zusammenhängenden feindlichen Abwehrfront unmöglich zu machen, alles mit dem Ziel, die Vernichtung der »lebendigen Kräfte« des Gegners in einem Zuge zu erreichen: »Es ist nicht möglich, einen Operationsplan weiter auszubauen bzw. die weiteren Ereignisse und die sich aus ihnen herauskristallisierenden Entschlüsse und Handlungen im Vorneherein zu erkennen oder niederzulegen. Es ist aber möglich und notwendig, sich der großen Aufgabe von Anfang an bewusst zu sein, die nur auf die Vernichtung der lebendigen feindlichen Kraft gerichtet sein darf. Sollte diese Vernichtung aus Gründen, die zur Zeit nicht zu übersehen sind, misslingen, dann ist als zweites Ergebnis die Sicherung des Raumes anzustreben, der die Voraussetzungen für eine erfolgreiche Kriegführung auch auf längere Sicht hin bietet.«[67]

Grenzsicherung Ost offensiv lösen: Der Halder-Plan im Juni 1940

Nach dem Abzug fast aller kampfkräftigen Verbände an die Westfront blieb nur eine schwache Sicherung von zehn Reservedivisionen in Polen. Das schien auszureichen, um den Besorgnissen in der Heeresführung zu begegnen. Stalin hätte immerhin die Bindung der Wehrmacht im Westen nutzen können, um selbst einen Angriff zu wagen. Der Chef des Generalstabs des Oberbefehlshabers Ost, Generalmajor Karl Adolf Hollidt, beschäftigte sich deshalb ab November 1939 im Auftrag Halders mit der Frage, wie ein sowjetischer Angriff aussehen könnte.[68] Er ging in seiner Studie davon aus, dass die Rote Armee nur bei einer schweren Erschütterung der Wehrmacht an anderen Fronten den Vorstoß gegen Deutschland wagen würde. Dafür stünden ihr etwa 80 Divisionen zur Verfügung. Wegen ihrer mangelnden operativen Schulung würde sie nur eine einfache Operation mit zwei Aufmarschgruppierungen unternehmen, und zwar in Richtung Warschau und Ostpreußen. Da man der Roten Armee nur bescheidene Fähigkeiten attestierte – eine Einschätzung, die noch während der Arbeit Hollidts am Jahreswechsel 1939/40 im Finnischen Winterkrieg scheinbar bestätigt wurde –, gab es beim Oberbefehlshaber Ost keinen Zweifel daran, dieser mehr theoretischen Gefahr notfalls auch mit den eigenen geringen Kräften begegnen zu können.

Grundlage der Hollidt-Studie war eine Ausarbeitung der Abteilung »Fremde Heere Ost« im Generalstab des Heeres, die auf Anordnung Halders die mögliche Entwicklung des Verhältnisses der UdSSR gegenüber Deutschland hatte beurteilen sollen. Nach Einschätzung der Experten war die Rote Armee in Polen so aufgestellt, dass sie sowohl einen Angriff abwehren als auch eine Operation nach Westen durchführen könne. Ein sowjetischer Angriff sei allerdings erst dann möglich, wenn die Operationsbasis in Ostpolen weiter ausgebaut, das Verhältnis im Fernen Osten zu Japan geklärt und die innere Festigung der UdSSR erreicht worden war. Das war natürlich eine dehnbare Beschreibung von Voraussetzungen, die jedenfalls keine akute Bedrohung signalisierte.

Wichtig ist hier die Einschätzung, dass im Konfliktfall der Wehrmacht direkt etwa 80 feindliche Divisionen gegenüberstehen würden. Anfang 1940 verfügte das deutsche Heer über insgesamt 116 einsatzfähige Divisionen, die je nach Aufgabe im Osten oder Westen eingesetzt werden konnten. Bis zum Mai kamen noch weitere neuaufgestellte Großverbände (41 Divisionen) hinzu. Vergleicht man damit den ersten Ansatz Halders im Oktober 1939 gegen Frankreich mit 75 eigenen Divisionen, brauchte das Deutsche Reich also die Rote Armee nicht zu fürchten, was im Umkehrschluss bedeutete, dass die Niederwerfung der sowjetischen Militärmacht im europäischen Teil der UdSSR als relativ leichter Waffengang erschien, nicht zu vergleichen mit einer Entscheidungsschlacht gegen die Westmächte, die abwehrbereit und voll mobilisiert hinter ihrer waffenstarrenden Maginot-Linie auf den deutschen Angriff warteten. Am 10. Mai 1940, zu Beginn der Westoffensive, verfügten die Alliierten über 151 Divisionen, während das deutsche Heer 135 Divisionen einsetzte, davon blieben 45 in der Reserve zurück.

Im Frühjahr 1940 blickte Hitler gebannt auf den Westen, durch unterschiedliche Gründe (Witterung, Transportkrise etc.) immer wieder gezwungen, den herbeigesehnten Angriff zu verschieben. Er musste sich zudem mit der Möglichkeit auseinandersetzen, dass Großbritannien und Frankreich jederzeit die Initiative ergreifen konnten, um durch Entlastungsangriffe die deutsche Kriegführung ins Wanken zu bringen. Tatsächlich gab es alliierte Pläne, durch einen Zugriff auf Norwegen die deutsche Zufuhr an kriegswichtigen Eisenerzen aus Schweden sowie durch mögliche Angriffe auf die Ölquellen des Kaukasus die deutsche Treibstoffversorgung empfindlich zu treffen. Außerdem hatte Hitler in dem geheimen Zusatzabkommen Stalin Bessarabien zugesprochen, was dieser jederzeit gegenüber Rumänien einfordern und – wie im Falle Finnlands mit den strategisch wichtigen Nickelerzgruben in Petsamo – dazu nutzen konnte, um das Land und damit die wichtigen rumänischen Ölfelder in seinen Einflussbereich zu ziehen.

Es gab also durchaus Gründe, die Situation im Osten im Auge zu behalten. Aber Hitler blieb bemüht, das Verhältnis zur UdSSR nicht zu belasten, solange die Entscheidung im Westen ausstand. Deshalb hielt er sich selbst im engsten Führungskreis mit aggressiven antisowjetischen Äußerungen zurück. Seine Anweisung vom Oktober 1939, das besetzte Polen als Aufmarschgebiet für die Zukunft vorzubereiten, hatte zu Maßnahmen geführt, die nicht alle militärisch sinnvoll waren und auf unterschiedliche Vorstellungen rivalisierender Gruppen zurückgingen. Dazu trug Hitler selbst mit widersprüchlichen Ambitionen und Zielsetzungen bei. Die wichtigste Weichenstellung war im Herbst 1939 die Auflösung der Militärverwaltung und die Aufteilung des Besatzungsgebiets in Zonen unterschiedlicher Verwaltung gewesen. Das förderte einen Wildwuchs der Behörden und Zuständigkeiten, in dem Himmlers Organisation zunehmend an Einfluss gewann. In diesem Umfeld die militärischen Belange zu organisieren war für den Oberbefehlshaber Ost (ab Juli 1940 umbenannt in Militärbefehlshaber im Generalgouvernement) keine leichte Aufgabe.

Die routinemäßige Anlage neuer Übungsplätze zur Ausbildung von Ersatzeinheiten für die Westfront bot einen ersten Ansatzpunkt, um militärische Autonomiebereiche gegenüber der Zivilverwaltung zu schaffen und zugleich die wilden Umsiedlungsaktionen der SS zu kanalisieren. Mit der Einrichtung des befohlenen Sicherungsstreifens schuf sich das Heer gleichsam einen exterritorialen Korridor an Weichsel und Narew, der quer durch das Generalgouvernement verlief. Als Hitlers engster militärischer Berater und Chef des OKW zog Keitel die Abstimmung der Maßnahmen an sich.[69] Die Wehrmachtteile und Himmlers SS sollten ihre Vorstellungen präzisieren. Himmlers Dienststelle »Reichskommissar für die Festigung deutschen Volkstums« verfolgte Planungen zur Umsiedlung von knapp sieben Millionen Polen aus den »eingegliederten Ostgebieten« des Deutschen Reiches ins Generalgouvernement, das »Polen-Reservat«. Das Rassenpolitische Amt der NSDAP wiederum fasste die Vorstellungen in der Partei in einem Siedlungsplan zusammen, der in einem 200 Kilometer breiten Streifen diesseits der neuen Reichsgrenze »Wehrbauern« in großer Zahl ansiedeln wollte.

Das Oberkommando des Heeres präsentierte bei einer gemeinsamen Sitzung ziviler und militärischer Stellen am 16./17. Januar 1940 in Łódź eigene Planungen, die sich mit der befohlenen Sicherungszone im Osten verbanden. Hitler hatte bereits zugestimmt, dass diese Sicherungszone an den Flüssen wesentlich vergrößert wurde, wollte aber dort keine Volksdeutschen angesiedelt haben. Himmler sah sich gezwungen, die Deportationen polnischer Bevölkerungsteile angesichts der schwierigen Verhältnisse im Generalgouvernement zu drosseln. Außerdem billigte Hitler den Vorschlag, dass ehemalige Kriegsteilnehmer bei einer Ansiedlung im Osten Vorrang hätten, was natürlich erst nach Kriegsende erfolgen konnte und deshalb die gegenwärtige Ansiedlungspolitik der SS behinderte. Der Vertreter des OKH bei der Besprechung in Łódź reklamierte bereits 400 000 reichsdeutsche Familien als Umsiedler für das Heer, um im polnischen Kerngebiet den großräumigen Übungsplätzen und der Sicherungszone einen bevölkerungspolitischen Rückhalt zu verschaffen. Es handele sich nicht um einen »Ostwall« im Sinne der bisherigen Befestigungsanlagen, sondern um den Ausbau einer Aufmarschzone. Östlich der Weichsel würden auch weiterhin aktive Truppen stationiert bleiben, die »in dem unwahrscheinlichen Falle eines Zusammenstoßes mit russischen Einheiten den Auftrag bekommen, die Grenzen zu halten«.[70] Damit habe man also eine vorgeschobene Verteidigungslinie unmittelbar an der Grenze und eine Hauptsicherungslinie an der Linie Narew – Weichsel – San. Westlich davon bildeten die geplanten Truppenübungsplätze wichtige Garnisonen und Versammlungsräume für Verstärkungen.

Himmler erkannte die Gefahr, dass die Wehrmacht die Siedlungspolitik an sich ziehen könnte, wie das bereits im Ersten Weltkrieg der Fall in den Ostgebieten gewesen war. Für ihn stand aber fest, dass der Osten seiner SS gehören musste. Deshalb ließ er eilig den ersten Entwurf für einen »Generalplan Ost« anfertigen, der nach Kriegsende die Ostsiedlung regeln sollte. Um sein Verhältnis zum Heer zu verbessern, machte er einen Schachzug, der auf die Entkoppelung von Siedlungsauftrag und militärischer Aufgabenstellung hinauslief. Himmlers Idee war es, direkt hinter der deutsch-sowjetischen Grenze einen Panzergraben als militärisches Bollwerk zu errichten und dafür 2,5 Millionen jüdische Zwangsarbeiter einzusetzen. Wenn das Heer die Juden aus der geplanten Sicherungszone heraushaben wollte und sich der Generalgouverneur dagegen sträubte, alle polnischen Juden in seinem Bereich unterzubringen, dann ließ sich mit einem solchen »Judenwall« eine scheinbar sinnvolle Legitimation für die Deportationen finden und die Versklavung und Vernichtung der jüdischen Bevölkerung hinter militärischen Notwendigkeiten verdecken. Es war der Beginn eines Prozesses, der ein Jahr später mit dem Überfall auf die UdSSR die Wehrmacht zum Komplizen des Holocaust machte.

Planung des Ostwalls, Stand 1. März 1940
Sicherungslinie (Ostwall)
Truppenübungsplätze
Ostsee
Tilsit
Litauen
Königsberg
Kolberg
Danzig
Elbing
Ostpreußen
Pommern
Danzig-
Allenstein
Westpreußen
Weißrussische SSR
Deutsches Reich
Thorn
Sowjetunion (UdSSR)
Posen
Wartheland
Warschau
Generalgouvernement
Breslau
Schlesien
Oppeln
Krakau
Lemberg
Sudetenland
Ukrainische SSR
Protektorat Böhmen und Mähren
Brünn
Karpato-Ukraine
Slowakei
Ungarn
N
0
100 km

Die Heeresführung ließ den Vorschlag eines »Judenwalls« prüfen. Der zuständige General der Pioniere beim Oberbefehlshaber Ost äußerte schwerwiegende Bedenken. Das Grenzabschnittkommando Mitte hielt das Projekt für überflüssig und wollte keine »Judenkolonnen« eingesetzt wissen, weil damit der SS die originäre Aufgabe der militärischen Landesbefestigung in die Hände fallen würde.[71] Die Heeresführung zog einen verdeckten Rückzug vor. Von eigenen Siedlungsplänen war keine Rede mehr, und Himmler erhielt Gelegenheit, vor der höheren Generalität über die volkstumspolitischen Aufgaben der SS im Osten zu referieren und auf diese Weise das gegenseitige Verständnis zu vertiefen.[72]

Das OKH stimmte dem Projekt des »Judenwalls« grundsätzlich zu. Welche Rolle dabei Major i. G. Reinhard Gehlen spielte, als Leiter der Gruppe Landesbefestigung Halders Protegé in der Operationsabteilung, ist unklar. Gehlen übernahm bald darauf bei der Planung und Durchführung des »Unternehmens Barbarossa« eine Schlüsselposition. General Johannes Blaskowitz als Oberbefehlshaber Ost resignierte und schlug sarkastisch vor, der SS doch gleich den Ostteil des Generalgouvernements zu überlassen. So weit wollte Halder nicht gehen, der für die Ablösung von Blaskowitz sorgte. Man arrangierte sich. Den jüdischen Baubataillonen der SS wurden kleinere Grenzabschnitte überlassen. Sie begannen mit dem Bau eines Panzergrabens an der Südostgrenze zwischen Bug und San. Bis Anfang 1941 war der »Judenwall« erst auf einer Länge von 13 Kilometern fertiggestellt, militärisch sinnlos, da nicht besetzt und dilettantisch angelegt.[73] Aus der Idee Hitlers, die polnischen Juden in die Pripjetsümpfe zu jagen, ins Vorfeld eines »Ostwalls«, hatte Himmler das Projekt eines »Judenwalls« gemacht, aus dem später die Vernichtungslager erwuchsen.

Am 9. April 1940 begann schließlich die erfolgreiche Offensive im Westen. Sie führte zunächst zur Besetzung bzw. Eroberung von Dänemark und Norwegen, am 10. Mai dann zum Angriff gegen die Benelux-Staaten und Frankreich. Nach einem überraschenden Durchbruch bei Sedan stießen deutsche Panzerkräfte bis an die Kanalküste vor und kesselten damit das alliierte Expeditionskorps ein, das in den belgischen Raum vorgestoßen war. Was als deutscher »Blitzkrieg« zur Legende wurde, war letztlich ein taktisch-operativer Erfolg, der auch für Hitler und die Heeresführung unerwartet kam.[74] Es war das Ergebnis einer überforderten gegnerischen Operationsführung, die zwar über zahlenmäßig stärkere Kräfte verfügte, das Tempo der aufgezwungenen Entscheidungen aber nicht durchhalten konnte und zudem über ein veraltetes Defensivkonzept verfügte.

Der deutsche Erfolg resultierte überdies aus den intensiven Vorbereitungen der letzten Monate und einem kühnen operativen Ansatz, der auf General von Manstein zurückging. Im Ringen mit der Heeresführung um den Beginn der Westoffensive war Hitler schließlich von Mansteins Idee überzeugt worden. Es galt die Alliierten zu einem Vorstoß nach Belgien zu verleiten, um dann mit einem Überraschungsangriff durch die Ardennen und bis zum Kanal vorzustoßen. Mit der Einkesselung der mobilen Kräfte des Gegners schien eine schnelle Entscheidung im Westen erreichbar zu sein. Die Heeresführung rechnete hingegen nach den Erfahrungen des Ersten Weltkriegs stärker mit der Möglichkeit, dass sich nach ersten Erfolgen die Offensive in Nordfrankreich in einem Stellungskrieg festlaufen könnte. Die ganze Rüstungsplanung für den Feldzug war darauf abgestellt, dass ein Höchstlauf erst im Frühjahr 1941 erreichbar sein würde. Die Bereitstellung von Ressourcen für den Festungs- und Stellungsbau waren größer als für die Panzerfertigung. Mit dem Beginn der erwarteten »Massenschlachten« würde dann die Mobilmachung der deutschen Wirtschaft für den Krieg noch einmal gesteigert werden.[75] Das erklärt einmal mehr Hitlers Zurückhaltung im Frühjahr 1940 mit Prognosen über den geplanten Krieg gegen die UdSSR.

Der rasche Zusammenbruch der französischen Armee und die Flucht der Briten zurück auf ihre Insel kam für die deutsche Führung völlig überraschend. Die Euphorie über den Einmarsch in Paris und das französische Waffenstillstandsangebot war unbeschreiblich. Im Ersten Weltkrieg war die deutsche Armee in vierjährigen schweren Kämpfen in Nordfrankreich verblutet. Das wog damals auch der mühevolle Sieg 1917/18 über die Russen nicht auf. Jetzt, im Juni 1940 schien nichts mehr unmöglich zu sein. Lag es da nicht auf der Hand, nun die letzte noch verbliebene Kontinentalmacht als potentiellen Gegner wieder ins Visier zu nehmen? Andererseits hatten sich die deutsch-sowjetischen Beziehungen entspannt und vorteilhaft entwickelt. Stalin gab der deutschen Kriegführung Rückendeckung gegenüber Großbritannien, das nun allein Hitlers Kriegsmaschine gegenüberstand. Churchills stärkste Waffe gegen Hitler, die Blockade, war stumpf geworden, weil inzischen – nach Überwindung der winterlichen Schwierigkeiten – die sowjetischen Transportzüge nach Westen rollten.

Wie erfolgte nun die Umstellung der Wehrmacht von der bisherigen West- auf eine künftige Ostfront? Handelte es sich tatsächlich um eine Routinemaßnahme im Rahmen der Landesverteidigung, einen »völlig normalen Vorgang«[76] also, aus dem sich schrittweise mit dem Plan »Barbarossa« der große Krieg um »Lebensraum im Osten« entwickelte? Und kam dazu die Initiative von Hitler, wie es ein breiter Konsens in der Geschichtswissenschaft seit Jahrzehnten annimmt?[77]

War nicht eigentlich zu erwarten, dass Hitler nach dem Waffenstillstand in Frankreich am 22. Juni 1940 oder sogar schon eine Woche zuvor, als deutsche Truppen am 14. Juni kampflos in Paris einmarschierten, der Heeresführung seine Absicht mitteilen würde, nun den »Aufbau Ost« einzuleiten? Dafür gibt es keinerlei Anzeichen. Sowohl in den militärischen Lagebesprechungen als auch in seinen Gesprächen mit Goebbels zeigte er sich ganz von dem Gedanken durchdrungen, möglichst schnell den Krieg mit Großbritannien zu beenden. Das kann nicht überraschen, denn es bedeutete, strategisch zum Sommer 1939 zurückzukehren, als er hoffte, sich mit den Briten verständigen und von ihnen freie Hand im Osten erhalten zu können.

Mit dem von ihm propagierten »Frieden« wollte Hitler keineswegs die Friedenssehnsucht der deutschen Bevölkerung erfüllen, sondern endlich die zentrale Idee seines politischen Programms durchsetzen. Nachdem er jetzt, so hat er es wohl gesehen, die Briten gezüchtigt und vom Kontinent vertrieben hatte, konnte er hoffen, dass seine strategische Rechnung aufgehen könnte. Wann und wie das »Ostproblem« gelöst werden könnte, blieb offen.

Der neue Premierminister Winston Churchill zeigte sich allerdings von einem anderen Kaliber als die Männer, denen er »in München« knapp zwei Jahre zuvor begegnet war. Für die britische Regierung war die Anerkennung einer deutschen Vorherrschaft auf dem Kontinent nach wie vor völlig undenkbar, schon gar nicht zu Hitlers Bedingungen. So blieb nur die Option, durch anhaltende militärische Pressionen die Briten so zu entmutigen, dass sie schließlich doch klein beigeben würden, oder die britische Insel zu erobern – beides höchst riskante und aufwendige Unterfangen. Kein Wunder also, dass der »Führer« nach Beginn der Waffenruhe in Frankreich ab dem 25. Juni 1940 nur eine Perspektive im Sinne hatte, nämlich eine »Friedensrede« vorzubereiten, um die Briten vielleicht doch zum Einlenken bewegen zu können. Es schien immerhin eine »Friedenspartei« in England zu geben. Gleich nach der überwältigenden Siegesparade in Berlin am 7. Juli machte er sich deshalb an die Vorbereitung seiner Rede und fasste parallel die militärischen Planungen für eine mögliche Landung in Großbritannien ins Auge. Am 16. Juli erließ er dafür die Weisung Nr. 16 (»Seelöwe«), drei Tage später hatte er seinen großen Auftritt im Reichstag.

In diesen vier Wochen gab es allerdings auch genügend Anlässe, die zukünftige deutsche Haltung gegenüber der UdSSR zu überdenken. Mit dem Einmarsch der Wehrmacht in Paris wurde die sowjetische Außenpolitik plötzlich sehr aktiv und beeilte sich, Hitlers Zugeständnisse vom Vorjahr zu realisieren. Nachdem das östliche Polen bereits im September 1939 besetzt worden war, drängte man jetzt die baltischen Staaten ultimativ zum Beitritt in die UdSSR und forderte von Rumänien die Abtretung Bessarabiens und der Nordbukowina. Den deutschen Diktator schien das nicht weiter zu beunruhigen, seine Umgebung schon. So notierte Goebbels am 5. Juli 1940, während der Vorbereitung zur Siegesparade in Berlin, in seinem Tagebuch: »Der Slawismus breitet sich auf dem ganzen Balkan aus. Russland nutzt die Stunde. Vielleicht müssen wir später doch einmal gegen die Sowjets antreten.« Und einige Tage später: »Wir können nun in Europa Ordnung schaffen. Russland sucht kurz vor Toresschluss noch möglichst viel zu fressen. Da müssen wir aufpassen.«[78]

Später doch einmal gegen die Sowjets antreten – deutet das auf einen bereits bestehenden Entschluss des »Führers« hin? Wohl kaum. Die Monate Juni / Juli 1940 kann man hinsichtlich der Weichenstellungen als Wendepunkt des Zweiten Weltkriegs bezeichnen, weil sich England entschloss, den Kampf gegen Nazi-Deutschland auch allein fortzusetzen, während gleichzeitig die Verlagerung der deutschen Kriegführung nach Osten begann. Aus heutiger Sicht ist die Dramatik dieser Wende sogar höher zu bewerten als die Situation im September / Oktober 1939, als die Wehrmacht sich auf einen Angriff nach Westen einzustellen begann. Damals war es zu dramatischen Auseinandersetzungen zwischen Hitler und der Heeresführung gekommen, zu starken Äußerungen des Diktators, die seine Entschlossenheit zur Westoffensive unterstrichen, sowie zu ausführlichen Diskussionen über Bedenken, operative Ansätze, Mittel und Ziele einer Westoffensive.

Neun Monate später, im Sommer 1940, bot sich ein gänzlich anderes Bild. Am Anfang der militärischen Planungen und Vorbereitungen stand nicht ein konkreter, ausführlich erörterter »Entschluss«, jetzt die Ostoffensive vorzubereiten. Es begann vielmehr eine Spirale der Entscheidungsfindung, die fast unauffällig einsetzte und erst über Wochen und Monate an Dynamik gewann. Wie schätzte die Heeresführung die Situation ein und welche Schlussfolgerungen zog sie? Bereits Anfang Juni hatte Hitler über ein künftiges »Friedensheer« von etwa 70 Divisionen gesprochen. Er setzte auf eine Verringerung der Rüstung, um die eigene Bevölkerung an den Früchten des Sieges teilhaben zu lassen.[79] Das Reichswirtschaftsministerium bereitete die Umstellung auf die Nachkriegswirtschaft vor. Überall in den Wirtschaftsgremien und Konzernen begannen die Planungen für eine »Neuordnung der deutschen Großraumwirtschaft«.

Schon am 15. Juni, einen Tag nach dem Einmarsch in Paris, ordnete Hitler an, mit dem Umbau des Heeres von derzeit 155 auf zunächst 120 Divisionen zu beginnen, weil »mit dem bevorstehenden Zusammenbruch des Feindes die Aufgabe des Heeres erfüllt ist und wir im Feindesland diesen Umbau als Grundlage für die Friedensorganisation in Ruhe durchführen können«.[80] Der Luftwaffe und Kriegsmarine werde die Aufgabe zufallen, »den Krieg gegen England allein weiterzuführen.« Mochte Halder auch den Optimismus des »Führers« nicht teilen, dass die anderen Wehrmachtteile in der Lage sein würden, die Briten niederzuringen – als Generalstabschef des Heeres konnte er der Abgabe von personellen und materiellen Ressourcen nicht widersprechen und musste das Beste aus der Lage machen. Die Masse des Heeres blieb für Sicherungsaufgaben von Norwegen bis zur spanischen Grenze gegenüber den Briten gebunden. Der Rest war in die Heimat zurückzuführen, teils zur Entlassung, teils zur Umstrukturierung, um Qualität und Ausrüstung, vor allem auch die Motorisierung zu verbessern.

Hält man sich diese Situation vor Augen, die den Ausgangspunkt einer Kriegsplanung gegenüber der UdSSR bildete, so sieht man bei genauer Betrachtung, dass sie der bereits geschilderten entsprach – in diesem Sinne also tatsächlich »Routine«. Am 18. Juni, drei Tage nach Hitlers Anordnung zur Reduzierung des Heeres, führte Halder ein Gespräch mit Major i. G. Reinhard Gehlen von der Abteilung Landesbefestigung im OKH. Gehlen war zugleich Adjutant Halders. Er wurde Anfang Oktober 1940 Gruppenleiter in der Operationsabteilung und ab 1942 als Leiter der Abteilung »Fremde Heere Ost« jene geheimnisumwitterte Gestalt, die für die Beurteilung der Roten Armee und ihrer Absichten zuständig war. Als späterer Chef des Bundesnachrichtendienstes spielte er eine wichtige Rolle in der Geschichte der Bundesrepublik. In seinen später erschienenen Erinnerungen mag er Gründe gehabt haben, seine Tätigkeit als Gehilfe Halders im Juni / Juli 1940 und

Oberstleutnant Reinhard Gehlen, der Anfang 1940 Leiter der Abteilung Landesbefestigung im OKH und nach dem Krieg Chef des Bundesnachrichtendienstes war; Foto um 1941.

anschließend als einer der maßgeblichen Planer des »Unternehmens Barbarossa« geflissentlich zu übergehen.

Im Juni 1940 besprachen Gehlen und Halder den Stand der Befestigungsarbeiten an der Ostgrenze. Viel war mit den geringen Kräften des zuständigen Militärbefehlshabers bislang nicht erreicht worden, und auch der ominöse »Judenwall« der SS befand sich noch in einem rudimentären Stadium. Halder notierte den Grundsatz, dass man für Befestigungen nur ein Minimum eigener Kräfte einsetzen dürfe. »Was man hat, soll man für den Angriff aufwenden.«[81] Es folgte eine längere Auflistung von defensiven Maßnahmen wie der Bau von Panzersperren an Flussläufen, das Anlegen von Minenfeldern und vor allem die Organisation des Einsatzes von mobilen Kräften, die nach einem Feindeinbruch am schnellsten an den Gegner herangeführt und zum Gegenangriff eingesetzt werden könnten – militärische Standardregeln auf der taktischen Ebene. Solche mobilen Kräfte standen bisher an der deutsch-sowjetischen Grenze im polnischen Raum nicht zur Verfügung. Die drittklassigen Reserveformationen hätten allenfalls dafür ausgereicht, die wenigen Verteidigungsstützpunkte an der Weichsel zu besetzen.

Die Unterrichtung durch Gehlen war zweifellos auch eine Reaktion darauf, dass Stalin vier Tage zuvor den Druck auf die baltischen Staaten und Rumänien erhöht hatte, um die Absprachen aus seinem Pakt mit Hitler durchzusetzen. Es bestand also kein Anlass zur Sorge, da sich die militärischen Maßnahmen erkennbar nicht gegen das Reich richteten. Es bedeutete aber, dass Wehrmacht und Rote Armee, die sich seit dem vorangegangenen September bereits im polnischen Raum gegenüberstanden, nun auch an der ostpreußischen Grenze Nachbarn wurden. Mit der Zusammenziehung von sowjetischen Kräften gegenüber Rumänien sollte Bukarest zur Abtretung der ehemals russischen Provinzen Bessarabien und Bukowina gezwungen werden. Dass man in Berlin gezwungen war, auf Hilferufe der rumänischen Regierung abweisend zur reagieren, mochte man – wie Goebbels – als peinlich und ärgerlich empfinden.

Dagegen den Preis zahlen zu müssen für die sowjetische Unterstützung der deutschen Kriegführung dürfte nach dem Sieg über Frankreich und in Erwartung einer baldigen Entscheidung gegenüber Großbritannien schwerer gefallen sein als noch im vergangenen Herbst. Denn aus dem nüchternen Blickwinkel des deutschen Generalstabschefs bedeutete das die schmerzliche Einsicht, dass nun beide Rollbahnen für einen möglichen Krieg gegen die UdSSR blockiert wurden. Umso mehr kam es darauf an, Voraussetzungen zu schaffen, um die Optionen von 1938/39 wieder zu öffnen. Befand sich also nach Hitlers Anweisung die Wehrmacht, besser gesagt das Heer, auf dem Weg zu einer Friedensarmee, konnte ein »Aufbau Ost« nur die Rückkehr zum Status quo von 1939 bedeuten, das heißt zu der Option, jederzeit auch gegen die UdSSR antreten zu können, sei es im Rahmen einer offensiv zu führenden Verteidigung gegen einen möglichen Angriff des Nachbarn oder im Zusammenhang mit einer größeren machtpolitischen Auseinandersetzung.

Es ist jedenfalls nicht zu erkennen, dass Hitler im Juni 1940 bereits die Umstellung der Wehrmacht auf einen baldigen Krieg gegen die UdSSR im Sinne gehabt hat. Die strategischen Veränderungen im Osten kamen nicht überraschend und nicht in bedrohlicher Form. Nichts deutet daraufhin, dass es ihn stärker bewegt haben könnte. Am selben Tag, als Halder mit Gehlen sprach, traf Hitler den italienischen Außenminister Ciano. Dieser schrieb anschließend in sein Tagebuch: »Hitler ist jetzt wie ein Spieler, der die Bank gesprengt hat. Er will vom Spieltisch aufstehen und nichts mehr riskieren.«[82]

Bei seiner Lagebesprechung am 23. Juni ging es um eine Fülle praktischer Fragen, die aus dem Ende der Kampfhandlungen in Frankreich resultierten. In Halders Notizen findet sich das Stichwort Russland nicht, wohl aber in den Aufzeichnungen von Oberstleutnant Bernhard von Loßberg, der im Wehrmachtführungsstab für die operativen Fragen des Heeres zuständig war. Demnach zeigte sich Hitler überzeugt, dass England bald nachgeben werde, denn mit Aussicht auf Erfolg weiterkämpfen könnten die Briten nur, wenn es ihnen gelänge, die USA und die UdSSR in den Krieg hineinzuziehen.[83]

Folgte daraus in der Konsequenz, dass nun der Zeitpunkt gekommen war, die UdSSR anzugreifen? Das wäre dann sinnvoll gewesen, wenn zuvor eine Verständigung mit London erzielt worden wäre, denn bei einem Weiterschwelen des Krieges gegen die Briten würde ein deutscher Angriff im Osten den Feind im Westen

Hitler mit seinem persönlichen Stab, Mai oder Juni 1940; v. l. n. r. in den ersten beiden Reihen: SA-Obergruppenführer Helmut Brückner, OKH-Adjutant Major Gerhard Engel, Reichspressechef Dr. Otto Dietrich, Hitlers Begleitarzt Dr. Karl Brandt, Chef des OKW Generaloberst Wilhelm Keitel, Luftwaffenadjutant Generalmajor Karl Bodenschatz, Adolf Hitler, Wehrmachtsadjutant Oberst Rudolf Schmundt, Chef des Wehrmachtsführungsamtes im OKW General Alfred Jodl, SS-Gruppenführer Karl Wolff, Leiter der Parteikanzlei Martin Bormann, Hitlers Leibarzt Theo Morell, OKW-Adjutant Hauptmann Nicolaus von Below, SS-Adjutant SS-Gruppenführer Julius Schaub, Reichsbilderstatter der NSDAP Heinrich Hoffmann.

natürlich ermutigen. Wenn man andererseits ganz sicher war, die östliche Macht innerhalb kürzester Zeit niederwerfen und in dieser Phase den Gegner im Westen in Schach halten zu können, um sich nach einem Erfolg im Osten wieder nach Westen zu wenden, ergab eine solche Strategie ebenfalls Sinn. Das hatte nichts mit der NS-Ideologie oder einem Stufenprogramm Hitlers zu tun. Es entsprach schlicht der Logik der deutschen Mittellage, die schon bei Schlieffen vor dem Ersten Weltkrieg zu dem Plan geführt hatte, entweder im Osten oder im Westen mit geringen Kräften den Gegner auf Distanz zu halten, um an der anderen Front mit überlegenen Kräften eine Kriegsentscheidung zu erzwingen, und seitdem durchgehend das strategische Denken bestimmt hatte.

Das Argument, Russland als möglichen »Festlanddegen« Englands auszuschalten, also der Gefahr vorbeugen zu wollen, dass sich die UdSSR unter britischem Einfluss militärisch gegen das Reich wenden könnte, hat Hitler zwar später immer wieder strapaziert, um seinen Entschluss zur Vorbereitung eines Ostkrieges zu begründen, ob er das aber bereits am 23. Juni so gemeint hat, ist nicht sicher. Aus der Überlegung Hitlers ließ sich schließlich auch die Konsequenz ableiten, dass man gut beraten war, das Einvernehmen mit Stalin zu pflegen, weil man damit erst recht England entmutigen würde. Dieser strategische Zusammenhang war im Übrigen auch keineswegs neu. Immerhin hatte es Hitler 15 Jahre zuvor bei der Abfassung von *Mein Kampf* als größten Fehler des Kaiserreichs bezeichnet, sich auf einen Zweifrontenkrieg einzulassen, statt sich mit einer Seite, entweder England oder Russland, verständigt zu haben.

Zwei Tage nach der Besprechung mit Hitler erörterte Halder mit seinen Abteilungschefs im OKH die Konsequenzen der befohlenen Reduzierung und Umgliederung des Heeres. »Dabei neuer Gesichtspunkt: Schlagkraft im Osten«, notierte er. Das lässt aufhorchen. Bei der Edition seines Tagebuchs hat der Bearbeiter, der Historiker Hans-Adolf Jacobsen, 1962 als Anmerkung eingefügt, diese »von Hitler vorgesehene Verstärkung der Ostfront (darunter 9 schnelle Div.) ist wohl noch als Reaktion auf das sowjetische Vorgehen im Baltikum zu verstehen«.[84] Inzwischen ist durch die Forschung deutlich geworden, dass die Maßnahme von Halder selbst initiiert worden ist.[85] In dem vom Oberbefehlshaber des Heeres unterzeichneten Befehl zur Umgruppierung des Heeres bildete die Ostgrenze einen keineswegs dramatischen Nebenaspekt. Während im Westen acht Armeen gegen England stationiert blieben, wurde nur eine Armee für die Sicherung der Ostgrenze vorgesehen. Die Kräfte dafür sollten hauptsächlich aus den bereits stationierten Reservedivisionen sowie Divisionen der 7. Welle genommen werden. Dabei handelte es sich um Neuaufstellungen von Ende 1939, die als Reserve für den Frankreichfeldzug hauptsächlich aus älteren Männern der sogenannten weißen Jahrgänge bestanden.[86]

Drei Tage später wurde Halder im kleinen Kreis etwas deutlicher. Bei einer Besprechung in Versailles führte er aus, dass die Kriegführung im Westen zu Ende sei. »Zu siegen gibt es hier im Westen auf lange Sicht nichts mehr.« Der Schwerpunkt des Krieges liege nun im Kampf gegen England. Für den Einsatz des Heeres dabei müssten erst die Voraussetzungen geschaffen werden. »Nur das AOK. 18 wird im Osten besondere militärische Aufgaben zugewiesen bekommen. Hier gilt es zunächst, ›die Anwesenheit des deutschen Heeres im Osten zu dokumentieren‹. Es kommt jedoch darauf an, keine feindselige Haltung offensichtlich zu zeigen.« Die Formulierungen in der Besprechungsnotiz[87] deuten an, dass Halder anscheinend die Absichten verklausuliert ausgedrückt hat. Im Mittelpunkt auch dieser Besprechung standen die Auflösung von 35 Divisionen sowie eine Umgliederung auf niedrigem Rüstungsniveau. Hinsichtlich der motorisierten Divisionen sollte die Entscheidung, neue Verbände durch Halbierung bestehender Divisionen zu schaffen, weitreichende Folgen für die spätere Führung des Ostkrieges haben.

Am 29. Juni unterzeichnete Brauchitsch die angekündigte spezielle Anweisung für das Oberkommando der 18. Armee. Das Oberkommando sei »für die Sicherung der deutschen Ostgrenze gegen Russland und Litauen verantwortlich«, hieß es. Dazu seien Vorbereitungen zu treffen, um ein Vorgehen feindlicher Kräfte zu verzögern und an der San-Weichsel-Linie bzw. der ostpreußischen Grenze zum

Stehen zu bringen, um dann durch die Zuführung schneller Kräfte der »Gruppe Guderian« das verlorene Terrain im Gegenangriff zurückzugewinnen. Es dürfe aber nicht der »Eindruck einer Bedrohung Russlands durch Angriff« erweckt werden – militärisch scheinbar Routine, dennoch ein Indiz dafür, dass man wie 1939 ein solches Szenario für möglich gehalten hat. In einem ersten Schritt würden der Armee sieben Generalkommandos mit 15 Infanteriedivisionen zur Verfügung gestellt werden.[88] Für eine »normale«, das heißt friedensmäßige Sicherung der Ostgrenze war das zweifellos ausreichend, gegenüber einem fast zehnfach überlegenen Gegner aber wirkt die Sorge, daraus könne der »Eindruck einer Bedrohung Russlands durch Angriff« entstehen, schon erheblich vermessen.

Zu seinem Geburtstag am Sonntag, dem 30. Juni, empfing Halder den Staatssekretär des Auswärtigen Amts, Ernst Freiherr von Weizsäcker. Als Ergebnis notierte er einige Punkte, die der Herausgeber Jacobsen 1962 – vermutlich in Absprache mit Halder – in angebliche Auffassungen Hitlers und persönliche Ansichten Weizsäckers untergliederte, was sich aus dem Originaltext aber nicht zwingend ergibt. Auf diese Weise werden zwei Punkte Hitler zugeschrieben: »c) Augen stark auf den Osten gerichtet; d) England wird voraussichtlich noch einer Demonstration unserer militärischen Gewalt bedürfen, ehe es nachgibt und uns den Rücken frei lässt für den Osten.«[89]

Inhaltlich könnten die Bemerkungen auch von Halder selbst stammen, schließlich umschreiben sie eindeutig die strategische Lage, in der sich die Wehrmacht bereits 1938/39 befand, als man mit dem Überfall auf Polen eine erste »Demonstration« dieser Art unternahm – wofür? Das Hauptziel war 1939 das gleiche wie 1940: einen militärischen Schlag gegen die UdSSR führen zu können. Stammt das Argument von Hitler, wäre dies die erste Erwähnung des Diktators im Jahre 1940 zu möglichen Absichten im Osten. Aber auch dann wäre ihm Halder um einige Tage voraus gewesen.[90] Gleichwohl ist verständlich, dass Halder, der dem späteren Nürnberger Kriegsverbrecher-Tribunal nur knapp entging, bei der Edition seines Tagebuchs Wert darauf gelegt hat, die Formel »Rücken frei lässt für den Osten« ausdrücklich Hitler zuzuweisen. In der Literatur wird meist der folgende Satz übergangen: »Im Ganzen Zufriedenheit mit Russlands Beschränkung.«[91] In den später überlieferten Weizsäcker-Papieren findet sich im Übrigen kein Hinweis auf das Gespräch mit Halder.

Die spätere Verschleierung der ersten Initiative für einen Ostfeldzug hatte durchaus System. Vor dem Nürnberger Tribunal ging es bei dem Vorwurf, einen Angriffskrieg vorbereitet zu haben, nicht nur um den Kopf der Verantwortlichen, sondern auch um das Ansehen des Generalstabs und der gesamten militärischen Führungsspitze. Hitler als Oberstem Befehlshaber die Verantwortung zuzuschreiben entlastete die Militärführung, umso mehr, wenn man ihm strategische Motive für den Entschluss unterstellte und damit gleichsam Stalin zum Hauptschuldigen erklärte. Kein Wunder also, dass nicht nur Halder selbst, sondern auch viele andere an diesem Deutungsmuster mitgewirkt haben.

Franz Halder publizierte 1949 eine kleine Schrift über *Hitler als Feldherr.*[92] Inzwischen wirkte der ehemalige Generalstabschef als Berater der US-Armee und galt sowohl durch seine früheren Kontakte zur Militäropposition gegen Hitler als auch durch seinen Nimbus als vermeintlich letzter Vertreter der guten Traditionen des deutschen Generalstabs als höchste Autorität.[93] Halder überspielte in seiner Analyse den Juli 1940, verwies auf den drohenden Angriff Stalins, Hitlers »Barbarossa«-Befehl vom Dezember 1940 und behauptete, Hitler habe sich wohl erst im April 1941 endgültig zum Angriff entschlossen. Auf die Warnungen seiner militärischen Berater habe er nicht hören wollen. Und dann deutete er seinen eigenen Plan mit irreführender Datierung als vermeintlich realistische Option an. Es ist unschwer zu erkennen, dass diese auf den älteren Vorstellungen eines möglichen Interventionskrieges beruhte.

Franz Halder über Hitler als Feldherrn, 1949:
»Zu Beginn des Jahres 1941 hätten die bei ausreichender Sicherung aller übrigen Fronten für den Osten verfügbar zu machenden deutschen Streitkräfte etwa ausgereicht, das gegenüberstehende russische Aufgebot, das praktisch die Masse der europäischen Streitkräfte Russlands darstellte, entscheidend zu schlagen und damit für geraume Zeit eine militärische Aktivität Russlands auszuschließen. Sie hätten ausgereicht, vor der deutschen und rumänischen Grenze durch militärische Besetzung wesentlicher Teile der Ukraine, von Weißrussland und den baltischen Ländern ein strategisches Vorfeld zu gewinnen und damit zugleich ein *Faustpfand für Friedensverhandlungen.*«[94]

Halder reagierte damit auch auf eine Aussage von Alfred Jodl, dem ehemaligen Chef des Wehrmachtführungsstabes, der 1946 darauf hingewiesen hatte, dass man im Heer bereits einen Operationsplan entworfen habe, noch bevor der Befehl dazu von Hitler erging.[95] Es ist also verständlich, dass Halder größtes Interesse daran hatte, die eigene Initiative zu verschleiern und die Motive Hitlers zu kaschieren.

Wenn schon der ehemalige Chef des Generalstabs des Heeres dem »Führer« bescheinigte, er habe lediglich auf Stalins drohenden Aufmarsch reagiert, dann brauchten Hitlers Adjutanten nicht zurückzustehen. Da heißt es bei David Irving unter Berufung auf Nicolaus von Below, den Luftwaffenadjutanten, bei einem Spaziergang im Juni 1940 durch den verregneten Schwarzwald in der Nähe des Führerhauptquartiers Tannenberg habe Rudolf Schmundt, Chefadjutant der Wehrmacht, in düsterer Stimmung erzählt, dass der »Führer« beiläufig davon gesprochen habe, er spiele mit dem Gedanken, einen Feldzug gegen Russland zu führen. In Belows Erinnerungen findet sich die Szene nicht. Dafür kam diesem der Gedanke, dass Halder und Brauchitsch ohne ein einziges Wort des Bedenkens Hitlers Entschluss hingenommen hätten, obwohl sie die Unmöglichkeit der Durchführung erkannten, um »Hitler in sein Unglück hineinrennen« zu lassen.[96]

Erinnerungen an solche angeblichen Äußerungen Hitlers wären eigentlich nicht überraschend, wenn man daran denkt, dass Hitler seit vielen Jahren mit dem Gedanken an einen Krieg gegen die UdSSR gespielt hat. Aber der rechtsradikale britische Schriftsteller David Irving hat – wie andere auf seinen Spuren und in deutschen Generalsmemoiren vor ihm – daraus unter der Überschrift »Der große Entschluss« abzuleiten versucht, die Initiative zu einem Feldzug gegen Russland sei von Hitler ausgegangen.[97] Ein anderer Offizier, der ebenfalls einen persönlichen Grund hatte, den Anstoß zum späteren »Unternehmen Barbarossa« zu verschleiern, war der bereits erwähnte Oberstleutnant Bernhard von Loßberg, der Bearbeiter Heer in Hitlers militärischem Führungsstab. Von ihm stammte eine eigenständige Studie zu einem Ostfeldzug, auf die noch zurückzukommen sein wird.

In seinen 1949 erschienenen Memoiren überging er diese Studie und behauptete, er habe gegenüber dem Chef des Wehrmachtführungsstabes »schwere militärische Bedenken gegen einen Zweifrontenkrieg« geäußert. Alle maßgebenden Männer der drei Wehrmachtteile, seien – »ohne Übertreibung« zu sagen – sämtlich gegen den Russlandkrieg gewesen, hätten aber mangels einer Einheitsfront nicht die Kraft gehabt, sich gegen Hitler durchzusetzen.[98] In einem Privatbrief berichtigte er sich 1956 dahingehend, dass er mit seinen Arbeiten bereits Anfang Juli 1940 begonnen habe. Die Vorgeschichte hatte er in seinen Memoiren verschwiegen, weil ihn Helmut Greiner, im OKW Führer des Kriegstagebuchs, gedrängt habe, Hitler allein für die Planung des Russlandfeldzugs verantwortlich zu machen.[99] Dem Historiker Andreas Hillgruber schrieb Loßberg 1954, Hitler habe im Sommer 1940 die Auffassung vertreten, er könne das überanstrengte deutsche Volk nach einem Ausgleich mit England womöglich nicht mehr gegen Russland »auf die Beine bringen«. In Hillgrubers Standwerk zu Hitlers Strategie wurde daraus ein »wesentlicher Grund« für Hitlers Entschluss zum Ostkrieg im Juli 1940 – das Tagebuch Halders vermerkt eine entsprechende Äußerung Hitlers allerdings erst für den 17. Februar 1941.[100]

Die ewige Rivalität zwischen OKH und OKW setzte sich nach dem Ende des Zweiten Weltkriegs fort, weil zwar die Spitzen des OKW vor dem Kriegsverbrecher-Tribunal erscheinen mussten, das OKH indes weitgehend verschont blieb. So versteht sich, dass die späten Erinnerungen (1962) von Walter Warlimont, dem ehemaligen stellvertretenden Chef des Wehrmachtführungsstabes, die in der Geschichtsschreibung große Beachtung gefunden haben, seine eigene Version verbreiteten. Sie diente hauptsächlich dazu, seinen früheren Chef, den als Kriegsverbrecher verurteilten Alfred Jodl, von Schuld freizusprechen. Das Kapitel zum Ostfeldzug beginnt mit der Überschrift »Vorrang des OKH« und den Worten:

Aus Walter Warlimonts 1962 veröffentlichten Erinnerungen:

»Es ist wohl eine der merkwürdigsten Erscheinungen in der Geschichte des deutschen Hauptquartiers, dass der höchste Stab der Wehrmacht mitsamt seinem Obersten Befehlshaber in der Zeit von Ende Juli bis Anfang Dezember 1940 an den Vorarbeiten zu dem größten Feldzug des zweiten Weltkrieges nur den geringsten Anteil gehabt hat. Dabei gab es auch gegen Russland weder einen grundlegenden, allseitig durchgeprüften Plan nach Art des alten preußisch-deutschen Generalstabs, noch hatte Hitler entgegen den Zeiten vor dem Westfeldzug seine eigene Ansicht über die Führung der Operationen anders als in einigen leicht hingeworfenen Worten kundgetan. Die gedankliche Entwicklung von allen Anfängen an blieb hiernach ebenso wie der gesamte Plan zu Aufmarsch und ersten Angriffszielen allein dem OKH überlassen, das seinerseits auch die Luftwaffe und Kriegsmarine zeitgerecht in die Vorarbeiten einbezog.

Der WFStab stand völlig abseits. Nicht einmal als Gast oder Beobachter zu den großen Ost-Kriegsspielen des Generalstabs des Heeres im Herbst 1940 zugezogen, hat General Jodl auch nach allem Wissen keinerlei Schritte unternommen, um dem allgemeinen Auftrag und dem Wesen seines Stabes gemäß sich führend in die Entwicklung einzuschalten.«

Die von Loßberg angefertigte Studie sei Jodl erst Mitte November 1940 vorgelegt worden. Der Eintrag im Kriegstagebuch (KTB) des OKW, der dies auf den 19. September festlegt, sei ein Irrtum des KTB-Führers, der erst sehr viel später über die Pläne zum Ostfeldzug unterrichtet werden durfte und den Eintrag nachträglich unter einem falschen Datum vorgenommen habe.[101]

Das Verwirrspiel um Verantwortlichkeiten und Daten hat offenbar Methode. General Georg von Sodenstern, selbst Verfasser einer Studie zur Vorbereitung des Russlandkrieges, auf die unten noch näher eingegangen wird, berichtete 1955 erstmalig dem Historiker Karl Klee von einer seitdem gern kolportierten Äußerung Hitlers. Dieser habe am 2. Juni 1940 das Oberkommando der Heeresgruppe A in Charleville besucht. Gegenüber Gerd von Rundstedt, dem Oberbefehlshaber der Heeresgruppe, und ihm, Sodenstern, damals Chef des Generalstabs der Heeresgruppe, habe Hitler im mehr privaten Gespräch geäußert, dass er nach dem erwarteten Friedensschluss mit England endlich die Hände frei habe für seine große und eigentliche Aufgabe: die Auseinandersetzung mit dem Bolschewismus. Die Frage sei nur gewesen: »Wie sage ich es meinem Kinde« – gemeint war offensichtlich die deutsche Bevölkerung, nicht die Heeresführung. Um den Wert dieser Quelle zu kennzeichnen: Sodenstern erklärte gegenüber dem Historiker, »er habe bisher aus politischen Gründen den Inhalt des Gespräches niemandem mitgeteilt, er könne sich aber wegen der Bedeutung des Gegenstandes genau an den Inhalt erinnern«.[102]

Oberstleutnant Hermann Böhme, im Juni 1940 als Vertreter des OKW Chef des Stabes der deutschen Waffenstillstandskommission in Frankreich, berichtete ein Vierteljahrhundert später in einer für das Institut für Zeitgeschichte in München angefertigten Studie, Hitler habe am Abend des 24. Juni im Kreise seiner engsten Mitarbeiter im Führerhauptquartier Bruly-le-Pèche die letzten Stunden bis zum Beginn des Waffenstillstands verbracht und – bewegt von der historischen Stunde – gemeint: »Der Krieg im Westen ist beendet. Frankreich ist besiegt, mit England werde ich in kürzester Frist zu einer Verständigung kommen. Dann bleibt nur noch die Auseinandersetzung mit dem Osten. Das ist aber eine Aufgabe, die weltweite Probleme wie das Verhältnis zu Japan und die Machtverteilung im Stillen Ozean aufwirft, sie kann man vielleicht in zehn Jahren in Angriff nehmen, vielleicht muss ich sie auch meinem Nachfolger überlassen. Jetzt haben wir auf Jahre hinaus alle Hände voll zu tun, das in Europa Erreichte zu verdauen und zu konsolidieren.«[103] Auch diese persönliche Erinnerung kann nicht verifiziert werden.

Zurück zur Ausgangslage Ende Juni 1940. Sicher ist jedenfalls, dass Halder ohne jegliches Einwirken Hitlers den weiteren militärischen Planungen in den nächsten drei Wochen einen eindeutig offensiven Charakter verlieh. »Denn letztlich handelte es sich nicht um eine offensiv zu führende Defensive im Rahmen eines laufenden Feldzuges, sondern um einen Akt, der die Kriegseröffnung bedeutete.«[104]

Wenn man sich den Offizieren zuwendet, die nun die Planung eines Krieges gegen die UdSSR in die Hand nahmen, so stößt man auf die »Blaupausen« eines möglichen Ostkrieges im Jahre 1939. Diese Option ist, wie oben ausgeführt, zumindest in der militärischen Spitze schon früher präsent gewesen, so dass man fragen muss, ob und was sich möglicherweise bei der beginnenden Planung für »Barbarossa« geändert hat und was einfach fortgeschrieben worden ist. Wie groß waren die Veränderungen in der Roten Armee seit 1938, und welche Absichten verfolgte Stalin? Das waren wichtige Fragen, die für Ansatz und Ausrichtung einer möglichen militärischen Auseinandersetzung bedeutsam gewesen sind.

Informationen über die militärischen Fähigkeiten der UdSSR zu beschaffen und daraus Erkenntnisse über gegnerische Absichten sowie eigene Möglichkeiten abzuleiten war die Aufgabe der Abteilung »Fremde Heere Ost« im Generalstab des Heeres (FHO).[105] Sie war im Herbst 1938 entstanden und bearbeitete ein ganzes Sammelsurium von Ländern, darunter zeitweilig auch Italien und bis 1942 sogar die USA, die nicht geographisch dem Osten zuzuordnen waren. FHO arbeitete parallel zur Abteilung »Fremde Heere West«, die beide dem Oberquartiermeister IV, Oberst i. G. Kurt von Tippelskirch, unterstanden. Dieser schrieb aber nur selten Berichte mit strategischen Analysen an seinen Vorgesetzten Halder. Informationen erhielt er nicht nur von den Ic-Offizieren, die in den Stäben des Heeres für die Feindlage zuständig waren, sondern auch vom aktiven Aufklärungs- und Spionagedienst der »Abwehr«, einer Abteilung, die wiederum dem OKW unterstand.

Tippelskirch war in der ersten Phase der Planung »Barbarossa« der Berater Halders für die Beurteilung der Roten Armee. Dann wechselte er im Januar 1941 auf die Kommandeursstelle einer Infanteriedivision, für jeden Generalstabsoffizier das wichtigste Sprungbrett, um General werden zu können. Für die Kontinuität der Lagebeurteilung bedeutete dieser persönliche Wunsch einen Bruch, auch wenn sein Nachfolger, Oberst i.G. Gerhard Matzky, bisher Militärattaché in Tokio, wichtige Erfahrungen für seine neuen Aufgaben mitbrachte.

Das gilt auch für Eberhard Kinzel, der die Abteilung »Fremde Heere Ost« von 1938 bis 1942 führte. Er war Ende der zwanziger Jahre im Reichswehrministerium mit der militärpolitischen Abstimmung gegenüber der Roten Armee betraut gewesen und hatte 1932 Tuchatschewski noch persönlich kennengelernt. Zwischen 1933 und 1935 war er dann »Gehilfe« des deutschen Militärattachés in Warschau und zeitweilig dessen Vertreter gewesen, galt allerdings in den Augen seiner Untergebenen als sorgloser Lebemann. Die Position des Gruppenleiters II in FHO, zuständig für die UdSSR, Skandinavien und den Fernen Osten, war von Oktober 1939 bis Anfang Juli 1940 gänzlich vakant! Major i.G. Erich Helmdach, der für diese Stelle vorgesehen war, konnte sich erst mit Beginn der Planungen Halders zum Dienstantritt in Fontainebleau, dem zeitweiligen Dienstsitz von FHO, melden. Helmdach trat in den siebziger Jahren als Verfechter der Präventivkriegsthese in der Öffentlichkeit auf.[106] In der von ihm ab Juli 1940 geführten wichtigen Arbeitsgruppe beschäftigten sich lediglich zwei ältere sogenannte Ergänzungsoffiziere (in den dreißiger Jahren eingestellt) und ein Hilfsoffizier, die Russisch bzw. Polnisch sprachen, mit der Roten Armee. Auf dieser schwachen personellen Basis konnten sicher keine fundierten und auf Veränderungen rasch reagierende Beobachtungen für den Chef des Generalstabs formuliert werden. Ist das ein Ergebnis von Nachlässigkeit oder tiefverwurzelten Überlegenheitsgefühlen gewesen? Es spricht am ehesten für die Geringschätzung des möglichen Feindes im Osten. Was in Moskau vorging und über welche personellen sowie wirtschaftlichen Ressourcen die UdSSR verfügte, bekümmerte die deutsche Führung offensichtlich nicht. Angeblich soll Hitler im Herbst 1939 der Abwehr verboten haben, Agenten gegen den Nachbarn einzusetzen bzw. die Führung in Moskau zu infiltrieren.[107] Eine Enttarnung wäre anscheinend peinlicher gewesen als der mögliche Gewinn.

Das Bild über die Rote Armee veränderte sich jedenfalls nach Kriegsbeginn nicht, im Gegenteil, die Begegnung mit sowjetischen Truppen in Ostpolen und die Leistungen der Roten Armee im Krieg gegen Finnland bestätigten die bisherigen Einschätzungen: ungebildete Kommandeure, »das asiatische Benehmen nur etwas übertüncht«, der einfache Soldat bedürfnislos und stumpfsinnig.[108] Interessant ist nicht so sehr die Vermutung, dass es sich hierbei um einen tradierten Dünkel deutscher Generalstabsoffiziere handelte, der zu einer gefährlichen Unterschätzung der Roten Armee geführt habe,[109] sondern dass die deutschen Sachbearbeiter aus dem erbeuteten Generalstabsarchiv der polnischen Armee eine ähnliche Einschätzung zur Bestätigung heranziehen konnten.[110] Unabhängig von der Einschätzung der Moral des Gegners sollte es sich als fatal für den Ostfeldzug erweisen, dass der deutschen Feindaufklärung die Einführung moderner schwerer Panzer in der

Roten Armee entging. Der T-34 war zwar bereits beim Kampf gegen die Japaner im Sommer 1939 zum Einsatz gekommen, wurde allerdings nicht auf Militärparaden gezeigt und fand auch im Krieg gegen Finnland keine Verwendung. Er wurde zur größten Überraschung der Wehrmacht im Ostfeldzug 1941.

Der erste Auftrag Halders, sich auf einen möglichen Krieg gegen die UdSSR vorzubereiten, ging im Juni 1940 an das Oberkommando der 18. Armee. Hier entstanden die ersten Entwürfe für einen Feldzug. Was qualifizierte gerade diese Armee, besser gesagt deren Generalstab, für den Auftrag? Es waren zum guten Teil Offiziere, die sich schon im Juni 1939 mit einem möglichen Krieg gegen die Rote Armee hatten beschäftigen müssen, und es ist schwer vorstellbar, dass sie dann im Juni 1940 nicht auf vorliegende Unterlagen zurückgegriffen haben. Es handelte sich um Stabsoffiziere, die bis zum Sommer 1939 für den Wehrkreis I (Königsberg) die Verteidigung Ostpreußens zu organisieren hatten, eine Aufgabe, die – wie bereits geschildert – ein offensives Vorgehen in Richtung Baltikum und Nordwestrussland bereits 1938 denkbar gemacht hat. Diese Spezialistengruppe bildete im August 1939 den Generalstab der neu formierten 3. Armee unter dem Oberbefehl des Generals der Artillerie Georg von Küchler.[111]

Küchler (Jg. 1881) gehörte zu den älteren Generalen der Wehrmacht, die im Ersten Weltkrieg ihre Erfahrungen im Generalstabsdienst an der Westfront gesammelt hatten. Bereits 1919 allerdings übernahm er Positionen im Baltikum und dann in Ostpreußen. Mit wechselnden Verwendungen blieb der aus altem hessischem Militäradel stammende Offizier dem »Außenposten« des Reiches eng verbunden, um dann 1937 Befehlshaber im Wehrkreis I zu werden. Mit den ostpreußischen Verbänden im Rahmen der 3. Armee formierte er die Einschließungsfront Warschaus ostwärts der Weichsel. Ein Teil des Königsberger Stabes bildete nach dem Ende des Polenfeldzugs den Generalstab der neu gebildeten 16. Armee. Diese kämpfte im Raum Luxemburg und Verdun. Nach dem Ende des Frankreichfeldzugs oblag der 16. Armee die Vorbereitung des Unternehmens »Seelöwe«, der geplanten Landung in Großbritannien. Beim Überfall auf die UdSSR am 22. Juni 1941 bildete sie zusammen mit der 18. Armee die Heeresgruppe Nord und stieß von Ostpreußen aus bis nach Leningrad vor.

Küchler hatte im November 1939 den Oberbefehl über die neu gebildete 18. Armee übernommen. Der Stab bestand aus dem Oberkommando des bisherigen Grenzabschnitts Mitte, der die Sicherung der Ostgrenze im polnischen Raum verantwortet hatte. Die 18. Armee wurde an die Westfront verlegt und eroberte die Niederlande und Belgien. Chef des Stabes war Generalmajor Erich Marcks. Auch er (Jg. 1891) gehörte zu den jungen Generalstabsoffizieren des Ersten Weltkriegs und hatte wie Halder in der Reichswehr der zwanziger Jahre Karriere gemacht. Seit 1935 Chef des Generalstabs des VIII. Armeekorps, war er während des Polenfeldzugs am Vorstoß in die Ukraine beteiligt.

Grob zusammengefasst: Mit der Wahl der 18. Armee für Sonderaufgaben im Osten hatte Halder in Küchler einen für die nördliche Rollbahn Ostpreußen/Baltikum erfahrenen Oberbefehlshaber und mit Marcks einen Chef des Generalstabs, der sich auf der südlichen Rollbahn in Richtung Ukraine auskannte. Beide waren in jedem Falle Repräsentanten jener konservativen alten Elite des Generalstabs, auf die Halder vertraute, und gehörten nicht zu jenen Haudegen und Nationalsozialisten, die dem »Führer« besonders nahestanden.

Mit dem Eintrag zum 30. Juni 1940 endet der erste Band der Edition des Halder-Tagebuchs, vielleicht ein Zufall, aber in dem hier diskutierten Zusammenhang durchaus sinnig. »Augen stark auf den Osten gerichtet« und »Rücken frei für den Osten« waren bereits erwähnte Stichworte aus einem Gespräch mit Außenstaatssekretär Ernst von Weizsäcker. Es waren Allgemeinplätze zur augenblicklichen außenpolitischen Lage und auf die Krise in Rumänien zu beziehen, ob sie tatsächlich Hitlers Reaktion wiedergeben, ist mehr als fraglich. Sie dürften auch Halders Perspektive entsprochen haben.

Der Auftrag an das AOK 18 wurde in den folgenden Tagen von Halder präzisiert. Auch dabei ist nicht die »Handschrift« Hitlers zu erkennen, wohl aber die Aufnahme älterer Vorstellungen über einen möglichen Krieg gegen die UdSSR. Bei den vielen drängenden Fragen im Zusammenhang mit der Kriegführung gegen England, der Militärverwaltung in Frankreich sowie dem Umbau des Heeres notierte Halder am 1. Juli: »Russisch-polnischer Krieg: Bei OKW anfragen, ob Veröffentlichung freigegeben wird.«[112] Dass er diese bislang interne historische Studie gerade jetzt für wichtig hielt, um sie allen Offizieren zugänglich zu machen, ist sicher kein Zufall.

Zwei Tage später, am 3. Juli, besprach Halder mit dem Chef seiner Operationsabteilung, Oberst Hans von Greiffenberg, die vordringlichen Fragen einer möglichen Landung in England. Damit im Zusammenhang wollte er auch die »Frage des Ostens« sehen. Es gehe darum, so Halder, »wie ein Schlag gegen Russland zu führen ist, um ihm die Anerkennung der beherrschenden Rolle Deutschlands in Europa abzunötigen. Daneben können Sondergesichtspunkte, wie Ostseeländer oder Balkanländer, Varianten veranlassen.«

Entgegen späteren Einlassungen Halders – auf die unten noch eingegangen wird – kann dieser Kriegsplan nicht auf Hitler zurückgeführt werden. Ihm ist es nie um einen bloßen »Schlag gegen Russland« gegangen. Der Diktator hat in seinen programmatischen Schriften und politischen Erklärung auch niemals davon gesprochen, dass er für eine Vorherrschaft Deutschlands in Europa die »Anerkennung« Russlands erhalten wolle. Was Halder als »Sondergesichtspunkte« bezeichnete, meinte offensichtlich ein militärisches Eingreifen gegen die UdSSR im Ostseebereich und auf dem Balkan. Genau um diese Varianten war es im militärischen Denken der vergangenen Jahre immer wieder gegangen. Das war Halder also vertraut, als er mit dem Chef seiner Operationsabteilung die nächsten Aufgaben besprach. Es war machtpolitisch-strategisches Denken, das Halders Blick nach Osten lenkte, nicht die NS-Ideologie, und es ging darum, die Initiative im Kampf gegen England in der Hand zu behalten, um den Krieg insgesamt rasch zu beenden und den deutschen Machtbereich zu stabilisieren. Am 3. Juli konnte Halder noch annehmen, dass die Entscheidung gegen Großbritannien so oder so kurz bevorstand, und dann, so seine Überlegung, würde man unter Umständen noch einen kurzen »Schlag gegen Russland« führen müssen. Es wird zu zeigen sein, dass dieses traditionelle antirussische Kriegsmodell den Planungsprozess für Hitlers Ostkrieg länger und stärker beeinflusste, als die landläufigen Interpretationen vermuten.

Bereits am 4. Juli, als der britische Überfall auf die französische Flotte bei Oran für helle Aufregung in Berlin sorgte und als Verzweiflungstat interpretiert wurde, meldeten sich Küchler und Marcks bei Halder, um in die Aufgaben des AOK 18 eingewiesen zu werden. Es handelte sich um taktische und organisatorische Details, Maßnahmen, die dafür sorgen sollten, dass der bereits beginnende Aufmarsch im Osten in eine schnelle Einsatzbereitschaft mündete. Hinzu kam ein Vortrag von Kinzel über die Truppenverteilung der Roten Armee. Man wird die Bedeutung dieser Lagebeurteilung durch FHO nicht überschätzen können, denn Kinzels Angaben bildeten in den nächsten Monaten eine wichtige Entscheidungsgrundlage für die deutsche Führung. Sie flossen in eine Karte ein, die das AOK 18 für seine weiteren Planungen benutzte, und dürften auch bei den weiteren Besprechungen mit Hitler Ende Juli eingesetzt worden sein. Ein Blick auf diese Karte bietet die Möglichkeit, gleichsam über die Schulter der Entscheidungsträger zu schauen und ihre Entschlüsse nachzuvollziehen.

Auffällig sind zunächst die beiden Massierungen der Roten Armee im Baltikum und in Bessarabien – Ergebnis der territorialen Veränderungen, wie sie im Hitler-Stalin-Pakt vereinbart worden waren, eine relativ schwache Besetzung im ostpolnischen Raum sowie Reserven im Raum Moskau und im Zentrum der Ukraine. Zahlenmäßig handelte es sich im Baltikum um 24 Infanterie- und Kavalleriedivisionen sowie zehn Panzerbrigaden. Das entsprach in etwa einer Stärke, wie man sie bereits 1938 für den Fall eines kriegerischen Konflikts mit der Roten Armee angenommen hatte. Der Unterschied lag darin, dass am 8. Juli 1940 sowjetische Verbände bereits unmittelbar an der Grenze zu Ostpreußen standen. Die polnische Mitte mit insgesamt zwölf Schützendivisionen und neun Kavalleriedivisionen stellte nach dem damaligen Standard nur eine wenig kampfkräftige, jedenfalls kaum angriffsfähige Gruppierung dar. Das sah bei der sowjetischen Bessarabien-Gruppierung anders aus. Mit 30 Schützendivisionen, neun Kavalleriedivisionen und zehn Panzerbrigaden konnte die Gruppe die rumänische Armee durchaus unter Druck setzen und wäre für größere Operationen geeignet gewesen. Die geringen Reserven im Hinterland konnten als unbedeutend eingeschätzt werden.

Aus der Perspektive des AOK 18 ergaben sich aus diesem Lagebild folgende Konsequenzen: Mit den herankommenden eigenen Kräften von 15 Infanteriedivisionen sowie der »Gruppe Guderian« mit ihren motorisierten Kräften war Landesverteidigung im herkömmlichen Sinne ohne weiteres möglich. Es galt allerdings, in Ostpreußen die Stellungen zu verstärken und im Mittelabschnitt die Fähigkeit zu entwickeln, hinhaltend kämpfend auf die Weichsel-Linie auszuwei-

Faksimile der Feindlagebeurteilung durch das Armeeoberkommando 18 am 22. Juli 1940.

General Erich Marcks, der als Chef des Generalstabs der 18. Armee am 5. August 1940 den ersten Operationsentwurf für das »Unternehmen Barbarossa« vorgelegt hat; Foto um 1942.

chen, und dann im Gegenangriff den Feind zurückzuwerfen. Im Südosten waren die sowjetischen Kräfte gegenüber Ungarn und Rumänien gebunden. Aus dem Stand heraus würde die Rote Armee kaum auf Verstärkungen aus dem Innern des Landes rechnen können.

Mit den Augen eines deutschen Generalstabschefs, der den unerwarteten grandiosen Sieg über Frankreich gerade errungen hatte und damit rechnete, dass die Briten bald aufgeben würden, stellte dieses Lagebild geradezu eine Verlockung dar. In der Tradition deutschen operativen Denkens zeichneten sich Möglichkeiten ab, mit grenznahen Entscheidungsschlachten die feindliche Armee zu zerschlagen und jene Gebiete zurückzugewinnen, die man 1939 Stalin überlassen hatte, obwohl sie – wie im Ersten Weltkrieg – unverändert zur deutschen Interessensphäre gehörten. Wer die Linie Dorpat – Minsk – Kiew und den Unterlauf des Dnjepr besetzen konnte, würde über die wertvollsten wirtschaftlichen Ressourcen im europäischen Russland verfügen und auch leicht in den Kaukasus mit seinen Ölquellen vorstoßen können. Moskau wäre nach diesem Lagebild kaum geschützt, und wenn man annahm, dass das Riesenreich im Osten ein »Koloss auf tönernen Füßen« war, konnte man mit einem raschen Kriegsende rechnen.

Halders Tagebuch zeigt, dass er in diesen Tagen mit einer Fülle ganz anderer Fragen beschäftigt gewesen ist. Schon deshalb wird man kaum annehmen können, dass er völlig neue Gedanken zum AOK 18 und zum »Ostproblem« entwickelt hat oder gar von Hitler dazu angestoßen worden ist. Das hätte wie im Oktober 1939 beim Entschluss zum Angriff gegen Frankreich jetzt ganz andere Aktivitäten für den Ostfall auslösen müssen.

So aber erläuterte Halder gegenüber Küchler und Marcks lediglich, dass kein »politischer Grund« zur Eile bestehe, das Armeeoberkommando aber schon einmal einen Vorschlag für die Kampfführung ausarbeiten solle.[113] Ein Termin wurde nicht genannt, der Oberbefehlshaber der Armee und sein Chef des Generalstabs brauchten ohnehin nur sechs Tage. Das zeigt die hohe Professionalität und lässt zugleich die Vermutung zu, dass man auf vorhandene Unterlagen und Überlegungen zurückgreifen konnte. Jedenfalls belegt es noch einmal, wie rasch im Sommer und Herbst 1939 ein Schlachtplan, wenn für erforderlich gehalten, innerhalb weniger Tage hätte zusammengestellt werden können. Denkt man an das Kriegsspiel Halders vom Mai 1939, dann hat man mit dem Kräfteansatz ostwärts der Weichsel und der Frontstellung gegen die Rote Armee eine ähnliche Konstellation, wie sie sich im Juni 1940 dem AOK 18 bot.

Was machte die Handvoll Generalstabsoffiziere, die in der Kriegsschule in Bromberg, dem neuen Hauptquartier der Armee, gerade erst einzogen war, aus diesem Auftrag Halders? Routiniert setzte sich Marcks an die Arbeit. In einer ersten kurzen Skizze für die Operationsabteilung Halders vom 9. Juli teilte Küchler dann als Absicht der 18. Armee mit, dass jeweils vier Divisionen zur Verteidigung an der ostpreußischen Grenze sowie am oberen San bereitgestellt werden sollten. Die Masse der eigenen Kräfte, also rund acht Divisionen, sollte im Ostteil des Generalgouvernements zur Verfügung stehen, damit »russische Angriffsvorbereitungen jenseits der Grenze des Interessengebietes durch *eigenen Angriff* zerschlagen werden können«. Dies war ein qualitativer Unterschied zum bisherigen Auftrag und eröffnete die Möglichkeit eines Präventivschlags gegen die UdSSR. Marcks nahm an, dass zwei Angriffsgruppen gebildet werden könnten, eine in südostwärtiger Richtung, also die bekannte Marschroute in die Ukraine, und eine andere in nordostwärtiger Richtung, die aber nicht von Ostpreußen, sondern ostwärts Warschau antreten sollte. Das war eine neue operative Lösung, weil es – anders als 1939 – eine sowjetische Gruppierung in den ehemals neutralen baltischen Staaten gab, die frontal anzugreifen unklug gewesen wäre. Die Gruppe Guderian sollte so herangeführt werden, dass sie sowohl bei der nördlichen als auch bei der südlichen Angriffsgruppe einzusetzen war.[114]

Damit wurde Halders Idee eines »kurzen Schlages« operativ umgesetzt, und er sollte innerhalb von 48 Stunden ausgelöst werden können. Es war klar, dass die Umsetzung dieser Eventualplanung noch einige Vorbereitungszeit brauchen würde. Die organisatorischen Voraussetzungen, wie die Abstimmung mit den bisherigen militärischen Territorialbefehlshabern und die Verbesserung der Infrastruktur, nicht zuletzt die Unterbringungsfrage in den Aufmarschräumen, die zu einigen Reibungen sogar mit der SS führte, mussten erst noch geschaffen werden. Aber der verdeckte Offensivplan hatte den Vorteil, dass man die UdSSR täuschen konnte, weil zahlenmäßig nur eine geringe Kräfteverschiebung nach Osten erfolgte, gleichzeitig aber die bisher stationierten Reserveformationen durch Kampfdivisionen ersetzt wurden. Zugleich stellte man sich darauf ein, innerhalb weniger Tage nach Ausbruch des Kampfes eine größere Zahl von Verbänden heranzuführen, um der Offensive eine größere Stoßkraft zu verleihen. Das »Glacis im Osten« war für diesen Fall bereits seit 1939 vorbereitet worden. Deshalb konnte das AOK 18, gestützt auf ältere Unterlagen, bereits im Juli 1940 eine detaillierte Karte zu den Haupt- und Querstraßen zur Front sowie den Ausladeräumen anfertigen. Die Verteilung dieser Ausladeräume zeigt einen klaren Schwerpunkt im Südosten Richtung Ukraine und im Nordosten Richtung Baltikum.

Offen blieb, wie weit und mit welchen Zielen eine Offensive zu führen sei und ob mit weiteren Kräften aus dem Reich zu rechnen war. Da sich die Heeresführung auf ein mögliches Landungsunternehmen in England einzustellen hatte, eröffnete der Halder-Plan zwei Optionen: zum einen eine Rückversicherung für den Fall, dass bei einem Englandeinsatz des Heeres Stalin versucht sein könnte, Druck auf die deutsche Ostgrenze auszuüben; zum anderen ergäbe sich die Chance – für den Fall, das Großbritanniens doch in Kürze aufgeben würde –, die Masse des Heeres nach Osten zu führen. Das würde – wie im Oktober 1939 in umgekehrter Richtung – einige Wochen beanspruchen und vom Gegner nicht unbemerkt bleiben. Deshalb wäre ein Vorausangriff mit einem kleineren Teil des Heeres und der schrittweisen Verstärkung und Ausweitung der Offensive eine denkbare Möglichkeit. Im Oktober/November 1939 hatte Halder unter starkem Druck Hitlers einen solchen Plan kurzfristig entwickeln müssen. Für die Kehrtwendung nach Osten wollte er sich im Juni 1940 offenbar vorauseilend um einen Plan bemühen, um nicht wieder mit leeren Händen dazustehen, wenn der Auftrag vom »Führer« erteilt würde.

Der Oberbefehlshaber des Heeres stimmte den vorgeschlagenen Absichten am 11. Juli zu. In der weiteren Ausarbeitung einer förmlichen »Aufmarschanweisung«, von Halder geprüft und gebilligt, fanden einige Präzisierungen statt. Nun hieß es einleitend: »Im Falle eines Konfliktes mit Russland werden *stärkere deutsche Kräfte* im Osten eingesetzt werden. Bis zu ihrem Eintreffen sichert AOK 18 die deutsche Ostgrenze.«[115] Das bedeutete bereits eine erhebliche Ausweitung des möglichen Angriffs, auch über den bisherigen Rahmen hinaus. Es blieb bei der offensiven Kampfführung des AOK 18 mit zwei Angriffsgruppen. »Ziel und Ausführung der Operationen im einzelnen« sollten erst im »Ernstfall« je nach Feindlage, den politischen Verhältnissen (!) und der Stärke des Gegners festgelegt werden. Schon jetzt aber visierte man konkret einen Vorstoß in den Raum Lemberg/Tarnopol und bei der Gruppe Nord auf Białystok in allgemein ostwärtiger Richtung an. Das wären die Angriffsspitzen einer räumlich begrenzten Operation der 18. Armee, der also »stärkere deutsche Kräfte« folgen würden. Die Kriegsgliederung[116] der Armee sollte nach dem Stand vom 22. Juli 1940 neben Teilen der Luftwaffe, vier Panzerzügen und schwerer Artillerie insgesamt elf Infanteriedivisionen in der Frontlinie und drei in der Reserve umfassen, außerdem an möglichen Deckungsfronten taktisch unterstellt zwei Landesschützendivisionen in Ostpreußen und fünf Infanteriedivisionen des territorialen Befehlshabers im Generalgouvernement. Hinzu kam die Panzergruppe Guderian mit vier Panzerdivisionen und zwei motorisierten Infanteriedivisionen – alles zusammen immerhin schon eine beachtliche Streitmacht.

Die Anlage zur Aufmarschanweisung mit Angaben über die »russische Wehrmacht« enthielt die oben abgebildete Karte mit der Annahme, dass nach der territorialen Ausdehnung der UdSSR die Masse der schnellen Gruppen sowie zwei Drittel der Schützendivisionen des europäischen Raums an der Westgrenze versammelt seien. Dass man sie also unter günstigen Umständen zerschlagen könnte, wurde nicht explizit ausgeführt. Auch betonte Küchler, dass die sowjetische Staatsführung derzeit nicht an eine Offensive nach Westen oder Südwesten denke. Doch das könne sich jederzeit ändern.

Die in 23 Exemplaren in der Armeeführung verteilte Anweisung enthielt bereits konkrete Order an die unterstellten Korps. Es galt, die Überwindung von Wasserhindernissen beiderseits der Grenze zu prüfen und entsprechende Mittel anzufordern sowie die Weisungen zum Gegenstand von Studien, Kriegsspielen und Geländebesprechungen zu machen. Für August kündigte Küchler ein »Führerkriegsspiel« an, um den Aufmarsch der Armee führungstechnisch zu proben. Das war nun knapp bemessen und deutet an, dass er damit rechnete, noch im August / September 1940 den Halder-Plan eventuell umsetzen zu müssen. Jahreszeitlich wäre das für die geplanten begrenzten »Schläge« zweifellos noch ausreichend gewesen. Ab Oktober / November würde das Wetter keine größeren Operationen mehr zulassen. Das hatten die Erfahrungen im Ersten Weltkrieg gezeigt. Der gerade erst beendete Feldzug gegen den bisherigen Angstgegner Frankreich war immerhin auch in vier Wochen entschieden gewesen. Also würde man für den als schwach eingeschätzten Gegner Russland sicher nicht mehr Zeit brauchen. (Auch ein Jahr später rechnete man mit einer Feldzugsdauer, das heißt für die Entscheidungsschlachten, von vier bis sechs Wochen.) Trat man also vielleicht noch im August 1940 im Osten an, käme im Oktober 1940 eine Operationspause gerade recht, um mit der sowjetischen Regierung Verhandlungen aufzunehmen, vielleicht wieder wie Anfang 1918 in Brest-Litowsk. Wir können nicht ausschließen, dass Halder in solchen Bahnen gedacht hat.

Am 13. Juli 1940 ließ sich Hitler auf dem Berghof über den Stand der Vorbereitungen für einen Angriff auf England informieren. Es gehörte zu seinen Vorgesprächen für die geplante »Friedensrede«, von der er sich viel versprach. Halder war bestens präpariert. Seine Vorstellungen wurden von Hitler gebilligt und in einer förmlichen Weisung umgesetzt. In der Diskussion der politisch-strategischen Lage entwickelte der »Führer« gegenüber der Heeresführung vielfältige Ideen, um Großbritannien unter Druck zu setzen, ließ aber keinen Zweifel daran, dass es ihm schwerfalle, die Engländer eventuell militärisch niederzuwerfen. Von einem Zerfall des britischen Weltreiches hätte Deutschland keinen Nutzen.[117] Halders Tagebuch lässt keinen Zweifel daran, dass er und Brauchitsch Hitler in der Vermutung bestärkten, es sei die Hoffnung auf ein Eingreifen Russlands, das London zum Durchhalten veranlasse. Brauchitsch schlug vor, von den zur Auflösung bestimmten 35 Divisionen etwa 20 nicht völlig aufzulösen, sondern deren Soldaten lediglich zu beurlauben und sie zur Forcierung der Rüstung als Arbeitskräfte zu verwenden. Dann hätte man diese 20 Divisionen jederzeit sofort wieder greifbar. Das hätte also eine Reserve für den Osten sein können, falls die Masse des Heeres im Westen gebunden blieb.

Hitler trieb in diesen Tagen ganz offensichtlich die Sorge um, dass die britische Führung sich an die Hoffnung klammern könnte, durch einen möglichen deutsch-sowjetischen Konflikt entlastet zu werden und das Reich wie im Ersten Weltkrieg in einen Zweifrontenkrieg zu verwickeln. Deshalb hob er in seiner öffentlichen Reichstagsrede am 19. Juli 1940 deutlich hervor, dass der Glaube an eine deutsch-russische Entfremdung unrealistisch sei.

Auszug aus der Reichstagsrede Hitlers am 19. Juli 1940:
»Das deutsch-russische Verhältnis ist endgültig festgelegt. Der Grund für diese Festlegung lag darin, dass, unterstützt von gewissen Kleinstaaten, England und Frankreich ununterbrochen Deutschland Eroberungsabsichten in Gebieten unterschoben, die außerhalb aller deutschen Interessen liegen. Bald hieß es, Deutschland wolle die Ukraine besetzen, dann wieder, in Finnland einmarschieren, ein anderes Mal behauptete man, Rumänien sei bedroht, ja endlich fürchtete man sogar für die Türkei. Ich hielt es unter diesen Umständen für richtig, vor allem mit Russland eine nüchterne Interessenfestsetzung vorzunehmen, um einmal für immer klarzulegen, was Deutschland glaubt, für seine Zukunft als Interessengebiet anzusehen zu müssen, und was umgekehrt Russland für seine Existenz als wichtig hält.
Auf dieser klaren Abgrenzung der beiderseitigen Interessengebiete erfolgte die Neuregelung des deutsch-russischen Verhältnisses. Jede Hoffnung, dass im Vollzug dessen nun eine neue deutsch-russische Spannung eintreten könnte, ist kindisch. Weder tat Deutschland einen Schritt, der es außerhalb seiner Interessengebiete geführt hätte, noch hat Russland einen solchen getan.«[118]

Auch in den nächsten Tagen stand der Fall England ganz im Mittelpunkt von Halders Arbeit. Hier gab es immerhin zwingende Weisungen des »Führers«. Als dessen »Friedensangebot« beim britischen Adressaten keinen positiven Widerhall fand, wurden die Oberbefehlshaber von Heer und Kriegsmarine am 21. Juli zu einer Besprechung der Lage befohlen. Hitler wollte sich die militärpolitische Initiative nicht aus der Hand nehmen lassen.[119] Er stand vor der Entscheidung, »Seelöwe« noch im Herbst durchzuführen oder auf das nächste Frühjahr zu verschieben. Ein baldiger Angriff der Kriegsmarine barg enorme Risiken, vor denen Admiral Raeder im Grunde genommen zurückschreckte und deshalb auf eine Verschiebung bis zum nächsten Frühjahr setzte. Was Hitler brennend interessierte, war die Frage, warum England nicht einlenkte. Eher beiläufig fand auch die mögliche englische »Hoffnung auf Russland« Erwähnung. London könnte Russland ermutigen, die Treibstoffbasis des Reiches anzugreifen. Anzeichen dafür, so Hitler, lägen allerdings nicht vor. Deshalb setzte er auf die weitere Kriegführung gegen England.

Dennoch lag es für Hitler nahe, anzuordnen: »Russisches Problem in Angriff nehmen. Gedankliche Vorbereitungen treffen.« Und in diesem Augenblick zahlte es sich aus, dass Halder schon längst Vorkehrungen getroffen hatte.

Aus dem Kriegstagebuch von Generaloberst Halder, Eintrag 22. Juli 1940:
»Dem Führer ist gemeldet:
a) Aufmarsch dauert 4 – 6 Wochen.
b) Russisches Heer schlagen oder wenigstens so weit russischen Boden in die Hand nehmen, als nötig ist, um feindliche Luftangriffe gegen Berlin und schlesisches Industriegebiet zu verhindern.
Erwünscht, so weit vorzudringen, dass man mit unserer Luftwaffe wichtigste Gebiete Russlands zerschlagen kann.
c) Politisches Ziel:
- Ukrainisches Reich.
- Baltischer Staatenbund.
- Weiß-Rußland
- Finnland.
Baltikum »Pfahl im Fleisch«.
d) Nötig 80 – 100 Div.: Russland hat 50 – 75 gute Div.
Wenn wir in diesem Herbst Russland angreifen, wird England luftmäßig entlastet. Amerika kann an England und Russland liefern.
e) Operationen: Welche Operationsziele können wir stellen? Welche Kräfte?
Zeit und Raum der Bereitstellung?
Operationsbahnen: Baltikum, Finnland – Ukraine
Berlin und schlesische Gebiete schützen.
Rumänische Ölzentren schützen.«[120]

Auch hier ist es Halder nach 1945 gelungen, die Interpretation dieses Tagebucheintrags zu verwirren und als Hitlers Initiative für einen Ostkrieg zu deuten.[121] Dabei kann festgehalten werden: Es handelte sich um eine »Meldung« von Brauchitsch zu Hitlers Aufforderung, »gedankliche Vorbereitungen« zum russischen »Problem« zu machen. Anscheinend ist Hitler besorgt gewesen, dass im Falle einer stärkeren Bindung von Görings Fliegern beim Angriff auf Großbritannien von der sowjetischen Luftwaffe eine Bedrohung vitaler Interessen des Reiches ausgehen könnte. Was zum Aufmarsch, zu den Kräften, den politischen Zielen und den Operationsbahnen gemeldet worden ist, kann eindeutig Brauchitsch zugeordnet werden. Es entsprach dem augenblicklichen Halder-Plan eines begrenzten

Ostkrieges, jener Folie, die schon sehr viel älter gewesen ist. An den politischen Zielen wird besonders deutlich, dass es sich um die alten militärischen Überlegungen handelte, nicht um Hitlers Lebensraum-Programm. Ein baltischer »Staatenbund« als »Pfahl im Fleisch« Russlands?

Offensichtlich hat Hitler den Halder-Plan mit Brauchitsch nur kurz erörtert. Das Argument der Luftkriegsstrategie dürfte von ihm stammen, denn Hitler war in diesen Tagen ganz auf die Notwendigkeit eingestimmt, die Luftherrschaft als Voraussetzung für eine Landung in England erreichen zu müssen. Gliederung und Tenor des Tagebucheintrags lassen nicht erkennen, dass Hitler neue Weisungen oder gar einen fundamentalen Strategiewechsel angeordnet hat.

Allerdings sah Halder nach diesem Bericht offensichtlich eine Chance, seine Idee, kurzfristig einen Schlag gegen die Rote Armee zu führen, doch noch in den nächsten Wochen umsetzen zu können. Immerhin waren durch die Vorbereitungen zum Unternehmen »Seelöwe« 40 Divisionen im Westen gebunden, die bei einer Verschiebung der Landung für andere Zwecke zur Verfügung stehen würden. So erteilte er sofort weitere Anweisungen an die eigene Operationsabteilung und an Kinzel, das russische »Problem« stärker aufzugreifen. Außerdem befahl er Marcks zu sich nach Fontainebleau, um mit ihm die bisher vom AOK 18 geleisteten Vorbereitungen zu besprechen.[122] Die Vorstellungen, die Marcks mitnahm, hielt der Erste Generalstabsoffizier der Armee, Oberst i. G. Arthur Schmidt, am 25. Juli fest, während die Masse der Verbände bereits im Bereich der Armee eingetroffen war.[123] Schmidt war ein weiterer Stabsoffizier mit Erfahrungen aus dem früheren ostpreußischen Hauptquartier. Zwei Jahre später sollte er als Chef des Stabes der 6. Armee der fanatische Aufpasser gegenüber seinem Oberbefehlshaber Paulus im Stalingrader Kessel sein.

Im Juli 1940 hielt Schmidt die Möglichkeit, von der sowjetischen Baltikum-Gruppierung überrascht zu werden, für ausgeschlossen, zumal dort die Verbände der Roten Armee bereits teilweise wieder zurückgezogen wurden. Bei einer »Krise des deutsch-englischen Krieges« könnte die UdSSR Rumänien besetzen, was das Reich aber nicht dulden würde. Bei einem Sieg gegen Großbritannien könnte man von den Russen die Rückgabe der Bukowina fordern, mit deren Besetzung Stalin über die früheren Abmachungen hinausgegangen war. Dann könnten sich folgende Möglichkeiten entwickeln: Entweder die Sowjetunion gibt unter dem Druck eines deutschen Aufmarsches nach bzw. wird durch einen Krieg mit begrenzten Mitteln und Zielen dazu gezwungen, oder – als letzte Möglichkeit – man eröffnet den Krieg an der gesamten Front, was dann den »Marsch auf Moskau« bedeuten würde.

Auch hier ist erneut die bereits bekannte Folie eines Interventionskrieges vorhanden, wie sie 1938/39 schon aktuell gewesen ist. Am 26. Juli ließ sich Halder, trotz der erdrückenden Fülle von Details hinsichtlich einer möglichen Landung in England, von Kinzel über die Verteilung der Kräfte der Roten Armee vortragen. Kinzels Lagekarte verfehlte auch bei Halder nicht ihre Suggestion. So schien diesem als günstigste Operationsmöglichkeit ein Vorstoß zu sein, der in »Anlehnung an die Ostsee Richtung Moskau nimmt und dann die russische Kräftegruppe in der Ukraine und am Schwarzen Meer von Norden her zum Kampf mit verkehrter Front zwingt«.[124] Am nächsten Tag präsentierte ihm der Chef seiner Operationsabteilung, Oberst i. G. Hans von Greiffenberg, eine andere Idee, nämlich mit einer starken Südgruppe anzugreifen. Doch Halder blieb bei der offenbar faszinierenden Idee einer Nordgruppe, die mit einer schnellen Schlacht dem Feind im Süden in den Rücken fällt.[125]

Das war letztlich ein von Zeit, Raum und Kräften losgelöster Gedankenaustausch über operative »Ideen« – nicht mehr, aber vielleicht ist diese letzte Konsequenz, der »Marsch auf Moskau«, der Punkt gewesen, an dem Halder einen Moment zögerte. Nachdem er sich über mögliche Aufmarschlinien informiert hatte, empfing er am 29. Juli Marcks zu einem verspäteten Frühstück und wies ihn in seine Aufgabe ein, in einer Studie die aufgeworfenen Ideen eingehender zu prüfen.

Am selben Tag fragte Hitler Jodl als seinen engsten militärischen Berater, ob es denn möglich sei, Russland noch in diesem Herbst anzugreifen (zur Erinnerung: das war Halders Idee, nicht Hitlers), was Jodl spontan vollkommen ausschloss, was ihn aber dazu bewegte, anschließend seinen Stab darüber zu unterrichten und eigene Ausarbeitungen anzuordnen.[126]

Die nächste Besprechung mit dem »Führer« war für den 31. Juli angesetzt. Es konnte erwartet werden, dass nun weitere Weichenstellungen erfolgen würden. Am Vorabend besprachen Halder und Brauchitsch die Situation. Sie waren sich einig, dass die Kriegsmarine wohl nicht den Sprung nach England schaffen würde, jedenfalls nicht in diesem Herbst. Man dürfe aber die Initiative nicht aus der Hand geben. Deshalb diskutierten sie eine Reihe von Angriffen gegen die britischen Positionen im Mittelmeer, das heißt Vorstöße gegen Gibraltar, den Suezkanal und Haifa. Man könne auch Russland auf den Persischen Golf »hetzen«.

Aus dem Gespräch Halders mit Brauchitsch am 30. Juli 1940:

»d) Die Frage, ob man, wenn gegen England die Entscheidung nicht erzwungen werden kann und die Gefahr besteht, dass England sich mit Russland liiert, den dann entstehenden Zweifrontenkrieg zunächst gegen Russland führen soll, ist dahin zu beantworten, dass man besser mit Russland Freundschaft hält. Besuch bei Stalin wäre erwünscht. Die Bestrebungen Russlands an den Meerengen und in Richtung auf den Persischen Golf stören uns nicht. Am Balkan, der wirtschaftlich in unseren Wirkungsbereich fällt, können wir uns aus dem Wege gehen. Italien und Russland werden sich im Mittelmeer nicht wehe tun.
Unter dieser Voraussetzung könnten wir den Engländer im Mittelmeer entscheidend treffen, von Asien abdrängen, dem Italiener sein Mittelmeerreich aufbauen helfen und uns selbst mit Hilfe Russlands das in West- und Nord-Europa geschaffene Reich ausbauen. Wir können dann einen jahrelangen Krieg mit England getrost in Kauf nehmen.«[127]

Es spricht einiges dafür, dass diese eher konventionelle Strategie auf Brauchitsch zurückgeht. Sie kam den Interessen Raeders und der Kriegsmarine entgegen. Dort hatte man den alten Feind im Osten keineswegs vergessen, ebenso wenig die ungeschützten Ostseebasen, die man für den Westfeldzug von Kräften entblößt hatte. Im Oberkommando der Kriegsmarine hielt man natürlich an der alten Vorstellung fest, die Ostsee zu einem »mare nostrum« zu machen. Der Chef der Operationsabteilung der Seekriegsleitung, Konteradmiral Kurt Fricke, griff mit seinen »Betrachtungen über Russland« am 28. Juli 1940 ebenfalls in die Schublade und holte die Vorschläge von 1938/39 hervor.[128] Um die »Gefahr des Bolschewismus« zu beseitigen und die Versorgung Deutschlands mit wichtigen russischen Rohstoffen auf eine bessere Basis zu stellen, müsse die Wehrmacht ihre nach dem Sieg über Frankreich wieder freigewordenen Kräfte ausspielen. Er ging davon aus, dass die politische Führung die Absicht habe, »die Dinge im Osten zu bereinigen« und eine autarke Großraumwirtschaft zu errichten. Nach der Annexion des Baltikums und eines Teils der Ukraine sowie der Befestigung des deutschen Einflusses auf dem Balkan würde man »aus diesem Besitz heraus die Friedensbedingungen« festlegen können. Mit der Besetzung der baltischen Staaten und Leningrads würde die russische Flotte ihre Basis verlieren und zusammenbrechen. Ein Überraschungsangriff biete die Gelegenheit, die Bewegungsfreiheit der Sowjetflotte einzuengen und die schweren Überwassereinheiten in den Stützpunkten zu vernichten. Das war der Halder-Plan – maritim gewendet. Das Kriegsspiel von 1938 hatte den fiktiven Beginn eines Überfalls auf die UdSSR auf den 3. September 1940 festgesetzt. Das konnte jetzt Realität werden.

Die Fricke-Denkschrift ist nicht an Hitler übergeben worden. Sie diente der Meinungsbildung innerhalb der Marineführung und präparierte Raeder für die zum 31. Juli angesetzte Besprechung, bei der Hitler vom Oberbefehlshaber der Kriegsmarine eine klare Aussage über die Chancen des Unternehmens »Seelöwe« verlangen würde. Fricke erinnerte mit seiner Studie also an eine bekannte Alternativstrategie, die Wendung nach Osten. Dass der »Führer« in seiner bisher unentschlossenen Suche nach einer Lösung für die Beendigung des Krieges gegen Großbritannien auch eine solche Wendung bedenken würde, konnte als sicher angenommen werden.

Zurück zum Gespräch zwischen Hitler und General der Artillerie Alfred Jodl, dem als Chef des Wehrmachtführungsstabes jene kleine Gruppe von Stabsoffizieren der verschiedenen Wehrmachtteile unterstand, die nach Hitlers Vorstellungen als sein persönlicher Stab die gemeinsame Planung für größere Unternehmungen koordinieren sollte. Jodl habe, so sein Stellvertreter Oberst Walter Warlimont, nach diesem Gespräch seinen höchst überraschten Mitarbeitern eröffnet, dass sich der »Führer« entschlossen habe, die Gefahr des Bolschewismus »ein für allemal« aus der Welt zu schaffen, und zwar im Mai 1941. Auch die Umstände, unter denen das OKW sich in die Planung eines möglichen Krieges gegen die UdSSR einschaltete, beruhen auf dubiosen Überlieferungen. Warlimont hatte 1945 gegenüber amerikanischen Vernehmungsoffizieren noch freimütig über diese Aktivitäten berichtet, entschuldigte sich aber in seinen Memoiren 1962 ausdrücklich dafür, dass er damit dazu beigetragen habe, Anklagematerial gegen frühere Vorgesetzte zu beschaffen. Nun schob er die plötzliche Wendung Hitler zu und berief sich auf eine angebliche Denkschrift von Keitel und Jodl, wonach Zeit, Raum und Wetterverhältnisse einen Angriffskrieg gegen die UdSSR undurchführbar macht.[129] Diese Denkschrift ist allerdings nie aufgefunden worden – doch für Hillgruber steht, gestützt auf die Erinnerungen von Warlimont, »ihre Bedeutung für den Zeitpunkt eines möglichen Ostfeldzuges einwandfrei fest«.[130] Der reale Hintergrund dürfte sein, dass man im OKW die »Meldung« Brauchitschs an den »Führer« vom 21. Juli aufgegriffen und sich eine Meinung über den Halder-Plan gebildet hat. Die Auffassung, dass ein Angriff gegen die UdSSR im August / September 1940 keine durchschlagende Wirkung haben werde, machte sich Hitler offensichtlich am Vorabend der entscheidenden Besprechung zu eigen.

Der Oberbefehlshaber des Heeres, ein ehemaliger kaiserlicher Page, hatte in den vergangenen Auseinandersetzungen mit Hitler um die Westoffensive eher zurückhaltend agiert und sich als ausgesprochen konfliktscheu gezeigt.[131] In einer Weisung an das Offizierkorps hatte Brauchitsch wenige Tage zuvor freundliche Worte über das Verhältnis zur UdSSR gefunden. Ob das wirklich nur der Tarnung des beginnenden Ostaufmarsches diente oder seiner persönlichen Auffassung entsprach, sei dahingestellt. Der »Führer« selbst hatte immerhin in seiner »Friedensrede« am 19. Juli öffentlich erklärt: »Das deutsch-russische Verhältnis ist endgültig festgelegt.«[132] Die Schlussfolgerung der Heeresführung am 30. Juli, es sei besser, mit Stalin Freundschaft zu halten, und der Vorschlag, dazu einen Besuch in Moskau zu arrangieren, liegt jedenfalls auf dieser Linie. Aber weder Brauchitsch noch Halder informierten bei der entscheidenden Besprechung am nächsten Tag den »Führer« von dieser Auffassung.

Als Zwischenergebnis kann festgehalten werden: Halder griff im Juni 1940 auf die alte Vorstellung zurück, eine »Schlagkraft im Osten« zu schaffen, sei es zur strategischen Sicherung der Ostgrenze oder um sich Handlungsmöglichkeiten gegenüber der Sowjetunion offenzuhalten. Dafür schienen zunächst 17 Divisionen ausreichend, deren Kern die »Gruppe Guderian« bildete. Es war der kurzfristig wirksame Ansatz für einen möglichen Schlagabtausch mit der Roten Armee im polnisch-weißrussischen Raum, eine »kleine« Lösung, die zur Besetzung fremder Territorien führen und die Wehrmacht in den Besitz von »Faustpfändern« bringen sollte, um »im Osten nach erzielten Erfolgen zu einem baldigen Friedensschluss zu kommen«.[133] Gestützt auf die Weichsel-Linie, hätte die Operation in Richtung Baltikum und / oder Ukraine geführt werden können, entsprechend den bis 1939 verfolgten militärpolitischen Überlegungen. Die militärische Strategie wäre durch eine politische zu begleiten, um das Unabhängigkeitsstreben in den Randgebieten der UdSSR zu fördern, einheimische Regierungen unter deutschem Protektorat einzusetzen und nach der Zerstörung der »lebendigen Kräfte« des Gegners diesen zu einem raschen Diktatfrieden zu zwingen. Ob Hitler für dieses Modell eines Interventionskrieges nach dem Vorbild von 1918 noch zu haben war, musste sich auf dem Berghof am 31. Juli 1940 erweisen.

Der Mythos des 31. Juli 1940: Hitlers Entscheidung für den Ostkrieg

Die Besprechung Hitlers am 31. Juli 1940 auf seinem Berghof bei Berchtesgaden dauerte um die Mittagszeit nur knapp 90 Minuten. Teilnehmer waren Wilhelm Keitel und Alfred Jodl für das OKW sowie Erich Raeder als Oberbefehlshaber der Kriegsmarine, außerdem Walther von Brauchitsch und Franz Halder für die Heeresführung. Schon die Zusammensetzung dieses Kreises fällt auf, weil die Luftwaffe überhaupt nicht vertreten war und der Oberbefehlshaber des Heeres – anders als bei der vorangegangenen Besprechung am 21. Juli – seinen Generalstabschef mitbrachte. Um Halder und seine bisherige Planung für einen Krieg gegen die UdSSR ging es offensichtlich. Diese Besprechung gilt heute als Wendepunkt des Zweiten Weltkriegs, weil Hitler hier seinen Entschluss zum Überfall auf die Sowjetunion mitgeteilt und erste operative sowie politische Anweisungen gegeben hat.

Es ist inzwischen ein historiographisches Dogma, dass hier der Ausgangspunkt für das »Unternehmen Barbarossa« zu sehen ist.[134] Damit verbindet sich die Vorstellung einer letztlich ideologisch begründeten Entscheidung Hitlers, der gleichsam die letzte Stufe seines Lebensraum-Programms in Angriff genommen habe. Nun habe sich die deutsche Kriegführung wie auf einer Einbahnstraße in Richtung eines rassenideologischen Vernichtungskriegs bewegt. Unter Historikern gibt es seit Jahrzehnten allenfalls einen gewissen Dissens darüber, ob Hitler in den folgenden Monaten eine Verlegenheits- oder eine Interimsstrategie verfolgte, um Großbritannien in die Ecke zu drängen und Stalin über die eigenen Absichten zu täuschen bzw. ob seine »letzte« Entscheidung, den Plan eines Überfalls auf die UdSSR tatsächlich umzusetzen, obwohl der Krieg gegen Großbritannien noch nicht entschieden war, erst nach dem Besuch des sowjetischen Außenministers Molotow im November 1940 gefallen ist.

In dem hier erörterten Zusammenhang ist deshalb die Frage zu klären, welche Vorstellung von einem Ostkrieg Hitler am 31. Juli 1940 entwickelt hat und wie verbindlich seine Änderungen am Halder-Plan gewesen sind. Die Aufzeichnungen des Generalstabschefs sind auch in dieser Hinsicht bei genauer Betrachtung entlarvend. Im ersten Teil der Besprechung trug Raeder über den Stand der Invasionspläne gegen England vor.[135] Er äußerte sich über die schwierigen technischen Probleme und die Differenzen über die operativen Ansätze von Kriegsmarine und Heer. Wieder ließ er Zweifel über die Durchführbarkeit erkennen und wollte den

Hitler im Hauptquartier des Oberbefehlshabers des Heeres, nach Ende des Frankreichfeldzuges; v. l. n. r. am Kartentisch: Generalfeldmarschall Wilhelm Keitel, Generalfeldmarschall Walther von Brauchitsch, Adolf Hitler, Generaloberst Franz Halder.

Beginn des Unternehmens »Seelöwe« erst auf den 15. September ansetzen, was angesichts der Jahreszeit die Schwierigkeiten noch erhöhen würde. Ohnehin musste erst noch die Luftherrschaft über dem Kanal errungen werden. Deshalb plädierte Raeder für eine zeitliche Verschiebung auf den Mai des nächsten Jahres. Hitler konnte sich noch immer nicht hinsichtlich der Invasion entscheiden und wollte erst den Ausgang der bevorstehenden Luftschlacht abwarten. Eine Verschiebung schien aber die wahrscheinlich bessere Lösung zu sein.

Nach dem Weggang Raeders setzte Hitler das Gespräch mit der Heeresführung und den Spitzen des OKW fort. Es ging um die Frage, was passieren sollte, wenn Großbritannien nicht in Kürze aufgeben würde. Eine Kriegsentscheidung durch einen verschärften See- und Luftkrieg könnte dann nach seiner Meinung bis zu zwei Jahren dauern. Zu bedenken war aus seiner Sicht, dass Großbritannien dann Zeit gewinnen würde, um wieder zu Kräften zu kommen, und dass sowohl die USA als auch die UdSSR geneigt sein könnten, in den Krieg einzugreifen – jedenfalls schien die Hoffnung auf einen solchen Umschwung die britische Politik zu beflügeln, obwohl, wie Hitler meinte, England doch eigentlich schon am Ende sei. Der Diktator hatte in den Tagen zuvor auf dem Berghof offenbar über die größeren strategischen Zusammenhänge nachgedacht und war auf frühere Überlegungen zurückgekommen. Sie führten ihn zu der Annahme, dass nach einer Ausschaltung

Russlands die USA ihre Unterstützung für Großbritannien aufgeben müssten, weil dann Japan in Ostasien – befreit von der Konfrontation gegenüber der UdSSR – seine imperialen Ambitionen ungehemmt entwickeln und damit die USA herausfordern würde. Auf diese Weise würde England beide möglichen Hoffnungen seiner Kriegführung verlieren und dann wohl endlich aufgeben. Das bedeutete aus seiner Sicht nicht die Vernichtung Großbritanniens, sondern die immer von ihm angestrebte Verständigung über eine Aufteilung der Welt.

Nur in ganz allgemeiner Weise bewegte sich Hitler also in seinem politischen Programm und verdeckte zugleich den ungeheuren Tabubruch, nämlich seine Bereitschaft, unter Umständen auch einen Zweifrontenkrieg in Kauf zu nehmen. Er benutzte ausschließlich strategische Argumente und vermied jede ideologische Überhöhung. Wären von ihm Parolen des Antibolschewismus, Antisemitismus, der Rassenideologie und des »Lebensraums« geäußert worden, würde sie Halder in seinem Tagebuch festgehalten haben, zumal der Diktator sich anschließend Halders bisherigen Planungen zuwandte.

Aus Hitlers Erklärungen in der Besprechung am 31. Juli 1940 gegenüber der Heeresführung:

»Entschluss: Im Zuge dieser Auseinandersetzung muss Russland erledigt werden. Frühjahr 1941.
Je schneller wir Russland zerschlagen, umso besser. Operation hat nur Sinn, wenn wir Staat in einem Zug schwer zerschlagen. Gewisser Raumgewinn allein genügt nicht. Stillstehen im Winter bedenklich.
Daher besser warten, aber bestimmter Entschluss, Russland zu erledigen. Notwendig auch wegen Lage an der Ostsee. 2. Groß-Staat an Ostsee nicht brauchbar. Mai 1941. 5 Monate Zeit zur Durchführung. Am liebsten noch in diesem Jahr. Geht aber nicht, um Operation einheitlich durchzuführen.
Ziel: Vernichtung der Lebenskraft Russlands. Zerlegen in:
1. Stoß Kiew Anlehnung an Dnjepr. Luftwaffe zerstört Übergänge Odessa.
2. Stoß Randstaaten mit Richtung Moskau.
Schließlich Zusammenfassung aus Norden und Süden.
Später Teiloperation auf Ölgebiet Baku.
Inwieweit man Finnland und Türkei interessiert, wird man sehen.
Später: Ukraine, Weißrussland, Baltische Staaten an uns. Finnland bis ans Weiße Meer.«[136]

Aus der Gesprächnotiz lässt sich erschließen, dass Hitler Halders Idee einer raschen Wendung nach Osten mit einem kurzfristigen Angriff gegen die UdSSR grundsätzlich akzeptierte. Allerdings hatte er andere Vorstellungen vom Zeit- und Kräfteansatz. Wenn die Marine aber erst ab dem 15. September für eine Invasion in England bereitstand, dann würden für eine Teiloffensive, wie sie das AOK vorbereitete, nur knapp vier Wochen zur Verfügung stehen, bevor dann die höchst riskante Invasion alle Konzentration erfordern würde. Im ungünstigsten Falle blieben die deutschen Truppen gleichzeitig an den Kreidefelsen von Dover und in den Sümpfen Weißrusslands hängen, was dazu führen könnte, dass deutsche Brückenköpfe im Westen wie im Osten im Winterhalbjahr in größte Schwierigkeiten geraten würden. Wenn eine Invasion Ende September erfolgreich verlaufen würde, wäre es für einen nachfolgenden Schlag nach Osten angesichts der fortgeschrittenen Jahreszeit schon zu spät.

Eine zeitliche Verschiebung einer Ostoperation auf das nächste Frühjahr bot dagegen erhebliche Vorteile. Bis dahin konnte sich womöglich der Fall England erledigt haben. Dann würde die Wehrmacht einen umfassenden großen Aufmarsch nach Osten vollziehen können. »Mit je mehr Verbänden wir kommen, umso besser. Wir haben 120 plus 20 Urlaubsdivisionen«, erklärte Hitler. Außerdem ließen sich im Osten des Reiches weitere 40 Divisionen »aus kampferprobten Mannschaften« neu aufstellen. Auch darüber hatte sich der Diktator bereits einige Gedanken gemacht. Im Ergebnis ständen für eine Offensive im Osten 120 Divisionen zur Verfügung. Hitler rechnete damit, dass England bis zum Frühjahr 1941 etwa 35 Divisionen aufstellen könnte, denen dann rund 60 deutsche Divisionen im Westen gegenüberständen. Das würde eine ausreichende Handlungsfähigkeit nach beiden Seiten sichern können.

Hinsichtlich der operativen und politischen Ziele eines Ostkrieges gingen Hitlers Vorstellungen nicht wesentlich über den Halder-Plan hinaus. Es sollte sich, anders als beim AOK 18 geplant, um eine einheitlich und in einem Zuge durchgeführte Operation handeln, wie man sie gerade erst in Frankreich mit unerwartet großem Erfolg durchgeführt hatte. In diesem Sinne wurde Hitlers Ostkrieg von 1941 tatsächlich der erste als »Blitzkrieg«[137] geplante Feldzug der Wehrmacht – die Niederwerfung der kleineren europäischen Staaten hatte nicht diese Dimension. Alle weiteren Gedanken Hitlers lehnten sich an die älteren Überlegungen zu einem Krieg gegen die UdSSR an: die Bildung von operativen Stoßkeilen im Norden und im Süden, die sich dann vereinen sollten, die Einbeziehung von Finnland und Rumänien sowie eine spätere Teiloperation auf Baku, dem kriegswichtigen Erdölgebiet. In diesem operativen Ansatz steckte sogar noch das alte Modell eines »antirussischen Schützengrabens« im polnischen Raum, insofern der mittlere Abschnitt anscheinend defensiv zu verharren hätte, bis sich beide Zangen ostwärts der Pripjet-Sümpfe schließen würden.

Nun konnte man natürlich nicht mehr über die 50 Divisionen der Piłsudski-Armee verfügen, aber dieser notwendige Kräfteansatz im polnischen Raum konnte jetzt von der Wehrmacht durchaus selbst geleistet werden. Anders als Halder sich das im Osten mit einem begrenzten Kriegsziel vorstellte und es im Frankreichfeldzug praktiziert worden war, als man mit dem Waffenstillstand die Regierung anerkannte und ihr einen unbesetzten Teil des Landes überlassen hatte, wollte Hitler eine völlige Zerschlagung Russlands als möglichen Machtfaktor. Ihm war die alte Kriegsvorstellung der Marine bekannt. Deshalb nutzte er das Argument, Russland

»erledigen« zu müssen, um die Russen gänzlich von der Ostsee abzudrängen. Auch die anderen Kriegsziele orientierten sich an bisherigen Vorstellungen: Besetzung des Baltikums, Weißrusslands und der Ukraine, die dem deutschen Machtbereich einzugliedern wären.

Es ist bemerkenswert, dass Hitler nicht von der Eroberung Moskaus und weiter ostwärts gelegener Landesteile sprach, sondern eine Operationslinie Leningrad – Smolensk – Kiew – Dnjepr abwärts vor Augen hatte, was in etwa dem Modell von 1918 entsprach. Im Zusammenhang mit dem Stoß über das Baltikum redete er lediglich von »Richtung Moskau«, was nach Schließung beider Stoßkeile eine Frontstellung gegen die russische Hauptstadt bedeuten konnte. Über die Moskau-Frage entwickelte sich mit Halder in den folgenden Monaten ein ungelöster Dissens, der im Sommer 1941 zum Scheitern des Feldzugs beigetragen hat.

Auffällig ist ebenfalls, dass von einem rassenideologischen Vernichtungskrieg, wie er sich nach der Erfahrung des deutsch-sowjetischen Krieges darstellt, in Hitlers damaligen Überlegungen nicht die Rede ist. Die missverständliche Formulierung »Vernichtung der Lebenskraft Russlands« ist im Zusammenhang eindeutig machtpolitisch-strategisch, also als gängiger militärischer Terminus zu verstehen, und auch die territorialen Ziele sind nicht als typisch nationalsozialistisch einzustufen. Politische Fragen etwa nach der Besatzungspolitik sind offenbar überhaupt nicht angeschnitten worden, denn dann hätte sie Halder – nach dem vorangegangen Ärger beim Polenfeldzug – sicherlich sorgsam notiert. Bleibt die Frage nach der Bedeutung der Formulierung »bestimmter Entschluss«. Ob die Formulierung nun tatsächlich von Hitler gebraucht worden ist oder Halders Interpretation darstellt, ist nicht bekannt. Bei einer Bewertung der Entscheidung vom 31. Juli 1940 wird man als Vergleichsmaßstab die Besprechung am 23. November 1939 heranziehen müssen, als Hitler der Heeresführung erklärte, es sei sein »unabänderlicher Entschluss«, Frankreich anzugreifen. Damals reagierte er gegenüber einer zögerlichen und bedenklichen Heeresführung, jetzt griff er deren Aufstellungen auf und billigte sie dem Grundsatz nach. Eine entsprechend förmliche Weisung erfolgte 1940 erst fünf Monate später (»Weisung Nr. 21: Fall Barbarossa, vom 18. Dezember 1940); 1939 war sie bereits sechs Wochen vor der entscheidenden Besprechung ergangen (»Weisung Nr. 6 für die Kriegführung« vom 9. Oktober 1939).

Man wird also festhalten können, dass die Besprechung am 31. Juli 1940 im Wesentlichen eine Reaktion Hitlers auf Überlegungen der Heeresführung gewesen ist. Die strategische Situation nach dem Entschluss der britischen Regierung, den Kampf gegen Hitler fortzusetzen, war der Anlass, das »Ostproblem« wieder in den Vordergrund zu rücken und jene Überlegungen zu einem Krieg gegen die UdSSR erneut aufzugreifen, die bereits im Vorjahr virulent gewesen sind. Hitlers Ausführungen hätten so oder ähnlich auch bereits am 31. Juli 1939 lauten können, als sich ein britisch-sowjetisches Zusammengehen konkret abzeichnete und schon damals zu entsprechenden militärischen Planungen Veranlassung gaben. Dass diese Entscheidungssituationen vor dem Hintergrund von Hitlers allgemeinen politischen Zielen gesehen werden müssen, nicht als bloße Reaktion, versteht sich von selbst. Die heute weitverbreitete Vorstellung, dass der verbrecherische Lebensraumkrieg gegen die UdSSR auf Hitlers »bestimmtem Entschluss« vom 31. Juli 1940 zurückzuführen ist, ist geeignet, die Kontinuität eines seit 1934 bestehenden Kriegsbildes zu überdecken. Der Ostkrieg ist – vor allem um diese Erkenntnis geht es – der Heeresführung nicht an diesem Tag als gleichsam ungeliebtes, unverstandenes Projekt vom »Führer« aufgetragen worden. Diese maßgeblich von Franz Halder in der Nachkriegszeit erfolgreich verbreitete Legende verdeckt die Eigeninitiative und Mitverantwortung der militärischen Führungsspitze, die dem »Führer entgegengearbeitet« hat, für den größten und blutigsten Krieg der Weltgeschichte. Ihr Antrieb lag nicht in der NS-Lebensraumideologie, sondern – bei aller Affinität zum Nationalsozialismus – in schlichter militärischer Routine. Die Behauptung, dass Hitler sich aus ideologischen Gründen am 31. Juli 1940 für den Ostkrieg entschieden habe, ist eine Konstruktion, die maßgeblich auf den Historiker Andreas Hillgruber zurückgeht, der damit 1954 Halders Legende von den strategischen Gründen Hitlers relativierte bzw. ergänzte.[138]

Das Ringen um den Operationsplan

Die Aufzeichnungen von Halder über den 31. Juli 1940 vermerken keinerlei Diskussion mit Hitler. Brauchitsch hat die Einsicht vom Vorabend, dass es wohl besser sei, mit der UdSSR Frieden zu halten, für sich behalten. Sein Generalstabschef hingegen beeilte sich, nach dem Rückflug nach Fontainebleau die bereits laufende Planung für einen Ostkrieg nachzujustieren. Als Ergänzung zu den operativen Planungen ließ Halder nun gedankliche Vorarbeiten für die Logistik einer größeren Offensive im Osten sowie für eine Militärverwaltung anlaufen. Auch hier ist noch einmal erkennbar, dass Hitler am 31. Juli offenbar keinerlei Hinweise auf einen anderen Charakter des Krieges und zum Verhalten gegenüber der Bevölkerung gegeben hat. So konnte sich Generalquartiermeister Wagner auf eingefahrenen Bahnen bewegen.

Hitlers Stichwort »Moskau« war für Halder von allergrößter Bedeutung. Wenn der »Führer« nicht bereit war, wie 1918 in Brest-Litowsk mit einer russischen Führung, und sei es jetzt auch mit einer postkommunistischen Gegenregierung, über deutsche Annexionen im Baltikum und der Ukraine zu verhandeln, dann hatte das weitreichende Konsequenzen für den Operationsplan. Hitler selbst hatte sich dazu vermutlich noch keine Gedanken gemacht. Selbst wenn man – wie seit Jahren – im Kriegsfall von einem raschen politischen Zusammenbruch des Sowjetsystems ausging, stellte sich die Frage, unter welche Herrschaft der größere, unbesetzte Teil des Riesenreiches fallen würde. Hitlers Antwort darauf lautete ein Jahr später: den gesamten europäischen Teil vollständig besetzen und als deutschen »Lebensraum« umgestalten, abgesichert durch eine weit nach Osten vorgeschobene Militärgrenze, wie sie einst die K.u.k-Monarchie auf dem Balkan besaß, das heißt ständige Scharmützel und Kämpfe mit sich eventuell neu bildenden regionalen Machtzentren jenseits des Ural. So weit war Halder am 1. August 1940 noch nicht. Er sah vielmehr die Notwendigkeit einer schnellen Kriegsentscheidung, um die im Osten gebundenen Kräfte für die Auseinandersetzung mit dem Westen wieder freizumachen. Ein rasches Kriegsende verlangte nach traditionellem Generalstabsdenken den direkten Stoß auf die Hauptstadt und deren Einnahme. Damit wäre dann die militärische Aufgabe im Wesentlichen erfüllt und die Politik wieder in der Verantwortung.

Ein kurzer Blick auf die weitere militärische Planung des Ostkrieges zeigt, dass die alten Ideen nur schrittweise verändert wurden. Sofort nach seiner Rückkehr aus Berchtesgaden empfing Halder General Marcks zu einem Vortrag über die bisherige Planung der russischen Operation. Halder legte insbesondere Wert darauf, dass eine Operationsgruppe Moskau gebildet wurde, die den Kampf um das Baltikum nur als Nebenoperation führen sollte. Daneben wäre eine Operationsgruppe auf Kiew anzusetzen. Innerhalb von drei Tagen legte Marcks einen umfassenden und detaillierten »Operationsentwurf Ost« mit mehreren Anlagen vor.[139] Es ist kaum vorstellbar, dass dieser erste bekannte Feldzugsplan innerhalb dieser kurzen Zeit nur nach Hitlers Anweisungen entstanden ist. Man wird davon ausgehen können, dass Marcks weitgehend auf ältere Entwürfe und Unterlagen zurückgegriffen hat. Das beweisen Tenor und Details.

Als »Zweck des Feldzuges« sah Marcks es an, die Rote Armee zu »schlagen und Russland unfähig zu machen, in absehbarer Zeit als Gegner Deutschlands aufzutreten. Zum Schutz Deutschlands gegen russische Bomber soll Russland bis zur Linie unterer Don – mittlere Wolga – Nördl. Dvina besetzt werden.« Damit ging er also von dem Fortbestand einer russischen »Macht« irgendwo ostwärts der angestrebten Operationslinie aus. Das wirtschaftliche, politische und geistige Zentrum sei das Gebiet Moskau. »Seine Eroberung zerreißt den Zusammenhang des russischen Reiches.« Die östlichen Industriegebiete seien noch nicht leistungsfähig, könnten also als Machtbasis vernachlässigt werden – eine der vielen Fehlwahrnehmungen von Marcks.

Was das militärische Vorgehen betrifft, so setzte Marcks nicht darauf, dass die Russen »uns […] den Liebesdienst eines Angriffs erweisen« würden. Auch hier also ein Reflex auf frühere Überlegungen, die aus der Defensive heraus das »Ostproblem« offensiv lösen wollten. Marcks nahm an, dass sich die Rote Armee in den neu besetzten Westgebieten der UdSSR hinhaltend kämpfend auf die Stalin-Linie mit ihren Befestigungen an der alten Grenze zurückziehen würde. Zum Schutz ihrer »Kraftquellen« werde sich der Gegner dann zum Entscheidungskampf stellen müssen. »Da der Russe diesmal nicht, wie im Weltkrieg, die Überlegenheit der Zahl besitzt, ist vielmehr damit zu rechnen, dass er, einmal durchbrochen, seine

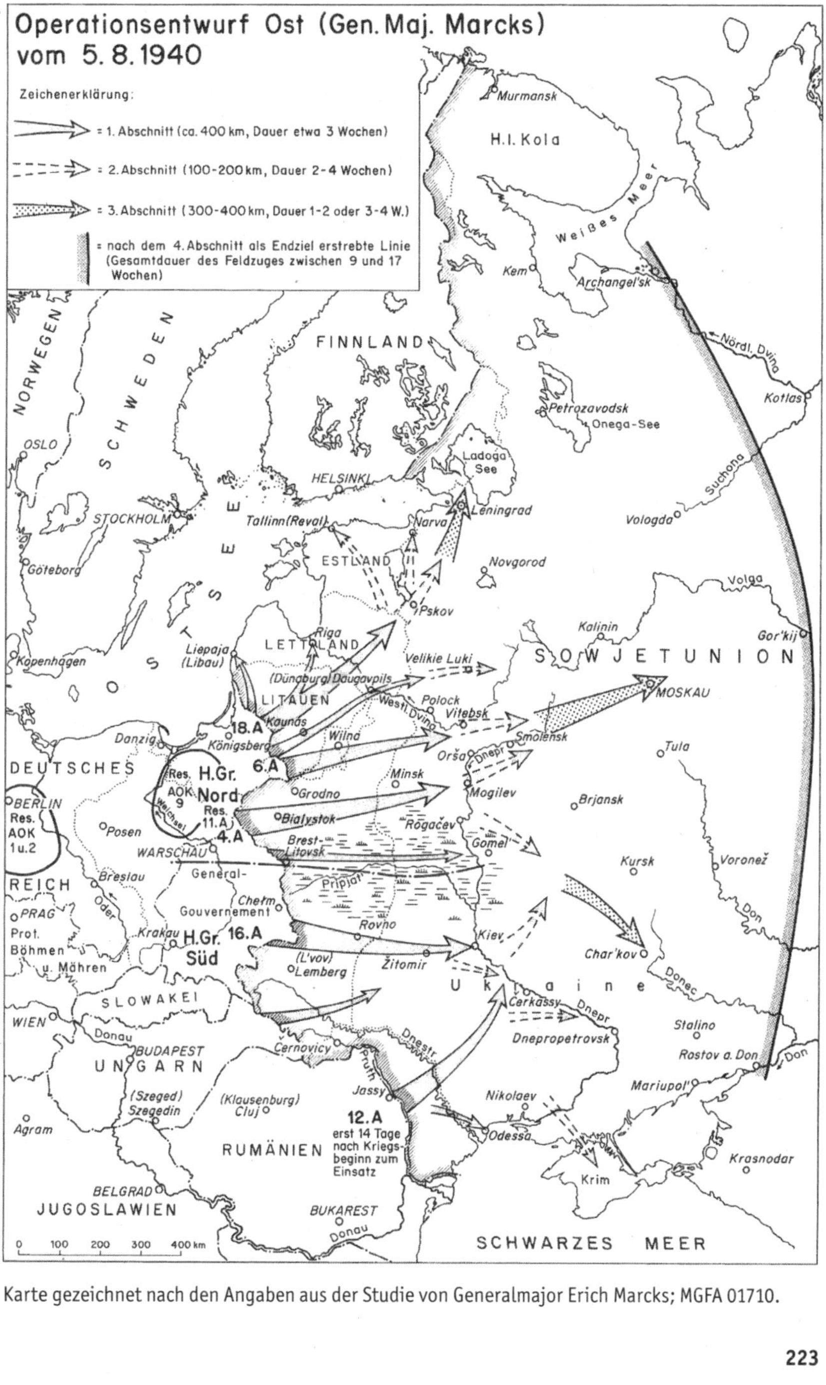

Karte gezeichnet nach den Angaben aus der Studie von Generalmajor Erich Marcks; MGFA 01710.

auf eine lange gedehnte Linie verteilten Kräfte nicht mehr zu einheitlichen Gegenmaßnahmen zusammenfassen kann und in Einzelkämpfen der Überlegenheit der deutschen Truppe und Führung bald erliegen wird.« Erstaunlich die Annahme, dass die Wehrmacht nach Zahl sogar überlegen sein würde. Marcks rechnete aber immerhin damit, dass etwa ein Drittel der Roten Armee gegenüber Japan gebunden sein würde, so dass an einer deutschen Front mit 96 Infanteriedivisionen, 23 Kavalleriedivisionen und 10 motorisiert-mechanischen Brigaden zu rechnen sei. Dagegen würden im nächsten Frühjahr allein an deutschen Kräften 147 Divisionen an der Ostfront zur Verfügung stehen. Über Japan machte sich Marcks freilich ebenso wenig Gedanken wie seine Vorgänger.

Der Operationsentwurf ging nicht von einem deutschen Vorrücken auf breiter Front aus, sondern wollte bei der Heeresgruppe Süd 35 und bei der Heeresgruppe Nord 68 Divisionen einsetzen. Als Heeresreserve mit 44 Divisionen sollte gut ein Drittel des Ostheeres verwendet werden. Beide Stoßkeile würden sich wegen der geographischen Situation auf jeweils wenige Straßen konzentrieren müssen, was bei einer Tiefengliederung die Nachführung entsprechend großer Reserven ermöglichte. Damit würde man nicht zuletzt auch das Problem des Aufmarsches lösen. Wegen der mangelhaften Infrastruktur in Ostmitteleuropa und aus Gründen der Geheimhaltung wäre ohnehin nur ein schrittweiser Aufmarsch der Verbände möglich.[140]

Dass Marcks über Unterlagen früherer Planungen verfügte, zeigt sein Verweis auf die »Studie Südost« aus dem Jahre 1938, aus der sich die Kapazitäten der ungarischen und rumänischen Bahn für einen deutschen Aufmarsch ergaben. Seine Ausführungen über den Anteil der Kriegsmarine und die Eroberung der baltischen Häfen bewegten sich ebenfalls auf bekannten Bahnen. Nicht zuletzt erwähnt er auch die Notwendigkeit, die Aktivitäten der militärischen Abwehr zu verstärken, um durch die Mobilisierung einheimischer Kräfte Zerstörungen zu verhindern, die von der Roten Armee bei ihrem Rückzug vorgenommen werden könnten. Schließlich heißt es: »Eine Militärverwaltung für die besetzten Gebiete ist vorzubereiten. Für die Ukraine, Weißrussland und die Ostseestaaten ist die Überleitung zur Selbständigkeit unter einheimischen, nicht bolschewistischen Regierungen vorzusehen.« Gerade dieser Punkt bestätigt erneut die Annahme, dass Hitler auch am 31. Juli keine dezidierten politischen Vorstellungen geäußert hat.

Bemerkenswert ist ebenfalls der Ansatz von Zeit und Raum durch Marcks. Es zeigt sich, dass die Vorstellung kriegsentscheidender Schlachten im grenznahen Raum lediglich um zusätzliche Etappen einer Verfolgung des geschlagenen Feindes ergänzt worden ist. Hitlers »große« Lösung des Ostproblems hat also keine neuen strategischen Überlegungen ausgelöst. Marcks rechnete damit, dass die Entscheidung im Kampf gegen die Rote Armee bereits in der ersten Phase fallen werde. Gegen den hinhaltend kämpfenden Feind, der sich auf seine alten Verteidigungsstellungen zurückzieht, würde die Masse der Infanteriedivisionen etwa drei Wochen brauchen, um eine Entfernung von 400 Kilometern zurückzulegen. Dabei müssten die Panzerdivisionen weit und schnell vorstoßen, um die Bildung einer geschlossenen Verteidigungsfront zu verhindern. Hier sind natürlich die Erfahrungen des Polen- und des Frankreichfeldzugs eingeflossen.

In der zweiten Phase stellte sich Marcks einen Kampf um die Waldgebiete und Flussläufe in einer Tiefe von weiteren 200 Kilometern vor, der bis zu vier Wochen dauern könne. Dabei werde entweder der »entscheidende Durchbruch erzwungen, oder die schon im ersten Abschnitt auseinandergesprengten Teile des russischen Heeres werden einzeln geschlagen«. In der dritten Etappe würde es sich dann möglicherweise nur noch darum handeln, durch den Vorstoß weniger schneller Verbände »die geschlagenen Russen am Laufen zu halten, Moskau und Leningrad zu nehmen und weit in die Ostukraine hineinzustoßen«. Wäre die Rote Armee noch mit größeren Teilen kampffähig, müssten die eigenen Kräfte eine Versorgungspause von drei bis sechs Wochen einlegen. Nach Abschluss dieser Kämpfe würde die Verfolgung bis zum Don, zur Wolga und zur nördlichen Dwina führen, was im Süden noch einmal eine Entfernung von 400 Kilometern, in der Mitte und im Norden bis zu 800 Kilometern bedeutete.

Aus dem »Operationsentwurf Ost« des Generalmajors Erich Marcks vom 5. August 1940:

»Nach der Einnahme von Charkow, Moskau und Leningrad wird es keine geschlossene russische Wehrmacht mehr geben. Eine völlige Besetzung dieses Gebiets ist nicht möglich und nicht nötig. Schnelle Truppen und Inf. Div. im Eisenbahnvormarsch werden diese Verfolgung in der Hauptsache zu leisten haben. Zeitbedarf 2 – 4 Wochen. Gesamtzeitbedarf des Feldzuges bis zum gesteckten Ziel mithin zwischen 9 und 17 Wochen.

Wenn die Sowjetregierung nicht stürzt oder Frieden schließt, kann es notwendig werden, noch bis zum Ural weiterzugehen. Wenn Russland nach der Zerschlagung seiner Wehrmacht und dem Verlust seiner wertvollsten europäischen Gebiete auch nicht mehr zu aktiven Kriegshandlungen fähig ist, kann es doch noch, gestützt auf Asien, auf unabsehbare Zeit im Kriegszustande verharren.«

Was aus heutiger Sicht wie abstruser militärischer Größenwahn aussehen mag, kann als durchaus nüchternes Kalkül eines erfahrenen Generalstabsoffiziers nur vor dem Hintergrund der damaligen Vorstellungen eines Ostkrieges verstanden werden. Die Instabilität des Sowjetsystem und die Schwäche der Roten Armee waren Ende der dreißiger Jahre scheinbar sichere Annahmen, nicht nur in Deutschland. Dass Marcks glaubte, die Wehrmacht würde im Ostfeldzug nicht nur qualitativ, sondern auch quantitativ der Roten Armee überlegen sein, war einer sicherlich allzu optimistischen Feindlagebeurteilung geschuldet. Dem zeitgenössischen Kriegsbild und den Erfahrungen von 1917/18 entsprechend saß die Vorstellung fest in den Köpfen, dass die Rote Armee nach ersten schweren Niederlagen in einzelne Heerhaufen zerfallen und wie eine geschlagene Kosakenschwadron durch die Lande gejagt werden könnte. Stalin sowie die übrige sowjetische Führung in ihrer Handlungsfähigkeit derartig zu unterschätzen mag man mit antibolschewistischen Klischees oder anderen ideologischen Prägungen erklären,[141] aus dem Blickwinkel von 1940 hatte die UdSSR auch bei nüchterner Betrachtung ihre militärische Leistungsfähigkeit noch nicht unter Beweis gestellt. Die Eindrücke vom polnischen und finnischen Feldzug hatten die negativen Einschätzungen verstärkt.

Die Studie von Marcks enthält neben einer ausführlichen Anlage über die notwendige Ausbildung und Organisation der Truppen nach den bisherigen Kriegserfahrungen einen weiteren Text, der überraschen mag, aber im Zusammenhang der hier vorgenommenen Analyse der Ostkriegsplanungen sofort verständlich wird. Es handelt sich um einen Auszug aus der bereits oben zitierten Schrift von Michail Tuchatschewski, *Der Vormarsch über die Weichsel,* die den Krieg von 1920 behandelt und Mitte der dreißiger Jahre im Zusammenhang mit der Darstellung des polnischen Marschalls Piłsudski der Wehrmacht als Lektüre empfohlen worden war. Der Auszug Tuchatschewskis enthält eine militärische Beurteilung der Pripjet-Sümpfe, die auch im Ansatz von Marcks dazu führte, den deutschen Angriff in zwei Teile aufzuspalten.[142]

Diese natürliche Barriere konnte womöglich von einem Verteidiger genutzt werden, um stärkere Kräfte in diesem Raum zu konzentrieren und damit gefährliche Flankenangriffe gegen die nördliche bzw. südliche Offensivgruppe zu führen. Die Beurteilung dieser möglichen Bedrohung des Feldzugs hing davon ab, ob in dem Wald- und Sumpfgebiet größere Truppenverbände bewegt werden konnten. Tuchatschewskis Erfahrungen aus der Zeit, da eine Kriegführung hauptsächlich mit Kavallerie und Infanterie operierte, waren 20 Jahre später nicht unbedingt ausreichend. Marcks beschäftigte deshalb die Frage weiterhin.

Eberhard Kinzel, der Leiter der Abteilung »Fremde Heere Ost«, verwies in seiner Beurteilung vom 10. September 1940 darauf, dass die Führung der Roten Armee zwar davon überzeugt sei, den Raum auch unter den Bedingungen der motorisierten Kriegführung nutzen zu können, hielt die Russen aber für unfähig, Kräftekonzentrationen nördlich oder südlich der Sümpfe zu schaffen.[143] Später fiel sogar Hitler auf, dass hier ein Problem bestehen könnte, und gab eine Studie in Auftrag. »Fremde Heere Ost« lieferte dazu eine Zusammenstellung von Zitaten aus rasch zugänglicher Literatur. Halder ließ den Entwurf überarbeiten, und in der Hitler schließlich vorgelegten Endfassung fehlte eine entscheidende Passage. Zwar betonte auch der ursprüngliche Entwurf die Bedeutung als Hinderniszone für den Angreifer und die Möglichkeit, dass der Verteidiger hier einen Kleinkrieg entfesseln könnte, doch verwies man zugleich darauf, dass gestützt auf das Eisenbahnsystem ein Verteidiger Truppenverschiebungen in alle Richtungen vornehmen könnte. Eine Bedrohung für Flanken und Rücken der auf Moskau und Kiew zielenden Angriffskeile liege »sehr wohl im Bereich der Möglichkeit«.[144] Indem Halder diese Möglichkeit gegenüber Hitler wiederholt herunterspielte, stellte er seinen Operationsplan mit dem Schwerpunkt Moskau sicher.

Im Herbst 1940 übernahm das AOK 18 die praktischen und planerischen Vorbereitungen für einen größeren Aufmarsch im Osten. Gleichzeitig musste der Ausbau der Landesbefestigungen im Grenzbereich betrieben werden, um einem zwar nicht erwarteten, aber gleichwohl denkbaren sowjetischen Präventivangriff begegnen zu können. Heute ist bekannt, dass der sowjetische Generalstab im Frühjahr 1941 über einen solchen Schlag gegen den sich immer deutlicher abzeichnenden deutschen Aufmarsch nachdachte, doch Stalin scheute davor zurück. Anderenfalls hätte die Rote Armee der Wehrmacht genau jenen »Liebesdienst« (Marcks) erwiesen, um aus der Defensive heraus die Masse der sowjetischen Angriffskräfte grenznah vernichten und selbst nach Osten die Offensive führen zu können. Die Führung an der Ostgrenze übernahm im September 1940 ein Heeresgruppenkommando vom AOK 18. Halders Vorschlag, Marcks zum Chef des Generalstabs dieser Heeresgruppe zu machen und damit die Kontinuität der Planung zu gewährleisten, lehnte Hitler ab, der Marcks misstraute, da dieser Ende der zwanziger Jahre als Pressechef des Reichswehrministeriums ein enger Vertrauter von General Schleicher gewesen war, den Hitler als früheren politischen Gegenspieler 1934 hatte ermorden lassen.[145] Marcks übernahm 1941 eine Infanteriedivision und wurde gleich in den ersten Tagen des Ostfeldzugs schwer verwundet.

Nicht auszuschließen ist, dass Hitlers Intervention auf Heinz Guderian zurückging. Der eigensinnige Panzergeneral unterstand mit seinem Korps dem AOK 18, verfolgte allerdings den Plan, eine eigenständige Panzerarmee als Angriffsspitze gegen Moskau aufzubauen. Guderian hatte im persönlichen Gespräch mit Hitler seine Eindrücke und Berichte vom Vorstoß auf Brest-Litowsk im September 1939 sowie die Begegnung mit der Roten Armee vorgetragen. Diese Berichte vertieften das ungünstige Bild über Bewaffnung und Haltung der Sowjetarmee. Deren Panzerfahrzeuge seien alt und unmodern. Auch Guderian wollte sich später in seinen publizierten Memoiren nicht an seinen Anteil bei der Vorbereitung von »Barbarossa« erinnern. Zwischen dem Ende des Frankreichfeldzugs und dem Molotow-Besuch klafft eine Lücke und die dreiste Behauptung: »Mit dem OKH oder dem Generalstab hatte ich keine Fühlung, wurde auch weder in der Frage der Umgliederung der Panzertruppen noch bezüglich der Weiterführung des Krieges herangezogen.«[146]

Hitler beschäftigten Guderians Erfahrungen in Polen sehr, bestätigten sie ihn doch in seiner Auffassung: »Wenn man diesen Koloss erst mal richtig anpackt, dann bricht er schneller zusammen, als die ganze Welt ahnt.«[147] Um die Planung eines Ostkrieges kümmerte er sich aber auch jetzt nicht weiter. Im Mittelpunkt seines Interesses standen der Luftkrieg gegen England sowie das deutsche Eingreifen im Mittelmeerraum.

Am 15. September, dem »Adlertag«, scheiterte Görings Luftwaffe bei ihrem Versuch, die Luftherrschaft über dem Kanal zu erringen. Nun musste auch das Unternehmen »Seelöwe« auf das nächste Frühjahr verschoben werden. Auf dem Berghof diskutierte Hitler mit Göring lange über die Lage. Der »Reichsmarschall«

hielt es noch immer für möglich, England »in der Luft niederzuzwingen«, und forderte deshalb eine weitere Erhöhung der Luftrüstung. Scharfe Worte galten Raeder und der Kriegsmarine, die »Angst« vor der Invasion habe. Dann kam die Sprache auf Russland. Der Heeresadjutant notierte: »Beide schätzen russische Kräfte gering ein. Bericht Guderian über Eindruck in Brest-Litowsk. Absicht, gegebenenfalls auch Russland anzugreifen, um England jede weitere Bündnismöglichkeit zu nehmen.«[148] Einige Tage später konferierte Hitler mit dem Oberbefehlshaber der Kriegsmarine. Dieser plädierte dafür, das Winterhalbjahr zu nutzen, den gesamten Mittelmeerraum unter die Kontrolle der Achsenmächte zu bringen. Das Problem Russland würde dann ein anderes Aussehen erhalten. Da Moskau im Grunde genommen »Furcht vor Deutschland« habe, sei dann ein Vorgehen gegen die UdSSR »von Norden her« vielleicht nicht mehr nötig. »Führer stimmt grundsätzlich zu«, heißt es in der Aufzeichnung der Seekriegsleitung.[149]

Wie ist also Hitlers »bestimmter Entschluss« am 31. Juli zu bewerten? Halder zeigte keine Eile, neben seinen vielen vorrangigen Aufträgen auch die Planung für den Osten voranzutreiben. Da er die weitere Ausarbeitung nicht länger an Marcks übertragen konnte, schaltete er einen Mann aus seiner engsten Umgebung ein, Generalleutnant Friedrich Paulus, den neu ernannten Oberquartiermeister I. Der fleißige und hochbegabte Stabsarbeiter, der zwei Jahre später die 6. Armee nach Stalingrad führte, kümmerte sich vor allem um die taktisch-operativen sowie die personellen Fragen. Er ist als »rechte Hand« von Halder einer der »Väter« des »Unternehmens Barbarossa« geworden.[150]

Wilhelm Keitel, der Chef des OKW, war Teilnehmer der Besprechung am 31. Juli 1940 gewesen. Er ordnete am nächsten Tag in seinem Bereich weiterführende Maßnahmen an, die für die Gesamtstreitkräfte von Bedeutung waren. Dazu gehörte der Plan »Otto«, mit dem der Ausbau der Infrastruktur im östlichen Aufmarschgebiet geregelt wurde. Als Befehl zum »Aufbau Ost« vom 9. August 1940 erlangte er Geltung und wurde nach dem Krieg vom Nürnberger Kriegsverbrecher-Tribunal gegen Keitel als Beweis für seine Mitverantwortung bei der Planung eines Angriffskrieges interpretiert.[151] Keitel wurde bekanntlich hingerichtet, Halder, der eigentliche Auslöser der Planung, blieb unbehelligt. Anfang August 1940 unterrichtete Keitel auch den Chef des ihm unterstellten Wehrwirtschafts- und Rüstungsamts, General Georg Thomas. Es galt, die Rüstung so umzusteuern, dass im nächsten Jahr sowohl die Landung in England als auch ein Krieg gegen die UdSSR und eine Auseinandersetzung mit den USA möglich sein würde.

Weil der »Führer« aber nicht bereit war, die nach dem Sieg über Frankreich gelockerte Kriegswirtschaft wieder zugunsten der Rüstung zu verschärfen, musste die Wehrmacht innerhalb des bestehenden Rahmens ihre Rüstungsprogramme organisieren. Da Luftwaffe und Kriegsmarine im Kampf gegen Großbritannien unverändert Priorität bei der Verteilung der Ressourcen hatten, konnte die Heeresführung lediglich Umschichtungen innerhalb ihres Kontingents vornehmen. So drosselte man die Munitionsfertigung, um die Panzerproduktion leicht steigern zu können. Um zusätzliche Divisionen auszurüsten, griff man in großem Stil auf das Beutematerial der bisherigen Feldzüge zurück.[152] Da auch am Jahreswechsel 1940/41 sowie kurz vor Beginn des Russlandfeldzugs die Prioritäten von Luftwaffe und Marine noch einmal bestätigt wurden, konnte selbst das bescheidene Rüstungsprogramm des Heeres nicht gänzlich erfüllt werden. Das Ostheer glich im Ergebnis hinsichtlich der Ausrüstung einem Flickenteppich. Nur ein kleiner Teil war modern ausgerüstet und bewaffnet. Trotz Vorrangs der Luftrüstung konnten die hohen Verluste der Luftwaffe im Kampf gegen Großbritannien nur in etwa ausgeglichen werden. So stand am 22. Juni 1941 eine Invasionsarmee im Osten bereit, die an Stärke lediglich dem entsprach, was ein Jahr zuvor gegen Frankreich aufmarschiert war. Die Heeresführung war nicht darüber beunruhigt, rechnete sie doch mit einem ebenso schnellen wie überwältigenden Erfolg gegen die als unterlegen eingeschätzte Rote Armee.

Im OKW hatte man ohnehin stärker die anderen Kriegsschauplätze im Blick. Dennoch beauftragte Keitel nach der Besprechung am 31. Juli 1940 seinen Wehrmachtführungsstab mit einer eigenen operativen Studie für einen Krieg gegen die UdSSR. Dieser Hitler direkt unterstellte kleine Stab konnte sich im Wesentlichen nur mit den Unterlagen und Entwürfen des OKH auseinandersetzen. Die von Oberstleutnant i. G. Bernhard von Loßberg parallel zu Marcks erstellte Studie kam deshalb zu ähnlichen Ergebnissen.[153] Der sowjetische Gegner sei weder angriffsbereit noch angriffswillig. Sein Vorteil liege in der Weite des Raumes, doch werde er sich grenznah zur Entscheidungsschlacht stellen. Einmal geschlagen, sei seine Führung wohl nicht mehr in der Lage, organisierten Widerstand zu leisten. Um den Zusammenbruch des Feindes zu beschleunigen, griff Loßberg auf die alte Vorstellung zurück, die nichtrussischen Nationalitäten, insbesondere die Ukrainer, für deutsche Zwecke einzuspannen. Außerdem plädierte er dafür, einen zusätzlichen Angriff aus Südfinnland heraus zu führen und die südliche Heeresgruppe zu verstärken. Entsprechend Halders Linie wollte freilich auch er den Hauptstoß in der Mitte gegen Moskau führen, mit überlegenen deutschen Kräften, denen zusätzliche Aufgaben übertragen werden konnten. Loßberg hielt ein Einschwenken von Teilen nach Norden, Marcks von Teilen nach Süden für möglich. Dieser Gedanke hat für die weitere Planung und den Verlauf der Operationen erhebliche Auswirkungen gehabt.

Während im Herbst 1940 Planungen, Rüstungen und Aufmarschbewegungen mit verhaltenem Tempo erfolgten, hatten die wenigen Eingeweihten in den militärischen Stäben nicht den Eindruck, dass der »Fall Ost« einer unumstößlichen Absicht des »Führers« entsprach. Der angekündigte Besuch des sowjetischen Außenministers Molotow deutete Anfang November 1940 vielmehr die Möglichkeit eines Beitritts der UdSSR zum Dreimächtepakt an, mit dem Deutschland, Italien und Japan ihre Kriegführung gegen Großbritannien neuerdings zu koordinieren versuchten. Eine Verständigung mit Moskau, um die Briten in Richtung Indischer Ozean unter Druck zu setzen, hätte ein Schachzug sein können, London zum Einlenken zu bewegen. Dann konnte man nach Hitlers früheren Vorstellungen die »Abrechnung« mit Russland in Angriff nehmen. Doch Molotow ließ sich nicht hinters Licht führen und beharrte darauf, bei einer weiteren Annäherung zusätzliche sowjetische Interessen im europäischen Bereich zu befriedigen. Darauf wollte sich Hitler mit Rücksicht auf die deutschen Interessen in Rumänien und Finnland schon aus wirtschaftlichen und politischen Gründen nicht einlassen. Anders als im Vorjahr war ihm ein neuer diplomatischer Coup gegen Großbritannien nicht wichtig genug, um dafür jeden von Moskau geforderten Preis zu zahlen.

Am Ende waren beide Diktatoren enttäuscht. Ein neuer Handelsvertrag bekräftigte die strategische Zusammenarbeit nur vordergründig. Allem Anschein nach vertraute Stalin darauf, dass Hitler keinen Zweifrontenkrieg wagen würde, und schlug deshalb alle Warnungen seines Geheimdienstes vor dem deutschen Aufmarsch im Osten in den Wind. Immerhin ließ er die Rote Armee in aller Eile neu organisieren und ausrüsten. Der stärkere Aufmarsch in den okkupierten Westgebieten kam freilich dem taktisch-operativen Kalkül Halders sehr entgegen, denn so stiegen die Chancen, durch die geplanten grenznahen Schlachten bereits in der ersten Phase des Feldzugs die Masse der Roten Armee zu vernichten. Allerdings versammelte Stalin seine Hauptkräfte im Süden, zum Schutz der Ukraine. Halders Hauptstoß auf Moskau in der Mitte würde durch sie in der Flanke gefährdet werden können.

Paulus ließ Anfang Dezember 1940 in einem dreitägigen »Planspiel« mit den Spitzen des Generalstabs die operativen Dispositionen erproben.[154] Dabei zeigte sich, dass die im Raum Minsk angestrebte große Umfassungsschlacht nur gelingen würde, wenn stärkere Infanteriekräfte zur Verfügung ständen, um den Kessel dicht abzuschließen und die Panzerkräfte für den weiteren Vormarsch so rasch wie möglich freizumachen. Eine schnelle Beendigung des Feldzugs durch die Einnahme von Moskau konnte nur erreicht werden, wenn die nördliche und südliche Heeresgruppe ihre Hauptaufgabe darin sahen, die Flanken der starken Mitte abzudecken, und die bereits angeschlagene Rote Armee sich auf die Verteidigung von Moskau zurückziehen würde – alles Annahmen, die im Sommer 1941 nicht eintrafen.

Es mangelte nun keineswegs am Bewusstsein der Risiken des Halder-Plans. Doch der Chef des Generalstabs ließ sich davon nicht beirren. Auch eine weitere Operationsstudie für einen Ostfeldzug, die General der Infanterie Georg von Sodenstern, der Chef des Generalstabs der künftigen Heeresgruppe Süd, am 7. Dezember vorlegte, führte zu keinen Änderungen. Sodenstern kam auf die alte Idee zurück, in der Mitte – also im polnischen »Schützengraben« bzw. vor den Pripjetsümpfen – zu verharren, um dann mit dem Heeresflügel im Norden mit zwei Panzergruppen sowie der Heeresgruppe im Süden mit einer Panzergruppe über günstiges Terrain anzugreifen, die wichtigen Wirtschafts- und Rüstungszentren wegzunehmen und dann die überflügelte russische Mitte einzukesseln.[155]

Dieses ältere Konzept verschwand in den Schubladen. Halder hatte zwei Tage vor der Sodenstern-Studie bereits dem »Führer« seine Operationsabsichten vorgetragen.[156] Hitler bewegten die zahlreichen anderen Konfliktfälle und Kriegsschauplätze in einem langen Monolog wesentlich stärker, aber gleichzeitig betonte er, dass die Entscheidung über die Hegemonie in Europa im »Kampf gegen Russland« fallen werde. Eine Konzentration aller Kräfte auf dieses Ziel hatte er aber offenbar nicht im Sinn. Mit Halders operativen Vorstellungen erklärte sich Hitler pauschal einverstanden, um sich dann aber doch mit Details zu beschäftigen, die ganz wesentliche Auffassungsunterschiede erkennen ließen. Dabei ging es vor allem um die zweite Phase des Feldzuges. Im Gegensatz zu Halder, der auf Moskau starrte, sah Hitler die Notwendigkeit, zunächst die Lage im Baltikum zu bereinigen. Eine weitergehende Diskussion vermied der Generalstabschef und vertraute wohl darauf, sein Konzept im Zuge der Kampfhandlungen doch noch umsetzen zu können.

Routinemäßig legte Oberstleutnant Loßberg für das OKW den Entwurf für eine »Weisung Nr. 21« vor, in der Hitler Vorgaben für die Wehrmacht festhalten ließ. In der endgültigen Fassung vom 18. Dezember 1940 findet sich wieder seine Handschrift bei einzelnen Fragen, womit er sich über Halders Intentionen teilweise hinwegsetzte.[157] Bei Hitler stand die Vernichtung des russischen Heeres in den Grenzschlachten ebenfalls an erster Stelle, dann aber folgte als Aufgabe die Besetzung des Baltikums und die Sicherung der Ostsee. Erst danach sollte die Inbesitznahme von Moskau und gleichzeitig des wehrwirtschaftlich wichtigen Donezbeckens erfolgen. Der Ural geriet ins Blickfeld, vom Kaukasus war dagegen nicht die Rede. Insgesamt bildete die kurze Weisung stärker den Blickwinkel des OKW ab, was nicht nur hinsichtlich der wehrwirtschaftlichen Aspekte, sondern auch durch die starke Hervorhebung des Einsatzes der Luftwaffe und der Kriegsmarine erkennbar ist. Es war eine Weisung Hitlers an die Oberbefehlshaber der Wehrmachtteile mit dem Auftrag, ihm die weiteren Absichten vorzutragen. Dass die Vorbereitungen bis zum 15. Mai 1941 abzuschließen seien, bedeutete nach dem üblichen Verfahren noch keine definitive Entscheidung, zumal die Vorbereitungen für das Unternehmen »Seelöwe« unvermindert und mit Hochdruck zum selben Termin weiterliefen.

Der Oberbefehlshaber des Heeres ließ deshalb über den Heeresadjutanten beim »Führer« ergründen, ob Hitler den Waffengang tatsächlich unternehmen oder nur »bluffen« wolle. Major Engel gewann den Eindruck, dass der »Führer« selbst noch nicht wisse, wie es weitergehen solle. Der militärischen Führungsspitze misstraue er. Was ihn dauernd beschäftige, sei die Enttäuschung über die »Härte der Engländer« und die Unklarheit über die russische Stärke. »Betont aber immer wieder, dass er sich alle Beschlüsse vorbehalte. Molotow-Besuch habe gezeigt, dass Russland Hand auf Europa legen wolle. Freigabe des Balkan könne er sich nicht leisten, Finnlands Abhängigkeit sei ihm schon Gefahr genug. Ehrlich sei der Pakt nie gewesen, denn die Abgründe der Weltanschauung seien tief genug.«[158] Mit der Entsendung einer Militärmission nach Rumänien und dem erneuten Ausbau der

Kontakte zu Finnland hatte Hitler seine strategischen Interessen längst gesichert. Der konkurrierenden Interessen Stalins blieb er sich bewusst, aber eine Zwangslage, die ihn zum Angriff gegen die UdSSR veranlassen könnte, sah er offenbar nicht.

Die Informationen des Heeresadjutanten hätten die Heeresführung veranlassen können, den »Führer« zu bestärken, zunächst die seit den dreißiger Jahren immer wieder gesuchte Rückendeckung nach Osten durch England zu erreichen bzw. zu erzwingen. Doch Brauchitsch machte davon keinen Gebrauch, obwohl ihm die Zweifel an einem möglichen Zweifrontenkrieg, wie sie die Seekriegsleitung äußerte, nicht fremd waren. Bei dem von Hitler erwarteten Lagevortrag »Barbarossa« fanden er und Paulus, der Halder vertrat, eine erfreuliche Übereinstimmung über Aufmarsch und Schwerpunkte. Allerdings habe sich Hitler »sehr stark auf Nord und Süd« festgebissen. »Immer wieder kommen wirtschaftliche Argumente zum Vorschein, desgleichen weltanschauliche: unten Öl und Getreide, oben die Zerstörung der Weltanschauungsfestung Leningrad.« Hitler blieb also den alten Vorstellungen aus den vergangenen Jahren stärker verhaftet als die Heeresführung. Mit der Entscheidung des Diktators, keinen begrenzten Feldzug zu führen und keiner russischen Regierung den Frieden zu diktieren, war Halder auf Moskau fixiert, weil nach seiner Einschätzung nur so ein rasches Ende des Krieges erreichbar schien.

Der »Führer« hatte aber anscheinend noch immer keine konkreten Vorstellungen, wie die militärische Strategie durch ein entsprechendes politisches Konzept zu ergänzen wäre, und klammerte sich an die bekannten wirtschaftlichen Argumente. Dafür wiederum hatte die Heeresführung kein großes Verständnis. Aber Brauchitsch vermied es auch bei dieser Gelegenheit, die Widersprüche der bisherigen Planungen und Vorstellungen mit Hitler zu diskutieren. Stattdessen teilte er die sehr optimistische Einschätzung des Kräftevergleichs des »Führers«, dass die Rote Armee nur eine geringe Kampfkraft, veraltetes Gerät und nur sehr wenige Flugzeuge habe.[159] Es scheint, dass beide nicht nur partiell aneinander vorbeiredeten, sondern sich im beiderseitigen Misstrauen umso lieber in solche Schönfärberei flüchteten, um eine künstliche Harmonie zu finden.

Auch eine wichtige strategische Weichenstellung erwähnte Hitler eher beiläufig. In den dreißiger Jahren hatte Japan als antisowjetische Flügelmacht stets eine wichtige Rolle gespielt, um die UdSSR eventuell in einen Zweifrontenkrieg zu verwickeln. 1939 war Tokio durch den überraschenden Pakt Hitlers mit Stalin äußerst verärgert gewesen, befand sich die japanische Armee doch zu diesem Zeitpunkt bereits in Kämpfen mit der Roten Armee. Hitler hatte nach dem Sieg über Frankreich in Japan lediglich eine Speerspitze gegen England sehen wollen und unternahm keinerlei Anstrengungen, im Fernen Osten eine Front gegen Stalin zu errichten. Bei der Besprechung am 9. Januar 1941 erklärte er: »Japan zur ernstlichen Mitarbeit bereit.« Gemeint war damit, dass Japan im Fernen Osten freie Hand gegen Großbritannien haben werde, wenn Deutschland die russische Frage anpackte.

Zwei Monate später erließ er die geheime »Weisung Nr. 24 über Zusammenarbeit mit Japan«. Das Ziel im Rahmen des Dreimächtepakts sollte es sein, »Japan so bald wie möglich zum aktiven Handeln im Fernen Osten zu bringen«, und zwar zur »Wegnahme von Singepore«. Und abschließend hieß es: »Über das Barbarossa-Unternehmen darf den Japanern gegenüber keinerlei Andeutung gemacht werden.«[160] Auch diese Fehlentscheidung ging letztlich auf den Halder-Plan zurück, der eine Mitwirkung Japans an einem Feldzug gegen die UdSSR nicht vorsah. Für Halders ursprüngliche Planung eines kurzen Feldzugs im Herbst 1940 wäre eine Front im Fernen Osten vielleicht entbehrlich gewesen, die durch Hitler bewirkte Ausweitung der operativen Planung führte allerdings zu keinen Änderungen im strategischen Ansatz.

Am 28. Januar 1941 versammelte Halder eine größere Runde von Generalen aus dem Wirtschafts- und Rüstungsbereich, um den Stand der Vorbereitungen für »Barbarossa« zu besprechen.[161] Die enormen logistischen Probleme standen dabei im Vordergrund. Halder hielt den Sieg für »verbürgt«, wenn es gelinge, eine großräumige Operation ohne Stockungen und in einem Zuge durchzuführen. Die russische Armee müsse bis zur Dnjepr-Linie zerschlagen werden. Sie dürfe dann nicht mehr zum Halten kommen. Die Entfernung bis zum Dnjepr entsprach der Distanz von Luxemburg bis zur Mündung der Rhone. Eine Woche zuvor hatte Generalquartiermeister Wagner bei einer Besprechung mit seinen Offizieren aber keine Lösung für die vielfältigen Probleme gefunden. Es mangelte an Treibstoff, Reifen, Ersatzteilen – kurz: an den materiellen Voraussetzungen für eine weitgehend motorisierte Kriegführung über große Distanzen. Für den Aufmarsch und zwei Operationsmonate würde es allenfalls reichen. Doch was dann? Falls auch die Besprechung bei Halder zu keiner Lösung führen würde, sollte der »Führer« um eine Entscheidung gebeten werden – so hoffte wenigstens Wagner.[162]

Der Generalstabschef muss erkannt haben, dass die bisherige Zurückhaltung des Heeres bei der Verteilung von Ressourcen den Plan »Barbarossa« erheblich in Gefahr brachte. Im nachfolgenden Gespräch mit Brauchitsch ließ Halder erkennen, dass er sich der Risiken durchaus bewusst war: »Barbarossa: Sinn nicht klar. Den Engländer treffen wir nicht. Unsere Wirtschaftsbasis wird nicht wesentlich besser. Risiko im Westen darf nicht unterschätzt werden.«[163] Als beide knapp eine Woche später, am 3. Februar, dem »Führer« beim Lagevortrag begegneten, wäre Gelegenheit gewesen, über die Bedenken und erkennbaren Friktionen zu sprechen. Stattdessen schwiegen beide über die Risiken. Halder trug ausführlich seine operative Planung vor, sehr im Detail, wo keine Einmischung Hitlers zu erwarten war, ansonsten eher kursorisch. Die zahlreichen Karten und Zusammenstellungen nahm Hitler mit, um sich in der nächsten Zeit intensiver damit zu beschäftigen. Er forderte außerdem eine spezielle Karte an, aus der sich die wichtigsten Rüstungsgebiete und Wirtschaftsquellen der UdSSR ergaben. Sie spielte bei seinen weiteren operativen Entscheidungen eine wesentliche Rolle.

Im Februar / März 1941 legte Hitler die wichtigsten Grundzüge der politischen und wirtschaftlichen Rahmenbedingungen des geplanten Feldzugs fest. Auch hier gaben entsprechende Vorlagen aus den militärischen Planungsstäben Anlass zu Eingriffen des »Führers«, da er den Eindruck gewann, dass die Militärs mit untauglichen Maßstäben arbeiteten. Natürlich stand dabei an erster Stelle, den weltanschaulichen Charakter des Krieges deutlich zu machen. Aber die ideologischen Prämissen hätten wie im Polenfeldzug auch nach den militärischen Kampfhandlungen realisiert werden können. Freilich zeigten die damaligen Konflikte um die Militärverwaltung, dass es aus Hitlers Sicht sinnvoller sein musste, von Anfang an klare Verhältnisse zu schaffen und die Kompetenzen des Militärs enger zu definieren.

Von nicht geringer Bedeutung waren für ihn die Zeitvorstellungen. Da er mit einem schnellen Feldzug und einer totalen Vernichtung des Sowjetstaates rechnete, um die Wehrmacht für Aufgaben im Anschluss an »Barbarossa« wieder freizubekommen, kam es nach seiner Auffassung darauf an, brutal und entschlossen gegenüber der Bevölkerung vorzugehen. Nur so würde man außerdem kurzfristig Nahrungsmittel und Rohstoffe aus dem Lande herausholen können, die für die deutsche Kriegswirtschaft von erheblicher Bedeutung werden würden, um den »Kampf gegen Kontinente« zu führen. Die älteren Vorstellungen eines Interventionskrieges nach dem Vorbild von 1918 und Halders ursprüngliche »kleine« Lösung verlangten dagegen Kompromisse und Rücksichten in der Besatzungspolitik, ein stärkeres Vertrauen auf einheimische Eliten und eine Mitarbeit der Bevölkerung. Ein schneller und totaler Sieg ließ ein moderates Vorgehen überflüssig erscheinen, ja er bedeutete die Chance, unter dem Druck der scheinbaren Kriegsnotwendigkeiten gleich mit einer radikalen »Neuordnung« zu beginnen. Für Hitler war das Modell des Vorgehens nicht Frankreich, sondern Polen!

Die Heeresführung widersprach dieser Erwartung eines raschen Sieges nicht. Halder achtete bis zum Beginn des Feldzugs sorgsam darauf, dass die Widersprüche und Probleme der Operationsplanung möglichst verborgen blieben, um keine Eingriffe des »Führers« zu provozieren. Deshalb nahm er auch die Schwierigkeiten im Bereich der Logistik und Rüstung nicht zum Anlass, um von Hitler grundsätzliche Entscheidungen zu fordern. Mangelte es an Benzin, musste eben die Fahrschulausbildung im Heer eingeschränkt werden. Konnte das moderate Rüstungsprogramm des Heeres nur teilweise erfüllt werden, musste die Ausstattung der Divisionen reduziert und Beutematerial verwendet werden. Dem Ziel einer schnellen motorisierten Kriegführung waren solche Maßnahmen sicherlich nicht förderlich.

Mindestens ebenso dramatisch waren Veränderungen, die den Charakter der Kriegführung und der Besatzungspolitik betrafen. Der Generalquartiermeister hatte in seiner Zuständigkeit auch für die Militärverwaltung Anordnungen entwerfen und Anfang Februar 1941 in einem Kriegsspiel durchproben lassen.[164] Sie orientierten sich weitgehend an dem herkömmlichen Verfahren und entsprachen damit dem zeitgenössischen Kriegsbrauch. Dazu gehörte die uneingeschränkte Verantwortung des Heeres im Besatzungsgebiet und die Konzentration auf die militärischen Aufgaben. Bei der Sicherung sollten auch Polizei-Einheiten verwendet werden, allerdings nicht im geschlossenen Einsatz, sondern im normalen Polizeidienst. Widerstand in der Zivilbevölkerung sei »im Keime zu ersticken. Selbstbewusstes und rücksichtsloses Auftreten gegenüber den deutschfeindlichen Elementen wird ein wirksames Vorbeugungsmittel sein.« Aber es müsse auch frühzeitig Klarheit geschaffen werden, »auf welche Bevölkerungsteile sich die deutsche Truppe stützen kann. Die dem russischen Regime feindliche Bevölkerung ist den deutschen Interessen, gegebenenfalls unter Zubilligung gewisser Freiheiten und materieller Vorteile, nutzbar zu machen.«

Der Unterschied zu Frankreich lag nur darin, dass man wegen der Größe des russischen Gebiets keine engmaschige Verwaltung schaffen könne. Außerdem dachte man daran, die Regionen unterschiedlich zu behandeln. Neben dem Baltikum könne man auch die Ukraine möglichst rasch »in geordnete Verwaltung [...] nehmen. Das öffentliche Leben und die Wirtschaft sind wieder in Gang zu setzen. Industrie und Landwirtschaft sind so zu fördern, dass ihre Produktion baldmöglichst die deutsche Kriegswirtschaft zu stärken in der Lage ist.« Die »Schaffung eines selbständigen Staates mit eigener Verwaltung unter deutscher Oberhoheit« sei vorgesehen. Und: »Die Kriegsgefangenen sind wertvolle Arbeitskräfte.« Bei »willigem Arbeitsdienst« seien sie durch »ausreichende Verpflegung und gute Fürsorge zu belohnen«.

Das OKW hatte diese Planungen für eine Besatzungspolitik in dem Entwurf von »Richtlinien auf Sondergebieten« zusammengefasst. Sie wurden von Hitler am 3. März zurückgewiesen und sollten nach seinen Vorgaben neu formuliert werden. In seinen dazu geäußerten Vorstellungen finden sich einerseits Ideen wieder, wie sie von ihm selbst bzw. Rosenberg in den vorangegangenen 15 Jahren zumindest andeutungsweise formuliert worden sind, die sich aber von den bisherigen militärischen Planungen fundamental unterschieden. Andererseits hatte er sich angesichts der häufigen Konflikte in der Besatzungspolitik seit Beginn des Krieges bereits darüber Gedanken gemacht, wie die aus seiner Sicht konservativ-reaktionäre Heeresführung in ihrer Zuständigkeit so beschränkt werden konnte, dass sie ihm nicht länger im Wege stand.

Hitlers Anweisungen zur Besatzungspolitik im Osten vom 3. März 1941:
»Dieser kommende Feldzug ist mehr als nur ein Kampf der Waffen; er führt auch zur Auseinandersetzung zweier Weltanschauungen. Um diesen Krieg zu beenden, genügt es bei der Weite des Raumes nicht, die feindliche Wehrmacht zu schlagen. Das ganze Gebiet muss in Staaten aufgelöst werden mit eigenen Regierungen, mit denen wir Frieden schließen können.
Die Bildung dieser Regierungen erfordert sehr viel politisches Geschick und allgemeine wohlüberlegte Grundsätze.
Jede Revolution großen Ausmaßes schafft Tatsachen, die man nicht mehr weg-

wischen kann. Die sozialistische Idee ist aus dem heutigen Russland nicht mehr wegzudenken. Sie kann allein die innerpolitische Grundlage für die Bildung neuer Staaten und Regierungen sein. Die jüdisch-bolschewistische Intelligenz, als bisheriger ›Unterdrücker‹ des Volkes, muss beseitigt werden. Die ehemalige bürgerlich-aristokratische Intelligenz, soweit sie vor allem in Emigranten noch vorhanden ist, scheidet ebenfalls aus. Sie wird vom russischen Volk abgelehnt und ist letzten Endes deutschfeindlich. Dies gilt auch in besonderem Maße für die ehemaligen baltischen Staaten.

Außerdem müssen wir unter allen Umständen vermeiden, an Stelle des bolschewistischen nunmehr ein nationales Russland treten zu lassen, das, wie die Geschichte beweist, letzten Endes wieder deutschfeindlich sein wird.

Unsere Aufgabe ist es, sobald wie möglich mit einem Minimum an militärischen Kräften sozialistische Staatsgebilde aufzubauen, die von uns abhängen.

Diese Aufgaben sind so schwierig, dass man sie nicht dem Heere zumuten kann.«[165]

In politischer Hinsicht hatte sich Hitler von traditionellen Vorstellungen noch keineswegs gänzlich gelöst. Wenn er die Bildung neuer Staaten und Regierungen erwähnte, mit denen man dann Frieden schließen könne, entsprach das noch altem Denken. Was verstand der »Führer« unter der »sozialistischen Idee«, die nicht mehr wegzudenken sei? Es war wohl nicht mehr als ein zusätzliches Argument gegen die Vorstellung einer Rückkehr zu den Verhältnissen vor 1917. Die alte Führungselite sollte also nicht mit deutscher Hilfe an die Macht zurückgelangen. Anders als im Falle Polens dachte er aber auch nicht an ihre Ermordung. Seine Vernichtungsphantasien beschränkten sich hier auf die »jüdisch-bolschewistische Intelligenz«, offensichtlich noch nicht auf die gesamte jüdische Bevölkerung. Nicht ausgesprochen, aber unterschwellig erkennbar, sind antislawische Klischees von einer dumpfen Masse, deren Arbeitskraft der künftigen deutschen Herrenschicht zur Verfügung stehen würde. Das alles macht noch nicht den Eindruck eines durchdachten Gesamtkonzepts und reagierte auf Planungen der Militärs, die jetzt im März 1941, als der Ostkrieg beschlossene Sache war und der geheime Aufmarsch im Osten in Fahrt kam, nicht mehr seine Zustimmung fanden.

Hitler wollte darüber weder mit Halder noch mit den anderen Spitzenmilitärs debattieren. Deshalb beauftragte er umgehend Hermann Göring mit der Gesamtverantwortung für die wirtschaftliche Ausbeutung, die für ihn höchste Priorität hatte, weil er in Sorge war, dass angesichts drohender Rationskürzungen im Reich die deutsche Bevölkerung nicht mehr zu neuen großen Anstrengungen »hochzubringen« wäre. Außerdem fehlten für die ehrgeizigen Rüstungspläne aller Wehrmachtteile die notwendigen Ressourcen. Göring führte im März/April die zivilen und militärischen Wirtschaftsressorts zusammen und ließ ein radikales Ausbeutungskonzept erarbeiten, dass den Hungertod von Millionen Zivilisten und Kriegsgefangenen im Osten einkalkulierte. Das war auch ein Ergebnis der operativen Planung eines schnellen, weiträumigen Feldzugs, der die Wehrmacht zwingen würde, weitgehend »aus dem Lande zu leben« und den Nachschub auf Kriegsmaterial und Treibstoff zu konzentrieren.

Bereits am 3. März 1941 kündigte Hitler außerdem an, dass er Himmlers Polizei selbständige Aufgaben im Hinterland übertragen werde. Zu prüfen sei, ob man sie nicht auch im Operationsgebiet – neben der Geheimen Feldpolizei des Heeres – einsetzen müsse. »Die Notwendigkeit, alle Bolschewistenhäuptlinge und Kommissare sofort unschädlich zu machen, spreche dafür. Militärgerichte müssten für alle diese Fragen ausgeschaltet werden, sie hätten sich nur mit den Gerichtssachen innerhalb der Truppe zu befassen.« Insgesamt sollte sich die Zuständigkeit des Heeres auf das Operationsgebiet beschränken. Dahinter wollte er eine Zivilverwaltung mit deutschen »Reichskommissaren« eingesetzt wissen. Das gab Hitler Veranlassung, Rosenberg, seinen Vordenker in Fragen der Ostpolitik, in die weitere Planung einzuschalten. Er hatte ihn schließlich schon 1934 beauftragt, Vorsorge dafür zu treffen, dass man bereit sei, wenn der Marsch nach Russland beginne. Doch hatte sich Hitler um Rosenberg, den er als Theoretiker und vermeintlichen Landeskenner schätzte, in den letzten Jahren kaum gekümmert. Obwohl er ihm keine praktischen und organisatorischen Fähigkeiten zutraute, designierte er ihn im April 1941 zum künftigen »Reichsminister für die besetzten Ostgebiete«.

Rosenberg zeigte sich in der Lage, innerhalb kürzester Zeit große Ausarbeitungen über die künftigen Reichskommissariate und die Neuordnungspolitik vorzulegen. Aber Hitler kam es zunächst hauptsächlich darauf an, die Position der Reichskommissare mit durchsetzungsstarken Parteifunktionären bzw. Gauleitern zu besetzen, denen die »Pistole locker sitzt« und die ihm versprachen, ihre Territorien mit größter Rücksichtslosigkeit auszuplündern. Alle anderen Ziele einer politischen, rassischen und siedlungspolitischen Neuordnung, die Rosenberg so sehr am Herzen lagen, waren für Hitler nebensächlich. Da Rosenberg aber ebenso wie die Militärs auf dic Mitarbeit der nichtrussischen Nationalitäten, insbesondere die Ukrainer, vertraute, ergaben sich später während des Ostkrieges partielle Interessenkoalitionen, die Hitler – allerdings erst nach dem Scheitern des Blitzkrieges – mühsam einige Modifikationen abzuringen vermochten. Das betraf die bäuerliche Mehrheitsbevölkerung mit der für sie zentralen Frage einer Auflösung der Kollektivwirtschaften, das Bemühen um einen zumindest partiellen wirtschaftlichen Wiederaufbau, die Versorgung der Bevölkerung und den Arbeitseinsatz der Kriegsgefangenen ebenso wie die Anwerbung von »Hilfswilligen« sowie die Aufstellung von einheimischen Legionen.

Im März 1941 wollte Hitler nichts davon wissen. Keitel als Chef des OKW hatte eilfertig zum 13. März die Neufassung zu den »Richtlinien auf Sondergebieten« unterschrieben und wohnte drei Tage später einer Besprechung Hitlers bei, bei der Wagner und Brauchitsch das Konzept der Heeresführung für eine Militärverwaltung vortrugen. Es kam zu einer jener heftigen Konfrontationen, die der Oberbefehlshaber des Heeres so sehr fürchtete. Der Heeresadjutant Major Engel notierte, es sei eine »unerfreuliche Aussprache« gewesen über einen Entwurf, den der

»Führer« mit »sehr scharfen Worten« abgelehnt habe. »Militärverwaltung tauge nichts. Er werde von Fall zu Fall Verwaltung in politische Hände geben, da das Heer von Politik nicht viel verstünde. OB versucht zu widersprechen, wird aber reichlich hart abgetan und resigniert.«[166] Hitler blieb bei seiner Entscheidung, dass die Wehrmacht nur bis zu den rückwärtigen Einheiten befehlen solle.

Zwei Wochen später versammelte er eine größere Zahl von Generalen in der Reichskanzlei, um sie auf den bevorstehenden Krieg gegen die UdSSR in seinem Sinne einzustimmen.[167] Es ging ihm offenbar darum, mögliche Missverständnisse und Irritationen über die neue Form des Krieges gar nicht erst aufkommen zu lassen. Deshalb erläuterte er noch einmal seinen Entschluss, »die russische Lage zu bereinigen«, um damit Englands Hoffnungen zu zerschlagen und in zwei Jahren bereit zu sein, »materiell und personell unsere Aufgaben in der Luft und auf den Weltmeeren zu meistern«. Nach dieser strategischen Begründung des Feldzugs analysierte er das Kräfteverhältnis und kam dann auf das »Problem des russischen Raumes« zu sprechen. Durch den Masseneinsatz von Panzern und Flugzeugen an entscheidenden Punkten werde es gelingen, den Feind zu schlagen. Er werde nicht ausweichen können. Die Gefahr der Pripjet-Sümpfe müsse vor allem durch Minenfelder gebannt werden – Hitler hatte diese Achillesferse von Halders Operationsplan nicht aus den Augen verloren. Nach dem Ende des Feldzuges werde man 100 Divisionen zurückziehen und entlassen können, um die Rüstung für Kriegsmarine und Luftwaffe gewaltig zu steigern. Dann kämen Gibraltar und Afrika an die Reihe – vom Unternehmen »Seelöwe« und einer Landung in England sprach Hitler nicht mehr.

Besondere Aufmerksamkeit fanden bei Halder die Ausführungen über den neuen Charakter des Ostkrieges, die eine klare Absage an den Erfahrungshorizont der Militärs von 1918 und die nachfolgenden 15 Jahre der geheimen Zusammenarbeit mit der Roten Armee bedeuteten.

Halders Aufzeichnungen von Hitlers Ausführungen zum Ostkrieg vor Generalen in der Reichskanzlei am 30. März 1941:

»Kampf zweier Weltanschauungen gegeneinander. Vernichtendes Urteil über Bolschewismus, ist gleich asoziales Verbrechertum. Kommunismus ungeheure Gefahr für die Zukunft. Wir müssen vom Standpunkt des soldatischen Kameradentums abrücken. Der Kommunist ist vorher kein Kamerad und nachher kein Kamerad. Es handelt sich um einen Vernichtungskampf. Wenn wir es nicht so auffassen, dann werden wir zwar den Feind schlagen, aber in 30 Jahren wird uns wieder der kommunistische Feind gegenüberstehen. Wir führen nicht Krieg, um den Feind zu konservieren.

Künftiges Staatenbild: Nordrussland gehört zu Finnland. Protektorate Ostseeländer, Ukraine, Weißrussland.

Kampf gegen Russland: Vernichtung der bolschewistischen Kommissare und der kommunistischen Intelligenz.

Die neuen Staaten müssen sozialistische Staaten sein, aber ohne eigene Intelligenz.

Es muss verhindert werden, dass eine neue Intelligenz sich bildet. Hier genügt eine primitive sozialistische Intelligenz.

Der Kampf muss geführt werden gegen das Gift der Zersetzung. Das ist keine Frage der Kriegsgerichte. Die Führer der Truppe müssen wissen, worum es geht. Sie müssen in dem Kampf führen. Die Truppe muss sich mit den Mitteln verteidigen, mit denen sie angegriffen wird. Kommissare und GPU-Leute sind Verbrecher und müssen als solche behandelt werden.

Deshalb braucht die Truppe nicht aus der Hand der Führer zu kommen. Der Führer muss seine Anordnungen im Einklang mit dem Empfinden der Truppe treffen.

Der Kampf wird sich sehr unterscheiden vom Kampf im Westen. Im Osten ist Härte mild für die Zukunft.

Die Führer müssen von sich das Opfer verlangen, ihre Bedenken zu überwinden.«[168]

Bedenken gegen die militärische Wendung nach Osten und eine derartige Form der Kriegführung blieben vereinzelt bestehen. Es gab sie im Auswärtigen Amt ebenso wie in der Marineführung, im Oberkommando der Wehrmacht ebenso wie im Oberkommando des Heeres. Doch kritische Anmerkungen, wie sie etwa der Völkerrechtsexperte im OKW, Helmuth James Graf von Moltke, einer der führenden Köpfe des zivilen Widerstands, und Oberstleutnant i. G. Henning von Tresckow, I. Generalstabsoffizier bei der Heeresgruppe Mitte, einer der aktivsten Vertreter des militärischen Widerstands, äußerten,[169] konnten nicht offen diskutiert werden. Es fehlte ihnen nicht zuletzt am Rückhalt bei ihren Vorgesetzten. Halder und Brauchitsch scheinen nach den Absprachen mit dem Bereich Himmlers befriedigt darüber gewesen zu sein, dass die Arbeitsteilung mit der SS auch Vorteile für das Heer haben würde, weil es sich ganz auf den Waffenkrieg würde konzentrieren können. Das wiederum kam der Notwendigkeit entgegen, alle Kräfte für eine schnelle operative Entscheidung einzusetzen. Von den zweifellos als Ballast empfundenen Fragen der Politik und der polizeilichen Sicherung sowie wirtschaftlichen Ausbeutung erlöst zu sein, sollte sich als eine fatale Illusion erweisen. Die Heeresführung übernahm die Verantwortung für verbrecherische Befehle, deren Auswirkungen nicht nur zum Scheitern des Feldzugs beitrugen, sondern auch zum schmachvollen Untergang der Wehrmacht.

Den höchsten Stellen ist das historische Beispiel des Scheiterns von Napoleon 1812 in Moskau selbstverständlich bekannt gewesen, der ebenfalls am 22. Juni zu seinem Feldzug aufgebrochen war. Im Stillen meldete sich deshalb selbst bei einem Mann wie General Friedrich Fromm, Befehlshaber des Ersatzheeres und Chef der Heeresrüstung, Unbehagen: »Unser deutsches Heer ist nur ein Wind in diesen Steppen.«[170] Andere mögen es als Menetekel betrachtet haben, dass der deutsche Überfall den Decknamen »Barbarossa« trug, eine Erinnerung an jenen Kaiser des Hochmittelalters, der zu einem Kreuzzug aufbrach und schon beim Anmarsch ums Leben kam.

Der Plan »Barbarossa« scheitert im August 1941

Der Plan »Barbarossa« war das Produkt älterer Vorstellungen über einen möglichen Krieg gegen die UdSSR, wie sie schon 1939 hätten realisiert werden können, sowie einer von Hitler angestoßenen Ausweitung des geplanten Krieges. Mit der Entscheidung für eine napoleonische Lösung, das heißt den direkten und massiven Vorstoß auf die feindliche Hauptstadt, hatte Halder ein Vabanquespiel begonnen, das wohl kaum als Geniestreich des deutschen Generalstabs bezeichnet werden kann. Obwohl fast ein Jahr Vorbereitungszeit zur Verfügung gestanden hatte, enthielt das operative Konzept eine Fülle von Widersprüchen und fragwürdigen Annahmen. Halder setzte alles auf eine Karte, um den Erfolg sicherzustellen.

Vordergründig schien er sich mit Hitler einig zu sein, dass ein Überfall auf die UdSSR ein »Sandkastenspiel« sein würde. Mit den deutschen Panzerkorps würde man die Linien der grenznah stationierten Verbände der Roten Armee aufreißen, die Masse der sowjetischen Westfront einkesseln, vernichten und so schnell nach Osten vorstoßen, dass sich keine neue durchgehende Front mehr würde bilden können. Den Rest würden Vorstöße in Richtung Kaukasus und Ural erledigen, um dann eine Militärgrenze ostwärts von Moskau vorzuschieben, die mit geringen Kräften gehalten werden konnte. Die Masse des Ostheeres würde in die Heimat zurückkehren, um die Waffen zu schmieden, mit denen man die angelsächsischen Mächte im globalen Maßstab angreifen könnte.

Der Plan war ebenso kühn wie vermessen und ohne jeglichen Rückhalt und Reserven. Zwei Drittel des Ostheeres waren im Mittelabschnitt konzentriert. Wucht und Tempo des Vormarsches der Heeresgruppe Mitte wurden nicht nur durch die natürlichen Hindernisse gefährdet, sondern auch durch die Schwäche der Flügel-Heeresgruppen im Norden und Süden. Sie verfügten nur über jeweils eine Panzergruppe, in der Mitte war neben der Panzergruppe Guderian noch eine weitere gepanzerte Gruppierung eingesetzt. Alle drei Heeresgruppen sollten und mussten gleichzeitig angreifen und möglichst auf einer Höhe kämpfen, um das Zentrum nicht durch feindliche Flankenangriffe zu gefährden. Die wenigen Reserven hatte Halder weit nach vorne geschoben, um die Stoßkraft für die entscheidende erste Phase so stark wie möglich zu machen.

Der Preis für die Konzentration in der Mitte lag im Einbau einer größeren Zahl verbündeter Truppen, die neben der finnischen Front vor allem bei der Heeresgruppe Süd Verwendung fanden. Hitler hielt nichts von den Ungarn und Rumänen, dennoch sollten sie die in der Ukraine stationierte Masse der Roten Armee fesseln und zusammen mit der deutschen 6. Armee sowie der Panzergruppe 1 westlich des Dnjepr zerschlagen, um dann einen weiten Vorstoß bis zu den Ölquellen des Kaukasus zu unternehmen. Dieser deutsche Südflügel wurde sogar noch vor Beginn des Angriffs geschwächt, weil sich Hitler nach einem Militärputsch in Belgrad dazu entschloss, die unsichere jugoslawische Neutralität zu beseitigen und

Aufmarschanweisung »Barbarossa«

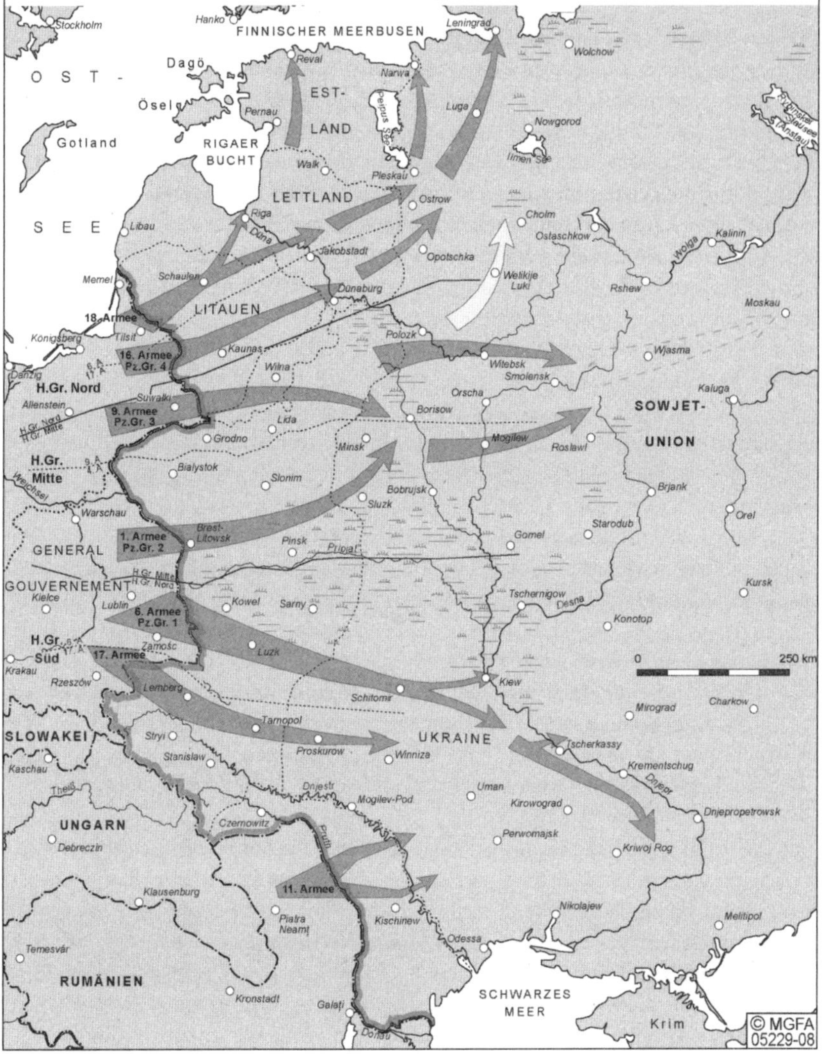

durch einen Angriff auf Griechenland die Briten ganz aus Südosteuropa zu verdrängen. Es musste eine ganze Armee abgezogen werden, die eigentlich die rumänische Heeresgruppe Antonescu stützen sollte.[171] Die ab 6. April 1941 im Balkanfeldzug eingesetzten Verbände kamen nicht oder nach diesem Umweg nur verspätet und mit ramponiertem Material an die rumänische Front.

Um der Schockwirkung des Angriffs jegliches Risiko zu nehmen und den Zusammenbruch des Sowjetregimes zu beschleunigen, sollte jeglicher Anflug von Widerstand in der Bevölkerung mit brutalsten Methoden unterdrückt, die kommunistische Führungselite liquidiert und die jüdische Intelligenz ermordet werden. Dieser Feldzug musste nach Hitlers Willen als rücksichtsloser Vernichtungs- und Ausbeutungskrieg geführt werden, was eine Verschärfung und Radikalisierung der bisherigen deutschen Kriegführung bedeutete und von der militärischen Führung trotz einiger Bedenken mitgetragen wurde. Das politische Konzept war freilich ebenso unausgegoren und widersprüchlich wie Halders Operationsplan. Während Rosenberg an seinen alten Dekompositionsplänen bastelte und Goebbels über den »echten Sozialismus« schwadronierte, mit dem Russland beglückt werden sollte, erkannte Hitler immerhin das Risiko einer Absage an das alte Modell eines Interventionskriegs. Mit dem Entschluss, nicht nur die Sowjetunion und das bolschewistische System, sondern auch die russische Seele zu vernichten, provozierte er einen totalen Krieg und setzte alles auf eine Karte, auch die Zukunft seines eigenen Regimes.

Goebbels über ein Gespräch mit Hitler am 16. Juni 1941:
»In Russland wird nicht der Zarismus zurückgeholt, sondern entgegen dem jüdischen Bolschewismus der echte Sozialismus durchgeführt. Es bereitet jedem alten Nazi eine tiefe Genugtuung, dass wir das noch erleben. Das Zusammengehen mit Russland war eigentlich ein Flecken auf unserem Ehrenschild. Der wird nun abgewaschen. Wogegen wir unser ganzes Leben gekämpft haben, das vernichten wir nun auch. Ich sage das dem Führer und er stimmt mir vollkommen zu. [...] Der Führer sagt: ob recht oder unrecht, wir müssen siegen. Das ist der einzige Weg. Und er ist recht, moralisch und notwendig. Und haben wir gesiegt, wer fragt uns nach der Methode. Wir haben sowieso so viel auf dem Kerbholz, dass wir siegen müssen, weil sonst unser ganzes Volk, wir an der Spitze mit allem, was uns lieb ist, ausradiert werden.«[172]

Hitlers Ostarmeen marschierten unter größter Geheimhaltung auf, und Stalin ließ trotz vielfältiger Warnungen seines eigenen Geheimdienstes bis zur letzten Minute kriegswichtige Lieferungen über die deutsche Grenze rollen. Noch im Mai hatte er Vorschläge seines Generalstabs ignoriert, dem immer deutlicher erkennbaren deutschen Aufmarsch mit einem Präventivangriff zu begegnen.[173] Das hätte jener »Liebesdienst« sein können, auf den Hitler nur wartete, denn die Wehrmacht war bestens darauf vorbereitet, einen solchen Angriff abzuwehren und den Gegner dort zu schlagen, wo sich an der Weichsel und in Masuren bereits russische Massengräber aus den Schlachten von 1914 und 1920 befanden. Auch politisch wäre ein solcher selbstmörderischer Angriff der Roten Armee höchst willkommen gewesen, um einen Krieg gegen die UdSSR innen- und außenpolitisch besser vermitteln und den eigenen Feldzug gleich mit dem Sieg in einer gigantischen Abwehrschlacht beginnen zu können. Stalin aber war – anders als Hitler – kein Hasardeur und verstand die Kunst des Abwartens. Außerdem glaubte er offenbar immer noch nicht daran, dass Hitler entgegen seiner Grundanschauung einen Zweifrontenkrieg wagen würde. Umso größer war Stalins Schock, als ihm bewusst wurde, dass die am Morgen des 22. Juni 1941 gemeldeten deutschen Kriegshandlungen der Beginn eines massiven Angriffskrieges waren.

Militärisch war die Eröffnung des Feldzugs ein voller Erfolg. Den rund drei Millionen Soldaten des deutschen Ostheeres, unterstützt durch 690 000 Mann verbündete Truppen, standen 625 000 Pferde, 600 000 Kraftfahrzeuge, 3648 Panzer und 7146 Artilleriegeschütze zur Verfügung. Bei qualitativ und quantitativ unterschiedlicher Ausrüstung und personeller Kampfkraft waren sie in drei Heeresgruppen mit zusammen zehn Armee-Oberkommandos und vier Panzergruppen gegliedert, insgesamt 150 Divisionen. Ihnen standen allein in den westlichen Militärbezirken der Sowjetunion unmittelbar gegenüber vier Heeresgruppen mit zehn Armee-Oberkommandos, insgesamt 145 Divisionen und 40 Brigaden mit 2,9 Millionen Mann und rund 10 000 Panzern. Von einer zahlenmäßigen Überlegenheit des deutschen Angreifers, wichtige Annahme Halders, konnte nur bedingt die Rede sein, denn hinter den sowjetischen Armeen an der Westfront standen noch erhebliche Reserven und enorme Ressourcen, die Stalin im »Großen Vaterländischen Krieg« zu mobilisieren verstand, während das deutsche Ostheer praktisch aus der Substanz leben musste.

Mit einem gewaltigen Feuerschlag ab drei Uhr morgens wurden die sowjetischen Grenztruppen größtenteils im Schlaf überrascht. Den ersten Angriff führte Görings Luftwaffe. Für die Erringung der Luftherrschaft als wichtigster Voraussetzung für die Blitzkriegstrategie standen ihr 3904 Maschinen zur Verfügung, was etwa der Hälfte der sowjetischen Luftstreitkräfte entsprach. Diese wurden auf den Frontflugplätzen völlig überrumpelt. Am ersten Angriffstag wurden 1811 Maschinen zerstört, bis zum Ende der Grenzkämpfe am 12. Juli 1941 insgesamt 6857. Görings »Adler« beherrschten zunächst den Luftraum, bombten den Stoßkeilen des Heeres den Weg frei, verhinderten Ausbrüche eingeschlossener Verbände der Roten Armee und verzweifelte Gegenangriffe. Diese Aufgabe band bei steigenden eigenen Verlusten alle Kräfte, so dass ein strategischer Luftkrieg gegen das sowjetische Hinterland und die Rüstungszentren nur begrenzt möglich war.

Die stärkste deutsche Angriffsformation war die Heeresgruppe Mitte, deren Speerspitzen zwei Panzergruppen mit Eliteverbänden bildeten. Sie durchbrachen in Zusammenarbeit mit der Luftwaffe immer wieder durch überraschende Schwerpunktbildung die sowjetischen Linien und stießen weit in die Tiefe des Hinterlandes vor. Widerstandszentren wie die Festung Brest wurden umgangen und der Infanterie überlassen. Die Zange schloss sich dann hinter den sowjetischen Hauptkräften, die von den Fußtruppen zumeist in mühsamen und blutigen Kämpfen vernichtet oder zur Kapitulation gezwungen wurden, während die Panzerverbände bereits in kühnen Vorstößen den nächsten Kessel zu bilden versuchten.

In den ersten Wochen war die Rote Armee nicht in der Lage, die deutschen Armeen zu stoppen. Beide Seiten erlitten in den Kesselschlachten schwere Verluste. Stalin, dem es entgegen deutschen Erwartungen gelang, die Kräfte seines Riesenreiches zu mobilisieren, konnte immer neue Divisionen aus dem Boden stampfen und Frontlücken schließen, die Auflösung der schwer angeschlagenen Roten Armee mit brutalen Mitteln verhindern, heftige Gegenangriffe und verbissene Verteidigungspositionen organisieren. Hitler dagegen hielt Reserven für die geplanten Feldzüge gegen die angelsächsischen Mächte zurück und ließ Mitte Juli die Heeresrüstung abbremsen, um die bislang schon bevorzugte der Marine- und Luftrüstung noch einmal zu erhöhen.

Der deutsche Generalstab hoffte, die Masse der sowjetischen Westarmeen vor der Dnjepr-Linie vernichten zu können, um dann den Weg für den Stoß in die Tiefe des Raums frei zu haben. Halder konnte annehmen, dass sich die Rote Armee grenznah zum Kampf stellen würde, da sie gemäß ihrer Doktrin darauf eingestellt war, im Kriegsfall nach Abwehr eines feindlichen Angriffs sofort eine großangelegte Gegenoffensive auf das gegnerische Territorium zu tragen und dort den Feind zu vernichten. Doch sicher war sich Halder offenbar nicht, denn er drängte darauf, den ersten Kessel möglichst weiträumig abstecken, um die Rückwärtsbewegung des Gegners abzufangen. Bei Białystok-Minsk gelang den vorwärtsdrängenden Panzerkräften aber keine völlige Einschließung, der zurückbleibenden Infanterie keine völlige »Ausräumung« und Vernichtung. Große Teile des Gegners entkamen und tauchten teilweise in den Wald- und Sumpfgebieten unter. Hier begann der Partisanenkrieg, zunächst noch sporadisch, und er lieferte den SS- und Polizeiverbänden Vorwände für Vernichtungsaktionen, die ohnehin geplant waren.

Bei der am 9. Juli 1941 beendeten Schlacht wurden vier sowjetische Armeen geschlagen. Die Deutschen konnten 1809 Geschütze und 3332 Panzer zerstören oder erbeuten sowie 323 898 Gefangene einbringen. Halder nahm an, dass damit der Ostfeldzug im Wesentlichen entschieden sei. Das Heer war innerhalb von zwei Wochen bis zu 400 Kilometer auf feindliches Territorium vorgedrungen, Ostpolen war zurückerobert. Nach der ursprünglichen Planung vom Juni 1940 befand sich die Wehrmacht im Besitz jener Faustpfänder, um die es Halder anfangs gegangen war, um aus dieser Linie heraus den Frieden diktieren zu können. Der Auftrag, die Masse der Roten Armee westlich von Düna und Dnjepr zu zerschlagen, schien erfüllt zu sein. Halder beschäftigte sich und seinen General Paulus bereits mit Studien, um eine Offensive aus Nordafrika, über die Türkei und aus dem Kaukasus heraus gegen den Iran vortragen zu können.

Halder zum Stand des Ostkriegs am 3. Juli 1941:

»Ich halte die Aussage eines gefangenen russischen kommandierenden Generals für richtig, dass wir ostwärts von Düna und Dnjepr nur noch mit Teilkräften zu rechnen haben, die alle stärkemäßig nicht in der Lage sind, die deutschen Operationen noch entscheidend zu hindern. Es ist also nicht zu viel gesagt, wenn ich behaupte, dass der Feldzug gegen Russland innerhalb [von] 14 Tagen gewonnen wurde. Natürlich ist er damit noch nicht beendet. Die Weite des Raumes und die Hartnäckigkeit des mit allen Mitteln geführten Widerstandes wird uns noch viele Wochen beanspruchen.«[174]

Auch auch dem Rüstungssektor nahmen die Planungen für die Zeit nach »Barbarossa« Gestalt an. Das OKW ließ Hitler einen Befehl unterzeichnen, um die Rüstung auf die Produktion von U-Booten und Flugzeugen zu konzentrieren, zu Lasten des Heeres. Dabei konnten die Panzerverbände erst verspätet auf Smolensk antreten. Sie sollten den Aufbau einer neuen Front vor der Heeresgruppe Mitte verhindern. Doch das misslang. Der Feind hatte Zeit gewonnen und neue Kräfte herangeführt. Schwere Gewitter behinderten tagelang den Vormarsch der Deutschen, die sich auf zunehmende Verluste einstellen mussten. Aus dem Sumpfgebiet des Pripjet, das man bei der Planung bewusst ignoriert hatte, unternahm die Rote Armee heftige Gegenangriffe.[175] Guderians Panzergruppe 2 wurde deshalb an ihrem rechten Flügel immer wieder aufgehalten und von der Angriffsrichtung, der Moskauer Chaussee, abgelenkt. Der Übergang über den nördlichen Dnepr gelang zwar, aber der Frontbogen von El'jna, Ausgangsbasis für den Angriff auf Moskau, konnte gegen heftige sowjetische Attacken nur mühsam gehalten werden. Hier kam es zu einem wochenlangen Stellungskrieg – ein schwerer Rückschlag für den Plan »Barbarossa«.

Die nördlich der Autobahn eingesetzte Panzergruppe 3 (Hoth) konnte am 24. Juli 1941 den Kessel von Smolensk schließen. Obwohl auch hier der Ausbruch größerer Kräfte nicht verhindert werden konnte, wurden immerhin drei sowjetische Armeen zerschlagen, 310 000 Gefangene gemacht und 3205 Panzer sowie 3120 Geschütze zerstört oder erbeutet. Nun rechnete man auch in den alliierten Hauptquartieren der Westmächte mit einem unmittelbaren russischen Zusammenbruch. Doch der Feind setzte sich vor der Heeresgruppe Mitte wieder fest und führte den Kampf erbittert fort. Die eigenen Kräfte waren erschöpft, und die anderen Heeresgruppen hingen noch weit zurück. Die Heeresgruppe Süd lag vor dem Festungsbereich von Kiew fest, und die Heeresgruppe Nord hatte Mühe, ihren Angriff in Richtung Leningrad voranzubringen.

Der erste Schlag der Wehrmacht hatte der Roten Armee also schwere Niederlagen eingebracht, aber nicht deren »lebendige Kräfte« zerstört. Die Umsetzung eines operativen Blitzkrieges erwies sich nach dem Abflauen des Überraschungseffekts als komplizierter und riskanter als erwartet. Der Vormarsch verlangsamte sich, die eigenen Verluste nahmen zu. In den ersten fünf Wochen hatte das deut-

Am Rande des Unternehmens »Barbarossa«: russisches Kind in der Nähe von Smolensk, Sommer 1941.

sche Ostheer fast ein Viertel seiner wertvollen Panzerwagen verloren (850). Die deutsche Kriegserfahrung und Führungskunst stärkten die Wehrmacht, der keinesfalls nachlassende Widerstand der Roten Armee schwächte sie. Die Siegeszuversicht der Deutschen war groß, doch in der Heeresführung war man gereizt und nervös. Der Streit um die Fortsetzung der Operationen warf seine Schatten voraus.

Am 16. Juli 1941 war die Vorlage der wichtigsten Anordnungen und Personalentscheidungen in der Besatzungspolitik für Hitler Anlass, um im engsten Führungskreis seine Auffassungen deutlich zum Ausdruck zu bringen. Das berüchtigte Bormann-Protokoll zeigt, dass Hitler zu den radikalsten Maßnahmen greifen wollte, um den eroberten russischen Raum zu beherrschen, auszubeuten und zu besiedeln.[176] In der von Halder geschürten Erwartung, dass trotz zunehmender Schwierigkeiten der Feldzug militärisch praktisch entschieden sei und man nur noch einen kräftigen Stoß auf Moskau führen müsse, nahm Hitler die weiterreichenden Ziele ins Visier, woraus sich allerdings ein wochenlanger, zunehmend heftiger Streit mit der Heeresführung um die Fortsetzung der Operationen entwickelte.[177]

Hitler im Gespräch mit dem Heeresadjutanten Gerhard Engel bei einem Spaziergang am 28. Juli 1941:

»Er schlafe deswegen nachts nicht, da er sich noch nicht im Klaren über manches sei. In seiner Brust rängen zwei Seelen, die politisch-weltanschauliche und die wirtschaftliche. Politisch würde er sagen, die Haupteiterbeulen müssten weg: Leningrad und Moskau. Das wäre auch für das russische Volk und die kommunistische Partei der schwerste Schlag. Göring habe ihm zwar versichert, dass er das mit der Luftwaffe allein könne, aber seit Dünkirchen sei er etwas skeptisch geworden. Wirtschaftlich gäbe es ganz andere Ziele. Wenn auch Moskau ein großes Industriezentrum sei, sei der Süden doch wichtiger, wo Öl, Getreide, überhaupt alles, was zur Sicherung des Lebensraumes notwendig sei. Ein Land, wo Milch und Honig fließt. Etwas wäre auf alle Fälle klar, das sei eine wesentliche Umgruppierung der Kräfte. Panzer im Kampf um die Städte zu verzetteln, sei eine Sünde gegen den Geist. Die müssten in den freien Raum nach Süden. Er höre schon das Geschreie derjenigen, denen sie weggenommen würden; aber das sei egal.«[178]

Halder bemühte sich, Hitler von dieser Idee abzubringen. Die Lähmung des Zentrums, die er so fürchtete, ließ sich nur für kurze Zeit vertagen. »Diese Lösung befreit jeden denkenden Soldaten von dem fürchterlichen Alpdruck der letzten Tage, in denen man durch die unnachgiebige Haltung des Führers ein völliges Versanden der Ostoperationen greifbar vor sich sah.«[179] Eine Woche später war Hitler immer noch unzufrieden und suchte nach einer anderen Lösung.

Aufzeichnung des Heeresadjutanten über die Stimmung in der Wolfsschanze am 8. August 1941:

»Man merkt so recht, wie unschlüssig F. [der ›Führer‹] hinsichtlich der Weiterführung der Operationen ist. Dauernd schwanken die Gedanken und Ziele. Aus den Lagebesprechungen geht man genauso schlau wieder heraus, wie man hereingekommen ist. Heute abend nach der Abendlage scheint sich Folgendes zu entwickeln: Leningrad muss auf jeden Fall [genommen werden]; das muss politisch und weltanschaulich sein, umso mehr, als Feldmarschall von Leeb erklärt hat, dass er es mit viel Artillerie und Luftwaffe schaffen könne. In der Mitte: Übergang zur Verteidigung. Alles Bewegliche Richtung Süden: Ukraine, Donezbecken und Rostow. F. sieht zurzeit in dem wirtschaftlichen Niederringen der Russen das wichtigere Ziel, umso mehr, als ihm von vorn und vom OKH zugestimmt wird, dass der Gegner so geschlagen sei, dass an eine Offensivkraft in absehbarer Zeit, vor allem in diesem Jahr, nicht mehr gedacht zu werden braucht.«[180]

Der Zickzack der Anordnungen führte Halder an den Rand eines Nervenzusammenbruchs.[181] Hitler wies schließlich einen Vorschlag der Heeresführung zurück, der eine baldmöglichste Fortsetzung des Angriffs auf Moskau vorsah. Ganz ungewöhnlich war es für den Diktator – und nach seiner Denkschrift für den Vierjahresplan 1936 erst das zweite Mal –, dass er daraufhin seine Entscheidung ausführlich schriftlich begründete. Die Heeresführung trug am 21. August noch einmal ihr Ziel vor: die Einnahme von Moskau, weil sich die Rote Armee zur Verteidigung der Hauptstadt und des Rüstungszentrums dort zur Entscheidungsschlacht stellen werde. Hitler vertrat die genau entgegengesetzte Auffassung. Die Einnahme der Hauptstadt entscheide nicht den Krieg, wie das Beispiel Napoleon gezeigt habe. »Er brauche Lebensadern der Russen: Öl, Getreide, Kohle.«[182] Heeresadjutant Engel gewann den Eindruck, dass Brauchitsch und Halder vor der Konfrontation zurückwichen. »Ein schwarzer Tag für das Heer.«

Einen Tag danach übergab Hitler seine Studie, die unmissverständlich darlegte, dass er ein anderes strategisch-operatives Konzept im Sinne hatte.[183] Halder hielt das für undurchführbar. Er ließ sogar Guderian, um dessen Panzergruppe es ging, einfliegen, um den »Führer« davon zu überzeugen, dass der Vorstoß auf Moskau sinnvoller sein würde. Vergeblich. Der polternde Panzergeneral erwies sich gegenüber dem »Führer« als »Jummilöwe«, wie der Oberbefehlshaber der betroffenen Heeresgruppe Mitte, Generalfeldmarschall Fedor von Bock, sich ausdrückte.[184] Guderian machte sich jetzt sogar zum Fürsprecher Hitlers. Halder spielte mit dem Gedanken, gemeinsam mit Brauchitsch den Rücktritt anzubieten. Auch Adolf Heusinger als Chef der Operationsabteilung war dazu bereit. Sie fürchteten eine Überbeanspruchung und Verzettelung der Kräfte und die Vernachlässigung des Zeitfaktors. Doch Brauchitsch scheute den Konflikt mit dem Diktator und bat seine Mitarbeiter, zu bleiben.[185] Wenn Halder schließlich resignierte, dann begann jetzt bei ihm der Prozess, alle Schuld an der Entscheidung zu »Barbarossa« und den weiteren Fehlschlägen Hitler zuzuschreiben. In einer 1949 erschienenen Broschüre *Hitler als Feldherr* rechnete er gnadenlos mit dem Diktator ab. In seiner bescheidenen Selbstkritik ließ er die planerischen Vorbereitungen für »Barbarossa«, für die er selbst verantwortlich war, weitgehend außen vor. Erst mit Hitlers Entscheidung vom 21. August 1941 sei die Katastrophe eingeleitet worden.

So überschritt die Wehrmacht bereits im August 1941 den Kulminationspunkt ihres Angriffs, ohne ihre abgesteckten Ziele erreicht zu haben. Der Blitzkrieg war praktisch gescheitert. Eine tiefgreifende Führungskrise war die Folge. Während sich das Ostheer nach einer kurzen Atempause darauf einstellte, die schwer angeschlagene Rote Armee weiter zurückzudrängen, schwand die Aussicht auf ein rasches Kriegsende. Hitler suchte auf der strategischen Ebene, soweit er sie verstand, nach Lösungen. So radikalisierte die SS den Völkermord an den Juden, was in der antisemitischen Wahnwelt des deutschen Diktators auch eine Drohgebärde gegen US-Präsident Roosevelt sein sollte, von dem Hitler annahm, dass er ein Handlanger der »jüdischen Plutokratie« sei. Mit der von Churchill und Roosevelt am 14. August verkündeten Atlantik-Charta über die gemeinsamen Nachkriegsziele (Verzicht auf territoriale Expansion, gleichberechtigter Zugang zum Welthandel und zu Rohstoffen, Verzicht auf Gewaltanwendung, Selbstbestimmungsrecht, Liberalisierung des Handels, Freiheit der Meere) zeichnete sich ab, dass Washington die Expansion der faschistischen Machtblöcke nicht länger hinnehmen wollte und die Alliierten entschlossen waren, die Kriegführung Stalins mit großen Hilfslieferungen zu unterstützen.

Jetzt entdeckte Hitler plötzlich die Bedeutung Japans für einen möglichen Zweifrontenkrieg gegen die UdSSR, wie er schon in den dreißiger Jahren im Gespräch gewesen war. Doch in Tokio hatte inzwischen die Kaiserliche Marine die Oberhand gewonnen und den Expansionskurs nach Süden, gegen die Briten, aufgenommen – so wie es Hitler im Frühjahr noch gewünscht hatte. Nun zeigten ihm die Japaner wieder die kalte Schulter. Der Deutsche hatte sie vor zwei Jahren in der Mongolei hängenlassen, und nachdem nun die Wehrmacht bei ihrem Vormarsch auf Moskau ins Stocken geraten war, sah die japanische Regierung erst recht keine Veranlassung zu einem Kurswechsel. Das Ergebnis: Stalin konnte in aller Heimlichkeit seine Fernost-Armee als strategische Reserve nach Westen verlegen und damit Anfang Dezember 1941 in einer Gegenoffensive vor Moskau der völlig überraschten Wehrmacht einen heftigen Schlag versetzen, der sie ins Wanken und zwei Dutzende Generäle um ihre Kommandos brachte.

Die schlechte strategische Vorbereitung des Ostkrieges zeigte sich auch im hohen Norden. Finnland hatte mit geringer deutscher Unterstützung einen enormen und schwierigen Frontabschnitt übernommen. Als die Rote Armee im Baltikum schwer angeschlagen zurückgedrängt wurde und sich von der finnischen Armee in ihrem Rücken bedroht sah, kam die überraschende Wende. Die Finnen ließen erkennen, dass sie nur an der Rückeroberung der im Winterkrieg 1939/40 verlorenen Gebiete interessiert und nicht bereit waren, die alten Grenzen zu überschreiten. Leningrad überließen sie gern den Deutschen. Hitler befahl die Auslöschung der Metropole durch Belagerung und Aushungerung. Eine Kapitulation sollte nicht angenommen werden. Die Stadt würde er später unter Wasser setzen, kündigte er an. Überlebende würde man nach Osten abschieben. Auch am nördlichsten Punkt der Ostfront, vor Murmansk, fehlte es an Kräften, um den wichtigen Hafen einzunehmen und damit die Versorgungsroute zu den Alliierten zu unterbrechen. Vor Leningrad fehlten der Heeresgruppe Nord die Panzerkräfte für eine schnelle Einnahme der Stadt, weil Halder – entgegen der ursprünglichen Planung – die Panzergruppe 3 nicht aus der zentralen Kräftemassierung Richtung Moskau abgeben wollte und die Heeresgruppe Nord ihre eigene Panzergruppe 4 sogar zur Stützung des Zentrums abstellen musste.

Diese Entscheidung stand im Zusammenhang mit Hitlers Eingriff in die Operationsführung, der die Panzergruppe Guderian aus dem Zentrum nach Süden zur Eroberung der Ukraine abzog.[186] Hier konnten bei Kiew in der größten Kesselschlacht der Geschichte fünf sowjetische Armeen zerschlagen werden. Die Deutschen machten 665 000 Gefangene, erbeuteten bzw. zerstörten 3718 Geschütze und 884 Panzer. Die deutsche Propaganda verkündete nun das kurz bevorstehende Ende des Ostkriegs. Doch der Krieg ging immer weiter – nach Osten, bis das Pendel zurückschlug.

Der italienische Schriftsteller Curzio Malaparte berichtete aus der Ukraine für die Tageszeitung *Corriere della Sera* von seinen Eindrücken, bis er auf deutschen Druck hin in die Heimat zurückbeordert und vom faschistischen Regime kaltgestellt wurde.

Aus dem Bericht von Curzio Malaparte im September 1941:
»Und Staub und Regen, Staub und Schlamm, morgen werden die Straßen trocken sein, die riesigen Sonnenblumenfelder werden knacken im trockenen warmen Wind, dann kommt der Schlamm wieder, und das ist Russland, das ist das Russland der Zaren, das heilige Russland der Zaren, und das ist auch die UdSSR, Staub und Regen, Staub und Schlamm, das ist der russische Krieg, der ewige russische Krieg, der Krieg in Russland 1941. Nichts zu machen, nichts zu machen. Morgen werden die Straßen trocken sein, dann kommt der Schlamm wieder, und immer Tote, niedergebrannte Häuser, Scharen abgerissener Gefangener, mit Augen wie kranke Hunde, und immer wieder Aas von Pferden und Maschinen, Aas von Panzern, von Flugzeugen, von Lkw, von Kanonen, von Offizieren, Unteroffizieren und Soldaten, von Frauen, von Alten, von Kindern, von Hunden, Aas von Häusern, von Dörfern, von Städten, von Flüssen, von Wäldern, nichts zu machen, nichts zu machen, in die Ferne, immer weiter, tief in den ›russischen Kontinent‹ hinein, zum Bug, zum Dnjepr, zum Donez, zum Don, zur Wolga, zum Kaspischen Meer. Ja ja, jawohl. ›Wir kämpfen um das nackte Leben.‹ Und dann wird der Winter kommen. Der liebliche Winter. Und dann wieder Staub und Regen, Staub und Schlamm, bis es wieder Winter werden wird, der liebliche Winter des heiligen Russlands, der Winter der Sowjetunion aus Stahl und Zement, das ist der Krieg gegen Russland 1941. ›Da, da, da.‹ Wir siegen uns zu Tode.«[187]

Resümee

■ »Danzig ist nicht das Objekt, um das es geht« – so hatte Hitler am 23. Mai 1939 die militärische Führungsspitze auf den bevorstehenden Krieg eingestimmt. Es war allerdings wie so oft nur die halbe Wahrheit. Denn die Kontrolle über die Hafenstadt Danzig und den sogenannten Korridor zwischen Pommern und Ostpreußen bildete eine unverzichtbare Voraussetzung, um für die Wehrmacht eine nördliche Rollbahn gegen die Sowjetunion zu schaffen. Ohne diese Versorgungslinie wäre ein Vorstoß ins Baltikum und die Aufnahme des Kampfes gegen die Rote Armee nicht denkbar gewesen. Mit der geplanten Besetzung von Danzig folgte der Diktator also der militärischen Logik. Die Demütigung des polnischen Nachbarn war nur Nebeneffekt einer Strategie, mit der Hitler seinem eigentlichen Ziel näher zu kommen trachtete: den Krieg um »Lebensraum« im Osten, und zwar gegen Russland, zu eröffnen. Seit 1934 hatte er sich darum bemüht, Polen auf seine Seite zu ziehen, das über die stärkste Militärmacht an der Westgrenze der UdSSR verfügte und unter dem Regime des greisen Marschalls Piłsudski einen strikt antibolschewistischen Kurs verfolgte. Mit Polen im Bündnis oder bei dessen wohlwollender Neutralität konnte die NS-Führung schon früh daran denken, ihre aggressiven Pläne gegenüber der Sowjetunion zu realisieren.

Erst im März 1939 hatte sich Warschau mit der Anlehnung an Großbritannien dem Werben Hitlers endgültig entzogen. Damit fiel Polen als möglicher »antirussischer Schützengraben« vorerst aus. Die Vorbereitung eines Krieges gegen den bisherigen Wunschpartner konnte das Blatt vielleicht wenden, sei es, dass Polen unter dem deutschen Druck in der Danzig-Frage nachgab, oder von seinen neuen Partnern im Stich gelassen, doch noch Anschluss an das Reich suchte. Dann endlich hätte Hitler »freie Hand im Osten«, um über die nördliche Rollbahn und das im März 1939 besetzte Memelgebiet als Sprungbrett ins Baltikum sowie über die südliche Rollbahn über Wien und Prag sowie das Sprungbrett der Karpato-Ukraine in Richtung Kiew die UdSSR in die Zange nehmen zu können. Japan war im Fernen Osten darauf vorbereitet, eine zusätzliche zweite Front zu bilden. Angesichts des desolaten Zustands der Roten Armee konnte sich die Wehrmacht gute Chancen ausrechnen, die russischen Truppen vernichtend zu schlagen und damit den Anstoß zum Zusammenbruch der UdSSR zu geben.

Wie gesehen, sind solche Vorstellungen 1938/39 keine Utopie gewesen. In den Kriegsspielen und Planungsstäben der Wehrmacht standen sie offensichtlich ganz oben auf der Agenda, im Gegensatz zu einer möglichen Auseinandersetzung mit den Westmächten, die Hitler zwar als letzte Konsequenz nicht ausschließen wollte, die von seinen Militärs allerdings gefürchtet wurde, anders als ein möglicher Kampf gegen die Rote Armee. Um den Westkrieg zu verhindern, war der Diktator sogar bereit, im August 1939 als politischen Bluff mit seinem Todfeind einen formellen Pakt zu schließen. Wäre seine Rechnung aufgegangen, hätte mit dem Angriff auf Polen auch der Krieg gegen die Sowjetunion eröffnet werden können, eine von mehreren Möglichkeiten des Jahres 1939.

Der Kampf gegen den Bolschewismus war Hitlers populärste Propagandaparole, nicht nur innerhalb der deutschen Bevölkerung. Darauf basierte ab 1933 auch entscheidend seine Außen- und Militärpolitik. Durch den Abbruch der geheimen Zusammenarbeit mit der UdSSR, wie sie von der Reichswehr und den Regierungen der Weimarer Republik betrieben worden war, eröffneten sich für Hitler neue Bündniskonstellationen. Sie sollten einen baldigen Krieg gegen Russland ermöglichen. Natürlich besaß er kein konkretes militärisches Konzept. Hier vertraute er zumindest in den dreißiger Jahren auf seine Generalität. Sie hatte schließlich 1917 die russische Armee besiegt. Hinzu kam die Erfahrung der Interventionskriege zwischen 1918 und 1920 auf russischem Territorium.

Hitlers »weltanschauliche« Ideen, wie sie zumeist aus seiner politischen Schrift *Mein Kampf* gefiltert werden, entstammten einem wirren Konglomerat rechtsradikaler Parolen seiner Zeit. Daraus schuf er sich seine »Ostorientierung«. Das war ein schwankendes, widersprüchliches Konzept, eine Utopie, die innerhalb der NS-Bewegung durchaus unterschiedliche Deutungen zuließ, aber kein konkretes politisches Handlungsprogramm beschrieb. Hitler hatte jedenfalls aus dem Verlauf des Ersten Weltkriegs die Schlussfolgerung gezogen, dass der erfolgversprechendste deutsche Weg zur Weltmacht nach Osten führte. Deshalb wollte er an den Sieg deutscher Truppen von 1917 gegen das Zarenreich anknüpfen.

Doch die Ursprünge von »Barbarossa«, Hitlers Ostkrieg von 1941, reichen weiter zurück. Wie geschildert, ist die Vorstellung eines deutschen Krieges gegen Russland Ende des 19. Jahrhunderts entstanden. Die Wahrscheinlichkeit eines Zweifrontenkrieges gab dafür den Ausschlag. Diese strategische Situation fand ihre politisch-ideologische Begleitmusik. Kulturelle und rassistische Feindbilder sowie wirtschaftsimperiale Interessen ergaben aber keine zwingenden Motive für eine militärische Auseinandersetzung. Im Generalstab betrieb man eine nüchterne Analyse. Die russische Armee konnte trotz ihrer zahlenmäßigen Stärke nur dann eine ernsthafte Gefahr bilden, wenn das Reich in einen Zweifrontenkrieg geriet. Entsprechend dem operativen Denken des deutschen Heeres kam es in diesem Falle darauf an, die russische Armee in grenznahen Schlachten entscheidend zu schlagen und »Faustpfänder« zu besetzen, dem Zarenreich unter günstigen Umständen das Baltikum und die Ukraine als »Lebensquellen« wegzunehmen und dann den Frieden zu diktieren. Ein Marsch auf Moskau, das heißt in die Tiefe Russlands, wäre hingegen kontraproduktiv und gefährlich gewesen. Hier wirkte nicht nur das Beispiel Napoleons von 1812 abschreckend. Denn da die eigentliche Entscheidung in einem solchen Krieg im Westen, im Kampf gegen Frankreich fallen würde, durften die eigenen Kräfte nicht in den russischen Weiten gebunden bleiben.

Mit dem Schlieffen-Plan hatte sich das Kaiserreich schließlich darauf festgelegt, zunächst die Masse des Feldheeres im Westen einzusetzen und dort eine kriegsentscheidende Schlacht zu schlagen, um sich dann nach Osten zu wenden. Doch der Krieg nahm einen anderen Verlauf. Die Offensive im Westen lief sich im Schützengrabenkrieg fest, während die mit geringen Kräften geführte Abwehrschlacht gegen die russische Armee in Ostpreußen zu einem unerwarteten Erfolg führte. Doch auch hier entwickelte sich zunächst nur ein blutiger Abnutzungskrieg im polnischen Raum, bis es den Deutschen mit einer neuen politischen Strategie gelang, den inneren Zusammenbruch des Zarenreiches zu beschleunigen. Trotz der antislawischen Propaganda und der alldeutschen Ideologie des »Rassenkampfes« hat die militärische Führung eine nüchterne Strategie zur Zersetzung des Feindes betreiben können. Die Förderung von Lenins Revolution und das Bündnis mit den nach Selbständigkeit strebenden nichtrussischen Nationalitäten verhalfen dem Kaiserreich 1917/18 zu dem lange erhofften Durchbruch. Das Zusammenbrechen der russischen Front und die Verständigung mit einem neuem, schwachen Machtzentrum schufen sogar die Möglichkeit weiträumiger Operationen bis zu den Ölquellen des Kaukasus. Ein Marsch auf Moskau war überflüssig, denn die dort regierenden Bolschewiki sorgten durch ihren Bürgerkrieg für eine weitere Schwächung des russischen Kerngebiets.

Der deutsche Sieg im Osten kam allerdings zu spät, um im Westen das Blatt noch zu wenden. Inzwischen hatten die USA in den Kampf eingegriffen. So scheiterte die letzte deutsche Offensive. Das Reich musste seinen Kampf um eine Weltmachtposition beenden – eine für die alten Eliten des Kaiserreichs bittere Erfahrung, ohne deren Berücksichtigung der zweite Griff nach der Weltmacht durch Hitler und die Ostkriegspläne des deutschen Generalstabs nicht verständlich sind.

Nach der deutschen Niederlage entstand mit Polen ein neues Kraftzentrum in Ostmitteleuropa. Die Wiederauferstehung eines polnischen Staates erwies sich als Glücksfall für Europa, denn unter der Führung des Nationalhelden Piłsudski konnte sich der noch instabile Staat gegen die Rote Armee Lenins militärisch behaupten. Auch die baltischen Staaten waren dadurch in der Lage, ihre Unabhängigkeit zu sichern. Der frühere Revolutionär Piłsudski hatte im Weltkrieg mit deutscher Hilfe den Kern für die polnische Armee schaffen können. Aus der antirussischen Waffenbrüderschaft mit den Deutschen hatte er sich jedoch früh wieder gelöst und durch die Verbindung mit der Siegermacht Frankreich die Grundlage für eine polnische Großmacht geschaffen, auch zu Lasten des Reiches.

Das als Reichswehr neu formierte deutsche Militär sah Frankreich als Hauptgegner für einen Wiederaufstieg des Reiches an und suchte als Rückversicherung gegenüber Polen eine weitreichende Kooperation mit der Roten Armee. Antibolschewismus und andere ideologische Motive hielten die militärischen Führer nicht von einer Realpolitik ab, nach der nur im Anschluss an Russland der Wiederaufstieg Deutschlands gelingen würde. Die Rapallo-Politik wurde von einer breiten politischen Front in der Weimarer Republik unterstützt, einschließlich der Wirtschaft, die ihre Perspektiven zeitweilig darauf baute, in Sowjetrussland ökonomische Stützpunkte schaffen zu können, die selbst einen Systemwandel überstehen würden. Man vertraute darauf, dass der Sowjetkommunismus nicht überlebensfähig sein werde. Gleichzeitig übte man starken Druck auf Polen aus, um Revisionen der deutschen Ostgrenze zu erzwingen.

Die Durchsetzung des Stalinismus und die Weltwirtschaftskrise beendeten diese Phase der deutschen Revisionspolitik. Mit der Etablierung des »Dritten Reiches« orientierte sich auch die deutsche Militär- und Außenpolitik neu. Es war 1933 allein Hitlers Entscheidung, die geheime Zusammenarbeit mit Moskau abzubrechen und stattdessen einen Ausgleich mit Polen zu suchen. In der Reichswehr und im Auswärtigen Amt bevorzugte man hingegen die Fortsetzung der guten Beziehungen zur UdSSR. Hitlers spektakulärer Pakt mit Piłsudski eröffnete 1934/35 aber die Perspektive, an die antirussische Waffenbrüderschaft von 1914/15 anzuknüpfen und an eine gemeinsame Intervention gegen die Sowjetunion zu denken. Sein wichtigster ostpolitischer Berater, Alfred Rosenberg, erhielt den Auftrag, eine entsprechende politische Strategie vorzubereiten. Wie Hitler selbst hoffte auch Rosenberg darauf, dass Großbritannien einer polnisch-deutschen Intervention den Rücken freihalten würde. Die Erwartungen zielten auf die Ukraine, deren Unabhängigkeitskampf das Signal zum Zusammenbruch der UdSSR geben könnte.

Mit dem Antikominternpakt, dem neben Japan und Italien auch Großbritannien und Polen beitreten sollten, wollte Hitler eine globale Konstellation schaffen, um möglichst rasch gegen den Feind im Osten vorgehen zu können. Doch Briten und Polen hielten sich bedeckt, was Hitler aber nicht davon abhielt, weiter auf ein Einvernehmen zu setzen. Es wollte ihm aber nicht gelingen, sein strategisches Konzept zu realisieren – das erste außenpolitische Scheitern. Dass ihm Historiker später einen Stufenplan unterstellten, bei dem sein Werben um Polen nur ein Täuschungsmanöver gewesen ist, hat ihm bis heute den Nimbus eines erfolgreichen Strategen verschafft. Dabei sind seine angeblichen antipolnischen Ressentiments weitgehend Legende, die Rauschning-Gespräche als nachträgliche Rekonstruktion unzuverlässig. Die deutsch-polnischen Bündnisgespräche und positiven Kontakte, auch auf militärischem Gebiet, liegen hinsichtlich der polnischen Quellen zwar noch immer weitgehend im Dunkeln, ebenso wie die internen Auseinandersetzungen und außenpolitischen Konzeptionen des Obristen-Regimes, das nach dem Tod Piłsudskis Polen auf einem Schlingerkurs zwischen den beiden mächtigen Nachbarn in den Untergang steuerte.

Hermann Göring, in den dreißiger Jahren nach Hitler der einflussreichste Politiker im »Dritten Reich«, bemühte sich bis 1939 immer wieder darum, die deutsch-polnischen Beziehungen zu vertiefen und die Grundlage für einen gemeinsamen

Interventionskrieg gegen die UdSSR zu schaffen. Er übernahm auch Hitlers Auftrag, mit einem Vierjahresplan die wirtschaftliche Basis für einen künftigen Ostkrieg zu erweitern. Wenn Polen vor einem aktiven Mitwirken letztlich zurückwich, so reichte eine wohlwollende polnische Neutralität für die deutschen Kriegspläne aus. Bereits 1935/36 war die Sowjetunion als möglicher Kriegsgegner ins Blickfeld der Wehrmachtführung gerückt. Wieder musste der Generalstab – nach dem Abbruch der geheimen Beziehungen zur Roten Armee – mit der Möglichkeit eines Zweifrontenkrieges rechnen. Doch ging es nicht um Landesverteidigung, denn es gab keine gemeinsame deutsch-sowjetische Grenze. Für die Militärs war es kein Geheimnis, dass Hitler einen Interventionskrieg im Osten führen wollte, und zwar so schnell wie möglich. Die Wehrmacht musste sich darauf einstellen, jederzeit eine günstige Gelegenheit ausnutzen zu können. Sie scheute einen solchen Waffengang nicht. Erste Überlegungen wurden in der Marineführung angestellt, denn in der Ostsee war eine direkte militärische Konfrontation mit der starken sowjetischen Flotte möglich. Finnland und die baltischen Staaten würden ihre Neutralität nicht schützen können, als deutsche Partner wären sie aber außerordentlich nützlich. Das erklärt das intensive Bemühen Berlins um den Ausbau der Beziehungen zu diesen ohnehin deutschfreundlich eingestellten Staaten, die ihre im Ersten Weltkrieg errungene Unabhängigkeit dem Reich verdankten.

Die Führung der Kriegsmarine kam bei ihren Kriegsplanungen zu dem Ergebnis, dass nur ein auch zu Lande zu führender Präventivkrieg gegen Leningrad die deutsche Herrschaft im Ostseeraum mit ihren wirtschaftlichen Versorgungsmöglichkeiten sichern könnte. Diese Vorstellung einer nördlichen Rollbahn gegen die UdSSR entsprach den Erfahrungen des Ersten Weltkriegs sowie älteren ostpolitischen Konzeptionen, die der Baltendeutsche Rosenberg seinem »Führer« zu vermitteln verstand. Ohne eine gesicherte Versorgung über Danzig freilich wäre jeder Vorstoß nach Osten höchst gefährdet gewesen. Es ging also eben doch um Danzig, weshalb Hitler in den dreißiger Jahren bemüht war, den schwelenden Konflikt mit polnischen Interessen um einen Ostseezugang zu entschärfen. Auf beiden Seiten waren die Regierungen aber nicht immer in der Lage, die Leidenschaften des »Volkstumskampfes« auf regionaler Ebene zu unterdrücken. In Danzig drängten die Nationalsozialisten auf einen Anschluss an das Reich, in Polen sorgte die nationalistisch gestimmte Opposition für eine antideutsche Stimmung. Die Regierung in Warschau schien gegenüber dem deutschen Angebot offen zu sein, Danzig sowie einen exterritorialen Korridor dem Reich zu überlassen und dafür weitere Teile der Ukraine zu erhalten. Man wollte sich aber nicht erpressen oder in Danzig durch einen Staatsstreich überrumpeln lassen und bestand darauf, als ebenbürtiger Partner behandelt zu werden. So entwickelte sich der Fall Danzig immer mehr zu einer Prestigefrage in den deutsch-polnischen Beziehungen und blockierte die nördliche Rollbahn gegen die UdSSR.

Die südliche Rollbahn wurde durch die Tschechoslowakei blockiert, die zudem mit der Sowjetunion einen Beistandspakt geschlossen hatte. Als Hitler Anfang 1938 seine aggressive Expansionspolitik eröffnete und mit dem »Anschluss« Österreichs einen ersten Erfolg im Südosten erzielte, fand er die Unterstützung Polens, um die Tschechoslowakei zur Abtretung von Grenzprovinzen mit sudetendeutscher bzw. polnischer Bevölkerung zu zwingen. Er konnte zudem annehmen, dass die Westmächte nach der Verständigung in München ein weiteres deutsches Vorgehen im Osten letztlich tolerieren würden. Wenn es ihm gelang, die Gemeinsamkeit mit Polen zu erhalten und zu vertiefen, würden sich einerseits weitere Perspektiven im Baltikum ergeben, insbesondere durch Druck auf Litauen, und andererseits durch die Abspaltung der Karpato-Ukraine im Südosten. Die ukrainischen Nationalisten, zu denen die deutsche militärische Abwehr bereits ihre Beziehungen intensivierte, wollten allerdings keine Rücksicht auf die polnischen Interessen nehmen. Ein möglicher Aufstand in der Sowjetukraine hätte nur über das polnische Lemberg unterstützt werden können. Doch in Warschau fürchtete man offenbar, dass die Deutschen bei der bevorstehenden Zerschlagung der Tschechoslowakei über die deutschfreundlichen Slowaken und die Karpato-Ukrainer eine südliche Rollbahn gegen die Sowjetukraine öffnen würden. Ein Aufstand der Ukrainer würde aber zwangsläufig das polnische Galizien miterfassen. Wie Danzig nahm auch Lemberg eine Schlüsselposition für Hitlers geplanten Interventionskrieg gegen die UdSSR ein. Hätte sich Polen bereit erklärt, dem Antikominternpakt beizutreten, wäre eine Verständigung mit Berlin wahrscheinlich leicht möglich gewesen. Warschau aber zögerte, selbst die Annexion der Karpato-Ukraine zu fordern, und drang schließlich darauf, das unruhige Gebiet an Ungarn zu übergeben. So erhielt Polen eine gemeinsame Grenze mit Ungarn und konnte hoffen, auf diese Weise seinen Einfluss in Südosteuropa auszubauen, nicht zuletzt um ein Gegengewicht zu dem immer stärkeren Auftreten der Deutschen in diesem Raum zu schaffen.

Die von den USA geförderte machtpolitische Rivalität setzte Hitlers Ostexpansion Hindernisse, aber keine wirksamen Grenzen. Ungarn suchte ebenso wie die Slowakei die Anlehnung an das Reich. Bei den Kriegsspielen und Planübungen der Wehrmacht für ein offensives Vorgehen im Südosten bildete schließlich nicht nur das polnisch-ukrainische Lemberg, sondern auch die polnische Einflussnahme auf Rumänien im Frühjahr 1939 ein Problem. Vermittlungsversuche Italiens und Japans, der deutschen Allianzpartner, blieben in Warschau ohne Erfolg. Dabei hatten sich die Aussichten für einen Interventionskrieg gegen die UdSSR inzwischen dramatisch verbessert. Von dem Höhepunkt ihrer Leistungsfähigkeit 1935/36 war die Rote Armee durch die Ermordung Tuchatschewskis und eines großen Teils der Führungselite nahezu gelähmt. Die ausufernden »Säuberungen«, mit denen Stalin seine Herrschaft zu stabilisieren trachtete, führten zu einer nachhaltigen Schwächung der UdSSR. Seit Jahren hatten man in Berlin auf diesen Augenblick interner Spannungen gewartet. Es scheint, dass Hitler 1937 seinen Anteil am Sturz Tuchatschewskis hatte.

So sprach alles dafür, im Frühjahr 1939 endlich mit dem Interventionskrieg zu beginnen. Japan startete, nach einem Test im Jahr zuvor, in der Mongolei. Doch wieder gelang es Hitler nicht, die vielfach verwobenen Fäden zusammenzubinden. Das gegenseitige Misstrauen und die Rivalitäten der potentiellen Partner einer faschistischen Interventionsfront waren auch kaum zu überwinden. Italien trat mit der Annexion Albaniens als Konkurrent auf dem Balkan auf, und Polen suchte durch Anlehnung an Großbritannien einen stärkeren Rückhalt gegenüber Hitlers aggressivem Drang zum Handeln. So konnte eine antisowjetische Westfront nicht gebildet werden. Hitler stellte sich darauf ein, Polen als lästiges, ja gefährliches Hindernis für seinen Ostkrieg einzustufen. Seine Politik militärischer Erpressungen führte die Wehrmacht im März 1939 nach Prag. Polen wurde übergangen und sah sich im Falle eines deutschen Aufmarsches einer geographisch erweiterten Bedrohung ausgesetzt. Die polnische Führung vertraute gänzlich den Zusicherungen der Westmächte und zeigte sich weder bereit, den deutschen Forderungen hinsichtlich Danzigs entgegenzukommen, noch eine militärische Kooperation mit der UdSSR ins Auge zu fassen. Das britisch-französische Bemühen um eine antideutsche Allianz mit Stalin war aus deutscher Sicht zumindest hinsichtlich einer Ostfront militärisch bedeutungslos. Polen und Russen würden niemals gemeinsam an der Weichsel kämpfen, so viel war sicher, und Stalin hatte angekündigt, nicht für die anderen die Kastanien aus dem Feuer holen zu wollen. So stellte sich die Wehrmacht im Sommer 1939 darauf ein, dass der bevorstehende Angriff gegen Polen auch zum Zusammenprall mit der Roten Armee führen würde. Generalstabschef Franz Halder, der später darum besorgt war, seine Mitverantwortung an der Vorbereitung eines Angriffskrieges gegen Polen zu verschleiern, versuchte sich nach Kriegsende mit seinem ehemaligen Adjutanten abzusprechen, wie die amerikanische Seite aufzeichnete.[1] Kein Wunder, dass fast alle Unterlagen über das Kriegsspiel verschwanden.

Halder war 1939 nicht besorgt über die Ostfront, sondern über die Aussicht, dass Deutschland in einem neuen Zweifrontenkrieg gegen die Westmächte nicht bestehen könnte. Hitler fand eine andere strategische Lösung. Das Angebot seines Todfeindes, sich unter Umständen nicht mit den Westmächten, sondern mit dem Reich zu verständigen, wies einen sensationellen Ausweg, Ideologie hin oder her. Ein Pakt mit Stalin schien geeignet zu sein, die Westmächte zu entmutigen und Polen zu isolieren. Würde Warschau in letzter Minute den deutschen Forderungen nachgeben, wäre doch noch eine gemeinsame Front gegen die UdSSR zu schaffen. Anderenfalls konnte es vielleicht gelingen, Polen in einer Blitzaktion militärisch niederzuwerfen und die Westmächte damit zu veranlassen, ihre Beistandsverpflichtungen als gegenstandslos zu betrachten und Hitler »freie Hand im Osten« zu geben, womöglich im Bündnis mit einem drastisch beschnittenen polnischen Satellitenstaat nach dem Modell von 1916.

Hitler spielte im August 1939 ein äußerst riskantes Spiel – und er verlor. Die Westmächte ließen sich nicht bluffen, sie ließen aber Polen im Stich und vertrauten darauf, dass dieses unnatürliche Bündnis der beiden Diktatoren nicht von Dauer sein würde. Sie setzten auf einen langen Abnutzungskrieg, den man in Deutschland besonders fürchtete. Nach dem Sieg über Polen akzeptierten die Westmächte zwar Stalins Annexionen, doch weder die Hitlers noch sein »Friedensangebot«. Erst jetzt war Hitler gezwungen, wollte er die Initiative behalten, einen Angriffsplan gegen die Westmächte zu entwickeln. Auch sein Generalstab hatte keinen »Schlieffenplan« nach dem Vorbild von 1914 in der Schublade. Das nun einsetzende lange und zähe Ringen zwischen Hitlers unbedingtem Willen zum »Schlagen« im Westen und der äußerst besorgten Heeresführung ist als Vergleichsfolie unverzichtbar, wenn man den einige Monate später einsetzenden Umschwung nach Osten und die Vorbereitung des »Unternehmens Barbarossa« beurteilen will. Für Hitler bedeutete es zunächst, den Ostkrieg aufzuschieben, bis der Sieg im Westen errungen sein würde. Zeitpunkt und Umstände für diese Wendung blieben undeutlich. Alles hing davon ab, dass er es schaffte, Großbritannien zum Einlenken zu zwingen. Die Auseinandersetzung mit Stalin konnte warten, notfalls auch für Jahre. Ob er sich wirklich vorstellen konnte, bis zu dessen Tod und einer nachfolgenden Destabilisierung des Sowjetsystems zu warten, wie er Goebbels erklärte, sei dahingestellt. Eilig hatte er es offenbar nicht.

Bis zu dem auch für ihn überraschend schnellen Sieg in Frankreich blieb ein Ostkrieg für Hitler offenbar eine zukünftige Option, jedenfalls kein drängender Wunsch, über den er in Gesprächen mit engsten Vertrauten in diesen Monaten hätte sprechen können. Was bedeutet es, dass Hitler am 31. Juli 1940 seinen »bestimmten Entschluss« formulierte, im nächsten Frühjahr die Sowjetunion anzugreifen? Von dieser Schlüsselfrage der Geschichte des Zweiten Weltkriegs bis zum Scheitern des »Unternehmens Barbarossa« handeln die abschließenden Erörterungen der vorliegenden Untersuchung und stellen dabei gängige Interpretationen in Frage. Als Ergebnis kann festgehalten werden:

1. Angebliche Äußerungen Hitlers, mit denen er bereits Ende Juni 1940 seine Absicht zu einem Krieg gegen Stalin benannt haben soll, halten der Überprüfung nicht stand. Es entsteht vielmehr der Eindruck, dass die zumeist auf Nachkriegserinnerungen gestützten Zitate der Absicht entsprangen, Hitler die Alleinschuld am deutsch-sowjetischen Krieg zuzuschreiben. Aussagen und Memoiren führender Militärs verbanden hiermit die These einer angeblichen strategischen Zwangslage, die aus Stalins aggressiver Außenpolitik und dem Aufmarsch der Roten Armee resultierte.
2. Es ist bislang wenig beachtet worden, dass sich die deutsche Kriegsplanung gleichsam aus der Routine des Generalstabs entwickelte. Der Generalstabschef des Heeres, Franz Halder, nutzte den Auftakt einer verstärkten Grenzsicherung im Osten durch Verlegung des AOK 18, um die Überlegungen und Vorbereitungen des Vorjahres wieder aufzugreifen. Es war der Plan, ohne größere Vorbereitungen, also gleichsam aus dem Stand heraus, eine kurzen Schlagabtausch mit der Roten Armee zu riskieren. Mit der »Gruppe Guderian« als Speerspitze entweder auf der nördlichen oder der südlichen Rollbahn und schrittweise

nachrückender Kräfte, deren Ausladeräume bereits festgelegt waren, konnten noch – nach Halders Vorstellungen – im Spätsommer 1940 »Faustpfänder« erobert, insbesondere wirtschaftliche Überschussgebiete im Baltikum und der Ukraine besetzt werden, um dann nach dem Modell von 1918 »den Frieden zu diktieren«. Es hätte der in den Jahren zuvor immer wieder durchdachte Interventionskrieg sein können, nun ohne polnischen Beitrag.

3. In der Selbstbeschränkung auf ein traditionelles operatives Denken, das auf kriegsentscheidende Schlachten in Grenznähe zielte, ignorierte Halder freilich die politische und strategische Ebene eines Feldzugs, der alle bisherigen Dimensionen sprengen sollte. Er verließ sich auf ein statisches Feindlagebild, das natürlich nicht frei von Vorurteilen und Klischees, aber auch nicht völlig unrealistisch gewesen ist. Entscheidend war etwas anderes. Indem Stalin jetzt die letzten Früchte seines Pakts mit Hitler einfuhr und das Baltikum und Bessarabien okkupierte, vergrößerte er sein Vorfeld gerade dort, wo die Wehrmacht bislang die wichtigsten Rollbahnen für einen Angriff gegen die UdSSR gesehen hatte. Gegenüber dem Sommer 1939 verfügte die Rote Armee nun über ein weit nach Westen vorgeschobenes Glacis, auf dem sie sich zur Schlacht stellen konnte. Selbst wenn es der Wehrmacht gelingen sollte, große Teile der Roten Armee auf dem Terrain dieser neuen Gebiete der UdSSR zu schlagen, würde die sowjetische Führung Zeit gewinnen, in den befestigten Zonen an der alten Staatsgrenze eine neue Front zu formieren, dafür Verstärkungen und neu mobilisierte Einheiten heranzuführen und gleichzeitig für einen Abtransport der kriegswichtigen Betriebe aus den grenznahen Bereichen zu sorgen. So würde der Bewegungskrieg den Aggressor, der sich von seiner Versorgungsbasis zunehmend entfernte, von Etappe zu Etappe schwächen, zumal auch die Frontbreite sich geographisch bedingt ständig ausweitete, und den auf der inneren Linie operierenden Verteidiger begünstigen.
4. Der Grundgedanke einer grenznahen Entscheidungsschlacht stützte sich ursprünglich auf eine günstige politische Konzeption. Nach dem Modell von 1938/39 würde der Zusammenprall mit der Roten Armee nicht nur 300 Kilometer weiter östlich stattfinden, sondern unterstützt im Baltikum von einheimischen militärischen Kräften, die etwa 20 Divisionen ausmachten (sie fielen 1940 in die Hände der Roten Armee), und in der westlichen Ukraine durch einen Aufstand antisowjetischer Kräfte, der die Hauptmacht von Stalins Streitkräften lähmen könnte. Außerdem würde das Eingreifen der Japaner im Fernen Osten eine Verlagerung von strategischen Reserven innerhalb der Sowjetunion verhindern und der deutsche Angriff auf die nördliche und südliche Rollbahn konzentriert werden können – alles Optionen, die in Halders Plan vom Sommer 1940 nicht mehr in Erscheinung traten.
5. Was von der älteren Geschichtsschreibung als »kleine Lösung« bezeichnet worden ist, zielte, das gilt es festzuhalten, auch gar nicht auf die völlige Niederwerfung der UdSSR. Als Hitler sich im Juli 1940 von den Planungen für eine offen-

sive Grenzsicherung im Osten unterrichten ließ, hat dies offenbar den Anstoß dazu gegeben, sich selbst mit seinem langjährigen Ziel eines Ostkrieges wieder zu beschäftigen. Aus Überlegungen, wie nach der erwarteten baldigen Verständigung mit Großbritannien und dem Ende des Krieges die erstrebte Auseinandersetzung mit Stalin gestaltet werden könnte, entstand Hitlers Entschluss, zunächst den Sieg über den britischen Gegner abzuwarten und danach die Sowjetunion anzugreifen, aber nicht aus dem Stand heraus und durch einzelne Vorstöße, sondern als Frontalangriff an der ganzen Front zwischen Ostsee und Schwarzem Meer. Fragt man nach seinem Motiv, so ging es ihm – wie auch Halder – nicht primär um die Beseitigung des Bolschewismus, sondern um eine machtpolitische Auseinandersetzung. Den Ostkrieg hätte er auch dann geführt, wenn Russland von einem Zaren regiert worden wäre! Im Kampf um die deutsche Weltmacht sollte nach dem erwarteten Sieg gegen Großbritannien der Frontwechsel nach Osten die Voraussetzungen für einen blockadefesten »Lebensraum« schaffen. Hitler ging es um Raum und Ressourcen.

6. Halder zog aus Hitlers »bestimmten Entschluss« die Konsequenz, die operative Planung des Ostkrieges auf einen schnellen Vorstoß gegen die feindliche Hauptstadt auszurichten. Diesem traditionellen Grundgedanken ordnete er in den folgenden Monaten alles unter, während Hitler sehr viel stärker dem alten Konzept Baltikum / Ukraine verhaftet blieb. Sein Generalstabschef ließ die Planungen außerdem nur mit halber Kraft und – um Friktionen zu vermeiden – nur im engsten Kreise voranbringen. Vorrang behielt die Kriegführung gegen Großbritannien. Das betraf zahlreiche Operationen, wie die Einsätze gegen Gibraltar, in Nordafrika sowie das Unternehmen »Seelöwe«, die gründlich vorbereitet und nicht alle durchgeführt wurden. Halder war von Hitlers Idee nicht überzeugt, aber er unternahm nichts, um den Diktator davon abzubringen oder wenigstens für bessere Bedingungen zu sorgen. Natürlich wollte er sich nicht wie im Vorjahr mit Hitler auf ein kräftezehrendes Ringen einlassen, zumal der Eindruck entstehen musste, dass der Diktator bis zum Frühjahr 1941 noch keineswegs zu einem »unabänderlichen Entschluss« gekommen war.
7. Von größter Bedeutung für Verlauf und Ergebnis von »Barbarossa« ist es gewesen, dass Halder sowohl auf dem Rüstungsgebiet als auch hinsichtlich der Entwicklung einer politischen Strategie nachlässig und konfliktscheu agierte. Das Modell des Interventionskrieges hatte sich in den dreißiger Jahren zumeist mit dem Charakter eines Befreiungskrieges verbunden. Selbst Rosenberg dachte hinsichtlich der nichtrussischen Nationalitäten in der Kategorie ihrer Befreiung von der russischen Vorherrschaft und vom bolschewistischen »Joch«. Halder und die ganze nationalkonservative Führungselite hätte sich dem nach den Erfahrungen des Ersten Weltkriegs anschließen können. Hitler dagegen dachte 1940 nicht in solchen Kategorien, und Halder hielt sich in dieser Hinsicht bedeckt. So mochte er es für sich als Erfolg betrachten, wenn es ihm gegen Hitlers Widerwillen gelang, die Ungarn als Verbündete für den Ostfeldzug einzuspan-

nen, aber kein Wort darüber verlor, wie wichtig eigentlich die Einbeziehung Japans gewesen wäre. Dabei strebte Halder doch danach, eine Art von »Reichsgeneralstabschef« zu werden und so den Primat des Heeres gegenüber den konkurrierenden Teilstreitkräften sowie die einheitliche Gesamtkriegführung durchzusetzen.

8. Im Juli 1940 existierte nicht nur die Folie eines älteren Kriegsplans, der durch Hitler aufgegriffen und im März 1941 zum rassenideologischen Vernichtungsplan verändert worden ist, sondern es gibt auch deutliche Anzeichen dafür, dass Halder seine Mitverantwortung für die Wendung nach Osten sowie für die Planung des Unternehmens »Barbarossa« nach dem Scheitern des Krieges und im Anblick der Katastrophe gezielt verschleiert hat. Franz Halder als Berater der US-Armee, sein ehemaliger Adjutant und »Barbarossa«-Planer Reinhard Gehlen nun als Chef des Bundesnachrichtendienstes und der ehemalige Chef von Halders Operationsabteilung Adolf Heusinger als erster Generalinspekteur der Bundeswehr haben gute Gründe dafür gehabt, Hitler als Alleinschuldigen für den Ostkrieg und das Scheitern eines vermeintlich genialen Feldzugsplans hinzustellen. Wie andere Generale, die eine Rechtfertigung für ihr Mitmachen brauchten, haben sie als eigentlich Schuldigen Stalin ausgemacht. Vertreter der jüngeren Kriegsgeneration, die als Historiker das Geschichtsbild in der Bundesrepublik maßgeblich geprägt haben, haben Halder in Ehren gehalten, Hitlers Motive aber zumindest dahingehend interpretiert, dass es nicht hauptsächlich die strategische Situation gewesen sei, die ihn zum Entschluss für »Barbarossa« führte, sondern sein rassenideologisches Lebensraumprogramm, das nach einer stufenweisen Expansionspolitik im Juli 1940 vor dem Durchbruch nach Osten stand.

Es ist an der Zeit, die Vorstellungen von Hitler als genialem Kriegsherrn und Halder als letztem Generalstabschefs preußisch-deutscher Tradition endgültig ad acta zu legen. »Barbarossa« zeugt nicht nur vom moralischen, sondern auch vom professionellen Versagen einer vergangenen Militärelite, von der zu wenige Vertreter zu der Einsicht kamen, die 1942 Oberstleutnant i. G. Graf Stauffenberg so formulierte: Dass »dieser Krieg vom Augenblick, wo wir den Fehler machten, Russland anzugreifen, personell und materiell für Deutschland auch bei bester Führung nicht durchzustehen« gewesen ist . Und Oberst i. G. Hellmuth Stieff, Stauffenbergs damaliger Chef in der Organisationsabteilung,. schrieb am 10. Januar 1942 an seine Frau: »Wir alle haben so viel Schuld auf uns geladen – denn wir sind ja mitverantwortlich –, dass ich in diesem einbrechenden Strafgericht nur eine gerechte Sühne für alle die Schandtaten sehe, die wir Deutschen in den letzten Jahren begangen bzw. geduldet haben.«[2]

Anhang

Anmerkungen

Einleitung ■ S. 7 – 12

1 Eine kommentierte Übersicht über den Forschungsstand liefert der Band von Müller / Ueberschär, Hitlers Krieg im Osten.
2 Hitlers Aufruf an die Soldaten der Ostfront vom 22. 6. 1941, abgedr. in: Ueberschär / Wette, »Unternehmen Barbarossa«, S. 319 – 323.
3 Zur Diskussion der Präventivkriegsthese vgl. Pietrow-Ennker, Präventivkrieg?; Schmidt, »Appeasement oder Angriff«? und neuerlich Oetting, Kein Krieg.
4 Vgl. Gerhard Schreiber, ein Kollege von Klink, in: Das Deutsche Reich und der Zweite Weltkrieg, Bd. 3, S. 354, Anm. 273.
5 Hillgruber, Russland-Bild, S. 128.
6 Vgl. Hinweise bei Hartmann / Slutsch, Franz Halder, S. 467.

Deutschland und die Nachbarn im Osten ■ S. 13 – 77

1 Vgl. umfassend Canis, Bismarcks Außenpolitik.
2 Vgl. Hildebrand, Bismarck und Russland.
3 Vgl. umfassend Keller (Hg.), Russen und Russland 1800 – 1871.
4 Neue Rheinische Zeitung Nr. 222 vom 15. Februar 1849. Vgl. insgesamt Krause, Marx.
5 Keller (Hg.), Russen und Russland 19./20. Jahrhundert.
6 Zit. nach: Epstein, Der Komplex »Die russische Gefahr«, S. 145 f.
7 Am 13. Januar 1887, zit. nach: ebd. S. 153. Vgl. auch Schmid, Der »Eiserne Kanzler«.
8 Vgl. Epstein, Der Komplex »Die russische Gefahr«, S. 149.
9 Ebd., S. 153.
10 Hier in Übereinstimmung mit Hillgruber, Bismarcks Außenpolitik, S. 181 – 191, gegen die umstrittenen Thesen von Fischer, Griff nach der Weltmacht.
11 Wippermann, Die Deutschen und der Osten.
12 Vgl. Szlanta, Der Erste Weltkrieg; Boysen, Nationale Minderheiten.
13 Davies, White Eagle; Wagner, Der polnisch-sowjetische Krieg.
14 Der polnisch-sowjetrussische Krieg 1918 – 1920, Bd. I, Berlin 1940. Ein zweiter geplanter Band ist nicht mehr erschienen.
15 Vgl. dazu Das Deutsche Reich und der Zweite Weltkrieg, Bd. 8, S. 608 – 612.
16 Agricola, Wunder an der Weichsel, S. 146.
17 Vgl. unten, S. 226.
18 Zur Biographie vgl. Meier-Welcker, Seeckt.
19 Zu Niedermayers Biographie vgl. Seidt, Berlin.
20 Zur Rolle der Reichswehr vgl. u. a. Nakata, Grenz- und Landesschutz.
21 Dazu umfassend Müller, Tor zur Weltmacht.
22 Manstein, Verlorene Siege, S. 14.
23 Memorandum Seeckts vom 11. 9. 1922, abgedr. in Jacobsen (Hg.), Misstrauische Nachbarn, Dok. 6, S. 33 f.
24 Vgl. Überblick bei Borodziej / Ziemer, Deutsch-polnische Beziehungen, S. 21 ff.

25 Krekeler, Revisionsanspruch; Jaworski / Wojciechowski (Hg.), Deutsche und Polen.
26 Denkschrift Oberst Joachim v. Stülpnagel vom 6. 3. 1926, ADAP, B, Bd. 1, S. 341 ff.
27 Der damalige polnische Bürgerrechtler Adam Michnik 1973 in einem Essay, zit. nach: Gerhard Gnauck, Sperriger Nationalheld. Marschall Piłsudski – eine nicht unumstrittene Vaterfigur, in: Neue Zürcher Zeitung vom 12. März 2005.
28 Sikorski, La Campagne Polono-Russe.
29 Reichswehrministerium (Heer), Die polnische Armee, vom 8. 8. 1927, BA-MA, RH 12-2/59.
30 Ebd., S. 30.
31 Vgl. dazu die illustrierte Studie des Truppenamts vom März 1931: Heeresmechanisierung und -motorisierung in Polen, BA-MA, RH 12-2/59.
32 Hier und im Folgenden: Heeresleitung, Die Sowjetrussische Armee, vom 10. Juni 1926, BA-MA, RH 12-2/59.
33 Müller, Tor zur Weltmacht, S. 147.
34 Aufzeichnung Mittelbergers vom 7. 5. 1928, PAAA, Handakten Dirksen. Vgl. zu den jährlichen Inspektionsreisen auch die Lebenserinnerungen von Mittelberger in seinem Nachlass, BA-MA, N 40/11.
35 Staatssekretär Carl v. Schubert, zit. nach: Schäfer, Blomberg, S. 77.
36 Truppenamt Nr. 213/28, vom 17. 11. 1928, PAAA, Handakten Dirksen, Russische Militärangelegenheiten.
37 Schäfer, Blomberg, S. 70.
38 In seinen während des Zweiten Weltkriegs verfassten Erinnerungen, zit. nach: ebd., S. 71.
39 Zeidler, Reichswehr und Rote Armee, S. 295, 298.
40 Schäfer, Blomberg, S. 78.
41 Nach verschiedenen Überlieferungen liegt jetzt auch eine damals dem sowjetischen Geheimdienst übermittelte Version der Ansprache vor, vgl. Wirsching, »Man kann nur Boden germanisieren«. Zur Problematik und Deutung der Ansprache vgl. Müller, Beck, S. 100 – 102.
42 Notiz Fischers vom 13. 9. 1932, BA-MA, RH 1/79.
43 Seeckt, Deutschland zwischen Ost und West. Parallele Gedankengänge finden sich auch in dem vielbeachteten Werk des deutsch-nationalen Russland-Experten Otto Hoetzsch, Die weltpolitische Kräfteverteilung, S. 17 f.
44 Aufzeichnung General Curt Liebmanns, abgedr. in Vogelsang, Neue Dokumente, S. 409.
45 Immanuel, Der große Zukunftskrieg, S. 5, 54 – 60, 128. Der Verfasser war Oberst a. D., dessen Werk im Verlag »Offene Worte« in der Berliner Bendlerstraße erschien, wo die gesamte militärische Vorschriftenliteratur verlegt wurde.
46 Caspary, Wirtschafts-Strategie und Kriegsführung, S. 224.
47 Hilland, Autarkiemöglichkeiten, S. 267 – 271. Der Autor war Geschäftsführendes Präsidialmitglied des Deutschen Industrie- und Handelstages.
48 Die zahlreichen wörtlichen Zitate mit angeblichen Äußerungen Hitlers sind nicht authentisch, sondern von Rauschning im Rückblick konstruiert, wobei er offenbar bemüht gewesen ist, den gerade erfolgten Überfall auf Polen aus Hitlers Geisteshaltung zu erklären, so wie er sie 1939 einschätzte. Rauschning und Hitler sind sich nur wenige Male kurz begegnet. Die angeblichen »Gespräche« sind also weitgehend Fiktion. Vgl. Tobias, Fälschungen.
49 Neueste Ausgabe: Hermann Rauschning, Gespräche mit Hitler. Zürich 2005, die Einführung von Marcus Pyka geht auf den Hintergrund und die Rezeption ein; vgl. auch Hensel /Nordblom (Hg.), Hermann Rauschning.
50 Broszat, Nationalsozialistische Polenpolitik, S. 182 f.

51 Kershaw, Hitler. 1936–1945, S. 330.
52 Rede am 28.7.1922 u. 13.4.1923, abgedr. in Boepple (Hg.), Adolf Hitlers Reden, S. 34, 44.
53 Vgl. seinen Artikel Ostorientierung?, in: Völkischer Beobachter vom 18./19.4.1926.
54 Fröhlich (Hg.), Goebbels, Teil 1, Bd. 1, S. 161 f. (Eintrag vom 15.2.1926).
55 Mein Kampf, Bd. 2, München 1927, S. 301.
56 Ebd., S. 316.
57 Wojciechowski, Die polnisch-deutschen Beziehungen, S. 7.
58 Vogelsang, Hitlers Brief an Reichenau, S. 434.
59 Werner Daitz, Außenhandelspolitik und Ostraumpolitik, in: Nationalsozialistischer Wirtschaftsdienst Nr. 23 vom 3.10.1932.
60 Wendt, Danzig, S. 783 f.
61 Bułhak, Polska-Francja z dziejów sojuszu 1933–1936; Roos, »Präventivkriegspläne« Piłsudskis; ders. Polen und Europa, S. 114 ff.
62 Zit. nach: Wendt, Großdeutschland, S. 78.
63 Wollstein, Weimarer Revisionismus, S. 42.
64 Hildebrand, Das vergangene Reich, S. 586.
65 H.Dv.g 26, Die russische Armee, vom 1.11.1933, BA-MA, RHD 5/26; vgl. auch Müller, Tor zur Weltmacht, S. 254 f.
66 Zit. nach: ADAP, C, I/2, S. 463.
67 Ansprache des Chefs der Heeresleitung am 1.7.1933, BA-MA, RH 1/v.79.
68 Zit. nach: Schäfer, Blomberg, S. 71.
69 Aufzeichnung Bülows, PAAA, Büro des Reichsministers, Az. 9, Russland, Bd. 29.
70 Ramonat, Völkerbund.
71 Dirksen, Moskau, S. 122.
72 Jedrzejewicz (Hg.), Papers and Memoirs of Józef Lipski, S. 78–80.
73 Schmidt, Außenpolitik, S. 156.
74 Pryt, Befohlene Freundschaft.
75 Dokumente und Materialien zur ostmitteleuropäischen Geschichte – Modul Zweite Polnische Republik, bearbeitet von Heidi Hein, [2006-12-06 13:51], URL: http://quellen.herder-institut.de/M01/texte/Abt04/Dok06.doc/TextQuelle_view (Zugriff vom 16.8.2010).
76 Vgl. zu dieser wenig bekannten Episode jetzt Moritz, Information.
77 Schmidt, Außenpolitik, S. 157.
78 Hildebrand, Das vergangene Reich, S. 590.
79 Hermann Rauschning, Gespräche mit Hitler. Zürich 1939, S. 112 f. So noch zit. nach: Craig, Deutsche Geschichte, S. 599, und, wenn auch bereits mit Zweifeln an der Echtheit, bei Schramm, Kurswechsel, S. 34. Auch Schieder, Hermann Rauschnings »Gespräche mit Hitler«, hatte bereits Einschränkungen gesehen, maß ihr dennoch einen hohen Quellenwert zu. Antipolnische Erklärungen Hitlers aus den frühen dreißiger Jahren sind jedenfalls durch andere Quellen nicht belegt.
80 Domarus (Hg.), Hitler, Bd. 1, S. 357.
81 Hitlers Äußerungen nach den Aufzeichnungen des späteren Generalfeldmarschalls Freiherrn Maximilian von Weichs, zit. nach: Hildebrand, Das vergangene Reich, S. 589. Vgl. auch Das Deutsche Reich und der Zweite Weltkrieg, Bd. 1, S. 582.
82 Winterbotham, The Ultra Secret, S. 4 f. Winterbotham war im Zweiten Weltkrieg Chef von »Ultra«, dem höchst geheimen Unternehmen, dem es gelang, das deutsche Verschlüsselungssystem Enigma zu brechen.

83 Vgl. z. B. Niedhart, Appeasement; McDonough, Hitler, Chamberlain and Appeasement; sowie aus sowjetischer Sicht Geschichte des zweiten Weltkrieges 1939–1945. Bd. 2, S. 339.
84 Schmidt, Außenpolitik, S. 159.
85 Schramm, Kurswechsel, S. 34.
86 Bis heute nicht überholt ist die umfassende Arbeit von Marian Wojciechowski über die polnisch-deutschen Beziehungen, die allerdings schon 1965 in Posen, dann in der deutschen Ausgabe 1971 in Leiden erschien. Auch sie stützt sich hauptsächlich auf die frühe Arbeit von Hans Roos, also auf deutsche Quellen sowie Schriften des polnischen Exils. Eine intensive, quellengestützte Untersuchung der polnischen Reaktionen auf die deutschen Bündnisangebote steht bislang aus.
87 Roos, Polen, S. 138 f.; Wojciechowski, Die polnisch-deutschen Beziehungen, S. 88.
88 Motyl, Ukrainian Nationalist Political Violence.
89 Hierzu jetzt ausführlich Golczewski, Deutsche und Ukrainer, S. 685–701.
90 Schaumburg-Lippe, Dr. G., S. 75. Der Verfasser war Adjutant von Goebbels gewesen.
91 Grelka, Die ukrainische Nationalbewegung, S. 142.
92 Ausführlicher zu dem Besuch Schaumburg-Lippe, Dr. G., S. 72–76.
93 Fröhlich (Hg.), Goebbels. Teil 1, Bd. 3/I., S. 63, Eintrag vom 16. 6. 1934.
94 Titelblatt vom März 1935.
95 Geisler, Die deutsch-polnische Raumgemeinschaft.
96 Hierzu Roos, Polen, S. 140.
97 Deutsche Botschaft Moskau, Nr. A/90, Die Gestaltung der deutsch-russischen Beziehungen, vom 9. 1. 1934, ADAP, C, II/1, Nr. 171.
98 Zit. nach: Lagebericht Nadolny, ebd.
99 Anlage: Aufzeichnung. Unser Verhältnis zu Sowjetrussland, ebd.
100 Nach einer Mitteilung von Generalmajor Eugen Ott, dem früheren deutschen Militärattaché in Tokio, habe Hitler im Januar 1934 die Möglichkeit eines Angriffs auf die Sowjetunion besonders eingehend erwogen und im Gespräch mit Ott dessen Zweifel so verworfen: »Ich bin anderer Ansicht. Ich urteile hier instinktiv. Die Zukunft wird zeigen, wer recht behält«. Mitteilung Otts vom 16. 3. 1955, zit. nach: Roos, Polen, S. 144.
101 Der Chef des Truppenamtes, T 3 I a Nr. 137/34g., betr. Militärpolitische Studie Ferner Osten 1934, vom 29. 4. 1934, BA-MA, RH 2/v.1877.
102 Seraphim (Hg.), Tagebuch Rosenbergs, Anhang, S. 163–167 (12. 5. 1934).
103 Ebd., S. 16 (29. 5. 1934).
104 Ebd., S. 41 (11. 6. 1934).
105 Vortrag des Leiters der Ostabteilung Georg Leibbrandts Anfang 1934, PAAA, Geheimakten 1920–1936, Az. Russland, Pol. 2, Politische Beziehungen Russland zu Deutschland, Bd. 12. Leibbrandt wurde 1941 Leiter der politischen Hauptabteilung im Reichsministerium für die besetzten Ostgebiete unter Rosenberg.
106 Nach einer nicht überprüfbaren Information von Litwinow, die 1955 publiziert wurde; vgl. Roos, Polen, S. 145.
107 Piłsudski, Erinnerungen und Dokumente, S. V. Es erschienen zahlreiche weitere Publikation in Deutschland, die das positive Bild des Marschall verstärkten, etwa: Koitz, Männer um Pilsudski.; Loessner, Josef Piłsudski; Oertzen, Marschall Pilsudski; Piłsudski, Gesetz und Ehre.
108 In der Bibliothek des MGFA befindet sich das Exemplar mit der Nummer 179.
109 Seraphim (Hg.), Tagebuch Rosenbergs, S. 66 (21. 1. 1935).

110 Roos, Polen, S. 209.

111 Wojciechowski, Die polnisch-deutschen Beziehungen, S. 107.

112 Politischer Bericht des deutschen Botschafters über den Besuch des Ministerpräsidenten Göring in Warschau, vom 1.2.1935, in ADAP, C, III, Nr. 474, S. 877 f.

113 Seraphim (Hg.), Tagebuch Rosenbergs, S. 68 (2.2.1935).

114 Meldung von General Schindler an Beck über das Gespräch mit Blomberg vom 22.2.1935, BA-MA, N 28/1. In der polnischen Überlieferung, die sich auf Dokumente stützt, die später im Exil publiziert wurden, heißt es, die Vorschläge zu einer militärischen Allianz seien von Göring gemacht worden; vgl. Roos, Polen, S. 210 f.

115 Berichte des Botschafters vom 22.1.1935 und des Militärattachés vom 23.1.1935, zit. nach: Roos, Polen, S. 210.

116 Das 1952 publizierte Tagebuch Szembeks, Eintrag vom 1.2.1935, zit. nach: Golczewski, Deutsche und Ukrainer, S. 680.

117 Nach Golczewski waren die polnischen Politiker »nicht uninteressiert«, ebd.

118 Das hatte man dem französischen Botschafter gegenüber erklärt, Laroche, La Pologne de Pilsudski, S. 192. Die wichtigsten polnischen Quellen sind das Tagebuch von Szembek und das Weißbuch der Polnischen Regierung über die polnische-deutschen und die polnisch-sowjetrussischen Beziehungen im Zeitraum von 1933 bis 1939.

119 Roos, Polen, S. 211, Anm. 15.

120 Golczewski, Deutsche und Ukrainer, S. 681. Verlässliche Quellen zu diesem Treffen scheint es nicht zu geben. Angeblich sollen die polnischen Generale darum gebeten haben, dass sich Göring bei seiner Unterredung mit dem Marschall etwas zurückhaltender verhalte; Roos, Polen, S. 211.

121 Hier gegen die Deutung von Roos, Polen, S. 211.

122 Sozkow, Sekrety Polskoi Politiki, S. 17–20.

123 Vgl. Wojciechowski, Die polnisch-deutschen Beziehungen, S. 264.

124 Archiwum Akt Nowych (Warschau), Ministerstwo Spraw Zagranicznych 108. Für den Hinweis danke ich Prof. Marek Kornat.

125 Vgl. Schmidt, Außenpolitik, S. 165.

126 Fröhlich (Hg.), Goebbels, Teil 1, Bd. 2, S. 504.

127 Vgl. Mark u.a. (Hg.), Vernichtung durch Hunger.

128 Vgl. Müller, Tor zur Weltmacht, S. 281.

129 Hierzu grundsätzlich Groß, Operatives Denken.

130 »Kriegsspiele« auf der Generalstabsebene beruhen auf Annahmen und faktischen Voraussetzungen, die gleichsam als Spielmaterial für die Schulung von Führungsprozessen dienen, so wie auf der Truppenebene im »Manöver« Fähigkeiten trainiert werden. Dabei werden in der Regel zwei Parteien gebildet (»rot« und »blau«). Die dafür verwendeten Lagebilder und Einlagen der »Schiedsrichter« sollen so realistisch wie möglich sein. Vgl. Generalleutnant Halder, Warum Manöver? In: Die Wehrmacht, Sonderausgabe vom 28.9.1937, S. 1. Halder war 1937 Leiter des einzigen großen Wehrmachtmanövers, das sein Biograph Christian Hartmann als »eine gewaltige Generalprobe für den bevorstehenden Krieg« bezeichnet (S. 421). Die erhaltenen Unterlagen für solche »Kriegsspiele« geben also nicht zwangsläufig Hinweise auf konkrete Absichten der militärischen Führung. Planungsstudien und Weisungen für Eventualfälle bereiten mögliche »Entschlüsse« vor, legen sie aber noch nicht fest. Auch Aufmarsch- und Alarmpläne für Truppenverbände werden erst durch Befehle der Führung in Kraft gesetzt.

131 Müller, Beck, S. 232 f.
132 Marine-Kriegsakademie, Strategisches Kriegsspiel No. 2, F. A. 1933/35, Bd. 1, BA-MA, RM 20/965.
133 Reichswehrministerium / Ausl. I, Nr. 1744/35 geh., betr. Einsatzmöglichkeiten der russischen Luftstreitkräfte gegen Deutschland, vom 23. 5. 1935, PAAA, Nachlaß Renthe-Fink, Pk. 3, Nr. 19.
134 Inspekteur der Nachrichtentruppen an Chef des Generalstabs des Heeres betr. Sondereinsatz Estland vom 21. 5. 1937, BA-MA, RH 2/3007.
135 Unterlagen für Fritsch für die Meldung der finnischen Offiziere, vom 27. 9. 1935, BA-MA, RH 1/v.79.
136 Psychologisches Laboratorium des Reichskriegsministeriums Nr. 241/35g, Völkerpsychologische Untersuchungen Nr. 5 vom 2. 11. 1935 und Nr. 6 vom 2. 12. 1935, BA-MA, RH 2/v.981.
137 Hoffmann, Krieg.
138 Piłsudski, Erinnerungen und Dokumente, Bd. 2, S. XIII f.
139 Agricola, Wunder an der Weichsel.
140 Vgl. Musial, Kampfplatz, S. 391 – 396.

Ein Interventionskrieg gegen die Sowjetunion? ■ S. 78 – 104

1 Lagebericht Generalstab des Heeres / Op. Abt. vom 7. 9. 1939, BA-MA, RH 2/724.
2 Jabłonski, Wobec zagrżenia wojna.
3 Müller, Tor zur Weltmacht, S. 282 f.
4 Notizen über den Vortrag am 12. 11. 1935 in der Wehrmachtakademie, BA-MA, RH 8/v.957.
5 Aktennotiz für Reichsleiter Rosenberg vom 25. 11. 1935, BA, NS 43/39.
6 Schreiben des Chef-Adjutanten Görings an Kapitän von Friedeburg vom 18. 2. 1936, BA-MA, RW 6/v.102.
7 Zit. nach: Golczewski, Deutsche und Ukrainer, S. 681, Anm. 10.
8 Aufzeichnung über eine Unterredung zwischen dem amerikanischen Botschafter in Frankreich William C. Bullitt mit Reichsaußenminister von Neurath am 18. Mai 1936 in Berlin bezüglich der allgemeinen europäischen Lage und der Pläne Hitlers, zit. nach: Der Prozeß, Bd. 37, Dok. 150-L, S. 588 – 592.
9 Treue (Hg.), Hitlers Denkschrift. Zum Vierjahresplan vgl. den Überblick in Das Deutsche Reich und der Zweite Weltkrieg. Bd. 1, S. 278 – 316.
10 Rede Hitlers auf des Jahrestagung der Deutschen Arbeitsfront am 12. 9. 1936, zit. nach: Domarus (Hg.), Hitler. Bd. 2, S. 642. Vgl. auch Weißbecker, »Wenn hier Deutsche wohnten …«.
11 Churchill, Der zweite Weltkrieg. Bd. 1, S. 276.
12 Dok. 416-EC, Der Prozeß, Bd. 36, S. 490.
13 Aktenvermerk über eine Besprechung von hohen Offizieren der Luftwaffe unter Vorsitz von Göring am 2. Dezember 1936, Dok. 3474-PS, Der Prozeß, Bd. 32, S. 335.
14 Bericht vom 24. 7. 1936, zit. nach: Deist, Die deutsche Aufrüstung, S. 291.
15 Vgl. ausführlich Krebs, Japans Deutschlandpolitik.
16 Fröhlich (Hg.), Goebbels, Teil 1, Bd. 2, S. 622 (9. 6. 1936).
17 Ebd., S. 726 f. (15. 11. 1936).
18 Wojciechowski, Die polnisch-deutschen Beziehungen, S. 329 f. Stalin erhielt über dieses Gespräch ausführliche Informationen durch einen Agenten im polnischen Außenministerium, vgl. Sozkow, Sekrety Polskoi Politiki, S. 132 – 136 (Bericht an Stalin vom 25. 3. 1937).

19 Roos, Polen, S. 242 f.

20 Ebd., S. 243 mit den Aussagen von Brauchitsch und Manstein.

21 Wojciechowski, Die polnisch-deutschen Beziehungen, S. 336 – 338.

22 Ebd., S. 339.

23 Hitler gegenüber dem polnischen Staatssekretär Szembek am 12. 8. 1936, Deutschland habe kein Interesse, das polnisch-französische Verhältnis zu stören, »solange darunter nicht die Loyalität des deutsch-polnischen Verhältnisses leide«; zit. nach: Roos, Polen, S. 244.

24 Kornat, Polityka równowagi 1934 – 1939.

25 Über die polnisch-japanischen Beziehungen sind keine größeren Abhandlungen verfügbar. Ich verweise hier auf die Arbeit von Krebs, Japanische Schlichtungsbemühungen.

26 Vgl. ebd., S. 208.

27 Vgl. zu den Spekulationen über einen geheimen japanisch-polnischen Militärpakt Ahmann, Nichtangriffspakte, S. 195 – 203.

28 Vortrag Himmlers auf dem Nationalpolitischen Lehrgang der Wehrmacht vom Januar 1937, Dok. 1992(A)-PS, Der Prozeß, Bd. 29, S. 234.

29 Vortrag Oberregierungsrat Dr. Burandt: Anlage, Durchführung und Lehren eines Kriegsspiels im Bereich des GB, vom 3. 2. 1937, Institut für Zeitgeschichte, MA-468, S. 5764 – 5774.

30 Vgl. Kurt Hesse, Rohstoffwirtschaft in ihrer Bedeutung für die Kriegsführung, in: Der deutsche Volkswirt 11(1937), S. 961 ff., und die Ausführungen des ehemaligen Inspekteurs der Verkehrstruppen v. Tschischwitz, Der Kriegsplan unter vorwiegender Betrachtung des Landkrieges, in: Militärwissenschaftliche Rundschau 2(1937), S. 580.

31 Aufzeichnung Schachts vom 6. 2. 1937 und Schreiben Neuraths vom 11. 2. 1937, abgedr. in Brügel (Hg.), Stalin und Hitler, S. 39 – 41.

32 Mühlen, Zwischen Hakenkreuz und Sowjetstern, S. 37.

33 Sozkow, Sekrety Polskoi Politiki, S. 48 – 50 (Bericht des NKWD vom 10. 2. 1936), S. 210 f. (Dokument des polnischen Generalstabs zur Aufklärung gegenüber der UdSSR vom 31. 8. 1937).

34 Reile, Geheime Front, S. 254.

35 Ströbinger, Stalin enthauptet die Rote Armee. Noch 1939 erschien in der Kleinen »Wehrmacht« Bücherei eine romanhaft ausgeschmückte Biographie, in der er als kalter, unbarmherziger und maßlos ehrgeiziger Spross eines alten Adelsgeschlechts beschrieben wurde, »den man nach erfolgreicher Laufbahn irgendwo im russischen Acker verscharrte«. Agricola, Der Rote Marschall.

36 Wojciechowski, Die polnisch-deutschen Beziehungen, S. 340.

37 Sommer, Deutschland und Japan, S. 56.

38 Wojciechowski, Die polnisch-deutschen Beziehungen, S. 332.

39 BA-MA, RH 2/1054.

40 Müller, Beck, S. 183.

41 Ebd., S. 181.

42 Vgl. Aufzeichnung über die Tätigkeit des Arbeitsgebiets Dr. Taubert (Antibolschewismus des RMVP) bis zum 31. 12. 1944, teilweise abgedr. in Krummacher / Lange, Krieg und Frieden, S. 526 – 536. Eberhard Taubert war Referatsleiter im Reichspropagandaministerium, während des Kriegsspiels als Führer der Propagandakompanie der »blauen«, also der deutschen Seite, ab 1941 Leiter des »Generalreferates Ostraum«.

43 Golczewski, Deutsche und Ukrainer, S. 773.

44 Fröhlich (Hg.), Goebbels, Teil 1, Bd. 3/II, S. 348 f. (28. 1. 1937).

45 Aufgabenstellung für die Lage Rot, März 1937, sowie weitere Unterlagen in BA-MA, RW 13/22 u. 23.
46 Müller, Beck, S. 240.
47 Weisung vom 23. 6. 1937, abgedr. in Der Prozeß, Bd. 34, S. 732 ff.
48 Memorandum von Fritsch für Blomberg vom August 1937, abgedr. in Görlitz (Hg.), Keitel, S. 128.
49 Vgl. Müller, Beck, S. 258 – 274.
50 Wojciechowski, Die polnisch-deutschen Beziehungen, S. 335.
51 Zu der komplizierten Überlieferungsgeschichte und den immer wieder aufkommenden Zweifeln an der authentischen Wiedergabe der Ausführungen Hitlers vgl. Smith, Die Überlieferung der Hoßbach-Niederschrift.
52 Müller, Beck, vgl. 271 f.
53 Planstudien 1938 der Luftwaffe, BA-MA, RL 7/61-64.
54 Aufgaben der Seekriegführung 1937/38, zit. nach: Schreiber, Kontinuität, S. 123.
55 Vgl. insbesondere Schlussbesprechung des Kriegsspieles A, BA-MA, RM 20/1100.
56 Ebd., S. 11.
57 Ebd., S. 118 f.
58 Kriegsspiel der Kriegsmarine im März 1938, BA-MA, RM 20/1095.
59 Schlussbesprechung des operativen Kriegsspieles der Station O 1938, BA-MA, RM 20/1112.
60 Ebd., S. 76.
61 Ebd., S. 80.
62 Ebd., S. 81.
63 Sprechzettel für den Oberbefehlshaber, RM 20/1100, S. 4.
64 Ebd., S. 6.
65 Wojciechowski, Die polnisch-deutschen Beziehungen, S. 393.
66 Łosswoski, Ultimatum polskie; Roos, Polen, S. 305 – 317.
67 Ebd., S. 399.
68 Politischer Bericht des deutschen Botschafters in Warschau, Moltke, vom 22. 3. 1938, ADAP, D, V, Dok. 33.
69 Wojciechowski, Die polnisch-deutschen Beziehungen, S. 404 f.
70 Vgl. z. B. Schmidt, Außenpolitik, S. 318.
71 Müller, Beck, S. 313 – 319.
72 Ebd., S. 319.
73 Nach dem Bericht seines persönlichen Adjutanten Fritz Wiedemann, zit. nach: Müller, Beck, S. 322. Die wörtliche Wiedergabe der Äußerungen Hitlers wird von Müller angezweifelt, nicht aber ihr Sinn.
74 Ciano, Tagebücher 1937/38, S. 157.
75 Zur polnischen Haltung und den militärischen Vorbereitungen gegen die Tschechoslowakei vgl. Zgorniak, Europa am Abgrund, und Deszczyński, Obstatni Egzamin.
76 Vgl. Brandes, Die Sudetendeutschen.
77 Müller, Beck, S. 323 f.
78 Vgl. nachfolgend Bericht über die Reise für Führer oberer Dienststellen »Thüringen 115. – 22. 5. 38«, BA-MA, RL 7/155.
79 Müller, Beck, S. 335.
80 Ebd., S. 323.
81 Vgl. Ehlert / Epkenhans / Groß (Hg.), Der Schlieffenplan.

82 Zur Biographie vgl. Hartmann, Halder.
83 So noch im Februar 1945, zit. nach: Haffner, Anmerkungen zu Hitler, S. 51.

Wende im deutsch-polnischen Verhältnis ■ S. 105 – 122

1 Instruktion Becks für Lipski vom 19.9.1938, abgedr. in Wojciechowski, Die polnisch-deutschen Beziehungen, S. 468 f.
2 Ribbentrop sprach in diesem Falle von einer wohlwollenden Haltung des Reiches, vgl. ebd., S. 508.
3 Reile, Geheime Front, S. 245.
4 Schreiben des OKW vom 5.10.1938, ADAP, D, IV, Dok. 39 sowie Aufzeichnung von Unterstaatssekretär Ernst Woermann vom 7.10.1938, ebd., Dok. 46.
5 Gespräch am 14.10.1938, ebd., Dok. 62.
6 Wojciechowski, Die polnisch-deutschen Beziehungen, S. 540.
7 Aus polnischer Sicht vgl. den Überblick Żerko, Stosunki polsko-niemieckie.
8 Hillgruber, Deutschland und Polen, S. 52.
9 Wojciechowski, Die polnisch-deutschen Beziehungen, S. 539 – 551.
10 Zit. nach: Golczewski, Deutsche und Ukrainer, S. 816.
11 Ciano, Tagebücher 1937/38, S. 40. (9.11.1937). In der hier entworfenen Zukunft des Antikominternpakts hielt Ciano die Mitwirkung von drei Ländern für besonders wichtig: Spanien als Brücke zum Atlantik, Brasilien zur Erschütterung Südamerikas und im Osten Polen als Bollwerk gegen die UdSSR.
12 Taschenbuch Polnisches Heer, S. 7, BA-MA, RHD 18/263.
13 Krebs, Japanische Schlichtungsbemühungen, S. 215.
14 Affidavit vom 28. August 1945, Dok. 1759-PS, Der Prozeß, Bd. 28, S. 238 f.
15 Ciano, Tagebücher 1937/38, S. 296 f. (15.12.1938).
16 Aufzeichnung Becks, in: Weißbuch der polnischen Regierung, Nr. 48.
17 Hier und im Folgenden Aufzeichnung des Gesandten Schmidt vom 5.1.1939, ADAP, D, IV, Nr. 119, S. 128.
18 Aufzeichnung Ribbentrops vom 9.1.1939, ebd. Nr. 120, S. 133. Nach den polnischen Quellen, insbesondere den Memoiren Becks, gewann Warschau den Eindruck, dass es entgegen Hitlers Bekundungen doch ernsthafte deutsche Ambitionen auf die Ukraine gab, weshalb eine Einigung in der Danzig-Frage nicht mehr möglich erschien. Vgl. dazu kritisch Roos, Polen, S. 392, insbesondere Anm. 107.
19 Ebd., S. 133 f.
20 Dirksen am 4.1.1939, ADAP, D, IV, S. 316 f.
21 Der Bericht Oshimas vom 27. Dezember 1938 über seine Gespräche mit Hitler war der polnischen Regierung über den japanischen Botschafter in Warschau übermittelt worden, vgl. Roos, Polen, S. 392.
22 Ebd., S. 395.
23 Grelka, Die ukrainische Nationalbewegung, S. 179.
24 Pagel, Polen und die Sowjetunion.
25 Vgl. Grelka, Die ukrainische Nationalbewegung, S. 179.
26 So die Interpretation von Kornat, Sehenden Auges, S. 49.
27 Aufzeichnung Ribbentrops vom 1.2.1939, ADAP, D, V, Nr. 126.
28 Roos, Polen, S. 396 f. mit Hinweis auch auf die polnischen Quellen.

29 Krebs, Japanische Schlichtungsbemühungen, S. 222.
30 Zit. nach: Golczewski, Deutsche und Ukrainer, S. 872, der die unsichere Herkunft der Quelle vermerkt.
31 Roos, Polen, S. 397.
32 Leverkuehn, Der Geheime Nachrichtendienst, S. 131.
33 Ciano, Tagebücher 1939–1943, S. 46 (28.2.1939). Zu den Gesprächen vgl. ebd. S. 44f. (25.–27.2.1939).
34 Kornat, Sehenden Auges, S. 49.
35 Das Deutsche Reich und der Zweite Weltkrieg, Bd. 1, S. 662.
36 Schmidt, Außenpolitik, S. 307.
37 Domarus (Hg.), Hitler, Bd. 2, S. 1075.
38 Weisung Hitlers vom 21.10.1938, ADAP, D, IV, Nr. 152.
39 Görlitz (Hg.), Keitel, S. 196.
40 Der Oberbefehlshaber des Heeres, Aufmarschanweisung »Fall Ost«, vom 30.1.1939, BA-MA, RH 2/830.
41 Vgl. Das Deutsche Reich und der Zweite Weltkrieg, Bd. 1, S. 525.
42 Oberbefehlshaber des Heeres, Weisung für das Oberkommando der 3. Armee im Kriegsfall, vom 8.12.1938, BA-MA, RH 2/830.
43 Oberbefehlshaber des Heeres, Aufmarschanweisung »Fall Ost«, 30.1.1939, BA-MA, RH 2/830.
44 Heeresgruppenkommando 3, Weisungen für den ersten Einsatz, vom 4.2.1939, BA-MA, RH 24-14/3.
45 Knoll, Uwagi o polskiej polityce 1939, S. 9ff. Vgl. dazu Roos, Polen, S. 145.
46 Roos, Die militärpolitische Lage.
47 Staatssekretär v. Weizsäcker an Botschafter von Mackensen in Rom, 5.3.1939, ADAP, D, IV, Nr. 456, S. 509.
48 ADAP, D, VI, Nr. 61.
49 Weißbuch der Polnischen Regierung, Dok. Nr. 61.
50 Zit. nach: Kalisch, »Globallösung«, S. 395. Kleist war Ostreferent im »Büro Ribbentrop«, einer Parallelorganisation zum Auswärtigen Amt, ab 1941 im Reichsministerium für die besetzten Ostgebiete in der Hauptabteilung Politik für das Baltikum zuständig.
51 Fröhlich (Hg.), Goebbels, Teil 1, Bd. 6, S. 300 (25.3.1939)
52 Kershaw, Hitler, 1936–1945, S. 241.
53 ADAP, D, VI, Nr. 99, S. 98.
54 ADAP, D, VI, Nr. 149, S. 154.

Vorbereitungen auf den Ostkrieg ■ S. 123–148

1 Wollstein, Hitlers gescheitertes Projekt.
2 Dilks (Hg.), The Diary, S. 166, zit. nach: Übersetzung in Schmidt, Außenpolitik, S. 324.
3 BA-MA, RM 20/1096.
4 Aufzeichnung Raeders zum Wechsel des Flottenchefs, Oktober 1939, BA-MA, RM 7/177.
5 Planstudie 1939, BA-MA, RM 20/1133.
6 1/Skl. Ia 109, Geheime Kommandosache, Studie Ostseekriegführung, BA-MA, RM 20/1134, S. 7f.
7 Zum möglichen Gaseinsatz 1939 vgl. Zusammenstellung der aus der Studie »Ostseekriegführung« sich ergebenden Forderungen, BA-MA, RM 20/1136, S. 199. Zu den Überlegungen

von 1941 vgl. Generalquartiermeister/Abt. Heeresversorgung, Vortragsnotiz Kampfstoffbedarf Leningrad, vom 22.12.1941, abgedr. in Gellermann, Der Krieg, S. 237–241.

8 BA-MA, RM 20/1134.

9 BA-MA, RM 20/1136, S. 192.

10 Schreiben Seekriegsleitung/Ia an Gruppe Ost, Entwurf vom 26.4.1939, Vermerk dazu vom 26.4.1939, BA-MA, RM 20/1133. Vgl. zum Hintergrund Studie »Der Nordseekriegsschauplatz in einem deutsch-englischen Seekriege« vom 13.4.1939, BA-MA, RM 20/1117.

11 Ob es gleichbedeutend mit dem Entschluss zum Krieg gegen Polen gewesen ist, wird von Historikern unterschiedlich bewertet, vgl. etwa K.-J. Müller, Heer, S. 391, und Kershaw, Hitler, 1936–1945, S. 1141, Anm. 44.

12 Vgl. Aufzeichnung seiner Ansprache am 22.8.1939, ADAP, D, Bd. VII, Nr. 192, wo er erklärte, dass alles von seiner Person abhänge, er könne aber jederzeit von einem Verbrecher beseitigt werden.

13 Der damalige Oberst im Generalstab, Edgar Röhricht, berichtet in seinen Erinnerungen nur in zwei Zeilen von dieser Schulungsreise; Pflicht und Gewissen, S. 143; auch Hartmann, Halder, S. 133, vermerkt in seiner Biographie nur kurz, Halder hätte das Eingreifen Russlands durchgespielt.

14 Bericht über die Heeresgeneralstabsreise 1939, vom 17.5.1939, BA-MA, RL 7/158.

15 Krausnick/Deutsch (Hg.), Groscurth, S. 492.

16 BA-MA, RHD 18/371. Die erste Ausgabe stammt von 1936.

17 Ebd., S. 117.

18 Der Prozeß, Bd. 37, S. 546–556, Dok. 079-L; ADAP, D, Bd. 6, S. 477–483.

19 Vgl. z.B. Das Deutsche Reich und der Zweite Weltkrieg, Bd. 1, S. 689, und Henke, England in Hitlers politischem Kalkül, S. 248f.

20 ADAP, D, VI, Dok. 433, S. S. 478f.

21 Entsprechende Äußerungen Hitlers am 8. März 1939 bei einer angeblichen Ansprache vor Offizieren, Wirtschaftsvertretern und Parteifunktionären sind mit Vorsicht zu behandeln. Es handelt sich um eine Aufzeichnung, die im September 1939 dem amerikanischen Botschafter in Paris zugespielt worden ist; vgl. Das Deutsche Reich und der Zweite Weltkrieg, Bd. 1, S. 669.

22 OKW/WStb Nr. 1010/39g.K., Die Mineralölversorgung Deutschlands im Kriege, April 1939, BA-MA, Wi/I.37.

23 Arbeitsbericht Krauchs vor dem Generalrat, 20./21.4.1939, BA, R 25/14.

24 Reichsamt für Wirtschaftsausbau, Möglichkeiten einer Großraumwehrwirtschaft unter deutscher Führung, August 1939, BA, R 25/53; Reichsamt für wehrwirtschaftliche Planung, Der deutsche Außenhandel im Kriegsfall, Juli 1939, BA, R 24/83.

25 OKW/WStb, Major Petri, Wehrwirtschaft des Auslandes, Mai 1939, BA-MA, Wi/I.216; Denkschrift der Wehrwirtschaftlichen Forschungsstelle, Der Wirtschaftsraum eines Krieges Deutschland-Italien einerseits, England-Frankreich-Russland andererseits, vom 4.5.1939, BA-MA, Wi/IF5.3150.

26 Vortrag Oberstleutnant Fach (OKW/Wehrwirtschaftsstab), Russland und die vier europäischen Nordstaaten in ihrer militärischen und wehrwirtschaftlichen Bedeutung, 10.6.1939, BA-MA, Wi/I.29.

27 Zit. nach: Kornat, Sehenden Auges, S. 53.

28 Denkschrift Mussolinis vom 30.5.1939, ADAP, D, VI, Nr. 459, Anlage. Vier Wochen zuvor war Göring als Gast des »Duce« in Rom gewesen und hatte die Möglichkeit einer Annähe-

rung an Russland angedeutet, um dessen Besorgnis um den Ausbruch eines allgemeinen Krieges zu dämpfen. Dafür war ihm keine Lüge zu schade. Auf Nachfrage Mussolinis behauptet Göring, der »Führer« habe keine Absichten auf die Ukraine, und er selbst habe als Kabinettsmitglied noch nie ein Dokument zur Ukraine vorgelegt bekommen. Das alles sei nur englische Propaganda. Erst kürzlich habe ihm der Führer erneut bestätigt, dass er keinerlei Absichten auf die Ukraine habe; Aufzeichnung über das Gespräch Göring, Mussolini, Ciano am 16./18.4.1939, ADAP, D, VI, Dok. 211, S. 215–219.

29 Ansprache Hitlers am 23. Mai 1939 vor den Spitzen der Wehrmacht, Der Prozeß, Bd. 37, S. 546–556, Dok. 079-L.

30 Vgl. Coox, Nomonhan.

31 Vgl. Musial, Kampfplatz, S. 402.

32 Zit. nach: Kershaw, Hitler, 1936–1945, S. 1141, Anm. 50

33 BA-MA, RH 10/1. Vgl. Diedrich, Paulus, S. 131.

34 OKH / GenStdH, 12. Abt. (III), vom 25.6.1939, BA-MA, RH 2/2324.

35 Abgedr. bei Elble, Die Schlacht an der Bzura, S. 236f.

36 Erhalten sind nur die Anlagebände zum KTB ab 22.8.1939. Diese tragen Brandspuren und sind Kopien, die beim Brand der Kriegswissenschaftlichen Abteilung am 27./28.2.1942 beschädigt wurden.

37 BA-MA, RH 10/1.

38 Seraphim (Hg.), Tagebuch Rosenbergs, S. 173 (15.6.1939).

39 Anschreiben zur Ostdenkschrift von Arno Schickedanz an den Chef der Reichskanzlei, Hans Heinrich Lammers, vom 15.6.1939, ebd., S. 168.

40 Dok. D-811, Der Prozeß, Bd. 12, S. 390.

41 BA-MA, RHD 18/346.

42 Vgl. Mayer, Eine authentische Halder-Ansprache?

43 Hartmann / Slutsch, Franz Halder, S. 495. Beide Autoren kommentieren ihr Erschrecken über solche Äußerungen Halders mit hilflosen Urteilen über dessen »Sorglosigkeit« und »Inkompetenz«: Wie konnte ein militärischer Fachmann 1939 mit derartigen »verantwortungslosen Planspielen« Hitlers ideologisches Programm umsetzen wollen?, ebd., S. 475.

Vom Hitler-Stalin-Pakt zum »Unternehmen Barbarossa« ■ S. 149–250

1 Zu den handelspolitischen Verhandlungen vgl. Fleischhauer, Der Pakt, auch zum Nachfolgenden.

2 Vgl. umfassend und quellenkritisch Baumgart, Ansprache. Obwohl Hitler jede Mitschrift verboten hatte, existieren drei unterschiedliche Überlieferungen, zwei davon ohne Unterschrift.

3 Aufzeichnung von der Ansprache am 22.8.1939, ADAP, D, Bd. VII, Nr. 192.

4 Burckhardt, Danziger Mission, S. 341ff.

5 Nach Manfred Messerschmidt sei »letzte Klarheit« nicht zu gewinnen, ob Hitler sich nach der Niederwerfung Polens auch gleich gegen die UdSSR wenden wollte. Eine solche Politik wäre zwar unrealistisch gewesen, aber nicht undenkbar; vgl. Das Deutsche Reich und der Zweite Weltkrieg, Bd. 1, S. 696.

6 ADAP, D, VII, Dok. 193, S. 172, dort zitiert nach einem fragwürdigen britischen Dokument.

7 Aufzeichnung ohne Unterschrift, ebd., Dok. Nr. 192, S. 170.

8 Seraphim (Hg.), Tagebuch Rosenbergs, S. 87 (21.5.1939).

9 Ebd., S. 90 (22.8.1939).
10 Ebd., S. 92f. (25.8.1939, abends). Anspielung auf den russischen Außenminister Alexander Petrowitsch Iswolski, der am Vorabend des Ersten Weltkriegs eine treibende Kraft für ein britisch-russisches Bündnis gewesen ist.
11 Wagner (Hg.), Generalquartiermeister, S. 105 (29.8.1939).
12 Auszug aus dem Kriegstagebuch des Generaladmirals a.D. Albrecht, zit. nach: Baumgart, Ansprache, S. 148.
13 Schmidt, Statist, S. 463.
14 Vgl. Wagner, Generalquartiermeister, S. 135 (21.9.1939).
15 Da die Akten des Oberkommandos der 3. Armee für diesen Zeitraum nicht erhalten sind, sind die Einzelheiten dieser Umstellung nicht bekannt.
16 Ausführlicher dazu Das Deutsche Reich und der Zweite Weltkrieg, Bd. 1, S. 111–135.
17 Wagner, Generalquartiermeister, S. 135.
18 Vgl. XIII.AK/Ic Nr. 176/39g, betr. Zusammentreffen mit russischen Truppen und Fliegern vom 19.9.1939, BA-MA, RH 24-13/144.
19 Fernschreiben der Heeresgruppe Nord an AOK 3 vom 23.9.1939, BA-MA, RH 20-3/2.
20 Hubatsch (Hg.), Hitlers Weisungen, S. 32.
21 Wagner, Generalquartiermeister, S. 134 (18.9.1939).
22 Hitlers Rede in Danzig am 19.9.1939, abgedr. in Domarus (Hg.), Hitler, Bd. 2, S. 1354–1366.
23 Seraphim, Tagebuch Rosenbergs, S. 98f. (29.9.1939).
24 Fröhlich (Hg.), Goebbels, Teil 1, Bd. 7, S. 130 (30.9.1939).
25 Wagner, Generalquartiermeister, S. 137 (29.9.1939).
26 Zu Hitlers Entschluss zur Niederringung der Westmächte vgl. Das Deutsche Reich und der Zweite Weltkrieg, Bd. 1, S. 238ff.
27 Halder, Kriegstagebuch [im Folgenden: KTB], Bd. I, S. 86–90 (27.9.1939). Halder selbst hat bei der Edition seines Tagebuches angemerkt, dass die stenographischen Aufzeichnungen, die er sich am 27. September 1939 gemacht hatte, erst 1950 wiederaufgefunden worden seien und nicht den Anspruch erhöben, Hitlers damalige Ausführungen vollständig wiederzugeben, vgl. ebd. Anm. 1.
28 Denkschrift und Richtlinien über die Führung des Krieges im Westen vom 9.10.1939, abgedr. in Jacobsen, Vorgeschichte, S. 5ff.
29 Abgedr. in Wagner, Generalquartiermeister, S. 145.
30 Ebd., S. 139 (6.10.1939).
31 Ludwig, Deutsch-russische Zusammenarbeit, S. 386f.
32 Niedermayer, Sowjetrussland.
33 Seraphim, Tagebuch Rosenbergs, S. 104f. (1.11.1939). Vgl. dazu auch Seidt, Berlin.
34 Gedanken zum Kriegsbeginn 1939, BA, NS 10/37. Dazu insgesamt auch Michalka, Antikominternpakt.
35 Vgl. umfassend Schwendemann, Die wirtschaftliche Zusammenarbeit, S. 73–149.
36 Loeber (Hg.), Diktierte Option.
37 Hassell, Vom andern Deutschland, S. 86f. (11.10.1939).
38 Zur Kriegslage nach Abschluss des polnischen Feldzugs, Ende September 1939, abgedr. in: Krausnick/Deutsch (Hg.), Groscurth, S. 474–478, hier S. 474. Ähnlich in einer weiteren speziellen Ausarbeitung über »Die russische Frage für Deutschland«, Herbst 1939, ebd. S. 490–492.
39 Wagner, Generalquartiermeister, S. 147f. (3.11.1939).

40 Kotze (Hg.), Heeresadjutant, S. 66–68.
41 OKH/GenStdH/OQu I/Ausb.Abt. (Ia), betr. Taktische Erfahrungen im polnischen Feldzug, BA-MA, RH 27-7/2.
42 Groß, Das Dogma der Beweglichkeit, S. 160. Murray, The German Response.
43 Frieser, Die Blitzkrieg-Legende, S. 29.
44 Zur »Munitionskrise« in der deutschen Rüstung vgl. Das Deutsche Reich und der Zweite Weltkrieg, Bd. 5/1, S. 406 ff.
45 Musial, Kampfplatz, S. 411.
46 Das Deutsche Reich und der Zweite Weltkrieg, Bd. 4, S. 57.
47 Kotze (Hg.), Heeresadjutant, S. 69 (23. 11. 1939).
48 Martin, Das »Dritte Reich«.
49 Hitler zit. nach: Fröhlich (Hg.), Goebbels, Teil 1, Bd. 7, S. 228 (12. 12. 1939).
50 Slutsch, Stalins »Kriegsszenario 1939«. Der gefälschte Bericht wurde zuerst am 28. November 1939 von einer Nachrichtenagentur verbreitet und geisterte auch später in mehreren Abwandlungen durch Presse und Literatur.
51 Fröhlich (Hg.), Goebbels, Teil 1, Bd. 7, S. 187 (9. 11. 1939), S. 249 (29. 12. 1939).
52 Ebd., S. 166 (24. 10. 1939).
53 Ebd., S. 190 (11. 11. 1939).
54 Ebd., S. 194 (14. 11. 1939).
55 Below, Als Hitlers Adjutant, S. 217.
56 ADAP, D, Bd. 8, S. 475; abgedr. ist der auf den 3. Januar datierte Briefentwurf.
57 Schreiben Hitlers an Mussolini vom 8. 3. 1940, ebd., S. 685–693, hier S. 690.
58 Domarus (Hg.), Hitler, Bd. 2, S. 1448 f. (24. 1. 1940).
59 Fröhlich (Hg.), Goebbels, Teil 1, Bd. 7, S. 283 (25. 1. 1940).
60 Bericht Franks während der 1. Arbeitssitzung des Reichsverteidigungsausschusses für Polen vom 2. 3. 1940, BA-MA, RH 53-23/22.
61 Schreiben Keitels an die Oberbefehlshaber der Wehrmachtteile vom 27. 1. 1939, zit. nach: Domarus (Hg.), Hitler, Bd. 2, S. 1449.
62 Etwa von Ernst Klink in Das Deutsche Reich und der Zweite Weltkrieg, Bd. 4, S. 192, Anm. 10. Im Text selbst spricht der Autor im Sinne von Halder davon, dass es keine normale militärische Routine gewesen sei, sondern auf das Misstrauen gegen Stalin zurückging.
63 Halder, KTB I, S. 107 (18. 10. 1939)
64 Das Deutsche Reich und der Zweite Weltkrieg, Bd. 4, S. 192.
65 Bestimmungen für die Marsch- und Gefechtsübung motorisierter Verbände 1939, Berlin 1939, BA-MA, RH 10/1.
66 Manstein, unveröffentlichtes Tagebuch, MGFA, Eintrag vom 24. 10. 1939.
67 Jacobsen, Vorgeschichte, S. 17.
68 Studie vom 11. 1. 1940, BA-MA, RH 2/390, Das Deutsche Reich und der Zweite Weltkrieg, Bd. 4, S. 194.
69 Zu den Einzelheiten vgl. Müller, Hitlers Ostkrieg, S. 14 ff.
70 Bericht über die Besprechung am 16./17. 1. 1939 in Lodsch, abgedr. in ebd., S. 129.
71 Stellungnahmen vom 19. 2. und 14. 4. 1940, BA-MA, RH 53-23/56.
72 Müller, Zu Vorgeschichte.
73 Müller, Hitlers Ostkrieg, S. 22.
74 Vgl. dazu das bahnbrechende Werk von Frieser, Die Blitzkrieg-Legende.
75 Das Deutsche Reich und der Zweite Weltkrieg, Bd. 5/1, S. 406 ff.

76 Das Deutsche Reich und der Zweite Weltkrieg, Bd. 4, S. 203.
77 Zum Forschungsstand vgl. Müller / Ueberschär, Hitlers Krieg im Osten, S. 30
78 Fröhlich (Hg.), Goebbels, Teil 1, Bd. 4, S. 205, 216 (5. u. 11. 7. 1940).
79 Dazu ausführlich Das Deutsche Reich und der Zweite Weltkrieg, Bd. 5/1, S. 486 ff.
80 Halder, KTB I, S. 357 (15. 6. 1940).
81 Halder, KTB I, S. 362 (18. 6. 1940).
82 Ciano, Tagebücher 1939–1943, Eintrag 18. / 19. 6. 1940.
83 Aufzeichnung Loßbergs vom 24. 6. 1940, BA-MA, RW 4/581.
84 Halder, KTB I, S. 372. (25. 6. 1940), Anm. 1.
85 Das Deutsche Reich und der Zweite Weltkrieg, Bd. 4, S. 206.
86 Vorläufige Unterrichtung des OB Heeresgruppe B durch den Ob.d.H. sowie der förmliche Befehl des OKH/GenStdH Op.Abt. (Ia), Nr. 375/40g.Kdos., vom 26. 6. 1940, BA-MA, RH 20-18/40b. Neuaufstellungen von Divisionen wurden in sogenannten Wellen mit jeweils gleichartiger Ausstattung vorgenommen. Als »weiße Jahrgänge« wurde jene bezeichnet, die keine reguläre Friedensausbildung erhalten hatten. Da der Versailler Vertrag ab 1920 für Deutschland keine allgemeine Wehrpflicht erlaubte, fehlten der Wehrmacht also bis zur Wiedereinführung der Wehrpflicht 1935 15 Jahrgänge militärisch ausgebildeter Männer. Sie mussten nach ihrer Einberufung nachgeschult werden und galten als nicht voll belastbar.
87 Besprechungsnotiz vom 28. 6. 1940, BA-MA, RH 20-18/40b.
88 Oberbefehlshaber des Heeres, Nr. 377/40g.Kdos., vom 29. 6. 1940, BA-MA, RH 20-18/40b.
89 Halder, KTB I, S. 375 (30. 6. 1940).
90 In der Darstellung von Ernst Klink wird die Chronologie der Ereignisse immer wieder durchbrochen, da der Autor im Vorgehen Stalins den eigentlichen Grund für den Beginn der Planungen erkennen wollte; Das Deutsche Reich und der Zweite Weltkrieg, Bd. 4, S. 210 f.
91 Vgl. z. B. Hillgruber, Hitlers Strategie, S. 208.
92 Halder, Hitler.
93 Wegner, Erschriebene Siege.
94 Ebd., S. 37.
95 Kershaw, Hitler, 1936–1945, S. 415 mit entsprechenden Quellenhinweisen.
96 Below, Als Hitlers Adjutant, S. 262.
97 Irving, Hitlers Krieg, S. 191–195. In diesem Sinne hier auch gegen die auf Below gestützte Interpretation von Ueberschär, Hitlers Entschluss, S. 84.
98 Loßberg, Wehrmachtführungsstab, S. 105–107.
99 Irving, Hitlers Krieg, S. 514, Anm. 195.
100 Hillgruber, Hitlers Strategie, S. 219.
101 Warlimont, Im Hauptquartier, S. 150 f.
102 Klee, Das Unternehmen »Seelöwe«, S. 189.
103 Böhme, Entstehung, S. 79.
104 Hier ist Klink zuzustimmen, Das Deutsche Reich und der Zweite Weltkrieg, Bd. 4, S. 210.
105 Vgl. Ringsdorf, Organisatorische Entwicklung; Thomas: Foreign Armies East.
106 Helmdach, Überfall?
107 Höhne, Canaris, S. 430.
108 Bericht über das Verhalten der Sowjets in den von ihnen besetzten Gebieten Ostpolens vom 28. 10. 1939, abgedr. in: Müller (Bearb.), Das Amt Ausland, S. 143.
109 Hillgruber, Russland-Bild.

110 Auswertung erbeuteten polnischen Aktenmaterials vom 25. 7. 1940, BA-MA, RH 2/2732.
111 Zur Biographie und seiner Rolle im Ostkrieg vgl. Hürter, Hitlers Heerführer, S. 640 f.
112 Halder, KTB II, S. 4 (1. 7. 1940).
113 Notiz von Marcks, zit. nach: Das Deutsche Reich und der Zweite Weltkrieg, Bd. 4, S. 207 (Hervorhebung im Original).
114 AOK 18, Ia, betr. Kräfteeinsatz der 18. Armee, vom 9. 7. 1940, BA-MA, RH 20-18/40b.
115 Die Aufmarschanweisung wurde am 22. 7. 1940 von Küchler unterzeichnet, BA-MA, RH 20-18/40b (Hervorhebung im Original).
116 Vgl. Skizze in Das Deutsche Reich und der Zweite Weltkrieg, Bd. 4, S. 208.
117 Halder, KTB II, S. 21 (13. 7. 1940):
118 Zit. nach: Domarus (Hg.), Hitler, Bd. 2, S. 1556.
119 Halder, KTB II, S. 31 (22. 7. 1940). Brauchitsch berichtete einen Tag später seinem Generalstabschef über das Gespräch.
120 Ebd., S. 32 f.
121 Darauf hat Ernst Klink bereits 1983 hingewiesen, vgl. Das Deutsche Reich und der Zweite Weltkrieg, Bd. 4, S. 213, Anm. 66. Halders Interpretation findet sich noch einmal in einem Brief an Jacobsen, den Herausgeber des Tagebuchs, vom 10. 12. 1962, abgedr. in Halder, KTB II, S. 41, Anm. 2. Auch in der jüngsten Hitler-Biographie findet sich die Fehlinterpretation, vgl. Kershaw, Hitler. 1936 – 1945, S. 412 f.
122 Fernschreiben AOK 18 vom 23. 7. 1940 mit der Mitteilung, dass Marcks am 29. 7. abends eintreffen werde, BA-MA, RH 20-18/41b.
123 Das Deutsche Reich und der Zweite Weltkrieg, Bd. 4, S. 211 f.
124 Halder, KTB II, S. 37 (26. 7. 1940).
125 Ebd., S. 39 (27. 7. 1940).
126 Kershaw, Hitler. 1936 – 1945, S. 415.
127 Halder, KTB II, S. 46 (30. 7. 1940).
128 »Betrachtungen über Rußland«, vom 28. 7. 1940, vgl. Das Deutsche Reich und der Zweite Weltkrieg, Bd. 4, S. 320.
129 Warlimont, Im Hauptquartier, S. 127.
130 Hillgruber, Hitlers Strategie, S. 222.
131 Zur Biographie vgl. Schäfer, Blomberg.
132 Domarus (Hg.), Hitler, Bd. 2, S. 1556.
133 Nachkriegsstudie Heusinger / Heinrici, Feldzug in Rußland, zit. nach: Das Deutsche Reich und der Zweite Weltkrieg, Bd. 4, S. 206.
134 Gestützt auf Aussagen und Dokumente des Nürnberger Kriegsverbrecherprozesses sowie das damals noch unveröffentlichte Tagebuch von Halder hat der deutsch-amerikanische Historiker Gerhard L. Weinberg 1953 eine erste zusammenfassende Interpretation geliefert, die einige Jahre später durch Andreas Hillgruber auf eine breitere Basis gestellt worden ist. Die quellenkritische Skepsis von Bernd Stegemann wurde von Hillgruber harsch zurückgewiesen. Der Überblick von Gerd. R. Ueberschär repräsentiert den unveränderten Forschungsstand. Vgl. Weinberg, Der deutsche Entschluß; Hillgruber, Hitlers Strategie; ders., Noch einmal: Hitlers Wendung; Stegemann, Hitlers Ziele; Ueberschär, Hitlers Entschluss.
135 Halder, KTB II, S. 46 – 50 (31. 7. 1940); Aufzeichnung Raeders über die Besprechung beim Führer am 31. Juli 1940, BA-MA, RM 7/177.
136 Halder, KTB II, S. 49 f. (31. 7. 1940).

137 Frieser, Die deutschen Blitzkriege, S. 193.
138 Vgl. Hillgrubers Diskussion mit Weinberg: Seraphim / Hillgruber, Hitlers Entschluss, mit Schlusswort von Weinberg, ebd. S. 249 – 254.
139 Generalmajor Marcks, Operationsentwurf Ost, vom 5. 8. 1940, BA-MA, RH 20-18/45.
140 Vgl. Karte Straßennetz im Osten, Vorläufige Ausgabe auf Grund von z. T. veralteten Unterlagen, Juli 1940, Anlage 2 zu AOK 18 Ia/OQu Nr. 420/40gKdos, vom 5. 8. 1940, BA-MA, RH 20-18/41(b).
141 Vgl. etwa Hillgruber, Russland-Bild.
142 Vgl. Das Deutsche Reich und der Zweite Weltkrieg, Bd. 4, S. 222.
143 Chef Fremde Heere Ost, Beurteilung der Lage Rot vom 10. 9. 1940, BA-MA, RH 20-18/46.
144 Vgl. Das Deutsche Reich und der Zweite Weltkrieg, Bd. 4, S. 244.
145 Halder, KTB II, 16. 9. 1940, S. 103 f.
146 Guderian, Erinnerungen, S. 125.
147 Kotze (Hg.), Heeresadjutant, S. 86 (10. 8. 1940).
148 Ebd., S. 87 f. (15. 9. 1940).
149 RM 7/177, S. 15 (26. 9. 1940).
150 Vgl. hierzu ausführlich die Biographie von Diedrich, Paulus, S. 179 – 193.
151 Das Deutsche Reich und der Zweite Weltkrieg, Bd. 4, S. 210.
152 Hierzu umfassend Das Deutsche Reich und der Zweite Weltkrieg, Bd. 5/1, S. 113 – 189.
153 Dazu ausführlich Das Deutsche Reich und der Zweite Weltkrieg, Bd. 4, S. 230 – 233.
154 Ebd., S. 234 f.
155 Operationsstudie vom 7. 12. 1940, BA-MA, ZA 1/1732.
156 Halder, KTB II, S. 211 – 214 (5. 12. 1940).
157 Hubatsch (Hg.), Hitlers Weisungen, S. 96 – 101.
158 Kotze (Hg.), Heeresadjutant, S. 92 (18. 12. 1940).
159 Ebd., S. 92 f. (17. 1. 1941). Halder befand sich im Urlaub und ließ sich nach Rückkehr von Paulus informieren, vgl. Halder, KTB II, S. 243 f. (16. 1. 1941).
160 Hubatsch (Hg.), Hitlers Weisungen, S. 121 – 124. (Weisung Nr. 24 vom 5. 3. 1941).
161 Halder, KTB II, S. 257 – 261 (28. 1. 1941).
162 Notiz über die Besprechung beim Generalquartiermeister am 20. 1. 1941, BA-MA, RW 4/ v.715.
163 Halder, KTB II, S. 261 (28. 1. 1941).
164 Anordnungen über militärische Hoheitsrechte, Sicherung und Verwaltung im rückwärtigen Gebiet und Kriegsgefangenenwesen, Februar 1941, BA-MA, RH 3/v.132. Es handelt sich hier um die Spielvorlage für die Heeresgruppe Süd.
165 Schramm (Hg.), KTB OKW, Bd. I, S. 340 f. (3. 3. 1941).
166 Kotze (Hg.), Heeresadjutant, S. 96 f. (16. 3. 1941). Im Hintergrund opponierte offenbar Himmler massiv gegen die Militärverwaltung. Er beklagte sich bei Hitler, dass seine »Befriedungsaktionen« durch »alte Generäle« sabotiert würden. Man solle die Feldkommandanturen am besten mit SS-Führern besetzen; vgl. ebd., S. 100 (7. 4. 1941).
167 Die beste Darstellung und Analyse der Ansprache findet sich in Hürter, Hitlers Heerführer, S. 1 – 13.
168 Halder, KTB II, S. 336 f. (30. 3. 1941).
169 Vgl. Kotze (Hg.), Heeresadjutant, S. 102 (10. 5. 1941 mit Tresckows Widerspruch zum Kommissarbefehl), und Müller, Kriegsrecht oder Willkür?
170 Zit. nach: Das Deutsche Reich und der Zweite Weltkrieg, Bd. 5/1, S. 857.

171 Müller, An der Seite der Wehrmacht, S. 56.
172 Fröhlich (Hg.), Goebbels, Teil 1, Bd. 4, S. 696 (16. 6. 1941).
173 Kellerhoff, Angriff.
174 Halder, KTB III, S. 38 (3. 7. 1941).
175 Beim schnellen Vormarsch reichten für eine nachhaltige Verminung und Überwachung der Sperren an den Flanken weder Zeit noch Kräfte. Die entscheidende Frage war gewesen, ob in diesem Gebiet nicht nur Infanterie, sondern auch Panzer und schwere Geschütze bewegt werden konnten, um möglichen Angriffen eine entsprechende Stoßkraft zu verleihen, zu deren Abwehr dann eigene größere Verbände eingesetzt werden mussten.
176 Aktenvermerk Bormanns vom 16. 7. 1941, abgedr. in Der Prozeß, Bd. 38, Dok. 221-L, S. 86 ff.
177 Vgl. Das Deutsche Reich und der Zweite Weltkrieg, Bd. 4, S. 489 – 496. Zur Situation bei der Heeresgruppe Mitte vgl. jetzt auch die Studie des australischen Militärhistorikers David Stahel, Operation Barbarossa.
178 Kotze (Hg.), Heeresadjutant, S. 107 (28. 7. 1941).
179 Halder, KTB III, S. 134 (30. 7. 1941).
180 Kotze (Hg.), Heeresadjutant, S. 108 (8. 8. 1941).
181 Hartmann, Halder, S. 281.
182 Kotze (Hg.), Heeresadjutant, S. 110 (21. 8. 1941).
183 Studie Hitlers abgedr. in Schramm (Hg.), KTB OKW, Bd. I, S. 1063.
184 Zit. nach: Hartmann, Halder, S. 284.
185 Meyer, Heusinger, S. 156 f.
186 Dazu die neue Darstellung von Stahel, Hitler's Greatest Battle.
187 Malaparte, Die Wolga, S. 130. Der hier zitierte Absatz wurde von der Zensur gestrichen.

Resümee ■ S. 251 – 261

1 Hartmann, Halder, S. 128.
2 Zit. nach: Das Deutsche Reich und der Zweite Weltkrieg, Bd. 9/1, S. 773, 784.

Literatur

Agricola (Pseud.), Das Wunder an der Weichsel. Oldenburg, Berlin 1937.

Agricola (Pseud.), Der Rote Marschall. Tuchatschewskis Aufstieg und Fall. Berlin 1939.

Ahmann, Rolf, Nichtangriffspakte: Entwicklung und operative Nutzung in Europa 1922–1939. Baden-Baden 1988.

Akten zur deutschen auswärtigen Politik 1918–1945,
Serie B: 1925–1933. Göttingen 1966–1978,
Serie C: 1933–1937. Göttingen 1971–1975,
Serie D: 1937–1945. Baden-Baden 1950 ff.

Alexander, Manfred, Kleine Geschichte Polens. Stuttgart 2008.

Baumgart, Winfried, Zur Ansprache Hitlers vor den Führern der Wehrmacht am 22. August 1939, in: Vierteljahrshefte für Zeitgeschichte 16 (1968), S. 120–149.

Below, Nicolaus von, Als Hitlers Adjutant 1937–45. Mainz 1980.

Besymenski, Lew, Stalin und Hitler. Das Pokerspiel der Diktatoren. Berlin 2002.

Boepple, Ernst (Hg.), Adolf Hitlers Reden. 3. Aufl. München 1933.

Böhme, Hermann, Entstehung und Grundlagen des Waffenstillstandes von 1940. Stuttgart 1966.

Borodziej, Włodzimierz / Klaus Ziemer (Hg.), Deutsch-polnische Beziehungen 1939–1945–1949. Eine Einführung. Osnabrück 2000.

Boysen, Jens, Nationale Minderheiten (Polen und Elsass-Lothringer) im preußisch-deutschen Heer während des Ersten Weltkriegs 1914–1918, in Nordost-Archiv 2008, S. 108–136.

Brandes, Detlef, Die Sudetendeutschen im Krisenjahr 1938. München 2008.

Broszat, Martin, Nationalsozialistische Polenpolitik 1939–1945. Stuttgart 1961.

Brügel, Johann Wolfgang (Hg.), Stalin und Hitler. Pakt gegen Europa. Wien 1973.

Bułhak, Henryk, Polska-Francja z dziejów sojuszu 1933–1936. (Polen und Frankreich zur Zeit des Bündnisses 1933–1936). Warszawa 2000.

Burckhardt, Carl J., Meine Danziger Mission 1937–1939. München 1960.

Canis, Konrad, Bismarcks Außenpolitik 1870–1890. Paderborn 2004.

Caspary, Adolf, Wirtschafts-Strategie und Kriegsführung. Wirtschaftliche Vorbereitung, Führung und Auswirkung des Krieges in geschichtlichem Aufriss. Berlin 1932.

Churchill, Winston S., Der zweite Weltkrieg. Bd. 1, Stuttgart 1954.

Ciano, Galeazzo, Tagebücher 1937/38. Hamburg 1949.

Ciano, Galeazzo, Tagebücher 1939–1943. Bern 1946.

Coox, Alvin D., Nomonhan: Japan Against Russia, 1939. Stanford 1990.

Craig, Gordon A., Deutsche Geschichte 1866–1945. München 1980.

Das Deutsche Reich und der Zweite Weltkrieg. 10 Bände. Stuttgart 1979 – München 2008.

Davies, Norman, Im Herzen Europas. Geschichte Polens. München 2000.

Davies, Norman, White Eagle, Red Star, the Polish-Soviet War, 1919–20. London 2003.

Deist, Wilhelm, Die deutsche Aufrüstung in amerikanischer Sicht. Berichte des US-Militärattachés in Berlin aus den Jahren 1933–1939, in: Alexander Fischer u. a. (Hg.), Russland-Deutschland-Amerika. Wiesbaden 1978, S. 279–295.

Der polnisch-sowjetrussische Krieg 1918–1920. Band I. Berlin 1940.

Der Prozeß gegen die Hauptkriegsverbrecher vor dem Internationalen Militärgerichtshof. 14. Nov. 1945 – 1. Okt. 1946, 42 Bde. Nürnberg 1947 ff.

Deszczyński, Marek Piotr, Obstatni Egzamin. Wojsko Polskie wobec kryzysu czechosłowackiego 1938–1939 (Letzter Test. Das polnische Militär in der tschechoslowakischen Krise 1938–1939). Warszawa 2003.

Diedrich, Torsten, Paulus. Das Trauma von Stalingrad. Eine Biographie. Paderborn 2008.

Dilks, David (Hg.), The Diary of Sir Alexander Cadogan, 1938–1945. London 1971.

Dirksen, Herbert von, Moskau, Tokio, London. Stuttgart 1949.

Domarus, Max (Hg.), Hitler. Reden und Proklamationen 1932–1945. Kommentiert von einem deutschen Zeitgenossen. 2 Bde. München 1965.

Ehlert, Hans / Michael Epkenhans / Gerhard P. Groß (Hg.), Der Schlieffenplan. Analysen und Dokumente. Paderborn 2006.

Elble, Rolf, Die Schlacht an der Bzura im September 1939 aus deutscher und polnischer Sicht. Freiburg 1975.

Epstein, Fritz T., Der Komplex »Die russische Gefahr« und sein Einfluss auf die deutsch-russischen Beziehungen im 19. Jahrhundert, in: Immanuel Geiss / Bernd Jürgen Wendt (Hg.), Deutschland in der Weltpolitik des 19. und 20. Jahrhunderts. Düsseldorf 1973, S. 143–159.

Fischer, Fritz, Griff nach der Weltmacht. Die Kriegszielpolitik des kaiserlichen Deutschland 1914/1918, Düsseldorf 1964.

Fleischhauer, Ingeborg, Der Pakt. Hitler, Stalin und die Initiative der deutschen Diplomatie 1938–1939. Berlin / Frankfurt a. M. 1990.

Frieser, Karl-Heinz, Die Blitzkrieg-Legende. München 1995.

Frieser, Karl-Heinz, Die deutschen Blitzkriege: Operativer Triumph – strategische Tragödie, in: Rolf-Dieter Müller / Hans-Erich Volkmann (Hg.), Die Wehrmacht. Mythos und Realität. München 1999, S. 182–196.

Fröhlich, Elke (Hg.), Joseph Goebbels. Die Tagebücher, Teil I: Aufzeichnungen 1923–1941. 14 Bde. München 1997–2005.

Geisler, Walter, Die deutsch-polnische Raumgemeinschaft im Gesamt-Ostraum, in: Ostraum-Berichte 1 (1935), S. 9–20.

Gellermann, Günther W., Der Krieg, der nicht stattfand. Koblenz 1986.

Geschichte des zweiten Weltkrieges 1939–1945. Bd. 2, Berlin (DDR) 1975 (russ. Moskau 1974).

Golczewski, Frank, Deutsche und Ukrainer 1914–1939. Paderborn u. a. 2010.

Görlitz, Walther, (Hg.), Generalfeldmarschall Keitel. Verbrecher oder Offizier? Erinnerungen, Briefe, Dokumente des Chefs OKW. Göttingen u. a. 1961.

Grelka, Frank, Die ukrainische Nationalbewegung unter deutscher Besatzungsherrschaft 1918 und 1941/42. Wiesbaden 2005.

Groß, Gerhard, Das Dogma der Beweglichkeit. Überlegungen zur Genese der deutschen Heerestaktik im Zeitalter der Weltkriege, in: Bruno Thoß / Hans-Erich Volkmann (Hg.), Erster Weltkrieg Zweiter Weltkrieg. Ein Vergleich. Paderborn 2002, S. 143–166.

Groß, Gerhard, Von Moltke bis Heusinger. Operatives Denken im deutschen Heer (im Erscheinen).

Guderian, Heinz, Erinnerungen eines Soldaten. Heidelberg 1951.

Haffner, Sebastian, Anmerkungen zu Hitler. 26. Aufl., Frankfurt am Main 2006.
Halder, Franz, Hitler als Feldherr. München 1949.
Halder, Franz, Kriegstagebuch. Tägliche Aufzeichnungen des Chefs des Generalstabes des Heeres 1939–1942. Bearb. von Hans-Adolf Jacobsen, 3 Bde. Stuttgart 1962–64.
Hartmann, Christian, Halder. Generalstabschef Hitlers 1938–1942. 2. Aufl. Paderborn 2010.
Hartmann, Christian / Sergej Slutsch, Franz Halder und die Kriegsvorbereitungen im Frühjahr 1939. Eine Ansprache des Generalstabschefs des Heeres in: VfZG, 45 (1997), S. 467–495.
Hassell, Ulrich von, Vom andern Deutschland. Aus den nachgelassenen Tagebüchern 1938–1944. Zürich u. Freiburg 1946.
Helmdach, Erich, Überfall? Der sowjetisch-deutsche Aufmarsch 1941. Neckargemünd 1976.
Henke, Josef, England in Hitlers politischem Kalkül 1935–1939. Boppard 1973
Hensel, Jürgen / Pia Nordblom (Hg.), Hermann Rauschning. Materialien und Beiträge zu einer politischen Biographie. Osnabrück 2003.
Hildebrand, Klaus, Bismarck und Russland: Aspekte der deutsch-russischen Beziehungen 1871–1890. Friedrichsruh 2003.
Hildebrand, Klaus, Das vergangene Reich. Deutsche Außenpolitik von Bismarck bis Hitler. Stuttgart 1995.
Hildebrand, Klaus, Deutsche Außenpolitik 1933–1945. Kalkül oder Dogma? Stuttgart 1971.
Hill, Leonidas E. (Hg.), Die Weizsäcker-Papiere 1933–1950. Frankfurt a. M. u. a. 1974.
Hilland, Paul, Autarkiemöglichkeiten der deutschen Metallwirtschaft. Zur Tagung der Gesellschaft Deutscher Metallhütten- und Bergleute in Berlin, in: Die Deutsche Volkswirtschaft 1 (1932), Nr. 9, S. 267–271.
Hillgruber, Andreas, Bismarcks Außenpolitik. Freiburg 1972.
Hillgruber, Andreas, Das Russland-Bild der führenden deutschen Militärs vor Beginn des Angriffs auf die Sowjetunion, in: Hans-Erich Volkmann (Hg.), Das Russlandbild im Dritten Reich. Köln u. a. 1994, S. 125–140.
Hillgruber, Andreas, Deutschland und Polen in der internationalen Politik 1933–1939, in: Hinrichs, Ernst (Hg.): Deutschland und Polen von der nationalsozialistischen Machtergreifung bis zum Ende des Zweiten Weltkrieges. Braunschweig 1986.
Hillgruber, Andreas, Die »Endlösung« und das deutsche Ostimperium als Kernstück des rassenideologischen Programms des Nationalsozialismus, in: VfZG 20 (1972), S. 133–153.
Hillgruber, Andreas, Hitlers Strategie. Politik und Kriegführung 1940–1941. München 2. Aufl. 1982.
Hillgruber, Andreas, Noch einmal: Hitlers Wendung gegen die Sowjetunion 1940. Nicht (Militär-)»Strategie oder Ideologie«, sondern »Programm« und »Weltkriegsstrategie«, in: Geschichte in Wissenschaft und Unterricht 33 (1982), S. 214–226.
Hoetzsch, Otto, Die weltpolitische Kräfteverteilung seit den Pariser Friedensschlüsse. 6. Aufl. Leipzig u. Berlin 1933.
Hoffmann, General Max, Der Krieg der versäumten Gelegenheiten. München 1923.
Höhne, Heinz, Canaris. Patriot im Zwielicht. München 1976.
Hubatsch, Walther (Hg.), Hitlers Weisungen für die Kriegführung 1939–1945. München 1965.
Hürter, Johannes, Hitlers Heerführer. Die deutschen Oberbefehlshaber im Krieg gegen die Sowjetunion 1941/42. München 2006.

Immanuel, Friedrich, Der große Zukunftskrieg – keine Phantasie! Berlin 1932.
Irving, David, Hitlers Krieg. Die Siege 1939–1942. München, Berlin 1983.

Jabłonski, Marek, Wobec zagrżenia wojna. Wojsko a gospodarka Drugiej Rzeczypospolitej w latach 193 – 1939 (Wider die Kriegsgefahr. Militär und Gesellschaft in der Zweiten Republik 1935 – 1939). Warszawa 2001.

Jäckel, Eberhard, Hitlers Weltanschauung. Entwurf einer Herrschaft. Stuttgart 1969.

Jacobsen, Hans-Adolf, Der Weg zur Teilung der Welt. Politik und Strategie 1939 – 1945, Koblenz, Bonn 1977.

Jacobsen, Hans-Adolf, Dokumente zur Vorgeschichte des Westfeldzuges 1939 – 1940. Göttingen 1956.

Jacobsen, Hans-Adolf (Hg.), Misstrauische Nachbarn. Deutsche Ostpolitik 1919/70. Dokumentation und Analyse. Düsseldorf 1970.

Jaworski, Rudolf / Marian Wojciechowski (Hg.), Deutsche und Polen zwischen den Kriegen. Minderheitenstatus und »Volkstumskampf« im Grenzgebiet. Amtliche Berichterstattung aus beiden Ländern 1920 – 1939. München etc. 1997.

Jedrzejewicz, Wacław (Hg.), Papers and Memoirs of Józef Lipski, Ambassador of Poland. New York 1968.

Kalisch, Johannes, Von der »Globallösung« zum »Fall Weiß«. Die deutsch-polnischen Beziehungen 1938/39, in: Dietrich Eichholtz / Kurt Pätzold (Hg.), Der Weg in den Krieg. Berlin 1989, S. 381 – 402.

Keller, Mechthild (Hg.), Russen und Russland aus deutscher Sicht. 19. Jahrhundert: Von der Jahrhundertwende bis zur Reichsgründung (1800 – 1871). München 1991.

Keller, Mechthild (Hg.), Russen und Russland aus deutscher Sicht. 19. / 20. Jahrhundert: Von der Bismarckzeit bis zum Ersten Weltkrieg. München 2000.

Kellerhoff, Sven Felix, War der Angriff auf die Sowjetunion ein Präventivschlag? In: ders. / Lars-Broder Keil, Deutsche Legenden. Vom »Dolchstoß« und anderen Mythen der Geschichte. 2. Auflage, Berlin 2003, S. 68 – 91.

Kershaw, Ian, Hitler. 1936 – 1945. Stuttgart 2000.

Klee, Karl, Das Unternehmen »Seelöwe«. Die geplante deutsche Landung in England 1940. Göttingen u. a. 1958.

Knoll, Roman, Uwagi o polskiej polityce 1939 (Bemerkungen zur polnischen Politik 1939). Warszawa 1939.

Koitz, Heinrich, Männer um Pilsudski. Breslau 1934.

Kornat, Marek, Polityka równowagi 1934 – 1939. Polska między Wschodem a Zachodem (Politik der gleichen Distanz 1934 – 1939. Polen zwischen Ost und West). Kraków 2007.

Kornat, Marek, Sehenden Auges. Polens Außenpolitik vor dem Hitler-Stalin-Pakt, in: Osteuropa 59 (2009), Bd. 7 – 8, S. 47 – 74.

Kotze, Hildegard von (Hg.), Heeresadjutant bei Hitler 1938 – 1943. Aufzeichnungen des Majors Engel. Stuttgart 1974.

Krause, Helmut, Marx und Engels und das zeitgenössische Russland. Gießen 1958.

Krausnick, Helmut / Harold C. Deutsch (Hg.), Helmuth Groscurth. Tagebücher eines Abwehroffiziers 1938 – 1940. Mit weiteren Dokumenten zur Militäropposition gegen Hitler. Stuttgart 1970.

Krebs, Gerhard, Japanische Schlichtungsbemühungen in der deutsch-polnischen Krise 1938/39, in: Japanstudien, Jahrbuch des Deutschen Instituts für Japanstudien, Bd. 2, München 1991, S. 207 – 258.

Krebs, Gerhard, Japans Deutschlandpolitik 1935 – 1941. 2 Bde. Hamburg 1984.

Krekeler, Norbert, Revisionsanspruch und geheime Ostpolitik der Weimarer Republik. Die Subventionierung der deutschen Minderheit in Polen 1919–1933. Stuttgart 1973.
Krummacher, Friedrich Arnold / Helmut Lange, Krieg und Frieden. Geschichte der deutsch-sowjetischen Beziehungen. München u. Esslingen 1970.

Laroche, J., La Pologne de Pilsudski. Souvenirs d'une ambassade 1926–1935. Paris 1953.
Leverkuehn, Paul, Der Geheime Nachrichtendienst der deutschen Wehrmacht im Kriege. Frankfurt a. Main 1957.
Loeber (Hg.), Dietrich A., Diktierte Option. Die Umsiedlung der Deutsch-Balten aus Estland und Lettland 1939–1941. Dokumentation. Neumünster 1972.
Loessner, A., Josef Piłsudski. Eine Lebensbeschreibung auf Grund seiner eigenen Schriften. Leipzig 1935.
Loßberg, Bernhard von, Im Wehrmachtführungsstab. Bericht eines Generalstabsoffiziers. 2. Aufl., Hamburg 1950.
Łosswoski, Piotr, Ultimatum polskie do Litwy 17 marca 1938 roku (Das polnische Ultimatum an Litauen 17. März 1938). Warzsawa 2010.
Ludwig, Max, Deutsch-russische Zusammenarbeit, in: Wehrtechnische Monatshefte (Sept. 1939), S. 386 f.

Malaparte, Curzio, Die Wolga entspringt in Europa. Vorwort von Heiner Müller. Köln 1989.
Manstein, Erich v., Verlorene Siege. Bonn 1955.
Mark, Rudolf A. u. a. (Hg.), Vernichtung durch Hunger. Der Holodomor in der Ukraine und der UdSSR. Berlin 2004.
Martin, Bernd, Das »Dritte Reich« und die »Friedens«-Frage im Zweiten Weltkrieg, in: Wolfgang Michalka (Hg.): Nationalsozialistische Außenpolitik. Darmstadt 1978, S. 526–549.
Mayer, Klaus, Eine authentische Halder-Ansprache? Textkritische Anmerkungen zu einem Dokumentenfund im früheren Moskauer Sonderarchiv (Dokumentation) in: Militärgeschichtliche Mitteilungen 58 (1999), S. 471–528.
McDonough, Frank, Hitler, Chamberlain and Appeasement, Cambridge 2002.
Meier-Welcker, Hans, Seeckt. Frankfurt a. M. 1967.
Meyer, Georg, Adolf Heusinger. Dienst eines deutschen Soldaten 1915 bis 1964. Hamburg u. a. 2001.
Michalka, Wolfgang, Vom Antikominternpakt zum euro-asiatischen Kontinentalblock: Ribbentrops Alternativkonzeption zu Hitlers außenpolitischem »Programm«, in: ders. (Hg.), Nationalsozialistische Außenpolitik. Darmstadt 1978, S. 471–492.
Moritz, Verena, Information und Desinformation. Anmerkungen zur Rolle der »Österreichischen Legion« im Verhältnis zwischen Wien und Berlin 1933–1935, in: Zeitgeschichte 36 (2009), S. 217–239.
Motyl, Alexander, Ukrainian Nationalist Political Violence in Inter-War Poland 1921–1939, in: East European Quarterly 19 (1985), S. 45–55.
Mühlen, Patrik von zur, Zwischen Hakenkreuz und Sowjetstern. Düsseldorf 1971.
Müller, Klaus-Jürgen, Das Heer und Hitler. Armee und nationalsozialistisches Regime 1933–1940. Stuttgart 1969.
Müller, Klaus-Jürgen, Generaloberst Ludwig Beck. Eine Biographie. Paderborn 2008.
Müller, Norbert (Bearb.), Das Amt Ausland / Abwehr im Oberkommando der Wehrmacht. Eine Dokumentation. Koblenz 2007.

Müller, Klaus-Jürgen, Zu Vorgeschichte und Inhalt der Rede Himmlers vor der höheren Generalität am 13. März 1940 in Koblenz, in: VfZG 18 (1970), S. 95–120.
Müller, Rolf-Dieter, An der Seite der Wehrmacht. Hitlers ausländische Helfer beim »Kreuzzug gegen den Bolschewismus 1941–1945. Berlin 2007.
Müller, Rolf-Dieter, Das Tor zur Weltmacht. Die Bedeutung der Sowjetunion für die deutsche Wirtschafts- und Rüstungspolitik zwischen den Weltkriegen. Boppard 1984.
Müller, Rolf-Dieter, Hitlers Ostkrieg und die deutsche Siedlungspolitik. Frankfurt a. M. 1991.
Müller, Rolf-Dieter, Kriegsrecht oder Willkür? Helmuth James Graf v. Moltke und die Auffassungen im Generalstab des Heeres über die Aufgaben der Militärverwaltung vor Beginn des Russlandkrieges, in: Militärgeschichtliche Mitteilungen 2/1987, S. 125–151.
Müller, Rolf-Dieter / Gerd R. Ueberschär, Hitlers Krieg im Osten 1941–1945. Ein Forschungsbericht. Darmstadt 2000.
Murray, Williamson, The German Response to Victory in Poland. A Case Study in Professionalism, in: Armed Forces and Society, 7 (1981), S. 285–298.
Musial, Bogdan, Kampfplatz Deutschland. Stalins Kriegspläne gegen den Westen. Berlin 2008.

Nakata, Jun, Der Grenz- und Landesschutz in der Weimarer Republik 1918–1933. Die geheime Aufrüstung und die deutsche Gesellschaft. Freiburg 2002.
Niedermayer, Oskar Ritter v., Sowjetrussland. Ein wehrpolitisches Bild, in: Militärwissenschaftliche Rundschau 4 (1939), S. 704–723.
Niedhart, Gottfried, Appeasement: Die britische Antwort auf die Krise des Weltreichs und des internationalen Systems vor dem Zweiten Weltkrieg, in: Historische Zeitschrift 226 (1978), S. 67–88.

Oertzen, Friedrich Wilhelm von, Marschall Pilsudski. Berlin 1935.
Oetting, Dirk W., Kein Krieg wie im Westen. Wehrmacht und Sowjetarmee im Russlandkrieg 1941–1945. Bielefeld / Bonn 2009.

Pagel, Jürgen, Polen und die Sowjetunion 1938–1939. Stuttgart 1992.
Pietrow-Ennker, Bianka (Hg.), Präventivkrieg? Der deutsche Angriff auf die Sowjetunion. Frankfurt a. M. 2000.
Piłsudski, Josef, Erinnerungen und Dokumente. Essen 1935.
Piłsudski, Josef, Gesetz und Ehre. Jena 1935.
Pryt, Karina, Befohlene Freundschaft. Die deutsch-polnischen Kulturbeziehungen 1934–1939. Osnabrück 2010.

Ramonat, Wolfgang, Der Völkerbund und die Freie Stadt Danzig 1920–1934. Osnabrück 1979.
Reile, Oscar, Geheime Front. Die deutsche Abwehr im Osten 1921–1945. München, Wels 1963.
Ringsdorf, Ulrich, Organisatorische Entwicklung und Aufgaben der Abteilung Fremde Heere Ost im Generalstab des Heeres, in: Friedrich Kahlenberg (Hg.), Beiträge zum Archivwesen, zur Quellenkunde und zur Geschichte. Festschrift für Hans Booms. Boppard 1989, S. 800–810.
Röhricht, Edgar, Pflicht und Gewissen. Stuttgart 1965.
Roos, Hans, Die militärpolitische Lage und Planung Polens gegenüber Deutschland 1939, in: Wehrwissenschaftliche Rundschau 7 (1957), S. 181–202.
Roos, Hans: Geschichte der polnischen Nation. Stuttgart 1961.

Roos, Hans, Polen und Europa. Tübingen 1957.
Roos, Hans, »Präventivkriegspläne« Piłsudskis von 1933, in: VfZG 3 (1955), S. 344 – 363.

Schäfer, Kirstin A., Werner von Blomberg – Hitlers erster Feldmarschall. Paderborn 2006.
Schaumburg-Lippe, Friedrich-Christian Prinz zu, Dr. G. Ein Porträt des Propagandaministers. Wiesbaden 1963.
Scheil, Stefan, 1940/41. Die Eskalation des Zweiten Weltkriegs. München 2005.
Schieder, Theodor, Hermann Rauschnings »Gespräche mit Hitler« als Geschichtsquelle. Opladen 1972.
Schmid, Michael, Der »Eiserne Kanzler« und die Generäle. Paderborn 2003.
Schmidt, Paul Otto, Statist auf diplomatischer Bühne 1923 – 1945. Erlebnisse des Chefdolmetschers im Auswärtigen Amt mit den Staatsmännern Europas. Von Stresemann und Briand bis Hitler, Chamberlain und Molotow. Bonn 1949. Neuauflage München 2005.
Schmidt, Rainer F., »Appeasement oder Angriff«? Eine kritische Bestandsaufnahme der sog. ›Präventivkriegsdebatte‹ über den 22. Juni 1941, in: Jürgen Elvert / Michael Salewski (Hg.), Historische Debatten und Kontroversen im 20. Jahrhundert. Jubiläumstagung der Ranke Gesellschaft in Essen, 2001. Stuttgart 2003, S. 220 – 233.
Schmidt, Rainer F., Die Außenpolitik des Dritten Reiches 1933 – 1939. Stuttgart 2002.
Schramm, Gottfried, Der Kurswechsel der deutschen Polenpolitik nach Hitlers Machtergreifung, in: Roland G. Foerster (Hg.), »Unternehmen Barbarossa«. Zum historischen Ort der deutsch-sowjetischen Beziehungen von 1933 bis Herbst 1941, München 1993, S. 23 – 34.
Schramm, Percy Ernst (Hg.), Kriegstagebuch des Oberkommandos der Wehrmacht (Wehrmachtführungsstab) 1940 – 1945. Geführt von Helmuth Greiner u. Percy Ernst Schramm. Bd. I: 1. August 1940 – 31. Dezember 1941. Zusammengestellt und erläutert von Hans-Adolf Jacobsen. Frankfurt a. M. 1965.
Schreiber, Gerhard, Zur Kontinuität des Groß- und Weltmachtstrebens der deutschen Marineführung (Dokumentation), in: MGM 26 (1979), S. 101 – 171.
Schwendemann, Heinrich, Die wirtschaftliche Zusammenarbeit zwischen dem Deutschen Reich und der Sowjetuion von 1939 bis 1941: Alternative zu Hitlers Ostprogramm? Berlin 1993.
Seeckt, Hans v., Deutschland zwischen Ost und West. Hamburg 1933.
Seidt, Ulrich, Berlin, Kabul, Moskau. Oskar Ritter von Niedermayer und Deutschlands Geopolitik, München 2003.
Seraphim, Hans-Günther (Hg.), Das politische Tagebuch Alfred Rosenbergs 1934/35 und 1939/40. München 1964.
Seraphim, Hans-Günther / Andreas Hillgruber, Hitlers Entschluss zum Angriff auf Russland (eine Entgegnung), in: VfZG 2 (1954), S. 240 – 249 mit Schlusswort von Gerhard L. Weinberg, S. 249 – 254.
Sikorski, Ladislaus, La Campagne Polono-Russe de 1920. Préface de M. le Maréchal Foch. Paris 1928.
Slutsch, Sergej, Stalins »Kriegsszenario 1939«: Eine Rede, die es nie gab, in: VfZG 52 (2004), S. 597 – 635.
Smith, Bradley F. Die Überlieferung der Hoßbach-Niederschrift im Lichte neuer Quellen, in: Vierteljahrshefte für Zeitgeschichte 38 (1990), S. 329 – 336.
Sommer, Theo, Deutschland und Japan zwischen den Mächten 1935 – 1940. Tübingen 1962.
Sozkow, Lew, Sekrety Polskoi Politiki. Moskau 2009.
Stahel, David, Hitler's Greatest Battle. Kiev 1941. (im Erscheinen).

Stahel, David, Operation Barbarossa and Germany's Defeat in the East. Cambridge 2009.
Ströbinger, Rudolf, Stalin enthauptet die Rote Armee. Der Fall Tuchatschewskij. Stuttgart 1990.
Stegemann, Bernd, Hitlers Ziele im ersten Kriegsjahr 1939/40, in: Militärgeschichtliche Mitteilungen 27 (1980), S. 93–105.
Szlanta, Piotr, Der Erste Weltkrieg von 1914 bis 1915 als identitätsstiftender Faktor für die moderne polnische Nation, in: Gerhard P. Groß (Hg.), Die vergessene Front. Der Osten 1915/15. Paderborn 2006, S. 153–164.

Thomas, David, Foreign Armies East and German Military Intelligence in Russia 1941–45. In: Journal of Contemporary History Vol. 22, Nr. 2 (1987), Seite 261–301.
Tobias, Fritz, Auch Fälschungen haben lange Beine. Des Senatspräsidenten Rauschnings »Gespräche mit Hitler«, in: Karl Corino (Hg.), Gefälscht! Betrug in Politik, Literatur, Wissenschaft, Kunst und Musik. Greno, Nördlingen 1988, S. 91–105.
Treue, Wilhelm (Hg.), Hitlers Denkschrift zum Vierjahresplan, in: VfZG 3 (1955), S. 184–210.
Trotha, Thilo v. (Hg.), Alfred Rosenberg. Kampf um die Macht. Aufsätze von 1921–1932. München 1937.

Ueberschär, Gerd R., Hitlers Entschluss zum »Lebensraum«-Krieg im Osten, in: ders. / Wette, »Unternehmen Barbarossa, S. 83–110.
Ueberschär, Gerd R. / Wolfram Wette (Hg.), »Unternehmen Barbarossa«. Der deutsche Überfall auf die Sowjetunion 1941. Paderborn 1984.

Vogelsang, Thilo, Hitlers Brief an Reichenau vom 4. Dezember 1932, in: VfZG 7 (1959), S. 429–457.
Vogelsang, Thilo, Neue Dokumente zur Geschichte der Reichswehr 1930–1933, in: VfZG 2 (1954), S. 397–436.
Volkmann, Hans-Erich (Hg.), Das Russlandbild im Dritten Reich. Köln u. a. 1994.

Wagner, Elisabeth (Hg.), Der Generalquartiermeister. Briefe und Tagebuchaufzeichnungen des Generalquartiermeisters des Heeres General der Artillerie Eduard Wagner. München, Wien 1963.
Wagner, Gerhard, Der polnisch-sowjetische Krieg. Wiesbaden 1979.
Warlimont, Walter, Im Hauptquartier der deutschen Wehrmacht 1939–1945. Grundlagen, Formen, Gestalten. Frankfurt a. M., Bonn 1962.
Wegner, Bernd, Erschriebene Siege. Franz Halder, die »Historical Division« und die Rekonstruktion des Zweiten Weltkrieges im Geiste des deutschen Generalstabes, in: Hansen, Ernst Willi / Gerhard Schreiber / Bernd Wegner (Hg.), Politischer Wandel, organisierte Gewalt und nationale Sicherheit. Beiträge zur neueren Geschichte Deutschlands und Frankreichs. München 1995, S. 287–302.
Weinberg, Gerhard L., Der deutsche Entschluß zum Angriff auf die Sowjetunion, in: VfZG 1 (1953), S. 301–318.
Weißbecker, Manfred, »Wenn hier Deutsche wohnten …« Beharrung und Veränderung im Rußlandbild Hitlers und der NSDAP, in: Hans-Erich Volkmann (Hg.), Das Russlandbild im Dritten Reich. Köln 1994, S. 9–54.
Weißbuch der polnischen Regierung, Die polnisch-deutschen und die polnisch-sowjetischen Beziehungen im Zeitraum von 1933 bis 1939. Basel 1940.
Wendt, Bernd-Jürgen, Danzig – Ein Bauer auf dem Schachbrett nationalsozialistischer Außen-

politik, in: Manfred Funke (Hg.), Hitler, Deutschland und die Mächte. Düsseldorf 1976, S. 774–794.
Wendt, Bernd-Jürgen, Großdeutschland. Außenpolitik und Kriegsvorbereitung des Hitler-Regimes. München 1987.
Wette, Wolfram, Die Wehrmacht. Feindbilder, Vernichtungskrieg, Legenden. Frankfurt am Main 2002
Winterbotham, Fred F., The Ultra Secret. London 1974.
Wippermann, Wolfgang, Die Deutschen und der Osten. Feindbild und Traumland. Darmstadt 2007.
Wirsching, Andreas, »Man kann nur Boden germanisieren«. Eine neue Quelle zu Hitlers Rede vor den Spitzen der Reichswehr am 3. Februar 1933, in: VfZG 49 (2001), S. 517–550.
Wojciechowski, Marian, Die polnisch-deutschen Beziehungen 1933–1938. Leiden 1971.
Wollstein, Günter, Hitlers gescheitertes Projekt einer Juniorpartnerschaft Polens, in: Universitas 38 (1983), S. 525–532.
Wollstein, Günter, Vom Weimarer Revisionismus zu Hitler. Bonn 1973.

Zeidler, Manfred, Reichswehr und Rote Armee 1920–1933. Wege und. Stationen einer ungewöhnlichen Zusammenarbeit, München 1994.
Żerko, Stanisław, Stosunki polsko-niemieckie 1938–1939 (Die deutsch-polnischen Beziehungen). Poznan 1998.
Zgorniak, Marian, Europa am Abgrund 1938. Berlin 2002.

Abbildungsverzeichnis

Bildarchiv Preußischer Kulturbesitz: S. 61 u., 109, 129, 192, 206, 246
Bundesarchiv: S. 54 (183-B0527-0001-293/Röhnert), 103 (183-H12115), 131 (146-1970-052-08), 159 (101I-121-0012-15/Gutjahr), 194 (183-R99057), 217 (146-1971-070-61)
East News: S. 23
Martin Kaule: S. 83
Josef Piłsudski: Erinnerungen und Dokumente. Bd. 1, Essen 1935: S. 21, 61 o.
Privatsammlung Manfred Beyer: S. 65
Ullstein-Bilderdienst: S. 29, 87, 138/139, 151
Trotz sorgfältiger Recherche war es nicht in allen Fällen möglich, die Rechteinhaber zu ermitteln. Berechtigte Ansprüche können beim Verlag angemeldet werden.

Die Karten auf den Seiten 27, 74 und 187 sowie auf dem vorderen und hinteren Vorsatzblatt stammen von Christopher Volle, Freiburg. Der Abdruck der Karten auf den Seiten 143, 223 und 241 erfolgt mit freundlicher Erlaubnis des Militärgeschichtlichen Forschungsamtes, Potsdam (MGFA), der Abdruck der Karte auf Seite 205 mit freundlicher Genehmigung vom Bundesarchiv-Militärarchiv Freiburg (RH 20-18/40b, 32)

Abkürzungen

ADAP	Akten zur deutschen auswärtigen Politik
AOK	Armeeoberkommando
BA	Bundesarchiv
BA-MA	Bundesarchiv-Militärarchiv
Div.	Division
FHO	Fremde Heere Ost
GB	Generalbevollmächtigter für die Kriegswirtschaft
GenStdH	Generalstab des Heeres
GPU	Gossudarstwennoje Polititscheskoje Uprawlenije [Geheimpolizei der Sowjetunion]
HGr	Heeresgruppe
i. G.	im Generalstab
KTB	Kriegstagebuch
k.u.k	kaiserlich und königlich
NKWD	Narodny kommissariat wnutrennich del [Volkskommissariat des Inneren; Geheimdienst]
NSDAP	Nationalsozialistische Deutsche Arbeiterpartei
OB	Oberbefehlshaber
OKH	Oberkommando des Heeres
OKW	Oberkommando der Wehrmacht
Op.Abt.	Operationsabteilung
OUN	Orhanizatsiia Ukraïns'kykh Nationalistiv [Organisation Ukrainischer Nationalisten]
PAAA	Politisches Archiv des Auswärtigen Amtes
PzGr	Panzergruppe
SA	Sturmabteilung
SS	Schutzstaffel
UdSSR	Union der Sozialistischen Sowjetrepubliken
USA	United States of America [Vereinigte Staaten von Amerika]
WFStab	Wehrmachtführungsstab

Personenregister

Wegen des häufigen Vorkommens wurden die Namen Adolf Hitler und Josef Stalin nicht ins Register aufgenommen. Kursiv gesetzte Seitenzahlen verweisen auf eine Bildunterschrift.

Die deutschen Hauptstoßrichtungen an der Ostfront 1941/42

Kartengrundlage: MGFA 04833-13; MGFA 4849-01; MGFA 04851-01.